『御堂関白記』の研究

倉本一宏

思文閣出版

はじめに

『御堂関白記』は、まことに特殊な日記である。これを『小右記』などと同じく「古記録」の範疇に入れてよいものか、いささか再考の余地なしとしない。

特に、『御堂関白記』全文の現代語訳を完成させた後、続けて『権記』の現代語訳を完成させ、次いで『小右記』の現代語訳を作成している今となっては（その間、『春記』の訓読文を完成させ、『左経記』の訓読文、『歴代残闕日記』所収の『二東記』をはじめとする古記録の訓読文も作成途上である）、これらの日記と『御堂関白記』を一律に論じていいものなのか、迷い始めている。

摂関期古記録の中での『御堂関白記』の特質を抽出し、その座標をひとまず確立することは、ひとり『御堂関白記』研究のみならず、古記録研究そのもの、また摂関政治論や王朝文化論にとっても、必要な作業なのだと考えている。

かつて一九七九年に木簡学会が発足したとき、初代会長の岸俊男氏は、「木簡そのものについての研究」を強く主張されたが、多くの古代史研究者は「木簡を史料にした歴史研究」を行なっていたという。田中琢氏はこれを、「かつおぶしをネコのまえにおいて、それをよく調べろ、ただし、喰うなというようなものだ」と一九九〇年に喩えておられた（『木簡研究』第一二号「巻頭言」）。しかし、あの時代から、木簡研究は木簡そのものに対する研究としても、長足の進歩を遂げた。古文書学研究もまた、古代に関して言えば、主に正倉院文書研究として精緻にして豊かな研究が蓄積されている。

しかし、かつては桃裕行『古記録の研究』（思文閣出版、一九八八—八九年）や斎木一馬『古記録の研究』（吉川弘文館、一九八九年）といった名著が刊行されたにもかかわらず、近年の古記録学なるものは、ごく一部の中世史研究者の間ではそれなりの成果を得てはいるものの（尾上陽介『中世の日記の世界』山川出版社、二〇〇三年。元木泰雄・松薗斉編『日記で読む日本中世史』ミネルヴァ書房、二〇一一年。倉本一宏編『日記・古記録の世界』思文閣出版、二〇一五年など）、古代史研究の世界では、まだまだ日暮れて道遠しといった観がある。

古記録の原本調査を行なう古代史研究者も少ないし、謄写本や写真版が存在するものについても、それを一々確認する研究者がどれほどいるであろうか。写本による違いを気にする人もあまりいないように思える。『大日本古記録　御堂関白記』の初刷から四刷までを揃えて、各版の違いを意識している研究者も、私くらいのものであろう（『権記』『小右記』も全刷を揃えて比較している）。中世史や国文学では当たり前の基礎作業が、何故に古代史研究では等閑にされているのであろう。これではまさに、かつて土田直鎮先生が、「古文書学概論に匹敵するだけの体系も、大きな展開も、今のところでは生れていない。……実際にはそれ程の精密な検討を加えることなしに間に合せ、また、一応の論文を書く程度のことならば、それでも事足りているのが現状であろう」と書かれたままの状態なのである。

この本に収めた「『御堂関白記』全現代語訳を終えて」（第四部一）にも書いたが、一般的な研究者の古記録との接し方というと、自分の研究に都合のいい記事だけを拾い出して、そこだけを解読する、あるいは索引やインターネットを使った「検索ごっこ」で表を作り、「論文のようなもの」を書く、といったところではないだろうか。「表計算ソフト」の表などを貼り付けた「論文」の抜刷を送られてくると、それだけで読む気が失せてしまう。

ところで、歴代の『岩波講座　日本歴史』では、古記録はどのように扱われてきたのであろうか。第一次には田山信郎『記録――特に平安朝の日記について――』（一九三五年）が一冊として独立しており、第二次（一九六二―六四年）には史料論に関する論文はなく、第三次には第25巻『日本史研究の方法』（一九七六年）に土田先生執筆の「古代史料論　記録」が収められていた（一部前掲）。第四次（『岩波講座　日本通史』）には別巻三（一九九五年）が『史料論』と題しているものの、富田正弘氏執筆の「中世史料論」は収められていたにもかかわらず、古代は佐原真氏執筆の「原始・古代の考古資料」しかなかった。そして先ごろ刊行された第五次にも、第21巻『史料論』（二〇一五年）に佐藤信氏執筆の「木簡史料論」と細井浩志氏執筆の「国史の編纂」、第22巻『歴史学の現在』（二〇一六年）に山口英男氏執筆の「史料論　正倉院文書と古代史科学」という論文は収められていたものの、「古記録」は相変わらず消えてしまっているままである（第1巻『原始・古代一』〈二〇一三年〉の大津透氏執筆の「古代史への招待」に『御堂関白記』と『権記』の現代語訳が紹介されていたが）。つまりは、土田先生の研究をもって古記録研究は一段落し、それ以降の歴史学界は講座に載せるほどの成果は得られていないということなのであろう（まったくその通りなのだが）。

そろそろ古代の古記録についても、古記録そのものの研究が始まらないといけないのではないだろうか。私にはとてもそのような大それた研究ができる能力はなく、まことに微力なのではあるが、「かつおぶし」としての『御堂関白記』そのものの考察の一端を、ここに考えてみたい。

目次

第三部　『御堂関白記』の内容

第四部　『御堂関白記』雑感

『御堂関白記』の研究

序論　藤原道長と『御堂関白記』

藤原道長について

『御堂関白記』は、平安時代中期、いわゆる摂関期に栄華を誇った藤原道長の日記である。

道長は、兼家の五男として康保三年（九六六）に生まれた。母は藤原中正の女の時姫。父の摂政就任後に急速に昇進し、長徳元年（九九五）、三〇歳の時に、兄である道隆・道兼の薨去により、いきなり一条天皇の内覧（関白に准じる職。奏上・宣下の太政官文書を内見する）となって、政権の座に就いた。右大臣、次いで左大臣にも任じられ、内覧と太政官一上（首班）の地位を長く維持した。

私は常々、これは道長の権力欲によるものであると考えてきたのであるが、最近、道長は、自分が関白となって一上から退くと、顕光・公季といった両大臣や筆頭大納言の道綱といった無能な連中に政務や儀式を主宰させなければならなくなるので、その危険性を回避するために、やむなく自分が首班の座に坐り続けたという側面もあったのではないかと考えるようになっている。頼通が成長するまでは自分が主宰しなければならないという義務感も存在したのであろう。

長徳二年に道隆嫡男の伊周を退けた後は政敵もなく、一条天皇の後継者問題をめぐる微妙な関係や、三条天皇との確執も存在したが、女の彰子・妍子・威子を一条・三条・後一条天皇の中宮として立て、「一家三后」を実

藤原道長関係略系図（年齢は寛弘六年時点のもの）

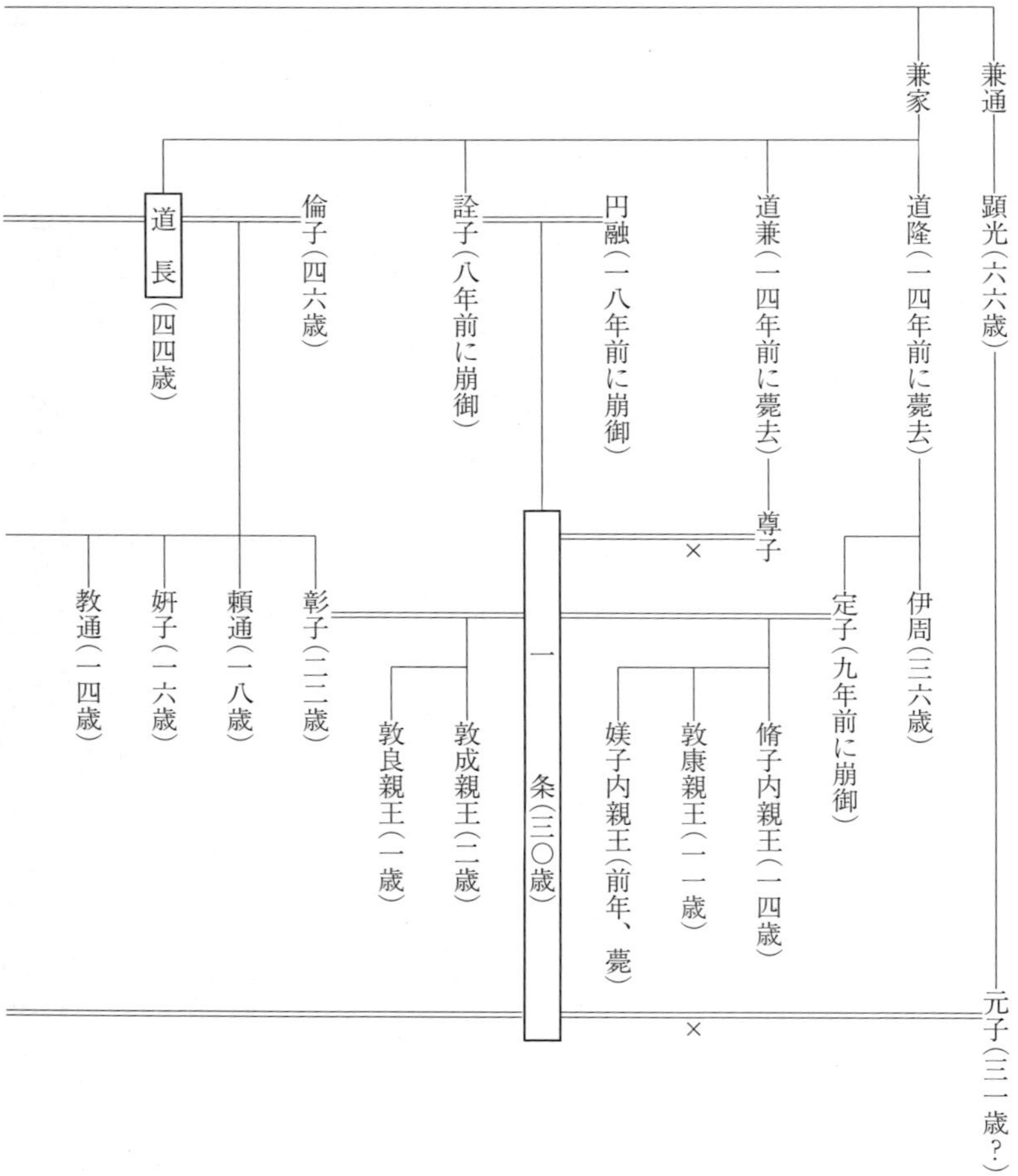

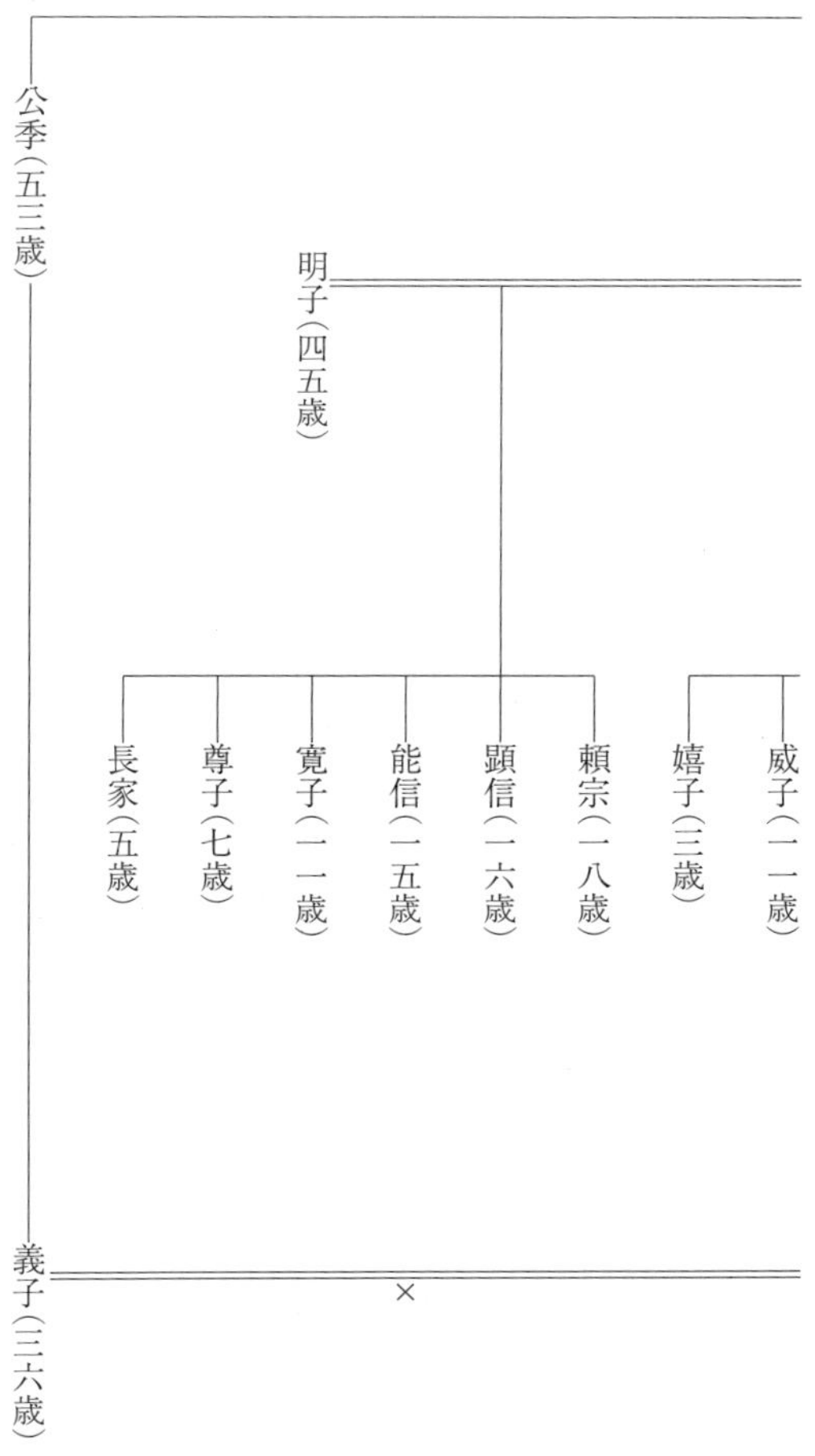

現するなど、摂関政治の最盛期を現出させた。

長和五年（一〇一六）には、外孫である後一条天皇の摂政となり、翌年にはこの職を嫡男の頼通に譲った。その後も「大殿」と呼ばれて権力を振るったが、寛仁三年（一〇一九）に出家、法成寺を建立し、その阿弥陀堂において万寿四年（一〇二七）、六二歳で薨去した。

『御堂関白記』について

『御堂関白記』は、はじめは『入道殿御暦』『入道殿御日記』『御堂御日記』『御堂御暦』『法成寺入道左大臣

図1　『御堂御記抄』第一種　長徳元年五月十一日

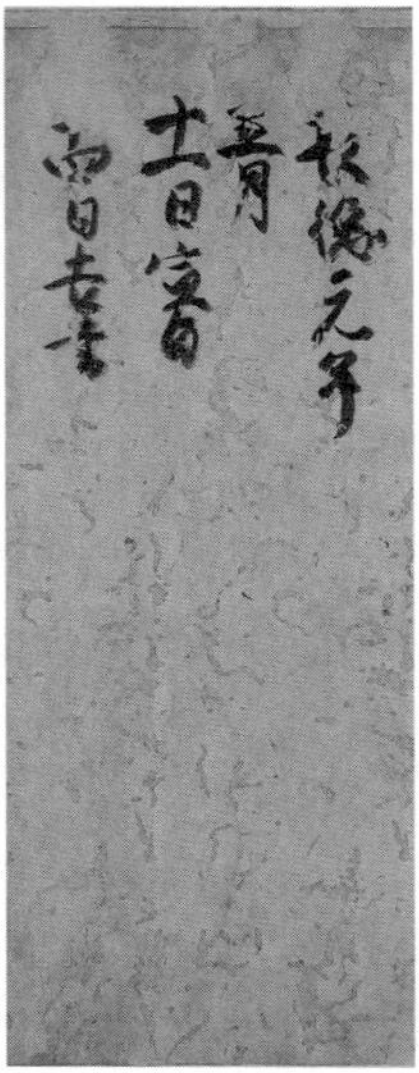

記』などと称され、後には『御堂御記』という呼称が固定していた。道長は関白に就いたことはないので、これが相応しかったのであるが、予楽院本など江戸時代の写本に『御堂関白記』という呼称が現れ、こちらが流布して公刊本にも用いられたため、現在も通用している。

かつては『御堂関白記』という呼称を止め、『御堂御記』という呼称に統一しようという論も存在したが、[1]いつしか立ち消えになってしまい、現在ではもっぱら『御堂関白記』という呼称で統一されている。思うに、摂関政治は摂関が天皇を蔑ろにして政治を壟断した政治体制であったという当時の学界の認識と、「御記」という呼称は天皇の記録した日記にのみ用いるべきであるという風潮が、『御堂御記』という呼称を定着させなかった原因だったのではなかろうか。

さて、『御堂関白記』の書き始めの時期を考えてみよう。いったい、道長は何年から日記を書き始めたのであろうか。現存する『御堂関白記』は、道長三三歳の長徳四年（九九八）から五六歳の治安元年（一〇二一）に至る暦記である。しかし、『御堂関白記』を抄出した『御堂御記抄』の第一種には、長徳元年（九九五）五月十一日の内覧宣旨を賜った記事をはじめ、六月五日の任大臣宣旨の記事など、自己の政権獲得に関する断片的な記事が見られる。

この長徳元年の『御堂御記抄』については、暦記としての『御堂関白記』からの抄出ではなく、「文殿記」と呼ばれる日記を抄出したものとする考えもある。この「文殿記」が、道長自身が具注暦以外に記した日記なのか、家司などの側近が記録した日記かは、不明である。

もっとも、具注暦というものは、前年の十一月までに料紙を渡して、暦博士・陰陽師・宿曜師などに依頼して作成してもらうものである。長徳元年の前年というと、関白道隆は健在であり、道長はいまだ道兼や伊周の後塵を拝していて、翌年に政権を取ることなど、とうてい思いも寄らなかった時期である。長徳元年五月に突然、政権の座に就き、慌てて具注暦以外の料紙に日記を記録し始めたのは、自然な成り行きであったと解される。

それでも長徳二年と長徳三年は日記を記録せず、長徳四年になってはじめて具注暦に記録し始めるのも（四日分だけだが）、道長らしいのだが。

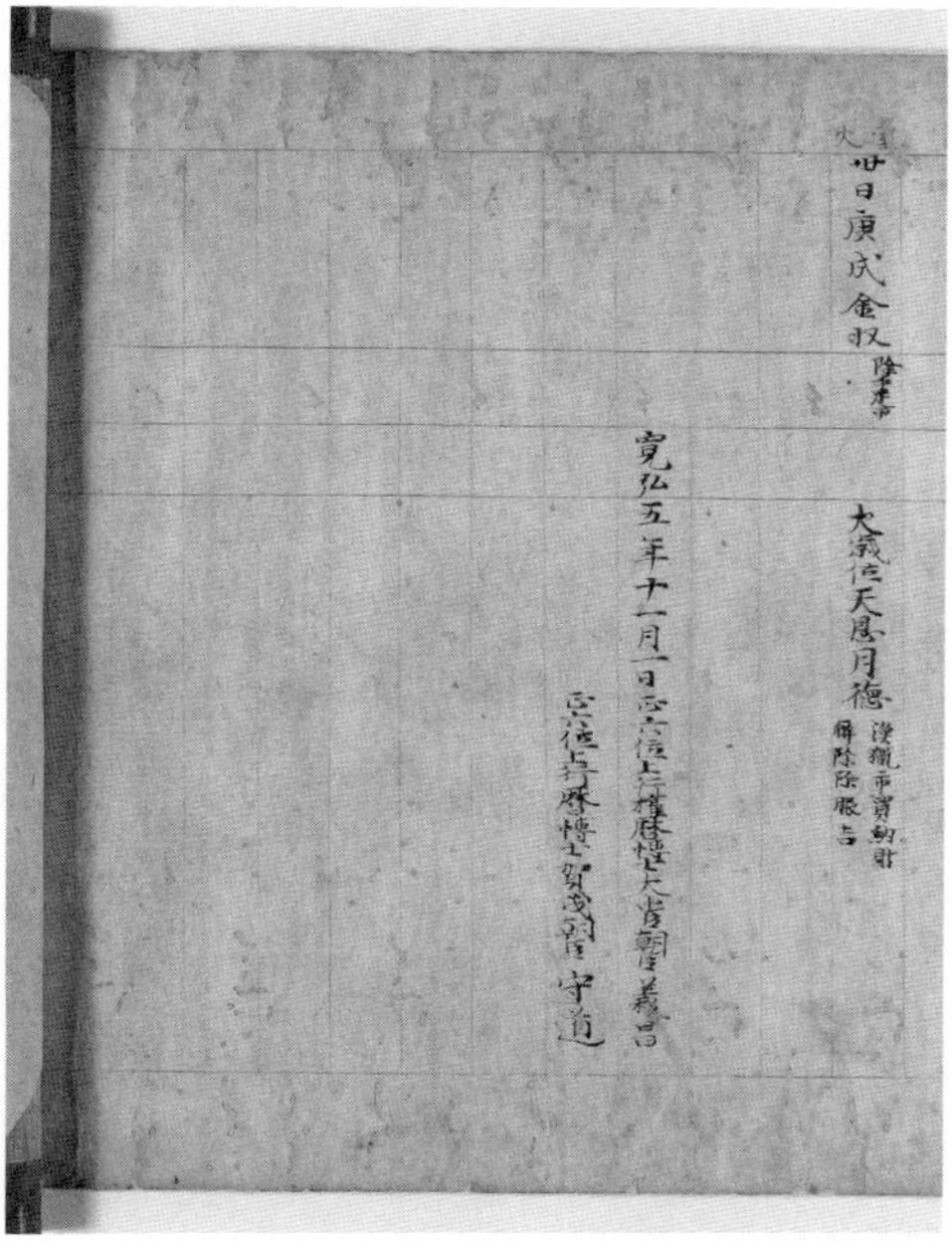
図2　自筆本　寛弘六年秋冬巻巻末

『御堂関白記』自筆本について

現存する『御堂関白記』自筆本は、罫線を引き、暦博士や陰陽師・宿曜師、それに道長家の家司が干支や日の吉凶などの暦注を注記した具注暦の日付の間の二行の空白部（「間明き」）に、日記を記したものである。表に書ききれなかった場合、また特に和歌や儀式への出席者や賜禄の明細などを別に記したかった場合に、紙背に記載した裏書も、八一箇所を数える。

十世紀前半からは朝廷が廷臣に暦を賜う頒暦が行なわれなくなったため(2)、暦博士や陰陽師に料紙を渡して、間明き二行がある特注の具注暦を造らせたと言われている（頒暦は一日一行で、間明きはなかったとされる)。料紙は、多い巻では三三紙、少ない巻では二三紙を貼り継いだものである。一紙あたりの行数は、二二行から二六行と、まちまちである。現存する自筆本の具注暦巻末には、すべて前年の「十一月一日」という日付が記されている。

元々は、一年分を春夏を上、秋冬を下とした二巻からなる具注暦に記した暦記が三八巻存在したはずなのである。しかし、道長は三条天皇に対して退位を迫った長和三年の上下巻を破棄してしまったと推定される。古写本の最末尾に記された「御堂殿御暦目録」には、すでに長和三年はなく、「三年本欠歟、不載目録」と記され、師実の時代にはすでに自筆本の長和三年が失われていたことがわかるのである。

早い時期から三六巻が残存したと考えられるが(「旧記目録」「御堂殿御暦目録」による)、現在、陽明文庫に所蔵されているのは一四巻に過ぎない。次に掲げる「『御堂関白記』現存状況」という表の「自筆本」の項目のうち、「元巻」として示したものが、陽明文庫長の名和修氏が推定された、元あった三六巻である。

『御堂関白記』現存状況

	自筆本		古写本			平松本	『御堂御記抄』
	現巻	元巻	現巻	書写者	元巻		
長徳元年(九九五) 上	現存せず		現存せず			なし	一(八条)
下	現存せず		現存せず			なし	一(九条)
長徳二年(九九六) 上	なし		なし			なし	
下	なし		なし			なし	
長徳三年(九九七) 上	なし		なし			なし	
下	なし		なし			なし	

長徳四年（九九八）	上	なし		なし			なし	
	下	1 あり（四条）	1	1 あり（四条）	某	1	なし	二（三条）
長保元年（九九九）	上	現存せず	2	1 あり（四六条）	某	1	なし	二（一一条）
	下	2 あり（五一条）	3	1 あり（四九条）	某	1	なし	二（七条）
長保二年（一〇〇〇）	上	3 あり（八三条）	4	1 あり（八三条）	某	1	なし	二（一三条）・三（一条）・四（一六条）
	下	なし		なし			なし	
長保三年（一〇〇一）	上	なし		なし			なし	
	下	なし		なし			なし	
長保四年（一〇〇二）	上	なし		なし			なし	
	下	なし		なし			なし	
長保五年（一〇〇三）	上	なし		なし			なし	
	下	なし		なし			なし	
寛弘元年（一〇〇四）	上	4 あり（一四七条）	5	2 あり（一四六条）	某	2	なし	二（二一条）・五（一条）
	下	現存せず	6	2 あり（一八八条）	某	2	なし	五（二条）
寛弘二年（一〇〇五）	上	5 あり（一三〇条）	7	現存せず		3	あり（一二八条）	三（一条）・五（四条）
	下	現存せず	8	現存せず		3	あり（一三四条）	五（五条）
寛弘三年（一〇〇六）	上	現存せず	9	現存せず		4	あり（九二条）	三（一条）・五（一条）
	下	現存せず	10	現存せず		4	あり（一二一条）	五（五条）

寛弘四年（一〇〇七）	上	現存せず	11	現存せず		5	あり（一二八条）	五（四条）
	下	6 あり（六九条）	12	現存せず		5	あり（六九条）	五（一条）
寛弘五年（一〇〇八）	上	現存せず	13	現存せず		6	あり（一一七条）	
	下	7 あり（三八条）	14	現存せず		6	あり（三八条）	五（二条）
寛弘六年（一〇〇九）	上	現存せず	15	3 あり（三八条）	某	7	なし	五（一条）
	下	8 あり（一二六条）	16	3 あり（一二五条）	師実	7	なし	五（一条）
寛弘七年（一〇一〇）	上	9 あり（一〇二条）	17	4 あり（一〇一条）	某	8	なし	五（二条）
	下	現存せず	18	4 あり（一四二条）	某	8	なし	五（六条）
寛弘八年（一〇一一）	上	10 あり（一二三条）	19	5 あり（一二三条）	師実	9	なし	五（二条）
	下	現存せず	20	5 あり（一一五条）	師実	9	なし	
長和元年（一〇一二）	上	11 あり（一二〇条）	21	6 あり（一一九条）	某	10	なし	五（三条）
	下	現存せず	22	6 あり（一七五条）	某	10	なし	五（三条）
長和二年（一〇一三）	上	現存せず	23	7 あり（一七四条）	某	11	あり（一七五条）	五（六条）
	下	現存せず	24	7 あり（一五八条）	某	11	なし	五（二条）
長和三年（一〇一四）	上	現存せず		なし			なし	
	下	現存せず		なし			なし	
長和四年（一〇一五）	上	現存せず	25	8 あり（一三〇条）	某	12	なし	
	下	現存せず	26	8 あり（一三四条）	師実	12	なし	五（四条）・六（一条）

長和五年（一〇一六）上	現存せず	27	9 あり（一五一条）	師実	13	なし	五（二条）
下	現存せず	28	9 あり（一三九条）	某	13	なし	五（一条）
寛仁元年（一〇一七）上	現存せず	29	10 あり（一五九条）	師実	14	なし	一（二条）・七（一条）
下	現存せず	30	10 あり（一四〇条）	某	14	なし	一（五条）・五（六条）
寛仁二年（一〇一八）上	12 あり（一四四条）	31	11 あり（一四三条）	某	15	なし	五（二条）
下	現存せず	32	11 あり（一一七条）	某	15	なし	五（一条）
寛仁三年（一〇一九）上	現存せず	33	12 あり（六四条）	某	16	なし	五（四条）
下	13 あり（一〇条）	34	12 あり（一〇条）	某	16	なし	
寛仁四年（一〇二〇）上	14 あり（三条）	35	12 あり（三条）	某	16	なし	五（一条）
下	なし		なし			なし	
治安元年（一〇二一）上	なし		なし			なし	
下	現存せず	36	12 あり（五条）	某	16	なし	

『御堂関白記』自筆本の伝来

ここで『御堂関白記』自筆本の取り分け巻を推定してみよう。元々三六巻あった自筆本暦記は、鎌倉時代初期に摂関家が近衛家と九条家に分立した際に分割されて取り分けられた。三六巻のうちの半分、一八巻を九条家と分け合ったのであろう。上下巻共（つまり一年分）残っている年はない。ということは、二家で半年ずつ分け合ったのであろう。(3)

道長—頼通—師実—師通—忠実—忠通
- 基実（近衛）—基通—家実
  - 兼経（近衛）
  - 兼平（鷹司）
- 兼実（九条）—良経—道家
  - 教実（九条）
  - 良実（二条）
  - 実経（一条）

しかし、現在、近衛家の陽明文庫に所蔵されている自筆本は一四巻である。一八巻のうちの四巻を、近衛家から分立した鷹司家に譲った結果、現在は一四巻が残されているのであろうか。同様、九条家も、二条家と一条家が分立した際に一八巻のうちの何巻かをそれぞれ譲り、近衛家以外の四家は、いずれも焼失させてしまったのであろう。

近衛家が鷹司家に譲ったのは、おそらく、自筆本が上下共に残っていない寛弘三年・長和二年・長和四年・長和五年・寛仁元年の上下いずれかの五巻のうち、四巻分であったものと考えられる。たぶん、自筆本を書写した江戸時代の写本である平松本が残っている長和二年を除いた四巻だったであろうか（平松本あるいはその祖本が書写された時点で、長和二年の自筆本が九条家にあったのか、それとも別の場所にあったのかは、興味深いところである）。

ここで、近衛家がどのような基準で九条家と一八巻を取り分けたかを推定してみる。現在、陽明文庫に残されている自筆本一四巻（□で囲った）と、鷹司家に譲る前には近衛家にあったと思われる四巻（┆┆で囲った）は、以下の通りである。その春夏、もしくは秋冬の半年の間に起こった主な出来事と共に示してみる。

長徳四年（九九八）　下01　『御堂関白記』記録再開か

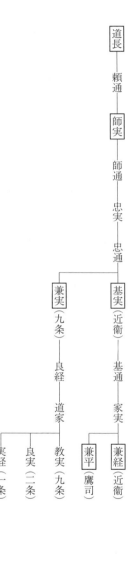

長保元年（九九九）	上02　東三条院行幸	下03　彰子入内
長保二年（一〇〇〇）	上04　彰子立后	
寛弘元年（一〇〇四）	上05　頼通春日祭使	下06　寛弘改元
寛弘二年（一〇〇五）	上07　彰子大原野社行啓	下08　内裏焼亡
寛弘三年（一〇〇六）	上09　東三条第花宴	下10　神鏡定、土御門第行幸
寛弘四年（一〇〇七）	上11　土御門第曲水宴・内裏密宴	下12　金峯山詣
寛弘五年（一〇〇八）	上13　花山院崩御	下14　彰子敦成親王出産
寛弘六年（一〇〇九）	上15　比叡山舎利会	下16　彰子敦良親王出産
寛弘七年（一〇一〇）	上17　敦良親王五十日儀	下18　敦良親王百日儀
寛弘八年（一〇一一）	上19　一条天皇譲位・三条天皇即位	下20　内裏遷御
長和元年（一〇一二）	上21　妍子立后	下22　大嘗会
長和二年（一〇一三）	上23　東宮敦成親王朝覲行啓	下24　妍子禎子内親王出産
長和四年（一〇一五）	上25　禎子内親王着袴	下26　道長准摂政
長和五年（一〇一六）	上27　後一条天皇即位・道長摂政	下28　大嘗会御禊
寛仁元年（一〇一七）	上29　頼通摂政	下30　敦良親王立太子
寛仁二年（一〇一八）	上31　後一条天皇元服	下32　威子立后
寛仁三年（一〇一九）	上33　嬉子着裳	下34　敦良親王元服
寛仁四年（一〇二〇）	上35　無量寿院供養	
治安元年（一〇二一）		下36　念仏

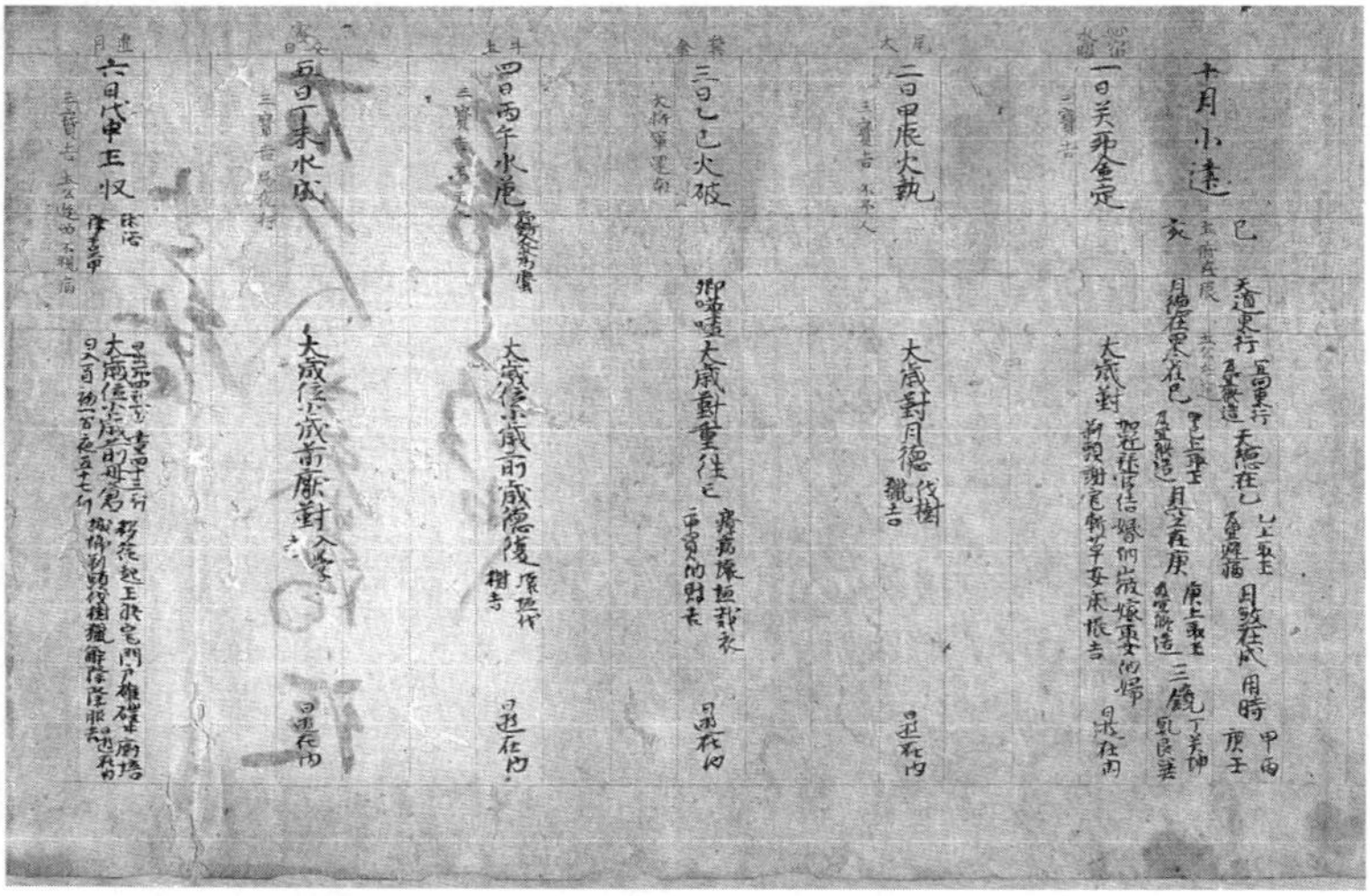

図3　治安元年具注暦断簡

一見して明らかなように、女の地位や所生の皇子に関わる巻を、近衛家では取り分けていたようである。鷹司家に譲る前に近衛家にあった巻も、寛弘三年は土御門第行幸のあった下巻、長和二年は東宮朝覲行啓のあった上巻、長和四年は道長が准摂政となった下巻、寛仁元年は敦良立太子のあった下巻であったことが推測できる。

道長の行なった儀礼は、「寛弘の佳例」という言葉が象徴するように、摂関家にとっては最も輝かしい先例であった。近衛家としても、将来における立后や皇子誕生、立太子などの際の前例とするために、それらが記録されている『御堂関白記』の自筆本を自家に残しておきたかったのであろう。

なお、治安元年九月三十日から十月十三日までの具注暦断簡が陽明文庫で発見された。これも元々は近衛家が取り分けた『御堂関白記』を記した治安元年具注暦の下巻の一部である可能性も否定できないが、かといって、これが『御堂関白記』であると断定することもできない。

すでに出家して久しく、念仏の回数しか記していない道長が具注暦を必要としたのかどうか、また、具注暦を必要としたのはむしろ関白の頼通であるとも思われるのである。間明きのある具注暦は、原則として一家に一本しか存在し得なかったと言われる。道長が『御堂関白記』を記した具注暦は、たとえ記事のない巻でも、近衛家は大切に保存している。この断簡の作り方は、むしろ道長以外の者が暦として使用し、日記は記録しなかった、文字通り反古紙であったに相応しいと思われる。頼通の方の具注暦が近衛家に伝わり、それが陽明文庫に残された可能性も、十分にあると考えられる。

古写本と『御堂御記抄』、他の写本

平安時代後期、道長の孫の藤原師実の代に、一年分一巻からなる古写本一六巻が書写された（長徳・長保年間、および寛仁三年から治安元年までは記事が少ないため、三年分をまとめて一巻としている）。自筆本の破格な漢文を普通の漢文に直そうとしたり、文字の誤りを正そうとしたりする意識も見られるが、自筆本の記載を尊重している箇所も多い（自筆本の記載を書き落としている場合も九箇所あるが）。一部（合わせて三年分）は師実自身の筆（「大殿御筆」）、他はおそらく家司によるものである。古写本の書写については、新たに第二部第一章で論じることとしたい。

現在、陽明文庫に一二巻が所蔵されている。この古写本でさえ、同時代の『小右記』や『権記』の最古の写本よりも古く、しかも書写の来歴がはっきりしているのである。

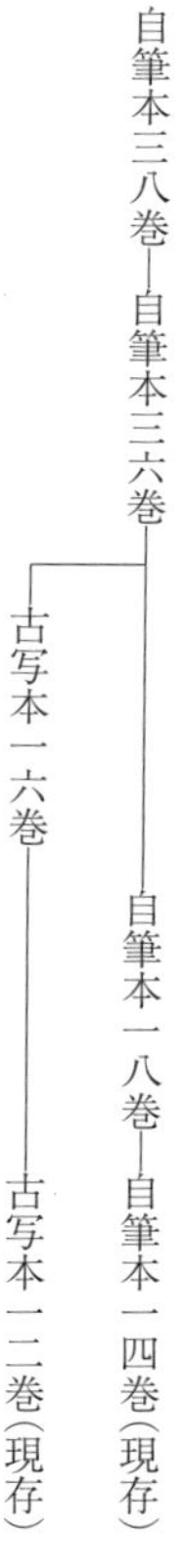

また、平安時代後期に、おそらくは師実の手によって抄出された『御堂御記抄』七種もある。第一種から第五種までは古写本からの抄出、第六種と第七種は自筆本からの抄出とされている。特に道長が日記を記し始めた長徳元年の記事については、『御堂御記抄』第一種しか現存せず（長徳元年については、道長自身の記した日記からでは

図4　寛弘元年二月六日条（上・古写本、下・予楽院本）

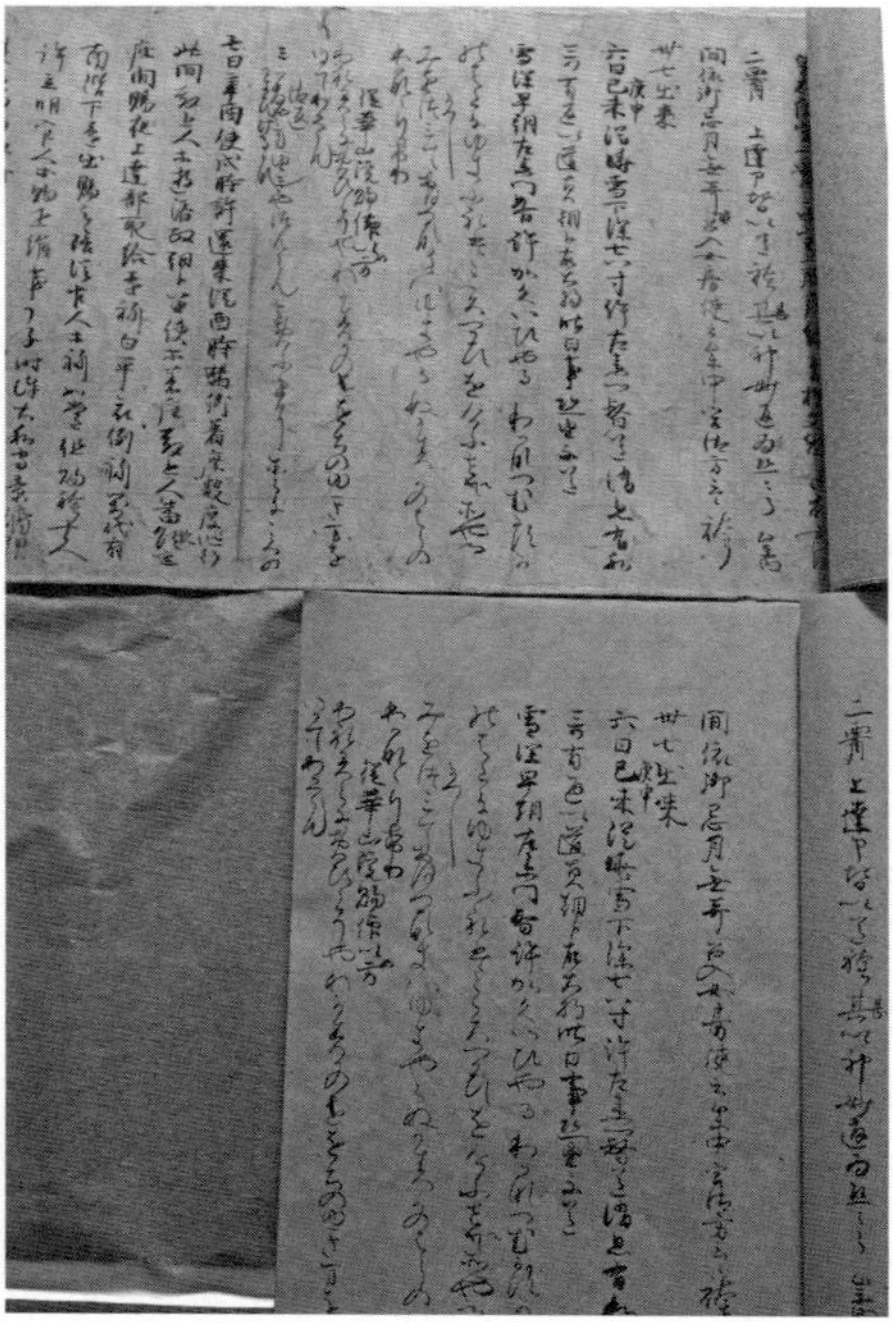

なく、先ほど述べた「文殿記」の抄出の可能性もある）、貴重な史料となっている。これも陽明文庫に所蔵されている。

その他、予楽院本系統（予楽院本一七冊・柳原本一一冊・明治十八年本四冊・明治十七年本八冊）、元禄本系統（元禄本二冊・久世本一冊・藤波本五冊・松岡本三冊・平松本五冊・菊亭本五冊・滋野井本六冊・林崎文庫本五冊・天保献本二冊・神習文庫本二冊・秘閣本五冊・内閣本三冊・甘露寺本五冊・榊原本五冊）、壬生本系統（壬生本一冊・鷹司本二冊・鷹司秘本四冊・天明本三冊）などの、いわゆる転写本がある。

これらのうち、予楽院本は近衛家熙（寛文七年〈一六六七〉—元文元年〈一七三六〉）によるもので、古写本を、筆跡から改行、訂正や符号まで、まったく寸分違わず書写したものである。まさに天才の名に相応しいと言えよう。これも陽明文庫に所蔵されているが、ほとんど顧みられることがないのは、まことに残念である。

『御堂関白記』の記録状況

	総日数	記録日数	記録率	記録字数	一条あたり字数
長徳元年（九九五）上	一七七	八	四・五二	一〇七	一三・四
下	一七七	九	五・〇八	一八九	二一・〇

	総日数	記録日数	記録率	記録字数	一条あたり字数
寛弘六年（一〇〇九）上	一七七	三八	二一・四七	一二五九	三三・一
下	一七七	一二六	七一・一九	五六三七	四四・七

長徳二年（九九六）上					
下					
長徳三年（九九七）上					
下					
長徳四年（九九八）上					
下	一七八	四	二・二五	一六二	四〇・五
長保元年（九九九）上	二〇六	四六	二二・三三	一五二四	三三・一
下	一七八	五一	二八・六五	一〇八七	二一・三
長保二年（一〇〇〇）上	一七七	八三	四六・八九	二〇七八	二五・〇
下					
長保三年（一〇〇一）上					
下					
長保四年（一〇〇二）上					
下					
長保五年（一〇〇三）上					
下					
寛弘元年（一〇〇四）上	一七七	一四七	八三・〇五	八一二四	五五・三
下	二〇七	一八八	九〇・八二	九三五一	四九・七
寛弘二年（一〇〇五）上	一七七	一三〇	七二・三二	三九七二	三〇・六
下	一七七	一三四	七五・七一	五七七七	四三・一
寛弘三年（一〇〇六）上	一七七	九二	五一・九八	三五七四	三八・八
下	一七八	一二一	六七・九八	六六一四	五四・七
寛弘四年（一〇〇七）上	二〇六	一二八	六二・一四	六九九八	五四・七
下	一七八	六九	三八・七六	二九九七	四三・四
寛弘五年（一〇〇八）上	一七六	一一七	六六・四八	三九八一	三四・〇
下	一七八	三八	二一・三五	二一四四	五六・四
寛弘七年（一〇一〇）上	二〇七	一〇二	四九・二八	五〇三一	四九・三
下	一七七	一四二	八〇・二三	五五五一	三九・一
寛弘八年（一〇一一）上	一七七	一二三	六九・四九	四六七三	三八・〇
下	一七七	一一五	六四・九七	五三〇六	四六・一
長和元年（一〇一二）上	一七八	一二〇	六七・四二	六二八六	五二・四
下	二〇六	一七五	八四・九五	一〇九七八	六二・七
長和二年（一〇一三）上	一七八	一七五	九八・三一	一一〇三三	六三・一
下	一七七	一五八	八九・二七	九四三九	五九・七
長和三年（一〇一四）上					
下					
長和四年（一〇一五）上	二〇六	一三〇	六三・一一	五〇四九	三八・八
下	一七八	一三四	七五・二八	七〇七一	五二・八
長和五年（一〇一六）上	一七七	一五一	八五・三一	一〇八五五	七一・九
下	一七八	一三九	七八・〇九	六四五二	四六・四
寛仁元年（一〇一七）上	一七六	一五九	九〇・三四	七六二一	四七・九
下	一七八	一四〇	七八・六五	七六一三	五四・四
寛仁二年（一〇一八）上	二〇六	一四四	六九・九〇	八四九〇	五九・〇
下	一七八	一一七	六五・七三	八〇九六	六九・二
寛仁三年（一〇一九）上	一七七	六四	三六・一六	二八六八	四四・八
下	一七七	一〇	五・六五	一八〇	一八・〇
寛仁四年（一〇二〇）上	一七七	三	一・六九	一〇一	三三・七
下					
治安元年（一〇二一）上					
下	一七七	五	二・八二	六三	四・四
合計	六九四〇	三八二五	五五・二三	一八八二九〇	四九・一

『御堂関白記』の保存

これらの『御堂関白記』は、奇跡的に今日まで残ったとよく言われるが、残ったのではない。近衛家の人々が残したのである。自筆本はその後の摂関家最高の重宝とされ、（一説には宇治の平等院の）経蔵、または近衛家の文庫の奥深くに厳重に秘蔵され、現役の摂関でさえも容易に見ることができなかったほどであった（『兵範記』）。また、日常的な閲覧に供された古写本は、車倉（文車）に載せられて（『殿暦』）、火災の際には真っ先に運び出せるようにしてきたという推測もある。(4)

『御堂関白記』が厳重に扱われていたことは、たとえば『御堂関白記』には師実の時代の古写本以外、江戸時代以前に書写された古写本がまったく存在しないことからも明らかである。江戸時代よりも前には、『御堂関白記』は公卿社会に出まわるような性格のものではなかったのである。

また、中世の日記などでは、記事がなかったり少なかったりした巻は、解体されて反故紙として再利用される例が多いのであるが（近衛家実の『猪熊関白記』や近衛道嗣の『後深心院関白記』など、摂関の日記でも、これは免れなかった）、道長の『御堂関白記』は、まったく記事のない月でも、再利用されることなく大切に保存されている。近衛家が火災の際に、『源氏物語』は火中に残したまま、『御堂関白記』だけを持ち出したという話も伝わっている。

『御堂関白記』の特色

『御堂関白記』の最大の特色は、記主本人の記録した自筆の暦記が残っているという点にある。道長はどのようにしてこの日の記事を書いたのか、また書き替えたり抹消したりしたのか、誤記や紙背に記した裏書も含めて、筆記の顚末がありのままにわかるのである。また、書き方の特徴からは、道長の心性が窺えることも、しばしば経験する。千年も前の偉大な人物と心が通じる瞬間があるというのも、自筆本の日記を読む際の醍醐味であろう。

註

（1）阿部秋生「藤原道長の日記の諸本について」（『日本学士院紀要』第八巻第二・三号、一九五〇年）。

（2）山下克明『平安貴族社会と具注暦』（臨川書店、二〇一七年）、倉本一宏「『延喜式』と頒暦・具注暦」（『国立歴史民俗博物館研究報告』掲載予定、二〇一九年）。

（3）名和修「『御堂関白記』余話」（『土車』第六八号、一九九三年）。

（4）松薗斉「文車考」（『王朝日記論』法政大学出版局、二〇〇六年、初出二〇〇五年）。

第一部

『御堂関白記』自筆本をめぐって

第一章　『御堂関白記』の裏書

はじめに

古記録の裏書に対するイメージは、一般的には、たとえば、古く玉井幸助氏が、

書く事の多い日は裏に書き又は別紙に記した事も前章の用例中に窺はれる。

と述べられたように[1]、表面に書ききれない部分を紙背に記したものと考えられているのではないだろうか。『御堂関白記』についても、大日本古記録の解題に、

書ききれない時は次日条の下部に及び、更に裏書に続くこともある。

とある[2]。要するに、表（具注暦）に書ききれなかったから、仕方なく続きを紙背（裏）に書いたものと考えられているようである。

本章では、『小右記』『権記』といった『御堂関白記』と同時期の古記録の裏書について考えたうえで、『御堂関白記』自筆本の裏書の内容と記載状況を論じる。藤原道長が『御堂関白記』の記事を記録した際の心性を考察し、ひいては古記録の機能について推測する。

なお、以下の記述、『御堂関白記』に関しては、大日本古記録の活字版ではなく、陽明叢書の写真版[3]を参照しながらお読みいただければ幸いである。

一　『小右記』の裏書

まずはじめに、『小右記』の裏書に関して見てみよう。もちろん、『小右記』に自筆本は存在しないが、写本に裏書が存在するもの、また写本には裏書は存在しないものの、元は裏書が存在したことを窺わせる記述のあるものがある。

前田本・九条本・伏見宮本・東山御文庫本といった古写本で実際に紙背に記されている裏書は、その前の段階から裏書であったものと思われるし、また、現段階の写本には裏書が存在しなくても、その存在を窺わせる記述のあるものは、元々は裏書が存在したはずである。なお、冊子本の新写本には、「ウラ書」とか「裏書」と記したうえで裏書の記述を書写することも多い。以下に大日本古記録の底本と共に、それらを並べてみる。

1　長保元年十月十八日条　前田本甲（広本）（その日の記事全体を裏に記す）
2　長保三年十月十一日条　野府記（叙位の結果を裏に記す。「在裏」［実際には紙背になし］）
3　長和元年五月四日条　前田本甲（広本）（占注を裏に記す。「占注裏」）
4　長和元年七月廿五日条　秘閣本（略本）（唐暦を裏に記す。「其文注裏」）
5　長和二年八月十一日条　前田本甲（広本）（定文案を裏に記す。「定文案注裏」）
6　長和二年八月廿六日条　前田本甲（広本）（前駆の差文を裏に記す。「注暦裏」［実際には紙背になし。本文に続く］）
7　長和四年五月廿七日条　秘閣本（広本）（詔書を裏に記す。「詔在暦裏」）
8　長和四年九月廿日条　前田本甲（広本）（叙位の結果を裏に記す）
9　長和四年十二月廿八日条　前田本甲（広本）（造宮杣入の日を裏に記す。「在裏」［実際には紙背になし］）

10　長和五年二月十四日条　九条本（広本）（詔書を裏に記す。「詔書注暦裏」）
11　長和五年五月廿八日条　前田本甲（広本）（牒状を裏に記す。「牒状注暦裏」）
12　寛仁元年八月九日条　前田本甲（広本）（宣命を裏に記す。「宣命注裏」［実際には紙背になし］）
13　寛仁元年八月九日条　前田本甲（広本）（除目を裏に記す。「除目在裏」［実際には紙背になし］）
14　寛仁元年九月十一日条　前田本甲（広本）（故殿御記を裏に記す。「故殿御記在暦裏」［実際には紙背になし］）
15　寛仁元年十月九日条　前田本甲（広本）（定文を裏に記す。「定文在裏」）
16　寛仁元年十月十三日条　前田本甲（広本）（勘文を裏に記す。「在暦裏」）
17　寛仁元年十一月廿三日条　前田本甲（広本）（宣命を裏に記す。「宣命注暦裏」）
18　寛仁元年十二月廿二日条　前田本甲（広本）（詔書を裏に記す。「詔書在裏」）
19　寛仁二年十月廿二日条　前田本甲（広本）（室礼を裏に記す）
20　寛仁三年五月十五日条　前田本甲（広本）（仰書を裏に記す。「仰書在裏」）
21　寛仁三年七月九日条　前田本甲（広本）（太政官符を裏に記す）
22　寛仁三年八月三日条　前田本甲（広本）（大宰府解を裏に記す。「注裏」）
23　寛仁三年十二月五日条　前田本甲（広本）（定文を裏に記す。「定文注裏」）
24　寛仁四年九月十六日条　東山御文庫本（略本）（勘文を裏に記す。「勘申注暦裏」［実際には紙背になし。本文に続く］）
25　寛仁四年十一月八日条　前田本甲（広本）（仰書を裏に記す。「仰書注裏」）
26　治安元年八月一日条　東山御文庫本（略本）（勘文を裏に記す。「其勘文等注裏」［実際には紙背になし。本文に続く］）

27　治安元年八月廿二日条　東山御文庫本（略本）（見参簿を裏に記す。「見参二枚注暦裏」［実際には紙背になし。本文に続く」）

28　治安元年十月廿二日条　九条本（広本）（上表文を裏に記す）

29　治安元年十月廿六日条　九条本（広本）（上表文を裏に記す）

30　万寿二年八月七日条　伏見宮本（広本）（追記を裏に記す。「追記付暦裏」［実際には紙背になし］）

31　万寿四年十一月十日条　伏見宮本（略本）（例文と勘文を裏に記す。「例文幷勘文在裏」［実際には紙背になし］）

32　万寿四年十二月廿四日条　東山御文庫本（広本）（勘文を裏に記す。「注裏」［実際には紙背になし］）

33　長元二年八月二日条　九条本（広本）（出雲解文を裏に記す。「出雲解文注暦裏」［実際には紙背になし。本文に続く」）

34　長元二年八月四日条　九条本（広本）（勘文を裏に記す。「注暦裏」［実際には紙背になし。本文に続く」）

35　長元五年十二月十四日条　九条本（広本）（村上御記を裏に記す。「邑上御記注付暦裏」［実際には紙背になし］）

これら三五例を見てみると、長和・寛仁年間に裏書が多いことに気付く。写本の残り方の問題もあろうが、やはり『小右記』の記述量が格段に多くなった長和年間というのが、一つの画期をなしていたようである。

また、写本毎の数を並べてみると、野府記が一、前田本甲（広本）が二〇、九条本（広本）が六、伏見宮本（広本）が一、伏見宮本（略本）が一、東山御文庫本（広本）が一、東山御文庫本（略本）が三、秘閣本が二といったところである。これも単純に比較できないものの、前田本甲（広本）の多さが特徴的である。その書写の方針によるものであろう。

さらに、裏書として記録された内容（「在暦裏」と記しておきながら、現在残されている写本には裏書が存在しない場合もあるが）は、宣命・詔書・太政官符・牒状・大宰府解・出雲解文・定文・除目の結果・叙位の結果・前駆の差文・村上御記・故殿御記・占注・勘文・例文・上表文・仰書・見参簿・唐暦・追記・その日の記事全体、というものである。いずれも表の記載に関わりながら、独立した文書であったものである。

元々は独立した文書であった占文や詔書などの写しを裏返しにして貼り継ぎ、その紙背（つまり具注暦でいう表側）に日次記を記したのではないかとの推測も成り立つ（大津透氏のご教示による）。あるいは白い紙の裏にこれらの文書を貼り、表に日次記を記した可能性もある。

それに関連して、「暦裏」という語が頻出することにも注目したい。これは『小右記』の記事をどのようにして記していたかの問題に関わるのであるが、あれだけの長さの記事を毎日記していた『小右記』にしては、現状では裏書の数はきわめて少ない。しかも、特定の部分の独立した文書を紙背に記した（あるいは貼り継いだ）かの観もある。

「暦記」「暦面」「暦裏」という語があるので、『小右記』も元々は具注暦に記されていたことは確実である。しかも、道長のように頻繁に具注暦を裏返して紙背に記録することが少なかったということから考えられる可能性としては、毎日、具注暦を切っては間に紙を貼り継ぎ、その紙に記事を記していたのではなかろうか。これもあるいは、白い紙の表に具注暦の暦部分だけを切っては貼っていったのかもしれない。

そして、特に独立した文書が手許にあり、それを日記の一部として残したい場合のみ、裏返しにして貼り継ぎ、その紙背に、その文書に関わる普通の記事を記録したのであろう。

二 『権記』の裏書

次に『権記』の裏書を見てみよう。裏書の存在を窺わせる部分、および実際に紙背に記されている部分を並べてみる。いずれも伏見宮本『行成卿記』である。

1　長保五年四月十四日条（賀茂祭使を裏に記す。実際には紙背になし。「裏書云、」として本文に続く）
2　長保五年四月廿一日条（競馬の結果を裏に記す。実際には紙背になし。「裏書云、」として本文に続く）
3　長保五年六月十三日条（法会に招請した僧の料物を裏に記す。実際には紙背になし。「裏書云、」として本文に続く）
4　長保五年十月廿三日条（鬢色の衰えを裏に記す。実際には紙背になし。「裏書云、」として本文に続く）
5　寛弘二年七月十日条（施米文奏上の記事、学生試御前評定の記事を裏に記す）
6　寛弘二年九月廿九日条（雲上に連行される夢想を裏に記す）
7　寛弘二年十一月廿七日条（太政官朝所触穢を裏に記す）
8　寛弘三年二月三日条（地震奏を裏に記す。実際には紙背になし。「裏書云、」として本文に続く）
9　寛弘四年二月廿八日条（道長春日詣の供奉の公卿以下を裏に記す。実際には紙背になし。「裏書、」として本文に続く）
10　寛弘四年二月廿九日条（春日社頭の儀を裏に記す。実際には紙背になし。「裏書也、」として本文に記す）
11　寛弘六年三月四日条（除目の結果以下を裏に記す。実際には紙背になし。「裏書云、」として本文に続く）
12　寛弘七年三月廿一日条（最勝講始の講師以下を裏に記す。実際には紙背になし。「裏書云、」として本文に続く）
13　寛弘八年七月八日条㋑（故一条院葬送の引導僧を裏に記す）
14　寛弘八年七月八日条㋺（故一条院葬送の迎火を奉仕した者を裏に記す）
15　寛弘八年七月八日条㋩（故一条院葬送の行障を奉仕した者を裏に記す）
16　寛弘八年八月廿七日条（「建礼門院行幸記」に対して、「七字裏書也、」と注記す）
17　寛弘八年十月十六日条（三条天皇即位式に際して、「後聞、」以下を裏に記す）
18　寛弘八年十一月十四日条（故一条院近臣争論の夢想を裏に記す。表の記事なし）
19　治安三年十月十三日条（『治安御賀部類記』）

（源倫子六十歳算賀に際して、「参御賀所、」以下を裏に記す。実際には紙背になし。「裏、」として本文に続く）

以上の一九例のうち、実際に写本の紙背に記されていたものが八例、元々は裏書であったものを、書写の段階で「裏書云、」「裏書也、」として本文に続けて記したものが一一例である。これも元は紙背に記されていたものであろう。内容は、除目の結果・葬送の奉仕者・地震奏・供奉の公卿・祭使・競馬の結果・僧の料物・招僧・長い記事・夢想・鬢色の衰え・後に聞いた記事、といったところである。

夢想や鬢色の衰えなど、個人的な出来事や感慨を記している点が、『小右記』と異なるところであろう。また、『小右記』と比較すると、独立した文書は、除目の結果と地震奏（の案文か）くらいと少なく、儀式に際しての細かい内容（参列者や招僧）、長い記事や後に聞いた記事などが目立つ。そこには、後に述べる『御堂関白記』とよく似た傾向が読み取れる。

三　『御堂関白記』自筆本の裏書

それでは、『御堂関白記』自筆本における裏書とは、どのような性格を持つものなのであろうか。まずは以下に並べてみる。本文の引用の「／」の前に表の末尾の記事、後に裏書の最初の記事を示した。

1　寛弘元年二月五日条（春日祭使頼通出立）　表一三六字・裏三九三字
　左近尉兼時笏受、／次従簾中列上卿、有肴物、……

2　寛弘元年二月六日条（藤原公任・花山院と和歌の贈答）　表三六字・裏一五二字（裏に日付あり）
　昨日事恐由示送、／六日、雪深、朝早左衛門督許かくいひやる、……

3　寛弘元年二月廿二日条（仁王会定・祈年穀奉幣使発遣日時・焼尾荒鎮）　表一二八字・裏七三字

令奏、至罪名主各共／可有罪、先新任者、……

4　寛弘元年二月廿六日条（住吉社神人愁訴・直物）　表一一四字・裏七字

直物了下名受右衛門督、子刻許了、／大蔵卿志車借帯、

5　寛弘元年三月七日条（諸国申請雑事定・内裏季御読経定・受領功過定・諸寺別当定）　表九五字・裏四五字

此次以林懐法華寺別当蓮聖替任、／参候上達部右大臣・内大臣・……

6　寛弘元年三月九日条（上巳祓・官奏・敦康親王御祓・東宮昇殿・阿闍梨）　表一〇六字・裏七七字

経頼・伊与守明順・伊賀守為義等也、／候御前、被仰雑事次、……

7　寛弘元年三月十三日条（法興院万燈会）　表一〇七字・裏一一七字

依無便無諷誦、／請僧十三人、僧綱臨時送消息也、……

8　寛弘元年三月十六日条（臨時仁王会・盗人追捕）　表九五字・裏二〇字

可遣官人云、以／以陳政朝臣令啓事由、……

9　寛弘元年三月廿五日条（源倫子大般若経供養）　表一二〇字・裏一四七字

事了還来、／講師前大僧正観、児願僧正雅慶、……

10　寛弘元年三月廿七日条（内裏季御読経始・陣定）　表一〇一字・裏三九字

定了退出、／参入上達部右府・内府・右大将・……

11　寛弘元年三月廿八日条（馬を内裏に献上・花山院花見）　表一〇九字・裏六六字

余所儲御前物幷破子、／於彼房供、仰左衛門督令和哥題二首料、……

12　寛弘元年四月廿日条（賀茂祭）　表六七字・裏三七字

同門下立御車、／申馬人々左近中将頼定・春宮大進頼光各一疋、……

13　寛弘元年五月十九日条（東三条院の為の法華八講始）　表九八字・裏一四九字
故院女方・太内女方等多来、／請僧、証議者座主覚慶・前大僧正観、……

14　寛弘元年五月廿一日条（東三条院の為の法華八講五巻日）　表一一九字・裏一八八字
……・三位中将・大蔵卿等来、／即打鐘入堂、講師登高座後、……

15　寛弘元年五月廿七日条（花山院土御門第御幸）　表一〇七字・裏二三九字
一番左保信、右武文、左勝、／十番了、算持、勝負楽各奏、……

16　寛弘二年正月十一日条（女御に加階）　表三九字・裏一四〇字
解由長官又来云資業慶、／戌時許左頭中将経房来云、……

17　寛弘二年三月八日条（中宮大原野社行啓）　表一〇四字・裏九八字
頭中将経房仰神人可有賞、／依行幸例可行者、神殿領茂木賜一階、……

18　寛弘二年五月廿四日条（土御門第法華三十講番立義）　表九一字・裏一〇一字
義式各相分、／右府・内府・春宮大夫・……等来、……

19　寛弘二年六月十九日条（小除目）　表九八字・裏一六字
奏請書、民部卿褰退出、／宰相中将車・牛・御前等送、……

20　寛弘四年八月十一日条（金峯山詣・経供養・埋経・帰途に就く）　表一四〇字・裏二六六字（裏に日付あり）
講師・呪願綾掛一重、五僧白掛一重、／十一日、百僧絹一疋・袈裟一条、……

21　寛弘四年十月一日条（土御門第仏経供養）　表九六字・裏一二九字（裏に日付あり）
呪願前大僧正観修、読師明肇僧都、／一日、三礼覚運大僧都、唄観助律師、……

22　寛弘四年十一月八日条（春日祭使出立）　表七八字・裏一一〇字（裏に日付あり）

後以宰相中将、仰給府生奏由、／八日、是国再拝立舞、……

23　寛弘四年十二月二日条（浄妙寺多宝塔供養）　表七二字・裏一三三字（裏に日付あり）

南北立長座、讃以下為座、／二日、依雨、三昧堂南西廂遷僧座、……

24　寛弘四年十二月十日条（藤原定頼童殿上・藤原公季法性寺三昧堂供養）　表六九字・裏一〇二字（裏に日付あり）

内大臣彼寺／十日、立堂供養、為入礼向、大臣有悦気、……

25　寛弘五年十月十六日条（土御門第行幸・皇子敦成に親王宣下）　表一一三字・裏四三一字（裏に日付あり）

陪膳三位徳子、／十六日、候宿上女方等供御膳、……

26　寛弘五年十月十七日条（敦成親王家別当定）　表六三字・裏二七〇字（裏に日付あり）

任人等申慶由、／十七日、左近衛中将源朝臣頼定・……

27　寛弘五年十二月廿日条（敦成親王百日儀）　表一〇九字・裏一四六字（裏に日付あり）

奉抱宮候、上含之給、／廿日、御陪膳橘三位、徳子……

28　寛弘六年七月七日条（御庚申待・賀茂斎院、中宮に琵琶・琴を献上）　表五九字・裏一九字（裏に日付あり）

従斎院中宮琵琶・琴等被奉、是其／七日、形也、入腹中扇等、……

29　寛弘六年七月廿五日条（相撲内取・土師朝兼除名）　表六九字・裏一六字（裏に日付あり）

右相撲十五人候、／廿五日、忠道返給過状、朝兼除名、給身假、

30　寛弘六年八月十七日条（敦成親王内裏参入・信濃駒牽御馬分取）　表九二字・裏一八四字（裏に日付あり）

道方朝臣奏御馬引由、御昼御座、／十七日、召御馬、蔵人右衛門尉惟任従滝口方引御馬、……

31　寛弘六年九月二日条（東遊奉納・敦成親王御読経結願・進内侍罷申）　表五四字・裏五二字（裏に日付あり）

東対唐廂有饌、／二日、入夜進内侍参中宮、夫道忠之共、……

32　寛弘六年九月八日条（陣定・大宰府・筑後国申請雑事・宋人来着）　表九四字・裏九四字（裏に日付あり）
又筑後国／八日、守文信愁申廿箇条、所行府非例事、……

33　寛弘六年十一月十五日条（中宮御在所淵酔）　表〇字・裏四五字（裏に日付あり）
十五日、丙寅、／十五日、従内殿上人参中宮御方、来会上達部五六人、……

34　寛弘六年十一月十七日条（豊明節会）　表九四字・裏五二字（裏に日付あり）
五節後、内弁付右府退出、／十七日、不事了間、還御云々、……

35　寛弘六年十一月廿五日条（皇子敦良誕生）　表一二二字・裏一四〇字（裏に日付あり）
此間御使数度往還、／廿五日、巳時従内給御剱、……

36　寛弘六年十二月二日条（皇子敦良七夜産養）　表九八字・裏一四三字（裏に日付あり）
渡殿座賜禄、／二日、於本就殿上人上別座忠経、……

37　寛弘六年十二月十四日条（中宮造仏始・中宮修善・朝拝侍従・荷前使・内裏季御読経定・御仏名会・藤原実経元服・頼通橘氏是定）　表八一字・裏四九字（裏に日付あり）
御仏名亥時初、／十四日、侍従中納言子元服所送馬一疋、……

38　寛弘六年十二月廿三日条（中宮読経結願・東宮仏名会・枇杷殿造営・藤原実資に牛を贈る・内裏季御読経定・駿河国減省宣旨）　表一〇四字・裏一〇七字（裏に日付あり）
行事為時、於家、／廿三日、先日候奏駿河国惟治任減省主税勘文云、……

39　寛弘六年十二月廿六日条（中宮・敦成親王内裏参入・内裏季御読経始）　表七〇字・裏五八字
季御読経初、申故障不参、／候上達部東宮傅・右大将・大夫・……

40　寛弘七年正月七日条（白馬節会）　表八一字・裏七七字（裏に日付あり）

41　此間時刻遷偺、左右大将／七日、不参、我奏之、馬允持来見奏、……
寛弘七年正月十五日条（皇子敦良五十日儀）　表一〇六字・裏四一四字（裏に日付あり）
上達部居衝重、／十五日、其後供御膳、傅膳陪、……

42　寛弘七年正月十六日条（皇子敦良に親王宣下・敦良親王家別当定・踏歌節会・東宮婚儀日時勘申）　表一一六字・
裏三五字（裏に日付あり）
雑事等相定、給女方絹、／十六日、昨日中宮御前橘三位給会司云々、……

43　寛弘七年二月廿六日条（東宮尚侍御在所に渡御・藤原斉信・頼通着座）　表一一二字・裏九二字（裏に日付あり）
雨下通夜、／廿六日、東宮殿上・女方・蔵人所・刀帯陣・庁等送屯物、……

44　寛弘七年閏二月六日条（敦良親王百日儀）　表一一〇字・裏一〇〇字（裏に日付あり）
殿上人如常、事了御入、／六日、殿上・女方等送垸飯、……

45　寛弘七年三月十八日条（内裏仏経供養法会）　表九四字・裏四七七字（裏に日付あり）
自余装束如仁王会、／十八日、巳剋御南殿、同殿放北御障子懸御簾、……

46　寛弘七年三月廿五日条（最勝講結願・仁和寺観音院灌頂堂再建）　表八六字・裏一三九字（裏に日付あり）
各着座、事初、／廿五日、有諷誦、中宮・家北政所・一条政所・尚侍家・……

47　寛弘七年三月卅日条（除目・交替政）　表五四字・裏一六七字（裏に日付あり）
依召参上御前、依仰任之、／卅日、丹波守業遠依病辞退、……

48　寛弘七年四月廿四日条（賀茂祭）　表八三字・裏一三六字（裏に日付あり）
覧童是希有事也、／廿四日、物具頗宜調、無古物、……

49　寛弘七年四月廿五日条（賀茂祭使還立・敦成親王小南第渡御）　表七〇字・裏五四字

御前人々露身、／還日童装束済政調奉、余自装束皆借用、……

50　寛弘八年正月三日条（冷泉院拝礼・中宮和歌会）　表六〇字・裏三一字

給御衣、皆取乍重／持出、給傅・大夫・侍従中納言・藤中納言・左兵衛督等、……

51　寛弘八年正月五日条（叙位・大臣北面の座）　表六五字・裏二〇字（裏に日付あり）

召装束問処、申云、／五日、装束記無北面者、……

52　寛弘八年正月廿一日条（亡母忌日斎食・弓場始・藤原公成元服）　表四七字・裏九字

夜部内府孫元服、加冠率出物／也、可立厩云々、留一疋、

53　寛弘八年三月廿七日条（最勝講・仏経供養・極楽を思う）　表六二字・裏一四八字

而所修多是為現世也、此度／只思生後、請僧五十許口、……

54　寛弘八年四月十日条（斎院長官代官・闘乱）　表五七字・裏一五三字（裏に日付あり）

依物忌重、申明日定、／十日、入夜為義朝臣来申云、……

55　寛弘八年四月十五日条（賀茂斎院御禊）　表三一字・裏二九字（裏に日付あり）

此間雨降、甚雨也、／十五日、申馬人々中尹朝臣・実経々々・……

56　寛弘八年四月十八日条（賀茂祭／敦成親王・敦良親王見物）　表一五五字・裏七六字（裏に日付あり）

即与母々退出、／十八日、申馬人々、公信朝臣餝馬・引馬、……

57　寛弘八年四月廿一日条（吉田祭奉幣使）　表三一字・裏四四字（裏に日付あり）

女方参内、／廿一日、清通朝臣巡方馬瑙帯・唐鞍具・引馬具等持来、……

58　寛弘八年五月廿一日条（内裏一切経供養）　表八五字・裏六〇字（裏に日付あり）

僧座御帳東西、南上重行、御出、／廿一日、未一点打鐘、……

59　寛弘八年六月二日条（一条天皇、東宮と対面、譲位を告ぐ）　表六〇字・裏一五五字（裏に日付あり）
　令参上給有御消息、／二日、東対与同二対経渡殿参上、……
60　寛弘八年六月十三日条（一条天皇譲位・三条天皇受禅・敦成親王立坊）　表八八字・裏一三三字（裏に日付あり）
　戌時許頗宜御座、／十三日、此間出申行雑事、新帝御方蔵頭道方・通任、……
61　寛弘八年六月廿五日条（故一条院入棺・葬送・法事定）　表九六字・裏一六七字
　御入棺、人々伝舁、／入夜於殿奉可然人々留少々退出、……
62　長和元年正月三日条（藤原妍子立后宣旨）　表九一字・裏一一二字（裏に日付あり）
　亥時尚侍出東三条前給、／三日、上達部・殿上人着座、巡献後、……
63　長和元年正月廿七日条（除目・右大臣遅参）　表九二字・裏一五五字（裏に日付あり）
　入従明義渡公卿上入殿、依無便宜、／廿七日、問其案内、命云、……
64　長和元年二月十四日条（藤原妍子立后・宮司除目）　表一〇四字・裏三四四字（裏に日付あり）
　於陣清書奏之、賜式部、仰啓陣、／十四日、参諸本宮、以亮能信朝臣、……
65　長和元年三月廿三日条（一条院御法事定・内裏季御読経始・延暦寺賀表）　表六七字・裏四八字（裏に日付あり）
　定皇太后宮御八講事、／廿三日、入夜延暦寺奉中宮・東宮賀表、……
66　長和元年四月廿七日条（由祓・吉田祭・中宮内裏参入・藤原娍子立后・藤原教通藤原公任女と婚礼）　表八九字・裏三六〇字（裏に日付あり）
　仍臨時賜之、／廿七日、供奉上達部、春宮大夫・皇太后宮大夫・侍従中納言・……
67　長和元年五月一日条（斎院の夢想）　表五字・裏六八字
　参太内、候宿、／右大将相語云、賀茂祭雖有触穢事、……

68　長和元年五月廿三日条（内裏臨時御読経・藤原顕信の受戒に列す）　表八〇字・裏二〇三字（裏に日付あり）
　次新発来礼座主、是例事、／廿三日、其後新発還本房、……

69　寛仁二年正月三日条（後一条天皇元服の儀・楽遊・輦車宣旨）　表八〇字・裏九三四字（裏に日付あり）
　即経陣前皆西砌、于廊二間出庭／三日、中再拝、内弁立所、北面、……

70　寛仁二年正月五日条（元服後宴・叙位）　表八七字・裏八二字（裏に日付あり）
　倍膳采女進御盞、采女受之、置／五日、御台盤候、……

71　寛仁二年正月七日条（元服賀表・皇太后宮を太皇太后宮とする）　表一〇六字・裏一〇八字（裏に日付あり）
　次給下名、自如常、／七日、舁案者、奥人従机西退、……

72　寛仁二年二月九日条（太政大臣上表）　表八七字・裏一二一字（裏に日付あり）
　若返給可似例、／九日、必可被留者也、使来間雪降、……

73　寛仁二年三月一日条（後一条天皇、藤原威子に御書を賜う・由祓）　表五六字・裏八三字（裏に日付あり）
　上達在辺座、／一日、他上達部東南渡殿敷座、……

74　寛仁二年三月七日条（藤原威子入内・輦車宣旨）　表七八字・裏一五一字
　女方乗車、従東院大路上北、／従陽明行西、従小代小路行北、……

75　寛仁二年三月廿四日条（土御門第造営・摂政春日詣の際、闘乱あり）　表八四字・裏四〇四字（裏に日付あり）
　依家司申、／廿四日、賜禄各有差、抑林懐・扶公等不引物、……

76　寛仁二年三月廿五日条（後一条天皇、藤原威子御在所に渡御）　表一二一字・裏一四五字（裏に日付あり）
　乳母三人、三位一人・／廿五日、典侍二人女装束、加綾褂、……

77　寛仁二年四月廿一日条（賀茂詣）　表七一字・裏二六字（裏に日付あり）

次又東遊、是摂政也、／廿一日、例年奉東遊、相借所奉也、……

78　寛仁二年四月廿二日条（賀茂祭使出立を見物）　表七九字・裏三四字（裏に日付あり）

摂政又同、右大臣被来、／廿二日、為見長家、近衛門御作狭食渡、……

79　寛仁二年四月廿八日条（新造内裏遷御・藤原威子に女御宣旨）　表八九字・裏二六三字（裏に日付あり）

以少将為代官、少将等又不参、／廿八日、申四点左大弁随身子参、……

80　寛仁二年閏四月十日条（藤原保昌の下人と平維衡の草刈男、闘乱）　表八九字・裏一〇二字（裏に日付あり）

以寮允行方、維衡許遣牛飼童、／十日、維衡示有義由、童帰送、……

81　寛仁二年五月廿二日条（二条第法華三十講・平維時、馬を献上）　表〇字・裏四七字

廿二日、癸未、／三十講間、済政・泰通・広業・……、件等人非時奉仕、……

これらの例を見てみると、これまで漠然と考えられてきたような、「表に書ききれない↓次日条の下部に及ぶ↓仕方なく紙背に裏書として記す」といった単なる字数の事情で記されたものは、案外に少ないことが容易に読み取れる。そればかりか、逆に表の記述を表で終えたうえで、改めて特定の内容を紙背に記録したものが多いことが推測できる。

以下に、様々な視点によって、これらを検証してみよう。

ｉ．表の記事と裏書との文脈の切れ

表の記事がいったん完結しており、裏書には別の文脈の記事を記した例が、五七例ある。先に並べた記事の番号でいうと、

1・2・4・5・6・7・9・10・12・13・14・15・16・18・19・23・25・26・29・30・31・33・34・35・

36・37・38・39・41・42・43・44・45・46・47・48・49・54・55・56・57・58・59・60・61・62・64・65・66・67・71・73・77・78・79・80・81

といったところである。

これらの裏書の内容を見ていると、特定の記事をわざわざ紙背に記していることが特徴的である。たとえば、儀式への出席・欠席、儀式における賜禄・引出物、饗宴、法会の開始、表とは別の場面といったものである。

道長は、これらの事項は、表にではなく、裏書として記録するに相応しいと考えたのであろう。ただし、これらの事項を常に紙背に記していたかというと、そうとばかりは限らない。これらを表に書いた例を数えてみると、たとえば儀式への出席者の歴名では、裏に記したものが二一例であるのに対し、表に記したものも一九例ある。政務の出欠はその日の記事の冒頭に記載することが多いからであろう。賜禄の明細の方は、裏に記したものが二三例、表に記したものが九例と、こちらはほとんどが紙背に記されている。

一方、逆に表の記事と裏書で文脈が続いているものは、二四例を数えるが、特に表の記事と裏書で文章が続いている二〇例（3・8・11・17・20・21・24・28・32・40・50・51・52・53・63・69・70・74・75・76）は、まさに「表に書き切れなかったために裏に記した」ものである。八一例のうちの二〇例というのが、多いか少ないかは意見の分かれるところであろうが、これはその時々の道長の記載の感覚なのであろう。七割くらいの裏書については、道長は表の記事と裏書とを別個に認識していたという事実を重視すべきであろう。

ⅱ．表で区切りをよくしたうえで、裏書を記したもの

表の記事の区切りをよくしたうえで、裏書を記したものが四三例を数える。これらは、紙背に書きたい部分のみを、裏書として紙背に記したものである。

寛弘元年二月六日条では、表には、雪が深かったこと、藤原公任と和歌の贈答があったこと、藤原実資に昨日の祭使出立の儀への参会の御礼を述べたことを記し、裏書には、花山院との贈答も含めて、和歌をまとめて仮名で記している（2／図1）。

長和元年四月廿七日条は、表には由祓・吉田祭・中宮妍子内裏参入の記事を記し、裏書には、中宮妍子内裏参入の供奉者と出欠・藤原娍子立后と参列者・藤原教通と藤原公任女との婚礼を記している（66／図2）。

極端な例では、寛仁二年五月廿二日条は、表の具注暦には何も書かず、紙背に裏書として五月一日から行なっていた法華三十講の期間（全期間ではない）の饗饌を奉仕した人と、招請した僧への布施を列挙している（81／図3）。

iii．まだ表にスペースがあるのに、裏書を記したもの

それに関連するが、表の日記を記す二行の間明きにまだスペースがあるのに、そこには記さずに裏書として記した例が一七例（2・5・10・12・13・26・33・37・39・54・55・57・58・65・67・78・81）ある。

道長は具注暦の間明き二行に二行ずつ、合計四行記す場合が多い。一行には二〇～二五字くらいを書くのが普通であるから、表には一〇〇字近くの記事を記すことが可能である（記述が他の日付の箇所にまでなだれ込まなかった場合）。

ところが、裏書を記した八一例の表の記事の字数は、平均すると八四・七字である。表にまったく記事の記されていないものが二例（33・81）、表に五字だけしか記載のないものが一例（67）、存在する。行でいうと、表が一行のみのものが一例（67）、二行のみのものが三例（2・55・57）、三行のものが一二例（16・22・24・26・28・31・47・50・51・53・54・59）である。

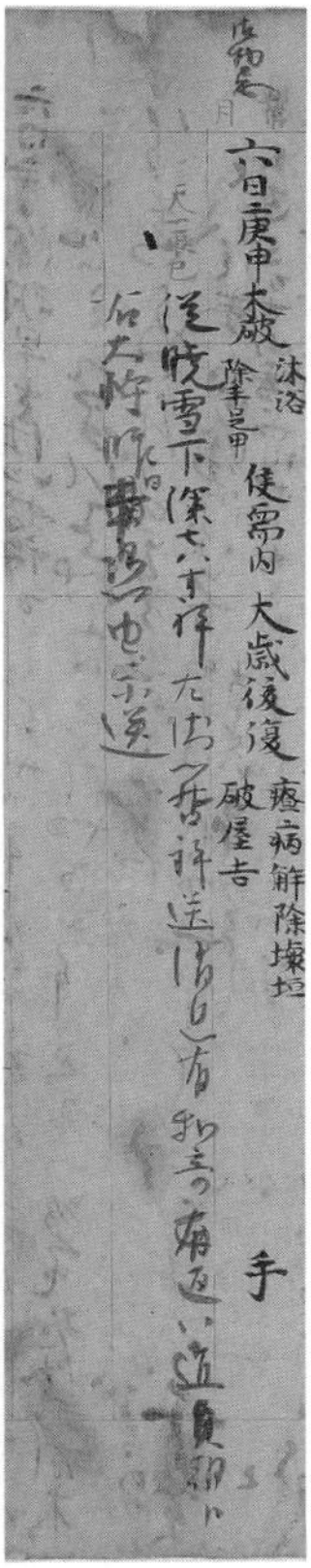

図1-1　自筆本　寛弘元年二月六日条（表）

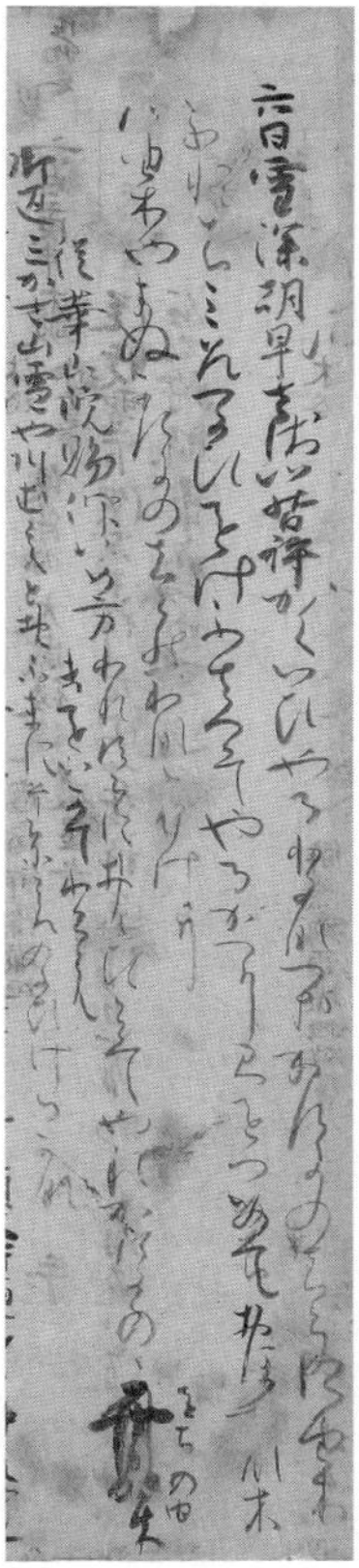

図1-2　自筆本　寛弘元年二月六日条（裏）

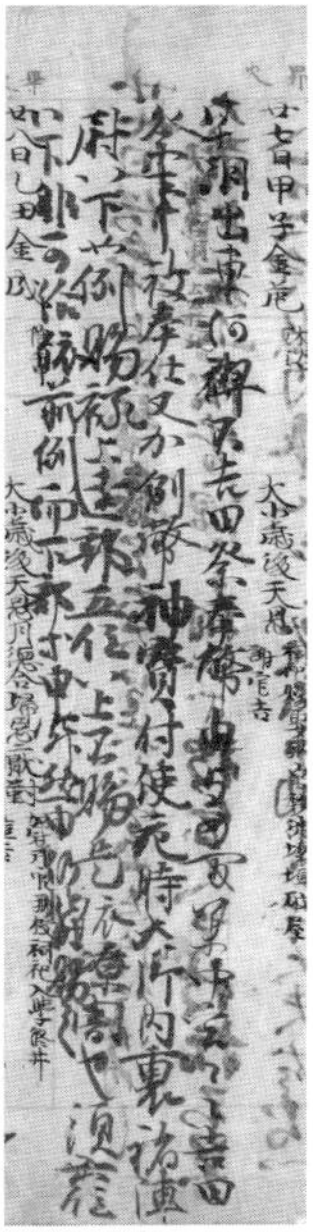

図2-1　自筆本　長和元年四月廿七日条（表）

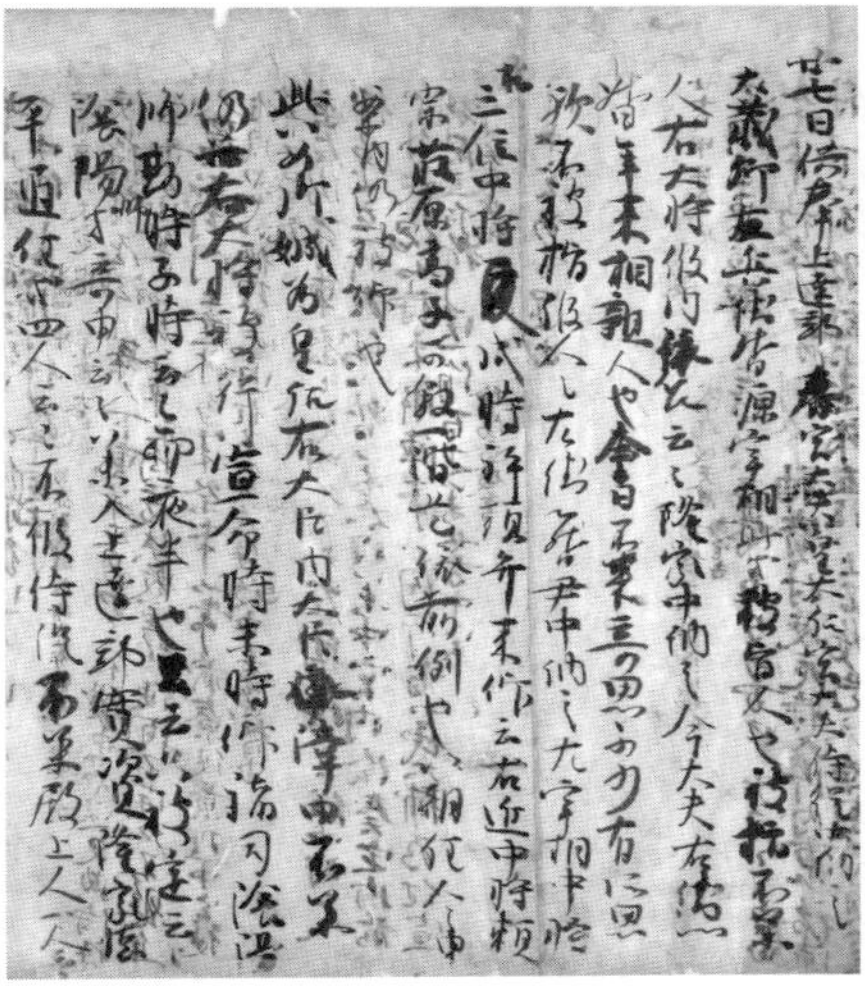

図2-2　自筆本　長和元年四月廿七日条（裏、部分）

表の記載が一行や二行のみのものは、まだ表にスペースがあるのに裏書を記した例であり、裏書の部分は紙背に書きたかったからこそ、表をスペースいっぱい使おうとはしなかったものであろう。また、表が三行のものは、表に書きたい内容を表で完結させ、裏に書きたい内容を裏に書きたかったために、表はゆったりと三行で書いたのであろう。

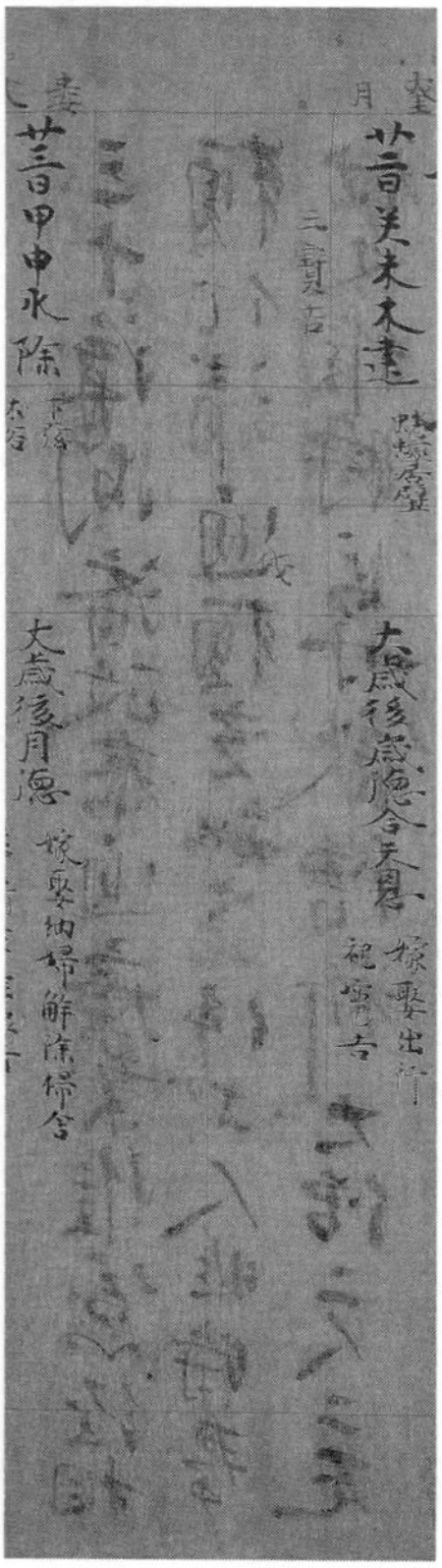

図3-1 自筆本 寛仁二年五月廿二日条（表）

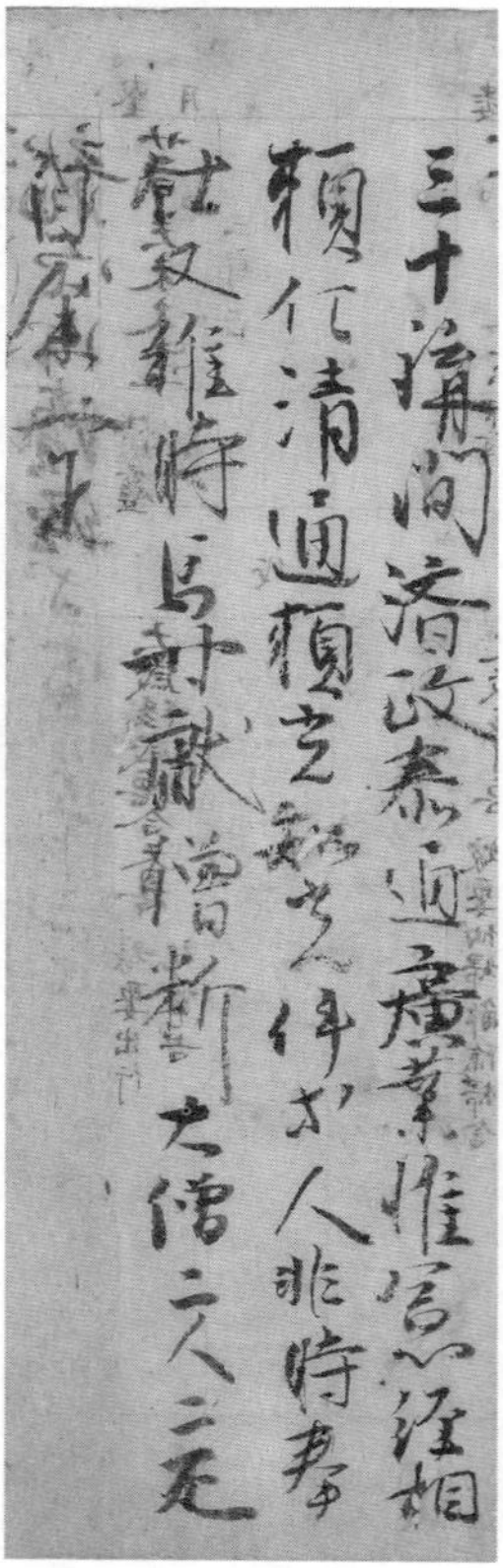

図3-2 自筆本 寛仁二年五月廿二日条（裏）

iv. 裏書を回避したもの（「なだれ込み」）

その逆に、表の間明きをいっぱいに使って記録しただけでは足りず、それでも紙背に裏書として記録することはせずに、表の他の日の部分に記録し続けたもの（「なだれ込み」という）が、四九例存在する。

これらは、紙背に書きたくなかったからこそ、無理にでも表に書いたものと考えるべきであろう（単に裏返すのが面倒だった場合もあるであろうが）。

長保二年正月一日の記事を、一日条の間明きには書ききれずに、二日条と三日条の下部にまでなだれ込ませて

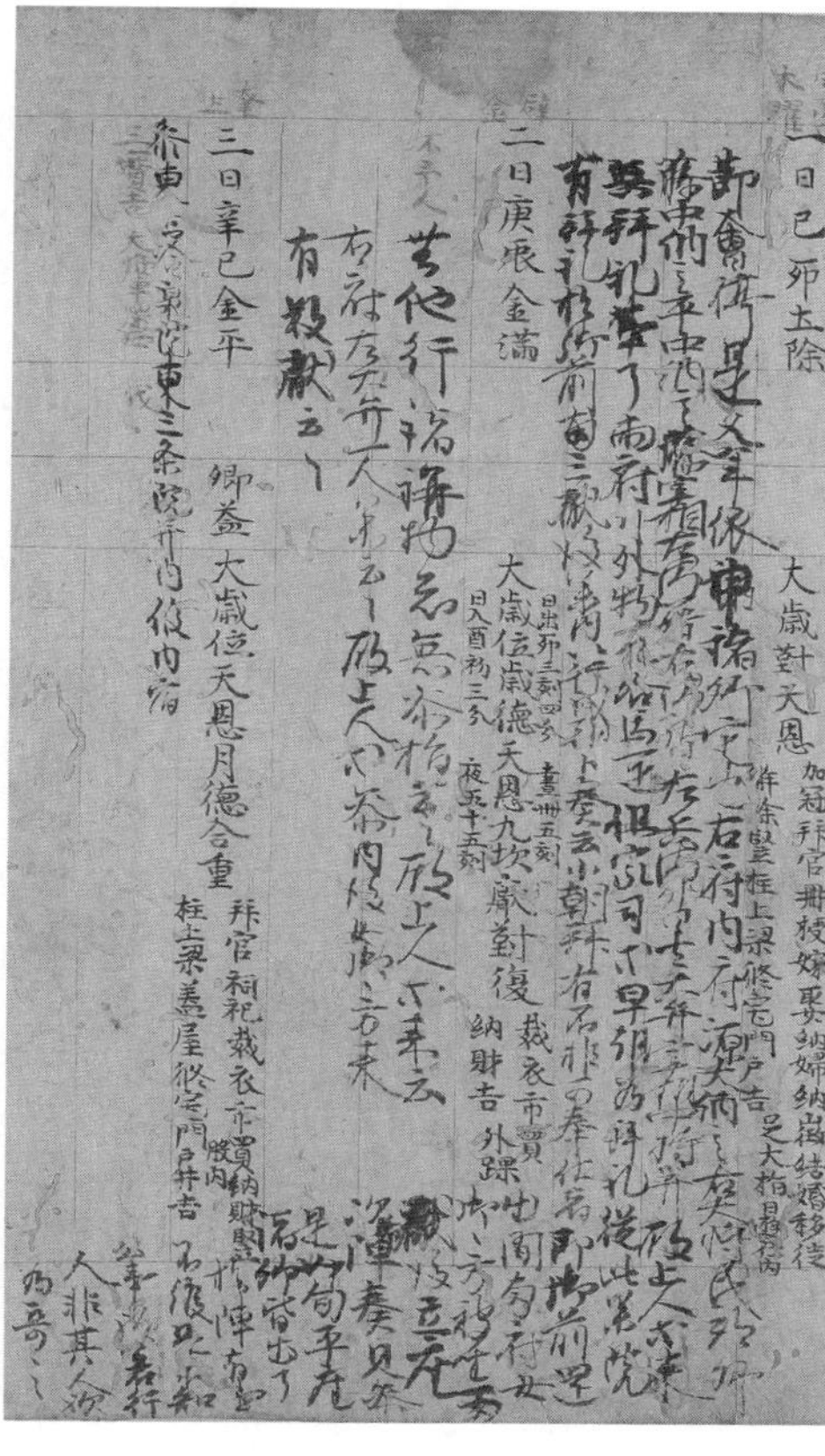

図4　自筆本　長保二年正月一日条（表）

記しているのは、いまだこの時期の道長には、紙背に記事を記すという発想がなかったためであろう（図4）。二日条と三日条は記述が少なかったから、これで助かったと考えるべきか、スペースが少ないので二日条と三日条は少ししか書かなかったと考えるべきか、はたまた、一日条、二日条、三日条は同じ日に続けて記したと考えるべきか、様々考えさせられる例である。

なお、道長がはじめて裏書を記したのは寛弘元年二月五日条であるが、それで味をしめたのか、寛弘元年の二月と三月は、多くの裏書を記している。

寛弘五年九月十一日条は皇子敦成誕生の記事であるが、十一日条を「各有差、」まで記して「○」を付し、前日の十日の部分にもなだれ込ませて、ここにも「○」を付したうえで「同時御乳付、」以下を記し、圏線を引いて十一日条であることを示している（図5）。この慶事を、道長はどうしても紙背に裏書として記したくなかったのであろう。

Ⅴ．裏書を回避しようとしたものの、表に書ききれなくて裏書を記したもの

最後に、こういう例を探してみた。裏書を回避しようとして表に精一杯記したものの、表に書ききれなくて裏書を記したものである。従来考えられていたように、「表に書ききれずに紙背に書いたものが裏書」というのであれば、このような例はもっと多く見出せるはずなのであるが、確認したところ、以下に挙げたわずか四例のみであった。

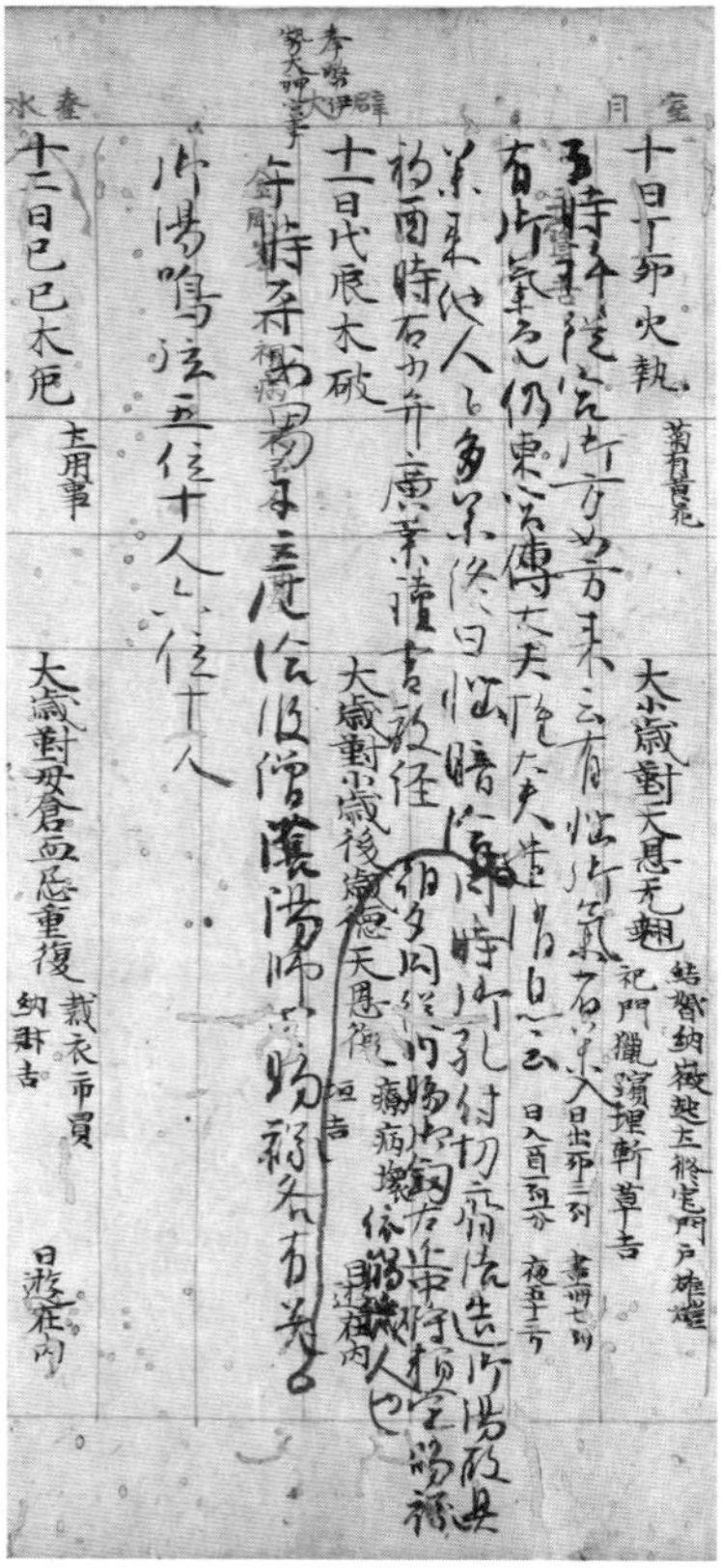

図5　自筆本　寛弘五年九月十一日条（表）

8　寛弘元年三月十六日条（臨時仁王会／盗人追捕）
25　寛弘五年十月十六日条（土御門第行幸／皇子敦成に親王宣下／行幸叙位）
64　長和元年二月十四日条（藤原妍子立后／宮司除目）
76　寛仁二年三月廿五日条（後一条天皇、藤原威子御在所に渡御）

これだけの例しかないということは、裏書というものは、表に書ききれなかったから仕方なく紙背に書いたのではなく、紙背に書きたい部分だけを紙背に書いたものであることがわかる。

以上の結果、『御堂関白記』自筆本に八一例見られる裏書は、表に書ききれないから仕方なく紙背に裏書とし

て記した、といったものは少なく、逆に表に記すべき記述は表で区切りを付けたうえで、改めて特定の内容を紙背に記録したものが基本であったことを推定するに至った。

四　『御堂関白記』平松本（自筆本系）の裏書

以上の考察の結果を敷衍すると、自筆本が残っていない年の『御堂関白記』においても、ある程度、裏書の存在を推測することが可能であろう。

まずは長和二年春夏の平松本である。平松本のうちでもこの一冊だけは、自筆本を書写したものとされている。実際、頭注が書写され、日付と干支で一行取っているなど、自筆本の形態を残している。大日本古記録は本文を続けて印刷しているが、どこからが裏書であったかは、ある程度、推定できるのではないか。

自筆本を手許に置いて書写した者は、裏書を見付けたら、どのように写すであろうか。普通ならば、改行を行なうのではないだろうか。長和二年の平松本で改行のあるものは、以下の八箇所である。

・正月六日条（五行で改行）　還後以随身府生為国令召、／外記参入、……
・正月十三日条（一行で改行）　就中風甚例、／学生大中奉親省試所献詩韻星字、……
・正月廿六日条（廿二日条の三行で改行。廿六日条が七行ある後の裏書か）
　女方共罷出、／従内出後、従右衛門督以重義朝臣示云、……
・二月九日条（五行で改行）　神馬等乗／籠宿、奉幣如常、……
・三月廿三日条（三一行で改行。裏書の中の改行）　しぐれ様也、／御装束、従南四間立大床二脚、……
・三月廿七日条（四行で改行）　舞人七人参会、／右大将来云、……
・四月十四日条（四行で改行）　皆、御書あり、／天陰時々雨下、

・六月廿三日条（一一行で改行。裏書の中の改行）　所申有道理、可同任者、／未時着陣、……

これらのうち、正月廿六日条は説明が必要であろうか。自筆本では、廿六日条の紙背に書き始めたものが廿二日条の紙背にまで及び、平松本書写者は廿二日条の裏書だと思って、廿二日条の表の記事に続けて、改行して記したものである。したがってこれは、廿六日条の裏書ということになる。古写本では廿六日の記事としている。

これらは、ほぼ確実に自筆本では裏書であったと思われるものであるが、長和二年の平松本で長い記事は、元々はどこかからは裏書だったはずである。表の具注暦の間明きには、おおむね四行を記すことが多く、一行が二〇～二五字前後であったことを勘案すると、おおよそ一一〇字を超えるものは、紙背に記した可能性が高い。もちろん、他の日の箇所の下部になだれ込むことも多かったのではあるが、一方では間明きの四行に満たずに紙背に記すことも多い。おおよその目安として、一一〇字を超える記事を数えてみるのも、あながち無意味なことではあるまい。それは、以下の二二例である。

正月二日条、正月六日条*、正月十日条、正月十四日条、正月十六日条、正月廿六日条*、二月九日条*、二月廿三日条、三月四日条、三月九日条、三月十四日条、三月十六日条、三月廿三日条*、三月廿七日条*、三月廿九日条、四月十三日条、四月廿三日条、四月廿七日条、五月十四日条、六月廿二日条、六月廿三日条*、六月廿七日条。

先ほどの改行のものと合わせ、重複（＊）を除いた二四例が、長和二年前半において裏書が存在したと推定できるものである。

五　『御堂関白記』古写本の裏書

次に古写本について考えてみよう。古写本で裏書と推定できるものは存在するのであろうか。

『小右記』や『権記』、その他の一般的な古記録とは異なり、『御堂関白記』の古写本には、「裏書云、」というような文言はない。古写本は、表の記事につなげて、そのまま裏書を追い込みで書写している。当然、大日本古記録は表の記事と裏書を続けて翻刻しているが、どこからが裏書であったかは、推定できるものもあるのではなかろうか。

まずは、古写本で記事の中に改行のあるものを挙げてみる。

・寛弘元年八月廿八日条（四行で改行）　儀已前被罷出、／一宮出土御門給、……
・寛弘六年五月十七日条（一一行で改行。裏書の中の改行）　法橋慶算、／登上達部、……
・寛弘七年十一月廿八日条（一七行、一八行、二五行で改行。裏書の中の改行）
　権中将各二疋、／叙位／従三位教通、元従四位下、……従五位、下女四人、／御前禄了間、……
・寛弘八年八月十一日条（五行、一四行で改行。裏書の中にも改行）
　依行幸事退出、／此日新帝入内、……如蜜瓜籠作籠入之、／未召上御前召、……
・寛弘八年八月廿三日条（二二行で改行。裏書の中の改行）
　可進刀帯所々定了、／関白事御対面之後度々有仰、……
・寛弘八年十月十六日条（五行、一四行で改行。裏書の中にも改行）
　拝後問之、／未位記筥前、……加織物無文細長、／中宮従別納帰御、寅時、
・長和二年八月十日条（四行、二二行で改行。裏書の中にも改行）
　巳時地震、／定様、……年号、／賀茂書一紙、……
・長和四年七月十五日条（五行、二三行で改行。裏書の中にも改行）
　久依奉見東宮、相扶参入、／付念救書様、……知家事、／家司署名皆書、……

・長和四年十月廿五日条（二九行、三四行で改行。裏書の中の改行）
　侍従中納言取筆、／あひおひの……としをつまゝし、／人々此哥有褒誉気、……
・寛仁元年九月九日条（四行、一三行で改行。裏書の中にも改行）
　五人不参、／春宮坊、……勅使、／歩射夾名又如此、……
・寛仁元年九月廿二日条（四行で改行。裏書を後に貼り加えたもの）　戌時許着宿院、／余車前神宝・競馬・……
・寛仁元年十月一日条（五行で改行。「遠所」以降を卅日条裏書と誤認し、本条に改める）
　不奉石清水事、無便事也、／遠所社奉神宝後、……
・寛仁二年十月十六日条（一八行で改行。裏書の中の改行）
　於此余読和哥、人々詠之、事了分散、／御倚子掃部寮供之、……
・寛仁二年十月廿二日条（六行、六五行で改行。裏書の中にも改行）
　入御後退出、／次東宮御、西門参、……庶政朝臣奉抱、／御装束、……

以上の一四例の中で、四行とか五行、六行くらいで改行している九例は、そこから裏書であった可能性が高いものと思われる。いずれも内容や時間軸が変わっているものであり、自筆本の裏書と軌を一にするものである。

寛仁元年九月廿二日条については、少し説明しておこう（図6）。これは石清水詣の記事であるが、四行目の「戌時許着宿院、」まで記して一段落し、その後は車や前駆の様子、それに扈従した公卿の名が列記してあり、「余車前神宝」から裏書だなと感じる部分である。ところが古写本をよく見ると、「余車前神宝」以下の六行は縦の罫線がなく、横の界線の高さが異なる紙に記されている。六行書いた後、廿三日条が始まるが、ここには縦の罫線がある。つまり、古写本の書写者は、廿二日条に裏書があったのを見落とし、廿三日条を書写してしまった。後で裏書を発見したものの、廿三日条の前の行間に書くには長過ぎたので、古写本の料紙を切り、そこに紙を貼

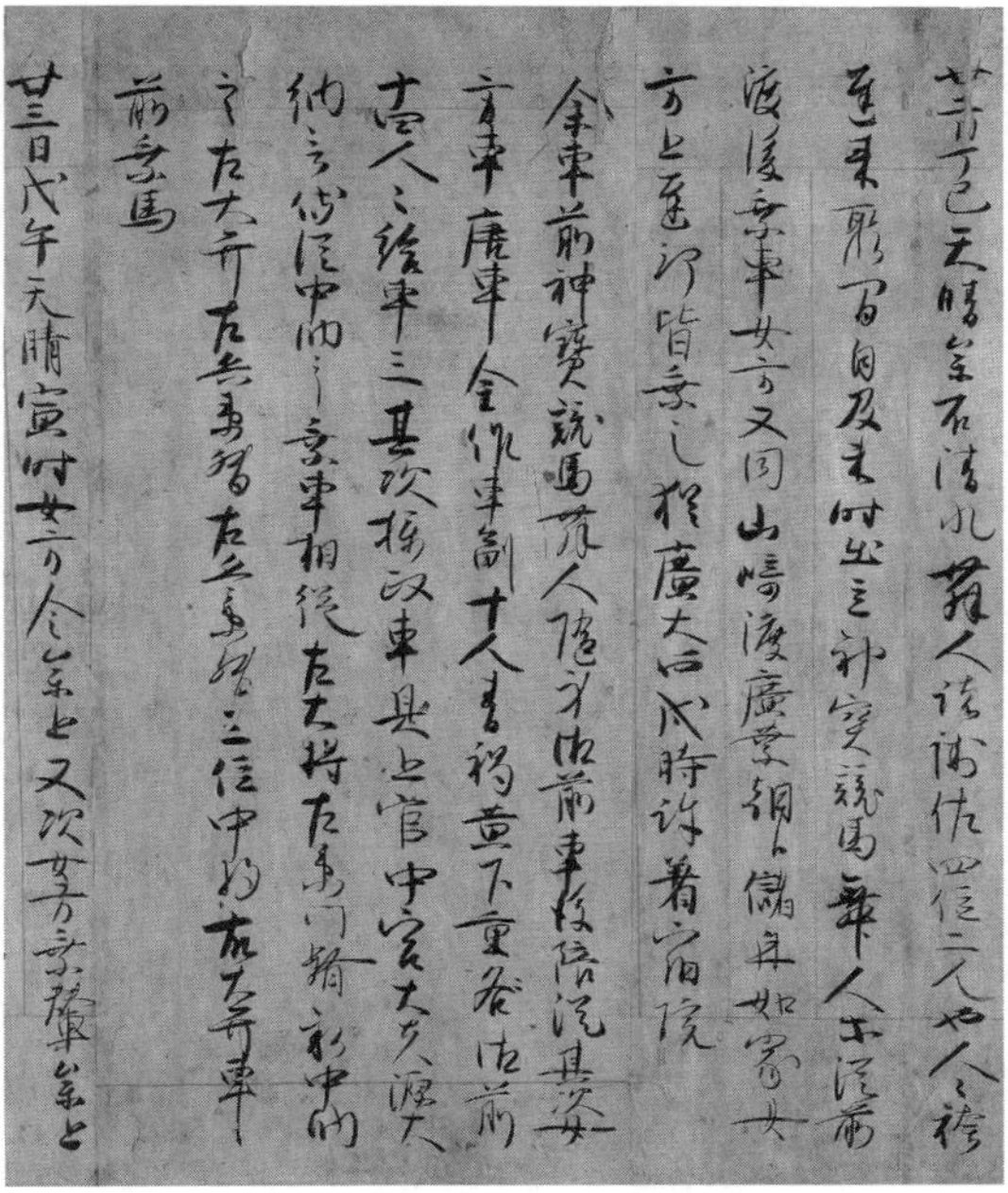

図6　古写本　寛仁元年九月廿二日条

り継いで廿二日条の裏書を書写したのである。

一方、古写本で一字分が空いていて、そこから内容が別になる記事も、以下のように二箇所、存在する。これらも、そこから裏書であったことを示しているのかもしれない。

・長和二年八月十九日条（四行目）　退出、即入寺、　御前堂童子今一人遅参、……

・長和二年八月廿一日条（八行目）　承仕法師手作五端、　今日初斉宮入宮内省、……

また、古写本には行間補書がいくつか存在する。それらの中で、数行の記事の後、文の途中であったり、内容の区切りがよかったりするものは、古写本の書写者が自筆本の裏書を見落とし、後で気付いて次の日の記事との間に書写した可能性が高い。ただしここでは、一日分のすべてを写し忘れたもの、あるいは自筆本の表の一行のみを写し忘れたものは除くこととする。

・寛弘元年九月廿五日条（六行目の後）　来廿八日／修理大夫供養仏経云々、……

・寛弘元年十一月廿三日条（七行目の後）　御楽近衛者五六人／許令召候、……

・寛弘元年十二月三日条（三行目の後）　昌平等為祭、／入拝上卿春宮大夫・……

・長和元年九月九日条（四行目の後）　宜陽殿有平座云々、／不奏見参、

・長和四年八月廿七日条（二行目の後。廿八日条に続けて記す）　事了退出、／此次諸国申請定雑事、……

・長和五年正月十三日条（七行目の後）　又御即位／日依近、予定職掌人男女戒仰、

・寛仁二年十月十一日条（五行目の後）　皆赤毛中、栗毛一／両加、

これら七例は、行間補書の部分は裏書であったであろう。例として、寛弘元年十二月三日条について説明しておこう（図7）。三日条は、「入拝上卿」以降が、自筆本では裏書だったのであろう。古写本の書写者は、それに気付かずに、三日条の「昌平等為祭、」まで写したところで、三日条はこれで終わりと勘違いしてしまい、四日条以降を写してしまった。道長が裏書を記す際には、表で内容が完結している場合が多い。つまり、表だけでも意味が通ってしまう場合が多いのである。これは自筆本を書写する者には迷惑な話で、このように後で気付く場合も多くなるのである。この場合、三日条と四日条の間の一行の行間補書で裏書を記すことができず、四日条と五日条の下部になだれ込んでしまった。四日条と五日条の記事が短く、下部に空白があったからこそ、これが可能であった。

もちろん、書写の途中で自筆本の裏書に気付き、古写本に続けて書写したものも、多数存在したはずである。

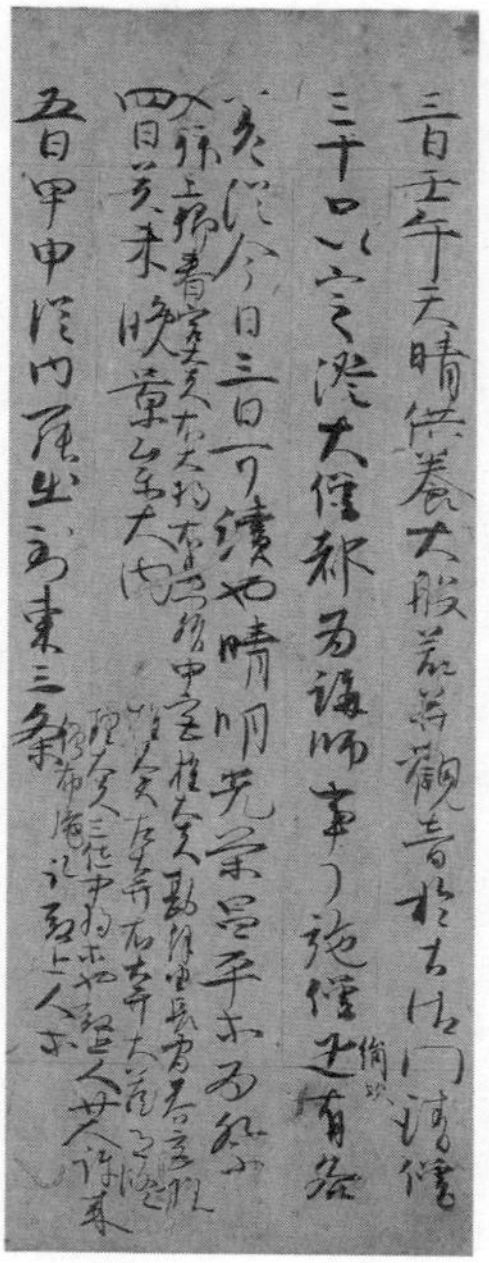

図7　古写本　寛弘元年十二月三日条

もう一つ、行間補書に準じる例として、長和二年十月廿二日条を挙げておこう（図8）。古写本では、「廿三日、辛巳」という日付と干支を持つ記事が二つ存在し、「可在廿二日歟、而本注三字、」という傍書が存在する。

これは次のような事情によるものと考えられる。自筆本の段階で、廿二日条の「退返着陣

図8　古写本　長和二年十月廿二日条

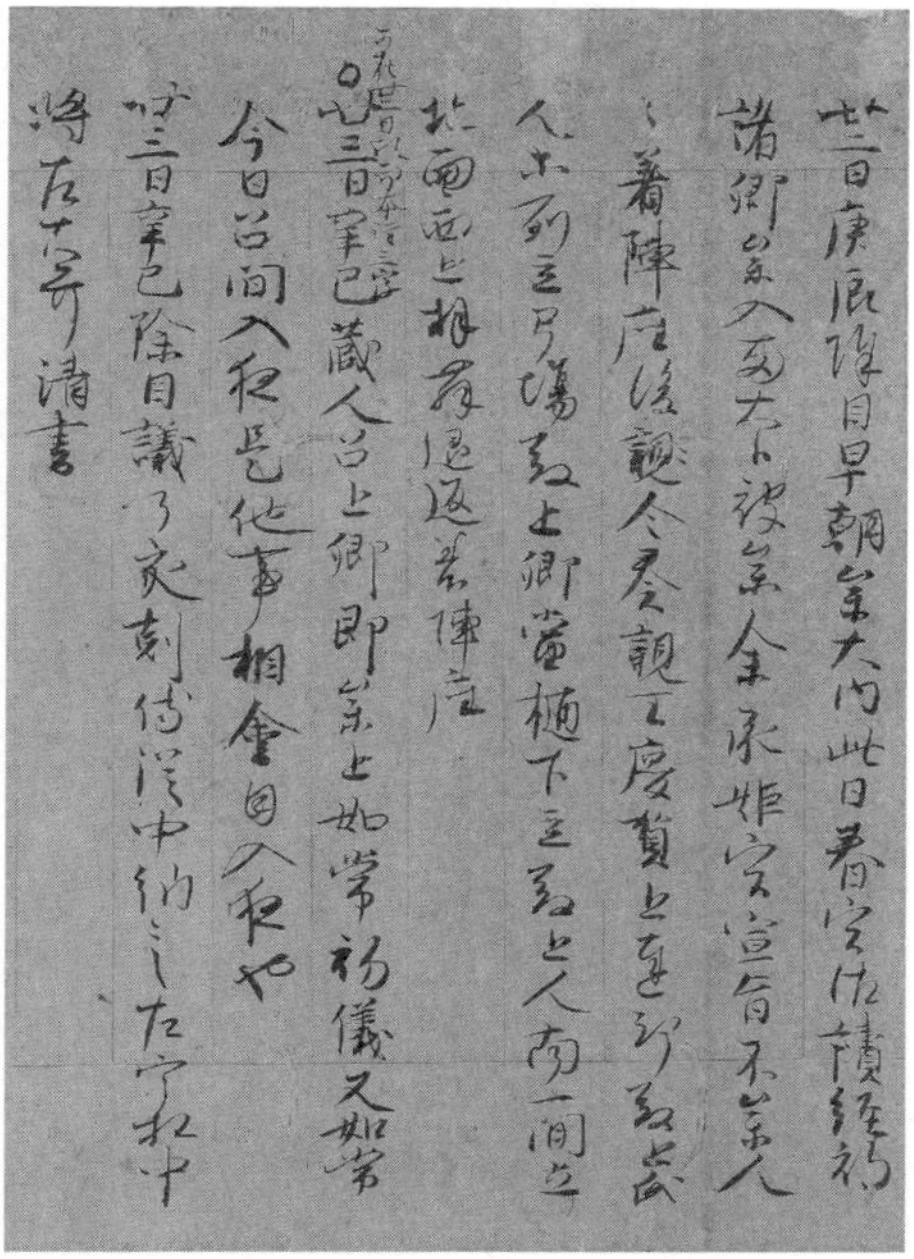

座、」まで書き終えた道長は、次いで「蔵人召上卿」から「是他事相会自入夜也、」までを紙背に裏書として記した。その際、道長は、「廿三日」という誤った日付を紙背に記してしまったのであろう（したがって、この裏書、ひいては廿二日条が何日に記されたのかは、定かではないことになる）。

一方、自筆本を見てそれを書写した古写本の書写者（某）は、当然のこと、裏書も表と同一の面に写していったが、裏書に「廿三日、蔵人召上卿、……」とある記事を見て、それに廿三日の干支である「辛巳」を付け加えた。「廿三日、辛巳、蔵人召上卿、……」と記していった古写本の筆者は、これらの記事が除目の始まりであって、内容的に廿二日のものであり、別に廿三日条（「除目議了、」以下）が存在することに気付いた。

そこで、自筆本に誤って他の日付の下に書いた文を正しい日付の下に移す際に用いる「○」印を行頭に冠し、それだけでは物足りずに、右傍に傍書を記したのであろう。その傍書の意味は、「以下の記事は本来、廿二日の箇所にあるべきであろうか。ところが手本とした自筆本には「（廿）三」と記してあった」というものである。

その他、長和四年八月廿七日条では、廿七日条の裏書（諸国申請雑事定に関するもの）を古写本は廿八日条の末尾に記してしまっている。

また、寛仁元年二月十四日条では、「十四日」という日付が二回記されている。二回目は自筆本裏書の冒頭の日付で、古写本書写者は、誤ってこれも写してしまったものであろう。

最後に、これも分量の多い記事で、数行の後に内容が切れる箇所は、そこから以降は本来は裏書であったと推定できる可能性もある。もちろん、もっと前から裏書であった可能性もあるし、表の次の日の記事になだれ込んで、裏書のない場合もあるが、表の具注暦の間明き四行分、おおよそ一一〇字を超えるものは、紙背に記した可能性が高い。それは以下の一七一例である。

長保元年三月十六日条

寛弘元年七月廿日条、八月十一日条、八月十七日条、八月廿三日条、九月九日条、*九月廿五日条、閏九月十四日条、十月十日条、十月十四日条、十月廿一日条、十一月三日条、十一月十五日条、*十一月廿三日条、*十二月三日条、十二月十五日条、十二月廿一日条、十二月廿七日条

寛弘六年*五月十七日条

寛弘七年七月十七日条、七月廿七日条、八月廿一日条、九月十五日条、十月廿二日条、*十一月廿八日条、十二月二日条

寛弘八年*八月十一日条、八月十五日条、*八月廿三日条、九月五日条、十月五日条、*十月十六日条、十一月十六日条、十一月廿九日条、十二月廿八日条

長和元年八月十一日条、九月廿日条、九月廿一日条、九月廿二日条、十月六日条、十月廿日条、十月廿八日条、閏十月十四日条、閏十月廿七日条、十一月一日条、十一月十七日条、十一月廿二日条、十一月廿三日条、十一月廿五日条、十二月四日条、十二月九日条、十二月十六日条、十二月十九日条、十二月廿五日条

長和二年七月二日条、七月廿二日条、八月一日条、*八月十日条、*八月十九日条、*八月廿一日条、八月廿七日条、

九月十六日条、十月六日条、十月廿日条、十一月十六日条、十一月廿日条、十一月廿八日条、十一月廿九日条、十二月十日条、十二月十五日条、十二月廿六日条

長和四年四月三日条、四月四日条、四月七日条、四月廿一日条、六月十四日条、閏六月五日条、閏六月廿三日条、閏六月廿六日条、*七月十五日条、八月二日条、九月五日条、九月十四日条、九月廿日条、十月廿一日条、*十月廿五日条、十月廿七日条、十月廿八日条、十一月十七日条、十一月廿七日条、十二月四日条、十二月廿七日条

長和五年正月廿三日条、正月廿九日条、二月七日条、二月十三日条、二月十九日条、二月廿五日条、二月廿六日条、二月廿七日条、三月二日条、三月三日条、三月四日条、三月七日条、三月八日条、三月十二日条、三月十四日条、三月廿日条、三月廿一日条、四月七日条、四月十一日条、四月十五日条、四月廿一日条、四月廿四日条、五月十六日条、五月廿五日条、五月廿六日条、五月廿八日条、六月二日条、六月十日条、七月十日条、七月十六日条、七月十八日条、十月二日条、十月三日条、十月十一日条、十一月一日条、十二月十四日条

寛仁元年正月十一日条、正月廿二日条、正月廿七日条、二月十一日条、三月二日条、三月四日条、三月八日条、三月十一日条、三月十六日条、四月三日条、四月廿六日条、五月十二日条、六月廿三日条、七月二日条、七月十一日条、七月十三日条、八月六日条、八月九日条、八月廿一日条、八月廿三日条、*九月九日条、九月十四日条、*九月廿二日条、九月廿三日条、*十月一日条、十一月廿七日条、十二月四日条、十二月五日条

寛仁二年七月廿七日条、七月廿八日条、八月十九日条、八月廿九日条、九月八日条、九月十六日条、十月五日条、*十月十六日条、*十月廿二日条、十月廿八日条、十月廿九日条、十一月九日条

寛仁三年正月五日条、二月六日条、二月廿八日条

一々を挙げることはできないが、それぞれ数行目の箇所に、内容が切れている箇所が存在する。おそらくはその箇所からが、自筆本では裏書だったのであろう。たとえその箇所でなくても、これらの長い記事のいずれかから紙背に記されたであろうことは確実である。

以上、重複（＊）を除いた一七六例が、古写本において裏書が存在したと推定できるものである。

六　『御堂関白記』平松本（古写本系）の裏書

そうなると、古写本を書写した寛弘年間の平松本についても、裏書と推定できるものが存在するはずである。古写本を考察した際に重視した改行、一字空け、行間補書については、古写本を書写した年の平松本においては、有効な方法ではないようである。たとえば寛弘二年の前半は自筆本と平松本が残っているが、五月廿四日条では、自筆本で表と裏書の分かれ目となっている「義式各相分、／右府・内府・春宮大夫」という箇所は、平松本では続けて記されており、逆に表の記載の途中である「覚運僧都作　五枚」「澄心律師作　五枚」に一字の空白がある（自筆本にも空白があるからであろう）。

行間補書についても、寛弘二年七月十日条などに存在するのであるが、これは古写本を書写した際に写し忘れたものかもしれず、古写本が自筆本を書写した際に裏書を写し忘れたものの痕跡かどうかは、判断しかねる。

そうすると、残る作業は、平松本の長い記事を拾い出すことである。少なくともどこかからは、平松本の基となった古写本のそのまた基となった自筆本においては、裏書だったのであろう。以下、やはりおおむね一一〇字を超える記事の日付を、以下に示す。

寛弘二年…七月十日条、七月十七日条、十月十九日条、十一月十五日条、十二月九日条、十二月廿日条、十二月廿一日条、十二月廿九日条寛弘三年…正月一日条、正月廿八日条、三月三日条、三月四日条、六月十六日条、七月三日条、七月十二日条、七月十三日条、七月十四日条、七月十五日条、七月卅日条、八月十六日条、八月十七日条、九月廿二日条、十月二日条、十月廿五日条、十一月廿七日条、十二月五日条、十二月廿六日条、十二月廿九日条

寛弘四年…正月三日条、正月九日条、正月十一日条、正月十二日条、正月十三日条、正月廿日条、正月廿六日条、二月九日条、二月廿八日条、二月廿九日条、二月卅日条、三月三日条、三月十七日条、三月十九日条、四月廿五日条、四月廿六日条、五月卅日条、閏五月十七日条

寛弘五年…正月七日条、正月十六日条、正月廿五日条、四月十三日条、四月十八日条、四月十九日条

右の五二例については、裏書が存在したことは、ほぼ確実であろう。これもそれぞれについて、数行目に内容が切れる箇所がある。おそらくはその箇所からが裏書だったのであろう。

七　『御堂関白記』の裏書

以上、『御堂関白記』の自筆本・古写本・平松本について、裏書の内容と存在形態を考えてみた。ここで『御堂関白記』現存状況と裏書の数をまとめて表示してみよう。古写本と平松本の裏書推定の欄で、（　）に入っているのは、自筆本に存在する裏書の数である。

	巻	自筆本	裏書	巻	古写本	裏書推定	平松本	裏書推定	裏書（推定含む）
長徳元年（九九五）	上	現存せず			現存せず		なし		―
	下	現存せず			現存せず		なし		―

長徳二年（九九六）	上	なし		なし		なし		｜
	下	なし		なし		なし		｜
長徳三年（九九七）	上	なし		なし		なし		｜
	下	なし		なし		なし		｜
長徳四年（九九八）	上	なし		なし		なし		｜
	下	1 あり（四条）	〇	1 あり（四条）	（〇）	なし		〇
長保元年（九九九）	上	現存せず		1 あり（四六条）	一	なし		一
	下	2 あり（五一条）	〇	1 あり（四九条）	（〇）	なし		〇
長保二年（一〇〇〇）	上	3 あり（八三条）	〇	1 あり（八三条）	（〇）	なし		〇
	下	なし		なし		なし		｜
長保三年（一〇〇一）	上	なし		なし		なし		｜
	下	なし		なし		なし		｜
長保四年（一〇〇二）	上	なし		なし		なし		｜
	下	なし		なし		なし		｜
長保五年（一〇〇三）	上	なし		なし		なし		｜
	下	なし		なし		なし		｜
寛弘元年（一〇〇四）	上	4 あり（一四七条）	一五	2 あり（一四六条）	（一五）	なし		一五
	下	現存せず		2 あり（一八八条）	一八	なし		一八

寛弘二年（一〇〇五）	上	5 あり（一三〇条）	四	現存せず		あり（一二八条）	（四）	四
	下	現存せず		現存せず		あり（一三四条）	八	八
寛弘三年（一〇〇六）	上	現存せず		現存せず		あり（九二条）	五	五
	下	現存せず		現存せず		あり（一二一条）	一五	一五
寛弘四年（一〇〇七）	上	現存せず		現存せず		あり（一二八条）	一八	一八
	下	6 あり（六九条）	五	現存せず		あり（六九条）	（五）	五
寛弘五年（一〇〇八）	上	現存せず		現存せず		あり（一一七条）	六	六
	下	7 あり（三八条）	三	現存せず		あり（三八条）	（三）	三
寛弘六年（一〇〇九）	上	現存せず		3 あり（三八条）	一	現存せず		一
	下	8 あり（一二六条）	一二	3 あり（一二五条）	（一二）	現存せず		一二
寛弘七年（一〇一〇）	上	9 あり（一〇二条）	一〇	4 あり（一〇一条）	（一〇）	現存せず		一〇
	下	現存せず		4 あり（一四二条）	七	現存せず		七
寛弘八年（一〇一一）	上	10 あり（一二三条）	一二	5 あり（一二三条）	（一二）	現存せず		一二
	下	現存せず		5 あり（一一五条）	九	現存せず		九
長和元年（一〇一二）	上	11 あり（一二〇条）	七	6 あり（一一九条）	（七）	現存せず		七
	下	現存せず		6 あり（一七五条）	二〇	現存せず		二〇
長和二年（一〇一三）	上	現存せず		7 あり（一七四条）		あり（一七五条）	二四	二四
	下	現存せず		7 あり（一五八条）	一七	現存せず		一七

	長和三年（一〇一四）上	長和三年（一〇一四）下	長和四年（一〇一五）上	長和四年（一〇一五）下	長和五年（一〇一六）上	長和五年（一〇一六）下	寛仁元年（一〇一七）上	寛仁元年（一〇一七）下	寛仁二年（一〇一八）上	寛仁二年（一〇一八）下	寛仁三年（一〇一九）上	寛仁三年（一〇一九）下	寛仁四年（一〇二〇）上	寛仁四年（一〇二〇）下	治安元年（一〇二一）上	治安元年（一〇二一）下
一一五〇条　八一	現存せず	現存せず	現存せず	現存せず	現存せず	現存せず	現存せず	現存せず	12 あり（一四四条）	現存せず	現存せず	13 あり（一〇条）	14 あり（三条）	なし	なし	現存せず
									一三			○	○			
一九〇一条　一七六（二九八一条　二四五）	なし	なし	8 あり（一三〇条）	8 あり（一三四条）	9 あり（一五一条）	9 あり（一三九条）	10 あり（一五九条）	10 あり（一四〇条）	11 あり（一四三条）	11 あり（一一七条）	12 あり（六四条）	12 あり（一〇条）	12 あり（三条）	なし	なし	12 あり（五条）
			八	一四	二九	八	一三	一五	（一三）	一三	三	（○）	（○）			○
七六七条　七六（一〇〇二条　八八）	なし	なし	なし	なし	なし	なし	なし	なし	なし	なし	なし	なし	なし	なし	なし	なし
三三三　三八一九条	―	―	八	一四	二九	八	一三	一五	一三	一三	三	○	○	―	―	○

『小右記』や『権記』など、他の一般的な古記録とは異なり、道長は自分の日記を他人や後世の人々に見せることを想定していなかった。寛弘七年暦巻上の標紙見返に、

件記等非可披露、早可破却者也、

という道長自身による書き付けがあるのが、道長の認識をよく示している。道長はこの日記を、後世に伝えるべき先例としてではなく、自分自身、せいぜい直系の摂関のための備忘録として認識していたのであろう。文字の乱雑さや文体の破格さ、抹消のいい加減さは、すべてこの点から説明できる。

そしてわざわざ、紙背に裏書として特別に記録した儀式や法会への出欠、賜禄や引出物の明細、表の記載とは別の場面こそが、道長が意識的に、あるいは無意識に記録して、後年（後世ではない）に参考にしようとした項目なのではあるまいか。

自分の主宰した儀式に誰それが出席し（逆に誰それが欠席し）、どの身分の者に何をどれだけ下賜したか。これこそが、道長が後年にまで記録を残しておくべき出来事と認識していたものなのであろう。

それは儀式の式次第を精確に記録し、それを集積することによって自己の家の存立基盤としようとした藤原実資や、政務や儀式の詳細な記録と共に「王権の秘事」を記録しておくことによって子孫に有利な政治条件を作り出そうとした藤原行成の日記とは、決定的に異なる、まさに〝王者の日記〟なのである。

しかし考えてみれば、儀式にどれだけの人を集められるか、その人たちに何を与えるかは、政治の根本でもある。道長の政治感覚は、それを鋭敏に察知していたのであろう。

最後に、道長が例外的にきわめて長い記事（おおむね四〇〇字以上とする）を記録した記事を数えてみると、三五例存在する。道長にとって、これらこそが、自身と自己の家にとって、必ず残しておくべき先例としての「盛儀」だったのであろう（やる気と記憶と手許の資料と健康状態にもよったのであろうが）。このうち、自筆本の存する

箇所が九例、古写本が二一例、平松本が五例なのであるが、いったい道長は、これらの長い記事を、どこに記したのであろうか。二番目に長い寛仁二年正月三日条（後一条天皇元服、一一三四字）などは、三日の紙背から書き始めて、寛仁二年暦巻上の暦注から標紙の裏にまで及んでいる。

紙背に裏書として記したというのが当然の答えなのであるが、これだけの長い記事だと、何日分ものスペースが必要となる。紙背だと裏返しになるので、日付を遡ることになるが、すでにそこにも裏書が存在した場合、どうしたのであろうか。最も長い寛仁二年十月廿二日条（後一条天皇土御門第行幸／三后対面、一八六九字）は古写本しか残っていないが、十月十六日条（威子立后、六三三字）も裏書があったであろうから、紙背のスペースは十七日条から廿二日条の一八行分しか残されていない。

現存する自筆本の長い記事九例では、寛弘元年二月五日条と六日条には続けて裏書があるが、幸い、四日条には裏書がないので、五日条（頼通春日祭勅使出立の儀）は長い裏書を三日の紙背までのスペースを使って記すことができている。ただし、六日条（和歌の贈答）には一日分のスペースしか残されていないため、随分と窮屈な書き方をしている。六日の表の記事の上に「、」が記されているが、これははじめて続けた日付で裏書を記すに際して、六日の箇所はこの辺であるとの「あたり」だったのであろうか（三橋順子氏のご教示による）。

寛弘五年十月十六日条と十七日条にも続けて裏書があるが、十五日条には裏書がないので、十六日条（土御門第行幸）は長い裏書を十日の紙背までのスペースを使って記している。ただ、これも十七日条は一日分のスペースしかないため、窮屈な書き方をしている。寛弘七年正月十五日条（皇子敦良五十日の儀）と十六日条も同様である。

一方、寛弘四年八月十一日条（金峯山詣）、寛弘七年三月十八日条（内裏仏経供養）、長和元年二月十四日条（妍子立后）、寛仁二年正月三日条（後一条天皇元服）は、前後の記事が短く、それぞれ自由に裏書を記している。

長和元年四月廿七日条（妍子内裏参入／娍子立后／教通婚儀）は、廿六日条が短いので、廿七日条は随分と長く裏書を記している。しかし、翌廿八日条も妍子御在所饗宴の記事で、出席者も含め、道長は長い記事を書きたかったはずである。ところが裏書のスペースは一日分しかない。そこで裏書を記さずに、頭書として記事を続けている。

寛仁二年三月廿四日条（摂政頼通春日詣の際の闘乱）と廿五日条（後一条天皇、威子の直廬に渡御）には、二日続けて長い裏書がある。道長は、廿四日条の裏書（二三行）は表の三月十五日条から八日条の紙背に書き、廿五日条の裏書（九行）は表の三月廿五日条から廿二日条の紙背に書いている。道長は、廿四日条の裏書を書く段階では、おそらく廿五日条にも長い裏書を書くことを予想していて、廿四日条の裏書をかなり離れた箇所に書いたのであろう。あるいは二日分の記事を、同じ日に続けて記したのかもしれない。

以上、自筆本を見た限りでは、道長は何とかスペースを工面して、長い記事も表と紙背に記している。現存する自筆本では、他の古記録のように具注暦を切ってその間に紙を挿んで貼り継いだものは見られない。これが古写本や平松本の長い記事にも当てはまるのかどうかはわからないが、裏書の有無やその長さは、どうも記事の長さにも関係するようである。

そういえば、長い記事を書いた翌日の記事は短いことが多い。我々は単純に、長い記事を書いた翌日は疲れて、あまり長く書く気がしなかったのだろうと考えがちであるが、これも裏書を書くスペースと関係しそうである。

しかしそれにしても、道長は、普段は儀式の次第を記したメモ類は持っておらず、記憶を基にして日記を記したと思われるのだが、あれほどの長い記事を、どうやって記録したのであろうか。ほとんどの儀式を自ら主宰していたのであるから、その最中にメモを取るわけにもいかず、式次第を誰かに記させておいた書き付けでも基にして記したのであろうか。

まだまだ『御堂関白記』には、わからないことがたくさんありそうである。

おわりに

以上、『御堂関白記』における裏書を手がかりとして、『御堂関白記』そのもの、また古記録自体の性格の一端を語ってきた。

今後は、裏書として記録されることの多い特定の記事を表に書いた例の勘案や、裏書を記すことが続く期間と裏書の少ない期間の解明、また古写本や平松本における裏書の内容を含め、さらに総合的に考察を続ける所存である。さらには、『小右記』や『権記』をはじめとする当該期の古記録全般に関する考究に踏み込んでいかなければならない。

註

（1）玉井幸助「我が国の日記」（『日記文学概説』目黒書店、一九四五年）。

（2）東京大学史料編纂所・陽明文庫編纂『大日本古記録　御堂関白記』解題（岩波書店、一九五四年）。田山信郎『記録――特に平安朝の日記について――』（岩波書店、一九三五年）でも、

しかし時によつて記事が澤山有る場合にはその暦日の紙背に書くのが通例である、普通の時は何とかして表の方だけでまとめて書くのであつて紙背に及ぶのはよく〱の時である。

と、『近衞公爵家世寶　御堂關白記　具注暦・自筆本』（立命館出版部編、立命館出版部、一九三六年）解説（黒板勝美氏による）でも、

毎日の書き具合から見ると、一行以上数行に及ぶが、書くべき所は割合に狭いものであるから、数行で書き終らない時は次の暦日の下部にまで及び、尚書き足りない時には紙背を反して書き継いでゐる。

と、阿部秋生「藤原道長の日記の諸本について」（『日本学士院紀要』第八巻第二・三号、一九五〇年）でも、
　表だけでは書ききれぬ時は裏書にすることは、当時の巻子本の常識通りである。
と説明されている。

（3）　陽明文庫編『陽明叢書　御堂関白記』（思文閣出版、一九八三〜八四年）。

第二章　『御堂関白記』自筆本の文字の抹消

はじめに

古代、実務官人のことを「刀筆の吏」と称した。これは間違えた文字を摺り削るための小刀を持ち歩いていたことによるものである。ところが、藤原道長が記録した『御堂関白記』の場合、間違えた文字の上に新たな文字を記してしまうこと（塗抹）が多いので、元の字も新たな字もよく読めないということも起こってくる。時には間違えた文字のまわりを丸く囲み、その横に新たな字を書いたり、また数本の線で間違えた文字を抹消し、その後に新たな字を書いたりすることもあるが、基本的には元の字の上に書くことが多い。

つまり、道長による特徴的な文字の消し方というのは、

（1）間違えた文字の上に、直接重ねて書く。この場合、墨継ぎをして新たな文字を記した場合は、元の文字の判読は困難になる。

（2）間違えた文字列の上に、一本もしくは二本の抹消線を引く。

（3）間違えた文字列の周りを囲み、その中に一本もしくは二本の抹消線を引く。

という三つの方法なのである。（2）（3）の二つの方法では、元の本文を書いた後に、そのまま同じ筆で消していることが多いため、だんだんと墨は薄くなり、消し方の杜撰さと相俟って、元々書いてあった文字が判読でき

るのが特徴である。

私はかつて、長保二年（一〇〇〇）正月十日条の四六〜四八文字にも及ぶ抹消について原本調査を行ない、それが藤原彰子の立后日時勘申に関わる記事の抹消であることを確認したことがある。(1) また、いくつかの抹消についても、個別に分析・解説を行なってきた。(2) それらは、きわめて特徴的な自筆本抹消についてのみ、分析を施したものであるが、本章ではそれらも含め、『御堂関白記』自筆本全体における抹消箇所を検証することとしたい。

一　『御堂関白記』自筆本の抹消箇所

それではまず、『御堂関白記』自筆本の抹消箇所を列挙してみよう。先ほど挙げた分類の（1）「間違えた文字の上に重ねて書いたもの」ではない事例である。道長が抹消した箇所を□で囲んで示す。元の文字が判読できるものは、道長が最初に書いた文の訓読文を（　）内に掲げる。

・長保元年（九九九）九月廿四日条表（二文字抹消）　除目

「除目了[戌許]」（「除目、了んぬ。戌ばかり。」）

　除目議が終了した時剋を記したが、後で抹消。

・長保元年十月五日条表（六文字抹消）

「[一条院宮初雖]」（「一条院、宮、初めて……と雖も、」）

　一条院について何か書こうとしたけれども、途中で放棄。

・長保二年（一〇〇〇）正月十日条表（四六〜四八文字抹消）　藤原彰子立后日時勘申

「■晴明■■■■■■■■■■■雑事等■■初■■■■■■献晴明申云無■■■■■■■■■■■■仍廿」

（「晴明を■、■■■■■■■■■■■の雑事等を■■。初■■■■■■に献ず。晴明、申して云はく、「■■■■■■■■■■■■無し」と。仍りて二十……」）

彰子立后雑事勘申に関する記事を太抹で抹消。この条については、後に述べる。

・寛弘元年（一〇〇四）二月五日条裏（一文字抹消）春日祭使頼通、出立

「上達部皆以送腰袴」（「上達部、皆、以て腰を送る。」）

「袴」と書こうとして「腰」と書いてしまい、抹消して訂正。

・寛弘元年二月六日条裏（二文字抹消）藤原公任・花山院と和歌の贈答（図1）

図1　自筆本　寛弘元年二月六日条（裏）

「かすかのゝ雪の《をちのゆ》きまを」（「かすがの雪の」）

花山院の歌。「雪の」何とかと書こうとして、これを抹消し、「遠の雪間」と書き替えた。

・寛弘元年二月七日条表（二文字抹消）　春日祭使還饗

「済政朝臣笛至光」（「済政朝臣、笛。至光、」）

管弦の者として至光も書こうとしたが、途中で断念して抹消。

・寛弘元年二月十六日条表（二〈一・五〉文字抹消）　一条天皇飛香舎渡御

「依藤士飛香舎御参入」（「藤壺に御するに依りて参入し、」）

「藤士」（「藤壺」と書く途中）を抹消し、「飛香舎」に書き直した。

・寛弘元年三月十四日条表（一文字抹消）　天文密奏

「奉平蜜《天文》奏持来」（「奉平、密奏を持ち来たる。」）

「密奏」と書こうとして、「天文奏」に書き替えるため、「蜜（密の誤記）」を抹消。

・寛弘元年三月十六日条表（一文字抹消）　盗人追捕

「仍遣彼御庄同類侍」（「仍りて彼の御庄に……を遣はし、」）

柴島庄に誰かを派遣したと書こうとしたが、思い直して「遣」を抹消し、他のことを記載。

・寛弘元年三月廿七日条表（二文字抹消）　陣定

「不能依軽服不能候者」（「「軽服に依りて、候ずること能はず」てへり。」）

「不能」を書く場所を誤ったことに気付き、抹消し、改めて下に記した。なお、先に「候」と書いて、その上に「依」を書いている。

・寛弘元年四月十四日条表（一文字抹消）

「是［依］依可明日慎也」（「是れ明日、慎しむべきに依るなり。」）

はじめは「是明日」まで書き、行間に「依」を補ったが、「可」を入れたくなり、「明日」の上に「依可」を書き、行間の「依」を抹消。

・寛弘元年四月廿五日条表（二文字抹消）

「違方」（「方を違ふ。」）

間違った日付の具注暦に記し、抹消。方違を行なったのは二十六日。

・寛弘元年四月廿六日条表（五文字抹消）

「夕参内候宿違方」（「夕、内に参り候宿す。方を違ふ。」）

前日の箇所に記した方違を書く前に、参内・候宿を書いたが、抹消。

・寛弘元年五月六日条表（一文字抹消）

「雖甘霞露」（「甘霞と雖も、」）

「甘露」の「露」を「霞」と書き間違え、抹消して訂正。

・寛弘元年五月十二日条表（一文字抹消）　内裏御読経請僧

「入八講十四人奏可免被免由」（「八講に入る十四人を免ずべき由を奏す。」）

　「免ずべき由」と書き始め、「免ぜらるべき由」と書き直すため、先の「免」を抹消。

・寛弘元年五月十五日条表（二文字抹消）　内裏産穢

「尤宜事[redacted]可令奉仕法華経奏由了」（「尤も宜しき事なり。[redacted]法華経を奉仕せしむべき由を奏し了んぬ。」）

　抹消した二文字は判読不能。

・寛弘元年五月十九日条表（一文字抹消）　故東三条院のための法華八講始

「証議二者二人加四位」（「証義二者に四位を加ふ。」）

　「二」を早く書き過ぎたことに気付き、抹消して下に記した。なお、いったん「三」と書いてしまい、下画の「一」の上に「人」と書いている。

・寛弘二年（一〇〇五）正月十一日条裏（三文字抹消）　女御に加階

「右大臣有仰来物忌固」（「右大臣、仰せ有りて来たるも、物忌、固し。」）

　頭中将経房の台詞。顕光が関わることなので、まず「右大臣」と書いたものの、抹消。

・寛弘二年正月十一日条裏（一文字抹消）　女御に加階

「女叙位日賜弘徽殿正三位」（「女叙位の日、弘徽殿に正三位を賜ふ。」）

いったん「女叙位」と書いて、「女」を抹消（実は「女叙位」が正しい）。

・寛弘二年正月廿九日条表（二三文字抹消）　中宮大原野社参詣

「六疋三石三位典侍■■■■■疋」（「六疋・三石、三位典侍。■■■■■疋。」）

中宮女房への絹・米下賜の細目を抹消。この条については、後に述べる。

・寛弘二年二月十日条表（二文字抹消）（図2）

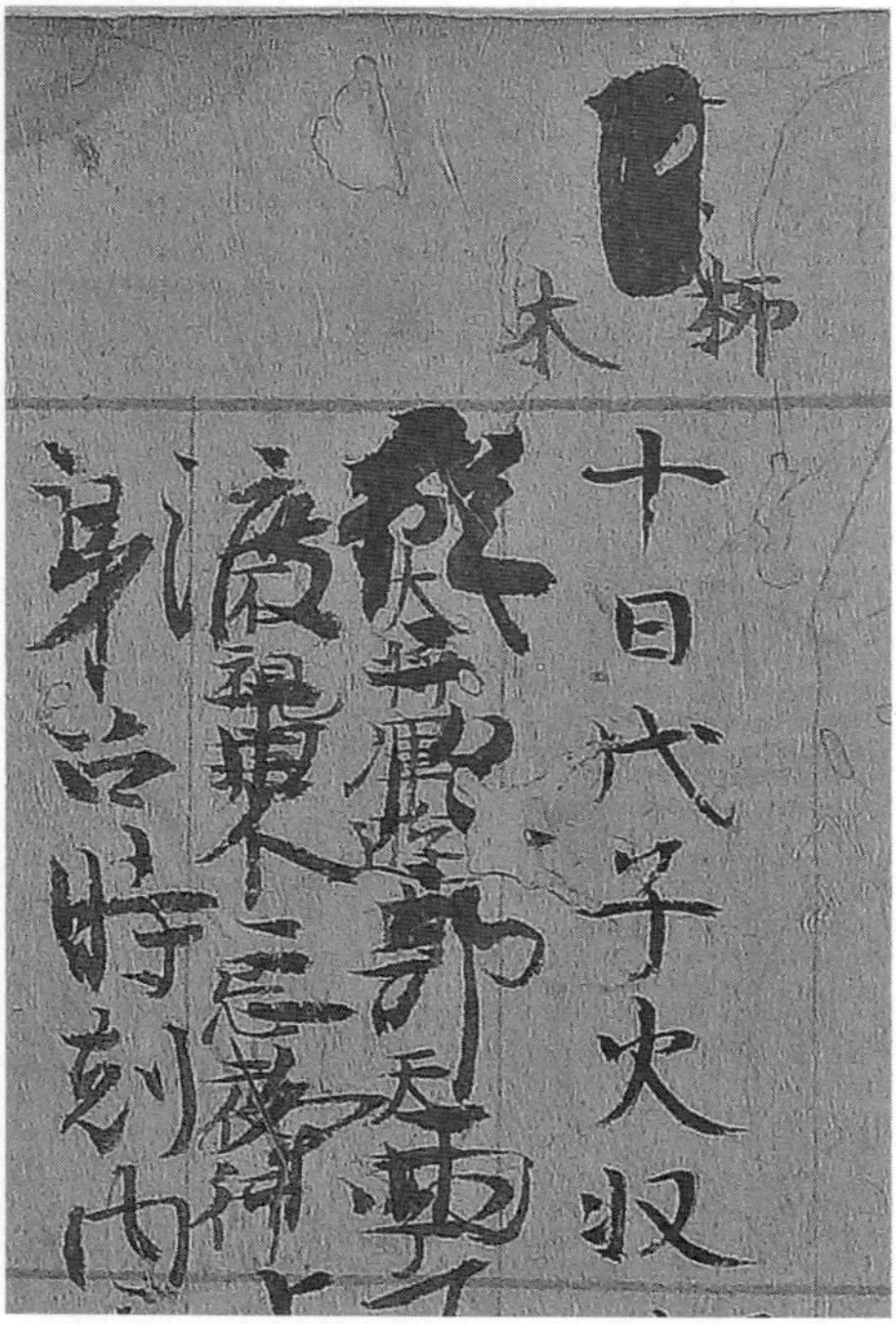

図2　自筆本　寛弘二年二月十日条（表）

「論議」（「論義」）

頭書の年中行事（字の大きさから見て家司が書いたもの）を抹消した珍しい例。

・寛弘二年二月廿五日条表（一文字抹消）　伊周の座次

「前帥藤原朝臣座次仰可列大臣下大納言上由仰外記行利」（「前帥藤原朝臣の座次、大臣の下、大納言の上に列すべき由、外記行利に仰す。」）

動詞の位置を早く書き過ぎたと思い、抹消して、改めて下に記した。

・寛弘二年三月四日条表（三文字抹消）

「参内依　日来有悩事不参内」（「日来、悩む事有るに依り、内に参らず。」）

先に「参内」を書いてしまい、抹消して改めて下に記した。「依」は誤って消してしまったか。

・寛弘二年三月廿七日条表（一文字抹消）　脩子内親王着裳

「承仰召内記令作位記……」（「仰せを承り、内記を召して位記を作らしむるに、……」）

「内記を召し」と書こうとしたが、途中で止めて抹消し、使役文とした。

・寛弘四年（一〇〇七）八月九日条表（一文字抹消）　金峯山詣

「雨下祇薗宿寺宀」（「雨下る。祇薗に宿す。」）

「祇薗に宿す」と書き始めて語順の誤りに気付き、「宿」を途中で抹消して「宿寺」を補書。

・寛弘四年十月四日条表（二文字抹消）

「物忌」（「物忌」）

自分で四日の頭書として書いた「物忌」を抹消し、改めて五日の頭書として書いた。

・寛弘四年十月廿六日条表（一文字抹消）　春日祭使触穢

「春日察祭使兼綱」（「春日祭使兼綱」）

「春日祭」の「祭」を「察」と書き間違え、抹消して正しく書いた。

・寛弘四年十二月十一日条表（一文字抹消）　中宮に琵琶を献上

「中宮献琵　」（「中宮に琵琶を献ず。」）

「琵琶」と書こうとして「琵」だけ書いたところで抹消し、一文字分の空白を入れた。

・寛弘五年（一〇〇八）十月十六日条表（三文字抹消）　土御門第行幸

「如腋御《朝干飯》前膳奉《供》御膳」（「腋御前のごとし。御膳を供し奉る。」）

「腋御膳」と書こうとして「御膳」を「御前」と書き誤り、「前」を抹消して「膳」と訂正したものの、結局は「腋御膳」を書くのを中止し、抹消して「朝干飯」と書いたが、「御」を抹消し忘れている。

・寛弘五年十月十六日条裏（二文字抹消）　土御門第行幸

「仕公間其恐《非無》無非」（「公に仕ふる間、其の恐れ無きに非ず。」）

「非」を行間に補ったものの、語順が違うことがわかり、これを消して上の行間に「非無」を補った。

・寛弘五年十月十六日条裏（三文字抹消）　土御門第行幸叙位

「従二位源朝臣俊賢藤原朝臣頼通従三位従四位下教通」（「従二位源朝臣俊賢・藤原朝臣頼通、従三位、従四位下教通」）

「従三位」と書いたものの（叙位簿を写したものか）、従三位に叙した者がいなかったので抹消。

・寛弘五年十二月廿日条表（一文字抹消）　敦成親王百日の儀

「候奉抱宮候」（「宮を抱き奉り候ず。」）

「候」の位置を間違えたことに気付き、抹消して改めて下に記した。

・寛弘六年（一〇〇九）七月十九日条表（一文字抹消）　源明子病悩

「行近衛御門日近有悩事行見之」（「近衛御門に行く。日近、悩む事有り。行きて之を見る。」）

「近衛御門に行く」と書こうとし、その理由を書くことにして、「行」を抹消して下に改めて書いた。いろいろ事情があったものか。

・寛弘六年八月廿三日条表（一文字抹消）　陸奥守罷申

「賜女装束下襲表袴等馬」（「女装束・下襲・表袴等・馬を賜ふ。」）

表袴で下賜品が終わったので「等」を書いたが、馬を追加したので（あるいは思い出したので）、「等」を抹消し、「馬」を書いた。

・寛弘六年九月八日条表（一文字抹消）　内裏火事

「丑時[付]燈炉火付」（「丑時、燈炉に火、付く。」）

「付」の位置を間違えたことに気付いて抹消し、改めて下に記した。

・寛弘六年十一月十一日条表（四文字抹消）

「[備後守政]参太内」（「備後守政職、」）

「備後守政職、牛二頭を献ず」と十一日の具注暦に書き始めて、それが十日の出来事であったことに気付き、これを抹消して十日の具注暦に書いた。

・寛弘六年十一月十五日条裏（一文字抹消）　中宮御在所淵酔

「従内[参]殿上人参中宮御方」（「内より殿上人、中宮の御方に参る。」）

先に「参」を書いたものの、主語の「殿上人」を書くために抹消し、その下に改めて「参」を書いた。

・寛弘七年（一〇一〇）正月四日条表（一文字抹消）　中宮大夫、藤原頼通家来訪

「[従]昨日依至事」（「昨日より、至る事に依り、」）

「昨日、至る事により、」と書こうとして、「従」を書いてしまった。これは同じ「より」でも、格助詞の「より」であり、「昨日より」と訓まねばならない、という誤りに気付き、「従」を抹消し、改めて「依」

を書いた。

・寛弘七年正月十六日条表（一文字抹消）　皇子敦良に親王宣下

「可親王成給《可》宣旨」（「親王に成し給ふべき宣旨」）

「可」の位置を間違え、抹消して下に記した（それも間違いなのだが）。

・寛弘七年正月十六日条裏（六文字抹消）　橘三位に曹司を賜う（図3）

「経通朝臣奉仕時々雨降而晩」（「経通朝臣、奉仕す。時々、雨降りて晩……」）

天候の記事を書こうとして、途中で抹消。実は「時々雨降而晩景天晴」は十五日条の裏書にある。日付を間違えて記録したのだが、十五日条と十六日条を同日に書いたために起こったこと。

・寛弘七年正月廿一日条表（一文字抹消）　亡母時姫忌日

「即以律師令申上経■」（「即ち律師を以て、経■を申上せしむ。」）

「経」の下に何か書こうとして、途中で抹消。

・寛弘七年二月廿六日条表（四文字抹消）　東宮、尚侍御在所に渡御

「候上卿内府中宮大夫皇太后宮大夫」（「候ずる上卿、内府・中宮大夫・皇太后宮大夫・……」）

供奉していなかった中宮大夫を記してしまい、後に抹消（供奉を予定していたものか）。

・寛弘七年閏二月六日条表（一文字抹消）　敦良親王百日の儀

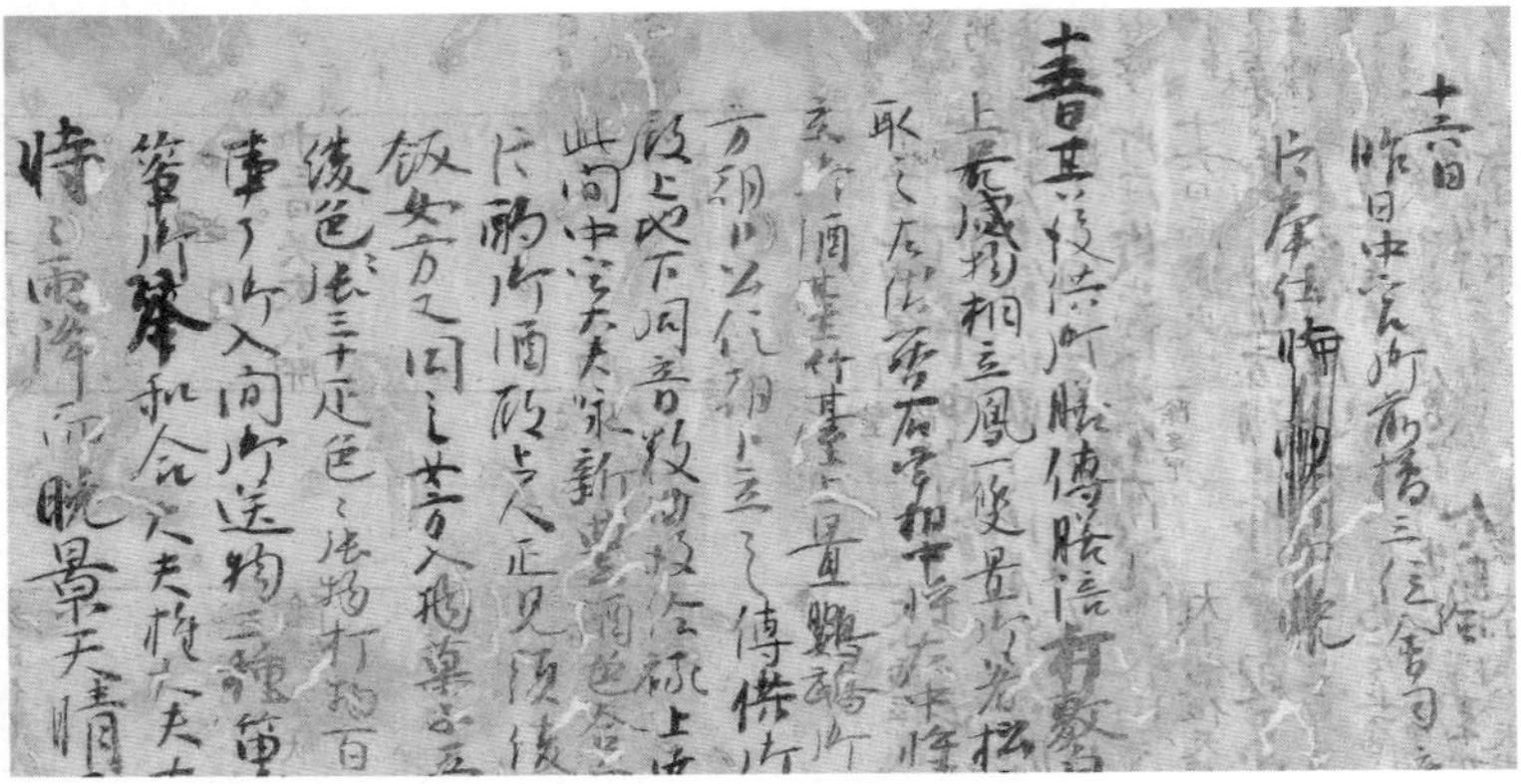

図3　自筆本　寛弘七年正月十六日条（裏）

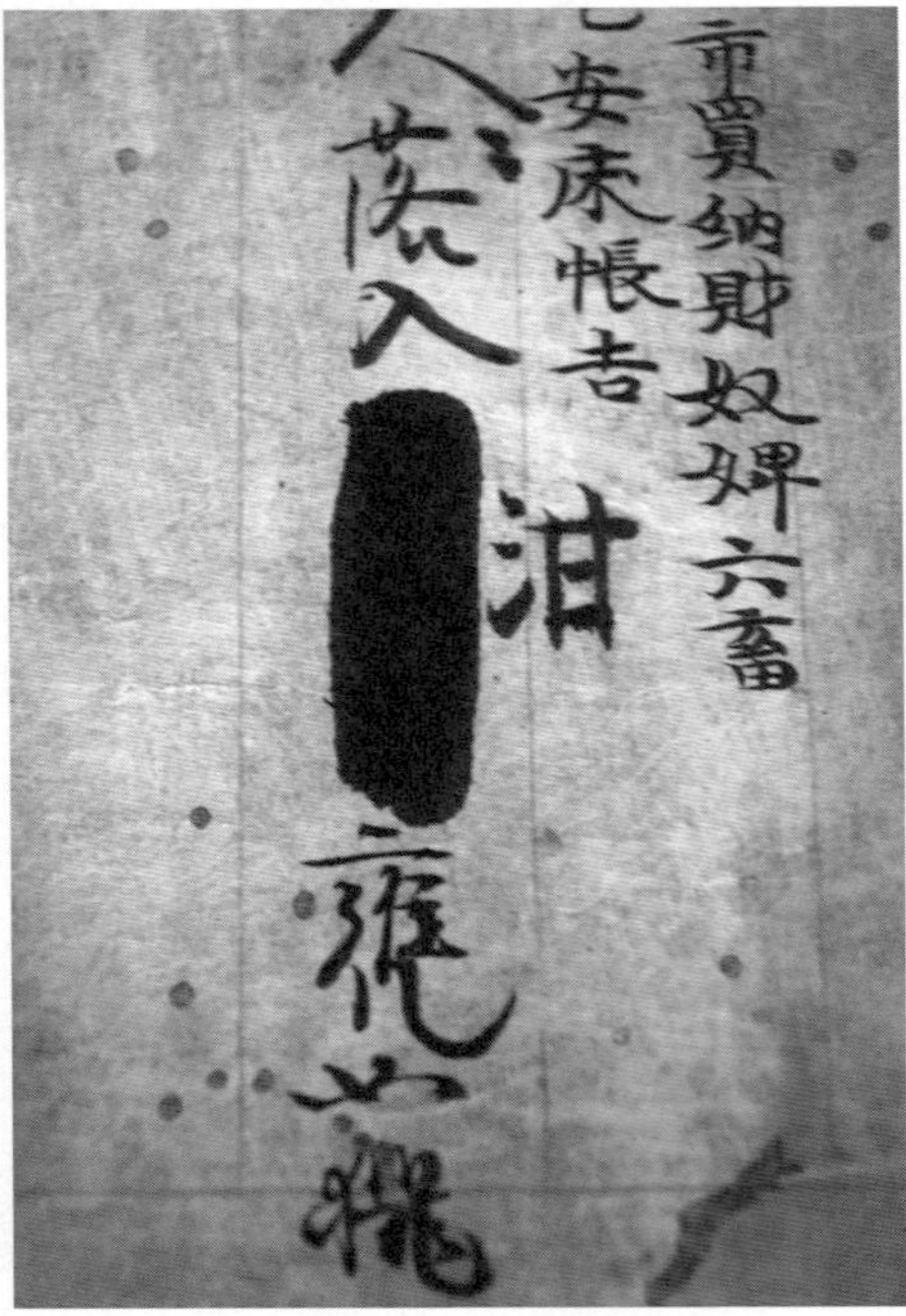

図4　自筆本　寛弘七年六月十六日条（表）

「傅皇大后宮大夫陪膳」（「傅、陪膳。」）

陪膳を勧めたのを東宮傅と誤記し、それに気付いて抹消、改めて皇太后宮大夫を書いた。

・寛弘七年三月二日条表（四文字抹消）　敦成親王内裏退出

「是御乳母依服《依》御乳細仍也」（「是れ御乳母、御乳を服するに、細奶に依るなり。」）

授乳という慣れない状況を書こうとして試行錯誤したが、結局は途中で抹消して「細仍（奶の誤記）」という語を書いた。

・寛弘七年三月十八日条表（一文字抹消）　内裏仏経供養法会

「南殿御帳内懸奉《新》図画釈加普賢文殊」（「南殿の御帳の内に、新たに図画せる釈加・普賢・文殊を懸く。」）

仏像を「懸」けたと書こうとして行頭補書で記したが、思い直して抹消。

・寛弘七年三月十八日条表（一文字抹消）　内裏仏経供養法会

「御帳東敦西僧座南責子南階東敦上達部」（「御帳の東西に僧の座を敷く。南責子の南階の東に上達部の座を敷く。」）

「僧の座を敷く」と書こうとして行頭補書で記したが、思い直して抹消（「敦」は「敷」の誤記）。

・寛弘七年六月十六日条表（三文字抹消）　宇治遊宴（図4）

「人落入《々》■■瓶《沺》甕如猟」（「人々、■■の瓶に落ち入ること、猟のごとし。」）

三文字を抹消し（三文字目は「瓶」）、改めて「沺甕」と書いた。なお、この抹消はほとんど下の文字が判読できないほどの念の入った抹消。なお、「猟」は「鼠」の誤記。

・寛弘七年六月廿一日条表（一文字抹消）定文

「仰云留国進季久後可賜賞仰云者」（「仰せて云はく、「国に留むる季久を進むる後、賞を賜はるべし」と仰せて云はく、」）

台詞の後にもう一度、「仰云」と書いてしまい、抹消して「者」と書いた。

・寛弘八年（一〇一一）正月廿一日条表（一文字抹消）亡母忌日の斎食

「斎食事以僧等為代」（「斎食事。僧等を以て代と為す。」）

「斎食」まで書いた段階で、「食事」という熟語が頭を過ぎり、これを書いてしまったが、誤りに気付いて抹消。

・寛弘八年正月廿二日条表（七文字抹消）弓場始

「有弓場初事左勝」（「弓場初の事有り。左勝つ。」）

二十三日の具注暦に書いた記事について、圏線を二十二日の箇所まで引き、二十二日の記事であることを示した。そのうち弓場始については二十一日の出来事であったことを思い出し、抹消して二十一日の記事の後に続けて書いた。なお、『小右記』や『権記』によると、二十一日に行なわれたのは弓場始ではなく、賭弓であった。

・寛弘八年正月廿二日条表（一文字抹消）　解除（図5）

「々書間不有[不]可参由申了」（「除書の間、参るべからざるに有らざる由を申し了んぬ。」）

　この日はもう一箇所ある。「不」を二箇所も書いてしまい、後の「不」を抹消。

・寛弘八年二月六日条表（二文字抹消）（図6）

「[解除]参太内」（「解除す。太内に参る。」）

　解除を行なったのは七日であることに気付き、六日に書いた分を抹消し、七日の具注暦に改めて書いた。なお、この抹消は線によるものではなく、「解除」の部分を丸く囲って示している。

・寛弘八年二月廿九日条表（一文字抹消）　金泥法華経書写

「[初]金泥法華経書初」（「金泥法華経を書き初む。」）

　「初」の位置を間違えたと思い、抹消（書き直したものも間違いだが）。なお、「金」は「紺」の上、「経」は「書」の上に重ねて、それぞれ書いたもの。

・寛弘八年三月十二日条表（一文字抹消）　金峯山代参を停止

「於[坐]労事坐《為》如何」（「労く事坐すに於いては、如何為ん。」）

　「坐」を書く位置を間違え、抹消。

・寛弘八年六月二日条裏（三文字抹消）　一条天皇、東宮と対面

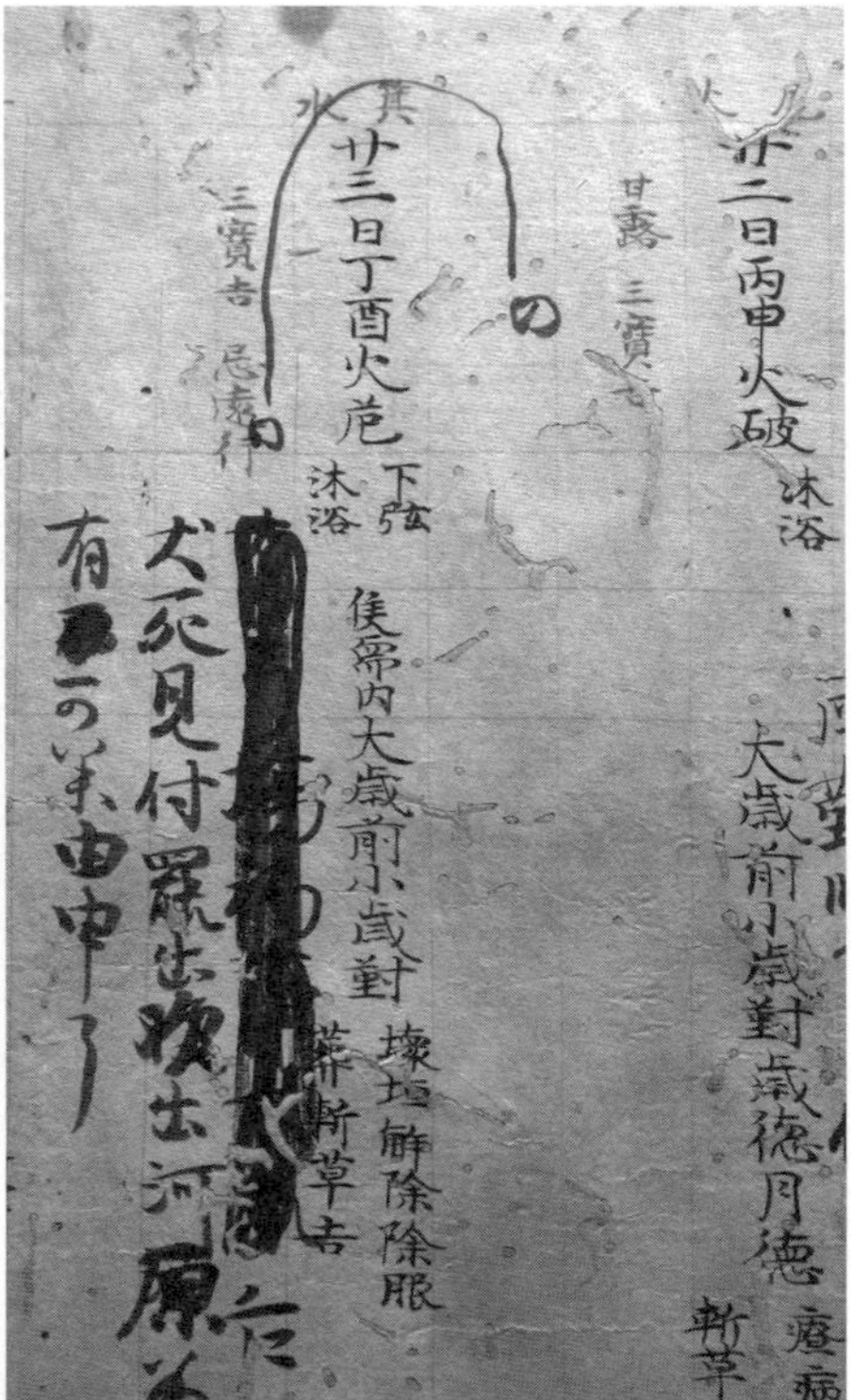

図5　自筆本　寛弘八年正月廿二日条（表）

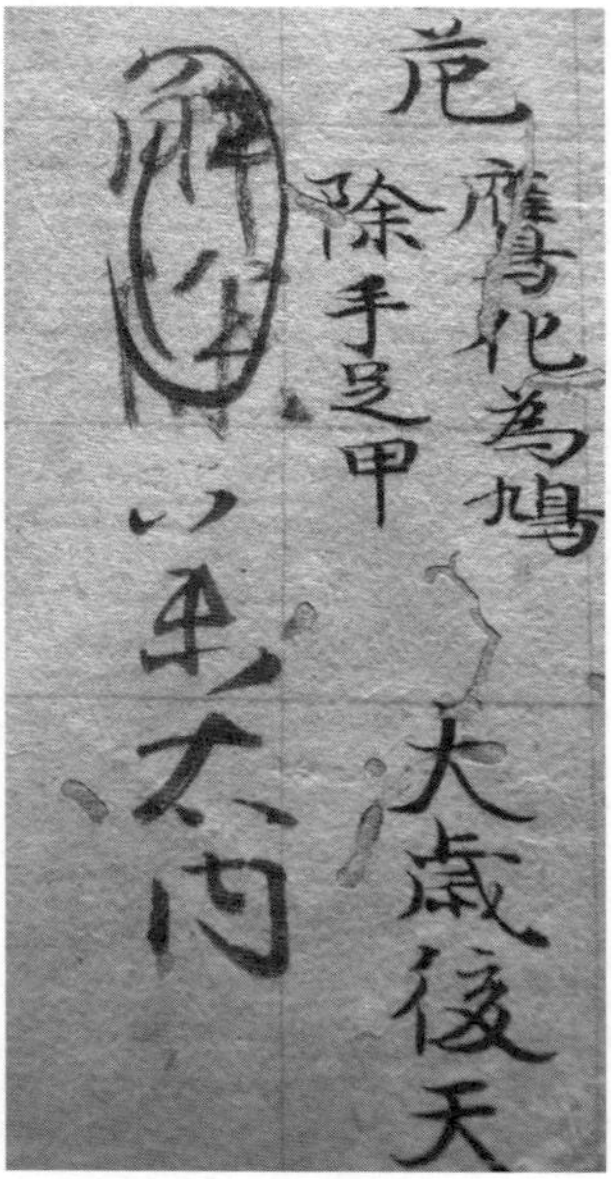

図6　自筆本　寛弘八年二月六日条（表）

「経渡殿又中対参上」（「渡殿を経、又、中対に参上す。」）

参入の終点を書こうとして途中で抹消。

・長和元年（一〇一二）二月十四日条裏（二文字抹消）　藤原妍子立后

「命婦常侍乳母《子》織物《掛袴》絹七疋命婦綾掛袴」（「命婦・掌侍・乳母子に、織物の掛・袴・絹七疋。命婦に綾の掛・袴。」）

「命婦」を先に書いてしまったことに気付き、抹消。

・長和元年四月廿七日条裏（二文字抹消）　中宮妍子内裏参入（図7）

「不被指候人々左衛門督尹中納言左宰相中将《右》三位中将二人」（「指されざるに候ずる人々、左衛門督・尹中納言・左宰相中将・三位中将二人。」）

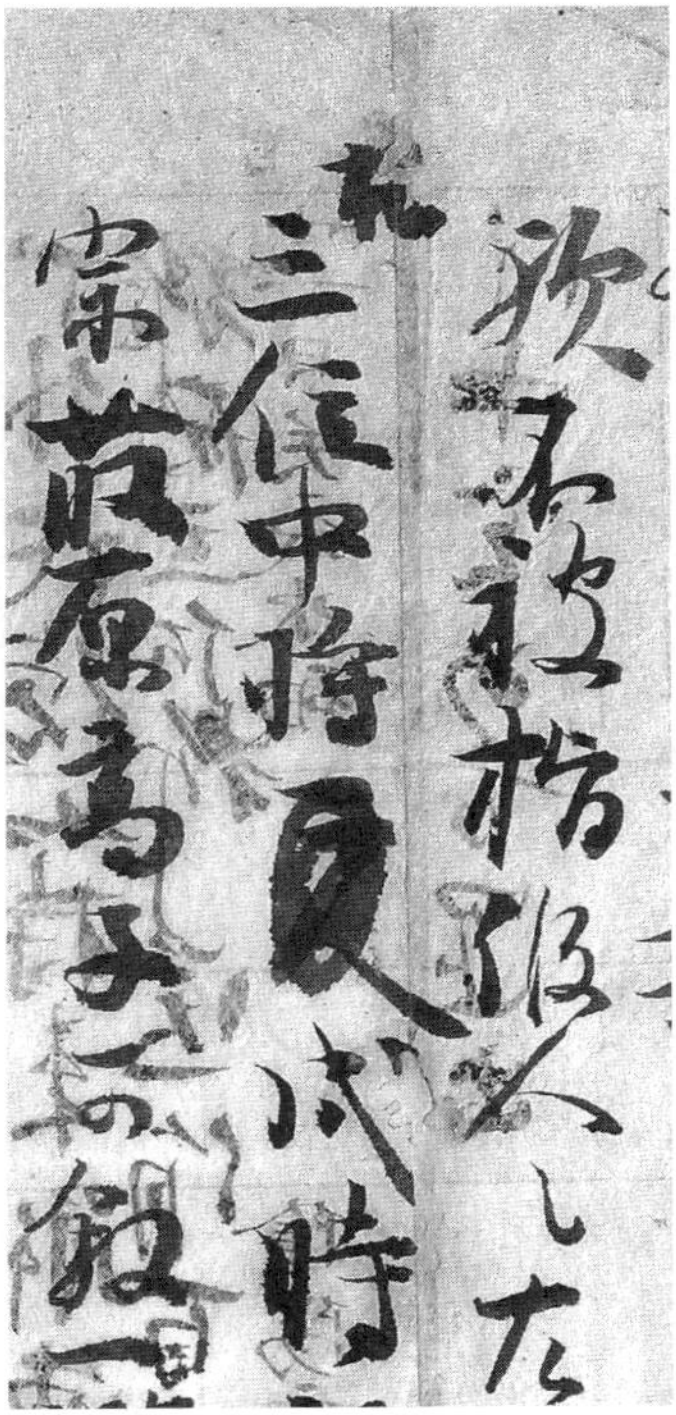

図7　自筆本　長和元年四月廿七日条（裏）

当初は「三位中将二人」（頼宗・教通）と記していたのに、後で「二人」を抹消して「右」を書き加え、「右三位中将」（頼宗）とした。元々は教通の出席を予定していたのに、公任の要請によって、教通の婚礼が急遽、この日と定められたことを示す。

・寛仁二年（一〇一八）正月三日条裏（二文字抹消）　後一条天皇元服の儀

「南行■■東立許《程》東面立」（「南行して■■の東の程ばかりに東面し立つ。」）

抹消された文字は不明。なお、上の「立」は消し忘れたものか。

・寛仁二年正月三日条裏（二文字抹消）　後一条天皇元服の儀

「後啐之建《毎度》匕《毎度》」（「後、之を啐む。毎度、匕を建つ。」）

「毎度」を書く位置を間違えたと思い、はじめの方を抹消。実はそちらでもよかった。

・寛仁二年正月三日条裏（五文字抹消）　後一条天皇元服の儀

「并御肴物■加匕御肴物在小机上」（「御肴物を■。匕を加ふ。御肴物、小机の上に在り。」）

「御肴物」以下を書こうとしたものの、その前に「加匕」を書こうと思い、「御肴物」については抹消。

・寛仁二年正月廿五日条表（二五〈二四・五〉文字抹消）　除目

「雪下終日此日摂政大饗従内罷次参中宮行摂政家可然雑亊今除目儀」（「雪下ること終日。此の日、摂政の大饗。内より罷る次いでに中宮に参る。然るべき雑事を……。今、除目の儀。」）

『御堂関白記』の中で二番目に多い字数の抹消。この条については、後に述べる。

・寛仁二年二月五日条表（一文字抹消）

「雪下終日[許]」（「雪下ること二寸ばかり。」）

はじめ「雪下二寸許」と書いたが、「二寸」の上に重ねて「終日」と書き、はみ出した「許」を抹消。

・寛仁二年二月十二日条表（一文字抹消）

[参]「参中宮候宿」（「中宮に参り、候宿す。」）

「参」を日付の右側に書いてしまい、抹消して左側に改めて書いた。

・寛仁二年三月十一日条表（六文字抹消）　石清水臨時祭試楽

「[今朝参中宮内]候宿」（「今朝、中宮・内に参り、候宿す。」）

中宮と内裏に参ったことを書いたものの、抹消。実は中宮に参ったのは十二日のこと。

・寛仁二年三月廿三日条表（一三文字抹消）

「[行土御門参中宮還来此日雨降]終日従西時許」（「土御門に行く。中宮に参り、還り来たる。此の日、雨降ること終日にして、酉時ばかりより。」）

二十四日にあったことを二十三日の具注暦に書いてしまったことに気付き、抹消。この条については、後に述べる。

・寛仁二年四月十三日条表（一一文字抹消）　内裏遷御定

「示云行幸行事右衛門督斉宮行事左大将左衛門督間云々入夜従右府有消息以右衛」（「示して云はく、「行幸の行事は右衛門督、斎宮の行事は左大将、左衛門督の間にて」と云々。夜に入りて、右府より消息有り。右衛……を以て……」）

右府から消息があったことを書こうとして、途中で止め、抹消。この条については、後に述べる。

・寛仁二年閏四月五日条表（三文字抹消）

「参太内従土御門参院」（「太内に参る。土御門より院に参る。」）

内裏に参ったのは、実は六日であったことに気付き、抹消。

・寛仁三年（一〇一九）八月廿九日条表（七文字抹消）

「丑時許雨降尤有感丑時従縫殿退出」（「丑時ばかり、雨降る。尤も感有り。丑時、縫殿より退出す。」）

丑剋に縫殿から退出したのは二十八日のこと。二十八日条にも同様の記載がある。二十九日条を抹消してから、二十八日条に書いた。

いずれの例も、後に挙げる大規模な抹消を除いては、数文字の抹消であることが特徴的である。逆に言うと、いくつかの大規模抹消の特異性が浮かび上がってくるのである。

ここで、自筆本が残されている年ごとの、記事数と抹消の頻度、抹消した字数を表に示してみる。

自筆本現存巻	現巻	記事数	元巻	裏書箇所	総文字数	抹消(表)	抹消(裏)	抹消率(%)
長徳四年(九九八)下	1	四条	1	なし	一六二字	なし	なし	〇・〇〇〇
長保元年(九九九)下	2	五一条	3	なし	一〇八七字	二箇所(八字)	なし	〇・七三六
長保二年(一〇〇〇)上	3	八三条	4	なし	二〇七八字	一箇所(四六〜四八字)	なし	二・二六二
寛弘元年(一〇〇四)上	4	一四七条	5	一五箇所	八一二四字	一二箇所(二一字)	二箇所(三字)	〇・二九五
寛弘二年(一〇〇五)下	5	一三〇条	7	四箇所	五七七七字	五箇所(二〇字)	二箇所(四字)	〇・四一五
寛弘四年(一〇〇七)下	6	六九条	12	五箇所	二九九七字	四箇所(五字)	なし	〇・一六七
寛弘五年(一〇〇八)下	7	三八条	14	三箇所	二一四四字	二箇所(四字)	二箇所(五字)	〇・四二〇
寛弘六年(一〇〇九)下	8	一二六条	16	一二箇所	五六三七字	四箇所(七字)	一箇所(一字)	〇・一四二
寛弘七年(一〇一〇)上	9	一〇二条	17	一〇箇所	五〇三一字	一〇箇所(一八字)	一箇所(六字)	〇・四七七
寛弘八年(一〇一一)下	10	一二三条	19	一二箇所	五三〇六字	六箇所(一三字)	一箇所(三字)	〇・三〇二
長和元年(一〇一二)上	11	一二〇条	21	七箇所	六二八六字	なし	二箇所(四字)	〇・〇六四
寛仁二年(一〇一八)上	12	一四四条	31	一三箇所	八四九〇字	七箇所(六〇字)	三箇所(九字)	〇・八一三
寛仁三年(一〇一九)下	13	一〇条	34	なし	一八〇字	一箇所(七字)	なし	三・八八九
寛仁四年(一〇二〇)上	14	三条	35	なし	一〇一字	なし	なし	〇・〇〇〇
合計				八一箇所	五三四〇〇字	五四箇所(二〇九〜二一一字)	一四箇所(三五字)	〇・四五七

寛仁二年以降に抹消が多いことも、容易に読み取れよう。『御堂関白記』自筆本は、長和二年（一〇一三）から寛仁元年（一〇一七）まで残されておらず、その間に加齢も進んでいたはずである。道長は長和二年に四八歳、寛仁二年に五三歳である。この間、明らかに字も大きくなっていっており、老眼が進んでいることが窺えるが、うっかり字を間違えることも多くなっていたのであろう。

さて、自筆本の抹消というのは、書きかけた単語または文章を、思い直して書き直すことはせずに抹消するものが多い。途中で間違いに気付き、抹消して新たに書くものであるが、その際、新たに傍書として書く場合と、抹消した文字の下に書く場合がある。その使い分けは不明である。

また、単なる文字の誤りだけでなく、特に文法的な誤りに気付いて、語順を正すために抹消する場合もある。実は訂正した漢文も間違いである例もあるのは、いかにも道長らしい。

賜禄の帳簿、出席者の名簿、叙位簿などの文字を抹消して訂正した場合については、例外的に道長が何らかの原史料（あらかじめ式次第を記した「式文」か）を手許に置き、それを見ながら日記を記したものの、実際には儀式はその次第通りには行なわれず、それを訂正したのではないかと思われる。

実資の『小右記』などでは、（おそらく自ら記した）式次第に違例や追加項目を書き込み、それを具注暦の日付と日付の間に貼り継いだり、他者から送られてきた書状を具注暦の日付と日付の間、またはまっさらな紙に貼り継いだりすることで、日次記を完成させていたと推測されるのであるが、『御堂関白記』の場合、道長は（おそらく他者が記した）式次第（『御堂関白記』にいう「別記」）を見ながら、すべて自身の手で記録していたのではないだろうか。

さらに気になるのは、ただの文字の誤りだけでなく、記事を記した具注暦の日付自体の誤りである。つまり、本来の出来事があった日の具注暦ではなく、他の日の具注暦に書いてしまい、後でそれに気付いて抹消し、正しい日の具注暦に書き直す例である。

これは道長が『御堂関白記』を毎日記すのではなく、何日分か、まとめて記していたことを示す事例である。それればかりか、具注暦を毎日開いていたわけではないことも想定できる。

二　『御堂関白記』自筆本の大規模抹消

それでは、例外的に大規模な抹消を行なっている五例について、簡単にその状況を推測してみよう。

【1】長保二年（一〇〇〇）正月十日条表（四六〜四八文字抹消）　藤原彰子立后日時勘申（図8）

これについては、先にも述べたように、すでに専論を著わしている。[3] 長女の彰子を中宮に立てようとしていた道長は、一条の勅許が下ったと思い込み、年明け早々の長保二年正月十日、安倍「晴明」を召して立后の雑「事」を勘申させた。そして、「廿□」日という日付が宜しき日と出て、その結果を一条の生母である東三条院詮子、次いで一条に「献」じた。

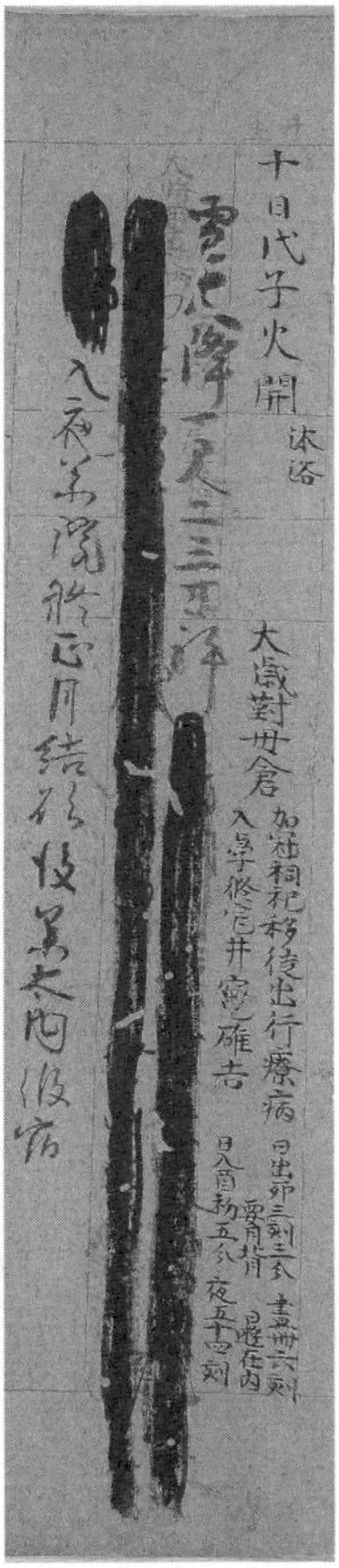

図8　自筆本　長保二年正月十日条（表）

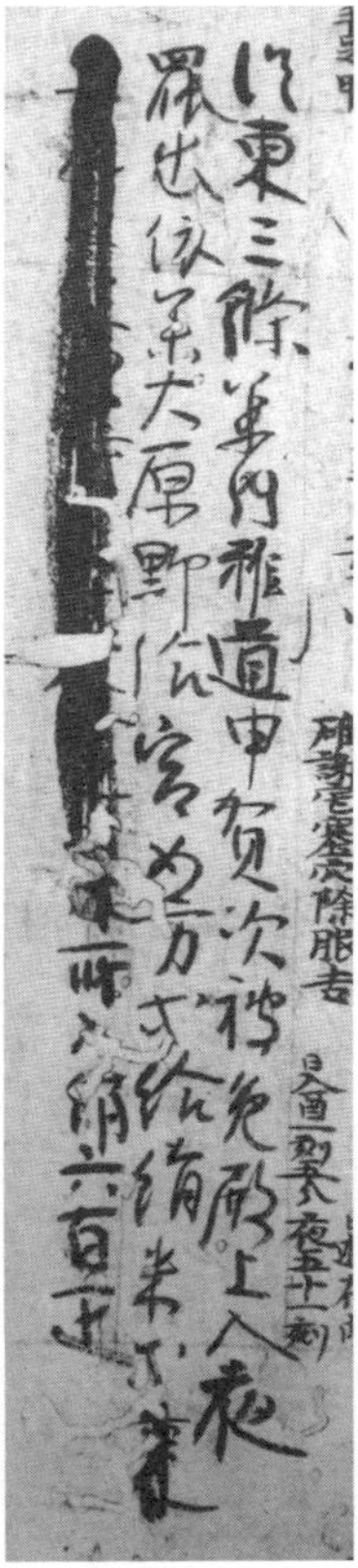

図9　自筆本　寛弘二年正月廿九日条（表）

ところが、いまだ彰子の立后に逡巡していた一条は、道長に対してストップをかけたのであろう。『御堂関白記』の長保二年正月十日条を記し始めた道長は、彰子立后勘申に関する部分のみを、慌てて、しかも一生懸命に抹消している（記録や抹消を行なったのが当日なのかどうかは不明であるが）。

これほどの大幅な抹消は『御堂関白記』自筆本を通じてこの箇所のみであり（墨を磨り直した形跡さえある）、いかに道長が気合いを入れてこの部分を消そうとしたかがわかる。しかし、濃い墨の五本の抹消線で消そうとしてはいるものの、右側は墨がかすれて抹消がいい加減になっており、原本に裏から透過光を当てたところ、九文字が判読できたのである。

【2】寛弘二年（一〇〇五）正月廿九日条表（一三文字抹消）　中宮大原野社参詣（図9）

彰子立后を一条に対して説得した行成の理屈の一つは、藤原氏の后妃四人がいずれも出家していて、藤原氏の氏神である大原野社の祭祀を勤められないというものであったが、中宮に立った彰子が、立后後五年にして、ようやく大原野社行啓を挙行した。

「あたかも行幸の儀のようであった」という式次第で行なわれたこの行啓において、「悦気は甚だ深い」（『小右記』）という道長は、「大原野に参り給ふに依りて、宮の女方等に絹・米等を給ふ」と、中宮女房への賜禄を記した後、禄の細目を書き始めた。ところが、一三文字（三位典侍への賜禄ともう一人への賜禄の途中まで）を書いて、それらを数本の太い線で抹消した。

そして、「入るる所の絹、六百疋」と、下賜した絹の総額を記している。禄の細目のすべてを記録することができないことに気付いて、途中で抹消したものであろう。

【3】寛仁二年（一〇一八）正月廿五日条表（二五〈二四・五〉文字抹消）　除目（図10）

この抹消はかなり複雑である。まず正月廿三日条を原文で示してみよう。

此日摂政家大饗、従内出次向彼家、行置雑事退出、新屏風従侍従中納言許書持来、前少々、此日終日雪降無晴時、尊者及公卿従西廊上着座、弁以下従砌渡東着座云々、史生拝礼者失也、立楽間雪止云々、

摂政頼通邸で大饗が行なわれたこと、道長がその雑事を指図したこと、行成が新屏風の詩歌を書いて持ってきたこと、が記されている。『左経記』や『日本紀略』によれば、実際に二十三日に摂政家大饗が行なわれている。

ところが、廿五日条にも同様の記事が記され、道長はそれを抹消しているのである。

雪下終日此日摂政大饗従内罷次参中宮行摂政家可然雑ヨ今除目儀、従内退出、参中宮、右大臣被来、有被示事、其後風病発動、心神不宜、

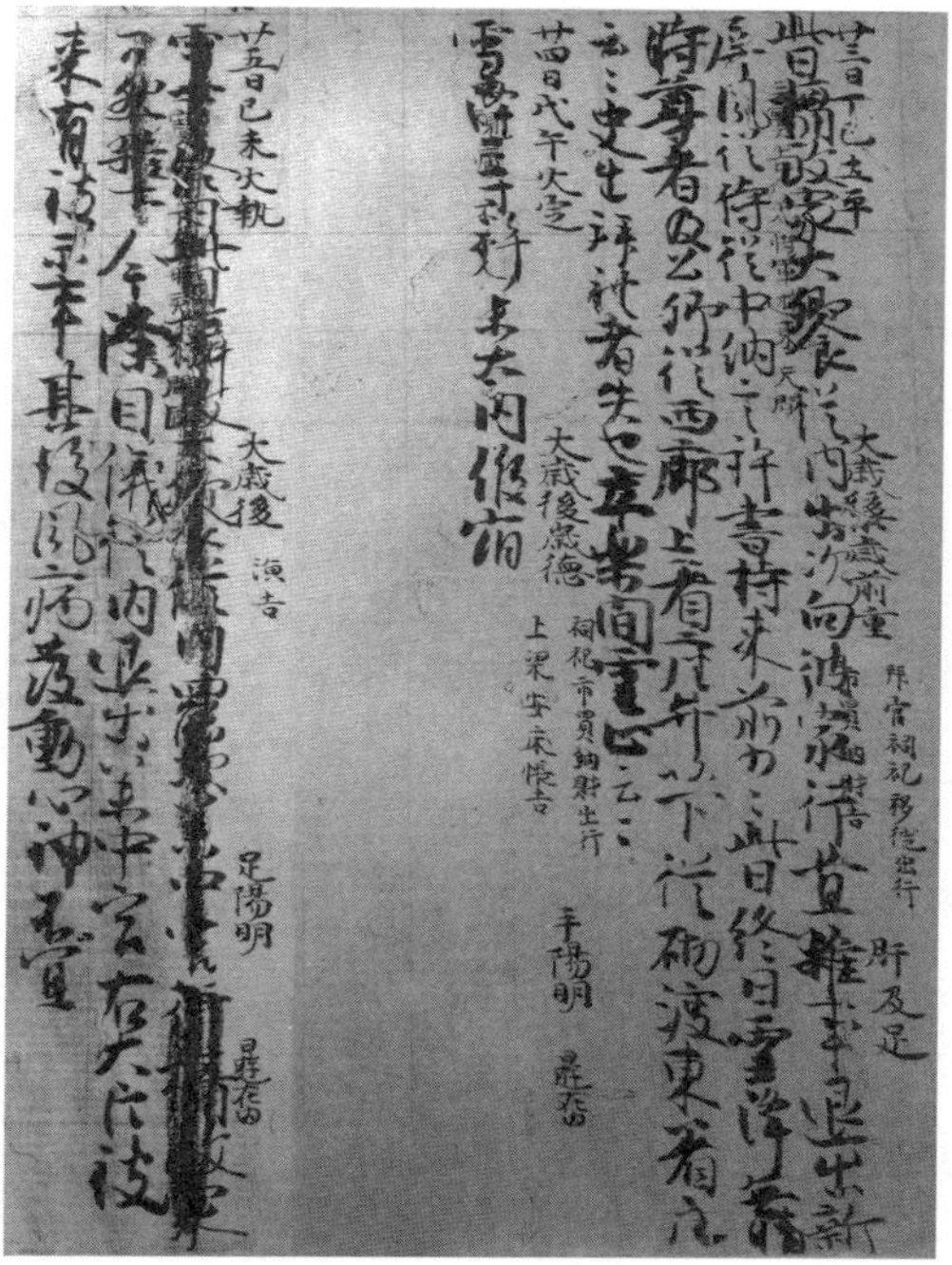

図10　自筆本　寛仁二年正月廿五日条（表）

抹消した部分（□）は、まさに二十三日の摂政家大饗に関わる記事である。つまり道長は、二十三日の出来事を二十五日の具注暦に記してしまい、それを「事」の途中で気付いて、抹消したのである。随分と薄い墨で消していることから、墨継ぎをせずに、「事」の途中からそのまま抹消線を引いたことが窺える。

まさか二十三日に書いた記事を二十五日の具注暦に再び記すとは考えられないから、はじめに書いたのが二十五日の具注暦の部分であり、それを抹消してから改めて書いたのが

二十三日条であったことは確実であろう。

すなわち、道長は、廿三日条も、廿五日条と同じ日に記録しようとしていたことがわかるのである。『御堂関白記』の筆録日時が、必ずしも出来事の起こった当日やその翌日とは限らないことが、ここにも明らかに表われている。

なお、廿五日条の二四・五文字を抹消した後に、廿三日条に記した内容は同じではあるものの、文言が微妙に違うことが興味深い。「雪下終日」→「終日雪降無晴時」、「摂政大饗」→「摂政家大饗」、「従内罷次」→「従内出次」、「行摂政家可然雑事」→「向彼家、行置雑事」というように、同じ事実を書いても、違う文章になっている。

それは、たとえば実資が『小右記』において、同じ名詞を連続して使用することを潔しとはせずに表現を変えて記述するといった知識人的な書き換えではなく、同じことを記しても、（たとえ連続して書いたとしても）その都度、違う文章表現になるという、まさに道長の面目躍如の記述なのである。

しかし、一箇所、腑に落ちない部分がある。抹消した廿五日条の中で、「従内罷次」と「行摂政家可然雑事」の間に、「参中宮」という三文字が記されているのである。実際には、二十三日には道長は中宮御所に参っておらず、参ったのは、廿五日条の後文に記したように、二十五日のことなのであった。また、「参中宮行摂政家」と続けて書いても、意味が通じない。

これはどのように解釈すべきなのであろうか。おそらくこういうことなのであろう。二十五日の後文に、「従内退出、参中宮」とある。道長は二十三日の出来事である「従内罷次」と後文の「従内退出」が頭の中で混乱をきたしてしまい、「従内退出」の次に書くはずであった「参中宮」を、「従内罷次」の次に書いてしまったのである。脳内で予定している文章が、実際に手で筆記している文章の間に混入してしまったことになる。

そしてそのしばらく後に、これまで書いていたのが二十三日の出来事であり、自分はこれまで二十五日の具注暦に書いていたことに気付き、慌てて墨を継がないまま、抹消線を引いたのであろう。

【4】寛仁二年（一〇一八）三月廿三日条表（一三文字抹消）（図11）

廿三日条では、「従内還来」と書いてから、「還来」の上に「退出」と書き、「従内退出」としている。ここで「還来」と書いたのも、後文の「還来」が脳内から混入したのであろう。その後、

行土御門参中宮還来、此日雨降終日従酉許時、入夜与女方参太内、

と、一三文字を抹消している。これも薄くて細い墨、しかも二本だけの抹消線である。

実は廿四日条の冒頭には、

従内退出、参中宮、行土御門、政摂被レ来云、……

とあり、廿三日条に記した、中宮に参ったり土御門に行ったりしたというのは、二十四日の出来事なのであった。

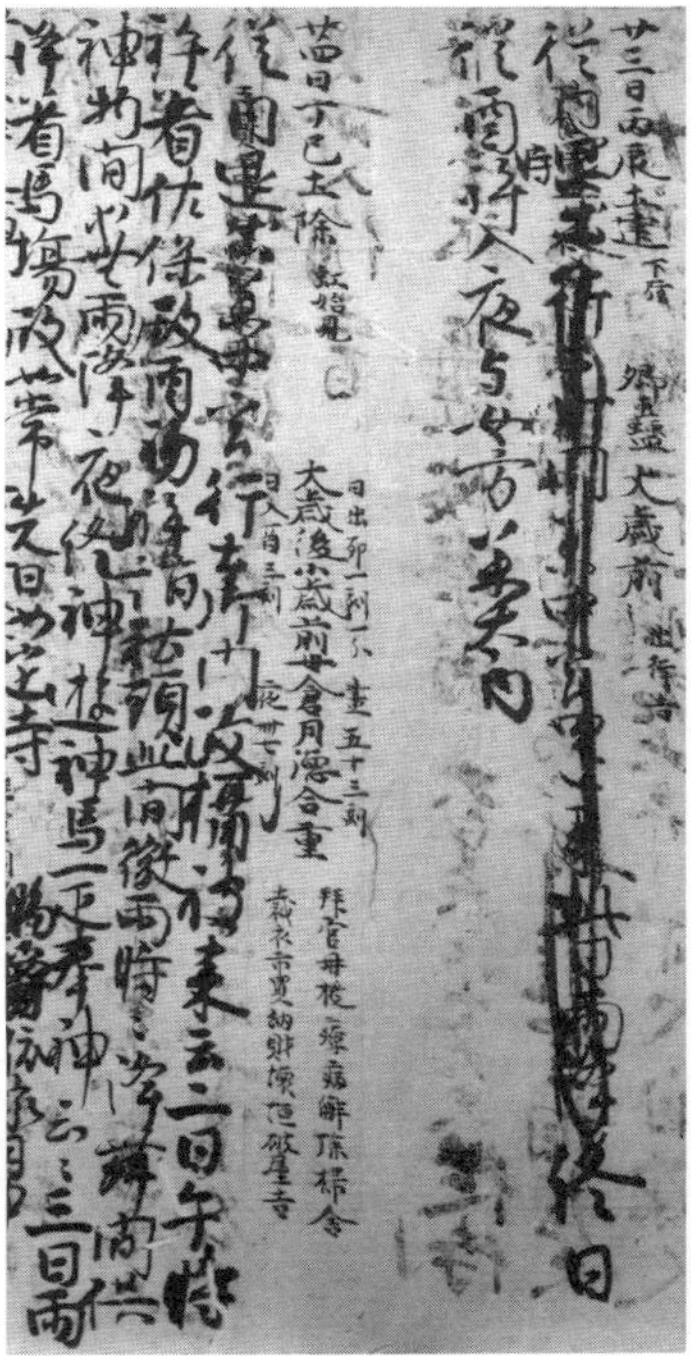

図11　自筆本　寛仁二年三月廿三日条（表）

こちらは空白であった二十三日の具注暦に、誤って廿四日条を記してしまったことになる。つまり廿三日条を書いたのも、二十四日か二十五日であることが判明するのである。

ただ、「此日雨降」はこの二十三日のことで、誤って抹消してしまったことになる。

【5】寛仁二年（一〇一八）四月一三日条表（一一文字抹消）内裏遷御定（図12）

内裏遷御行事と伊勢斎宮群行行事を改替す

る旨を指示しておいて、右府から消息があったことを書こうとして、途中で止め、抹消している。

　示云、行幸行事右衛門督、斉宮行事左大将・左衛門督間云々、入夜従右府有消息以右衛

　これは結構太い線で、しかも墨をたっぷりと付けたようである。右府からの書状については、この前後に記事がなく、実際に十三日に起こった出来事のようである。何故にこれを抹消したかというと、スペースの問題であろう。

　道長は通常、具注暦の二行の間明きに、四行の記事を記すことが多い。一行が二〇から二五字前後である。表に書ききれなかった場合に、続きを紙背に裏書として記す場合もあるが、ほとんどの裏書は、表でいったん文章を切って、紙背に書くべき内容だけを裏書として記す場合が多かったことは、すでに指摘した(4)。

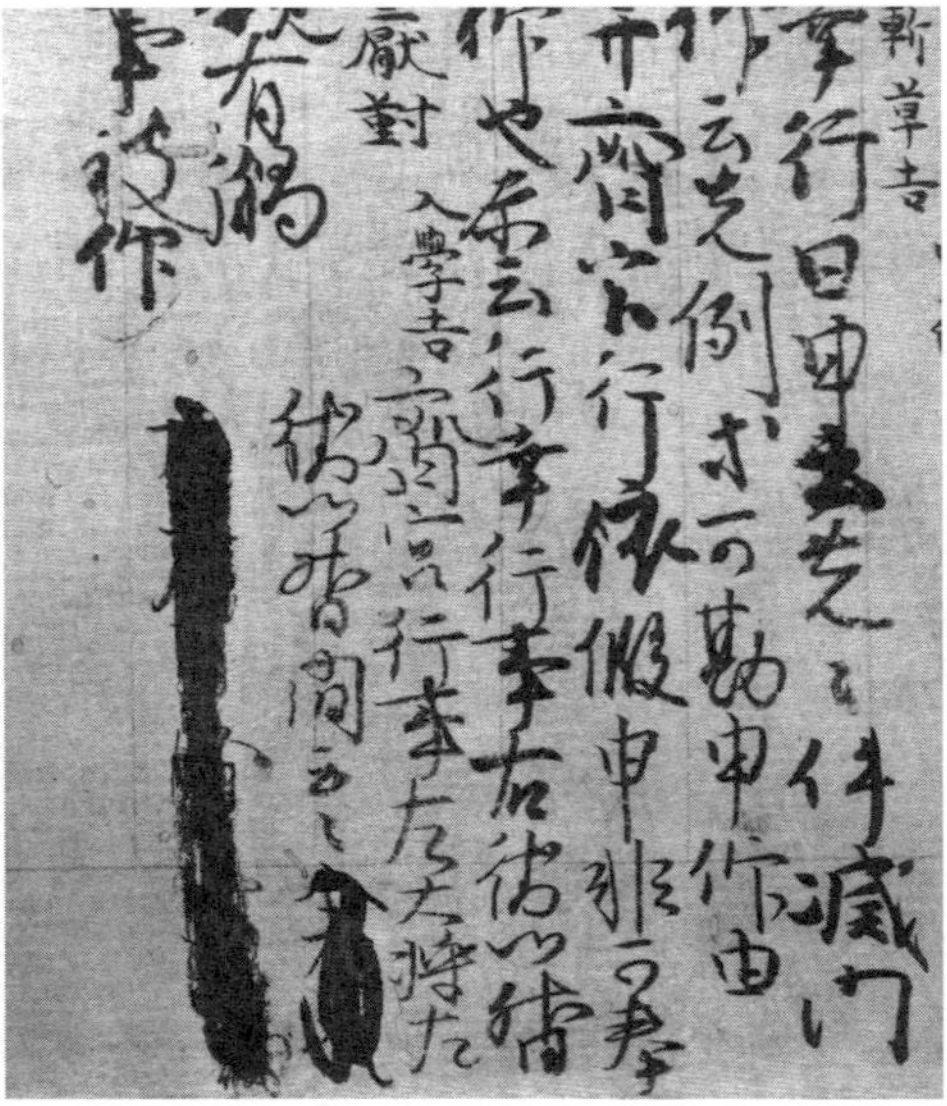

図12　自筆本　寛仁二年四月十三日条（表）

　この日の場合、「行幸行事右衛門督」までで四行のスペースを使いきってしまった。次の「斉宮行事」とは文章がつながるので、紙背には続けて記したくない。というわけで、裏書を回避しようとして「なだれ込み」を行なった。つまり、翌日の十四日条の日付の下のスペースに続けて記したのである。

　しかし、「斉宮行事」から「左衛門督間云々」までの一四字を二行の「なだれ込み」で記したものの、続く「入夜従右府」以下を記し続けるためには「なだれ込み」ではスペースが足りない（十四日の記事も書かねばなら

ないから、「なだれ込み」のスペースは限られている）。かといって、ここから裏書に移ったのでは格好が付かない。ということで、道長は「入夜従右府」以下を記すのを断念し、一生懸命にこれを抹消したのである。

三　古写本の抹消箇所の書写

以上、自筆本における抹消を検証してきた。では次に、自筆本で抹消を行なった部分を古写本がどのように書写しているかを見てみたい。厳密には、古写本を書写した平松本も比較の対象に入れるべきなのであろうが、紙幅の関係で省略する。

以下に自筆本と古写本の両方が残っている年について、自筆本と古写本の比較を示す。

・長保元年（九九九）九月廿四日条表（二文字抹消）古写本は某〈師実家司か〉筆

自「除目了戊許」→古「除目了」

・長保元年十月五日条表（六文字抹消）古写本は某筆

自「一条院宮初雖」→古ナシ

・長保二年（一〇〇〇）正月十日条表（四六〜四八文字抹消）古写本は某筆

自「■晴明■■■■■■■■■■■雑事等■■初■■■■■■献晴明申云無■■■■■■■■■■■■仍廿」

→古ナシ

・寛弘元年（一〇〇四）二月五日条裏（一文字抹消）古写本は某筆

自「上達部皆以送腰袴」→古「上達部皆以送袴」

・寛弘元年二月六日条裏（二文字抹消）古写本は某筆

自「かすかの、雪の《をちのゆ》きまを」→古「かすかの、をちのゆきまを」

・寛弘元年二月七日条表（二文字抹消）古写本は某筆

自「済政朝臣笛至光」→古「済政朝臣笛」

・寛弘元年二月十六日条表（二〈一・五〉文字抹消）古写本は某筆

自「依藤士飛香舎御参入」→古「依飛香舎御参入」

・寛弘元年三月十四日条表（一文字抹消）古写本は某筆

自「奉平蜜《天文》奏持来」→古「奉平天文奏持来」

・寛弘元年三月十六日条表（一文字抹消）古写本は某筆

自「仍遣彼御庄同類侍」→古「仍遣〃御レ彼庄同類侍」

・寛弘元年三月廿七日条表（二文字抹消）古写本は某筆

自「不能依軽服不能候者」→古「依軽服不能候者」

・寛弘元年四月十四日条表（一文字抹消）古写本は某筆

自「是[依]依可明日慎也」→古「是依可明日慎也」

・寛弘元年四月廿五日条表（二文字抹消）古写本は某筆

自「違方」↓古ナシ

・寛弘元年四月廿六日条表（五文字抹消）古写本は某筆

自「夕参内候宿違方」↓古「違方」

・寛弘元年五月六日条表（一文字抹消）古写本は某筆

自「雖甘霞露」↓古「雖甘露」

・寛弘元年五月十二日条表（一文字抹消）古写本は某筆

自「入八講十四人奏可免被免由」↓古「入八講十四人奏可被免由」

・寛弘元年五月十五日条表（二文字抹消）古写本は某筆

自「尤宜事[redacted]可令奉仕法華経奏由了」↓古「尤宜事奏可奉仕法華経由了」

・寛弘元年五月十九日条表（一文字抹消）古写本は某筆

自「証議二者二人加四位」↓古「証義者二人加四位」

・寛弘六年（一〇〇九）七月十九日条表（一文字抹消）古写本は師実筆

自「行近衛御門日近有悩事行見之」↓古「近衛御門日近有悩事行見之」

・寛弘六年八月廿三日条表（一文字抹消）古写本は師実筆

自「賜女装束下襲表袴等馬」↓古「賜女装束下襲綾袴馬」

・寛弘六年九月八日条表（一文字抹消）古写本は師実筆

自「丑時付燈炉火付」→古「丑時燈炉火付」

・寛弘六年十一月十一日条表（四文字抹消）古写本は師実筆

自「備後守政参太内」→古「参太内」

・寛弘六年十一月十五日条裏（一文字抹消）古写本は師実筆

自「従内参殿上人参中宮御方」→古「従内殿上人参中宮御方」

・寛弘七年（一〇一〇）正月四日条表（一文字抹消）古写本は某筆

自「従昨日依至事」→古「昨日依至事」

・寛弘七年正月十六日条表（一文字抹消）古写本は某筆

自「可親王成給《可》宣旨」→古「親王成給可宣旨」

・寛弘七年正月十六日条裏（六文字抹消）古写本は某筆

自「経通朝臣奉仕時々雨降而晩」→古「経通朝臣奉仕」

・寛弘七年正月廿一日条表（一文字抹消）古写本は某筆

自「即以律師令申上経■」→古「即律師令申上経」

・寛弘七年二月廿六日条表（四文字抹消）古写本は某筆

自「候上卿内府中宮大夫皇太后宮大夫」→古「候上卿内府皇太后宮大夫」

・寛弘七年閏二月六日条表（一文字抹消）古写本は某筆

自「傅皇大后宮大夫陪膳」→古「皇大后宮大夫陪膳」

・寛弘七年三月二日条表（四文字抹消）古写本は某筆

自「是御乳母《依》服御乳細仍也」→古「是御乳母依　仍也」

・寛弘七年三月十八日条表（一文字抹消）古写本は某筆

自「南殿御帳内懸《新》奉図画釈加普賢文殊」→古「南殿御帳内奉新図画釈迦普賢文殊」

・寛弘七年三月十八日条表（一文字抹消）古写本は某筆

自「御帳東敦西僧座南簀子南階東敦上達部」→古「御帳東西僧座南簀子南階東敷上達部」

・寛弘七年六月十六日条表（三文字抹消）古写本は某筆

自「人《々》落入[redacted]《泔》瓶甕如猟」→古「人々落入泔甕如猟」

・寛弘七年六月廿一日条表（一文字抹消）古写本は某筆

自「仰云留国進季久後可賜賞仰云者」→古「仰云留国季久後可賜賞者」

・寛弘八年（一〇一一）正月廿一日条表（一文字抹消）古写本は師実筆

自「斎食事以僧等為代」→古「斎食以僧等為代」

・寛弘八年正月廿二日条表（七文字抹消）古写本は師実筆

自「有弓場初事左勝」→古ナシ

・寛弘八年正月廿二日条表（一文字抹消）古写本は師実筆

自「々書間不有不可参由申了」→古「々書間不有可参由申了」

・寛弘八年二月六日条表（二文字抹消）古写本は師実筆

自「解除参太内」→古「参太内」

・寛弘八年二月廿九日条表（一文字抹消）古写本は師実筆

自「初金泥法華経書初」→古「金泥法華経書初」

・寛弘八年三月十二日条表（一文字抹消）古写本は師実筆

自「於坐労事坐為如何」→古「於労事坐為如何」

・寛弘八年六月二日条裏（三文字抹消）古写本は師実筆

自「経渡殿又中対参上」→古「経渡殿参上」

・長和元年（一〇一二）二月十四日条裏（二文字抹消）古写本は某筆

自「命婦常侍乳母子織物掛袴絹七疋命婦綾掛袴」→古「掌侍乳母子織物掛袴絹七疋命婦綾掛袴」

・長和元年四月廿七日条裏（二文字抹消）古写本は某筆

自「不被指候人々左衛門督尹中納言左宰相中将右三位中将二人」→古「不被差候人々左衛門督尹中納言左宰相中将右三位中将」

・寛仁二年（一〇一八）正月三日条裏（二文字抹消）古写本は某筆

自「南行■■東立程許東面立」→古「南行立　東程許東面」

・寛仁二年正月三日条裏（二文字抹消）古写本は某筆

自「後啐之建毎度匕毎度」→古「後嗜之建匕毎度」

・寛仁二年正月三日条裏（五文字抹消）古写本は某筆

自「幷御肴物■加匕御肴物在小机上」→古「加匕御肴在小机上」

・寛仁二年正月廿五日条表（二五〈二四・五〉文字抹消）古写本は某筆

自「雪下終日此日摂政大饗従内罷次参中宮行摂政家可然雑事今除目儀」→古「今日除目議」

・寛仁二年二月五日条表（一文字抹消）古写本は某筆

自「雪下終日許」→古「雪下終日」

・寛仁二年二月十二日条表（一文字抹消）古写本は某筆

自「参参中宮候宿」→古「参中宮候宿」

・寛仁二年三月十一日条表（六文字抹消）古写本は某筆

自「今朝参中宮内候宿」→古「候宿」

・寛仁二年三月廿三日条表（一三文字抹消）古写本は某筆

自「行土御門参中宮還来此日雨降終日従西許《時》」→古「終日」

・寛仁二年四月十三日条表（一一文字抹消）古写本は某筆

自「示云行幸行事右衛門督斉宮行事左大将左衛門督間云々入夜従右府有消息以右衛」→古「示云行幸行事左大将左衛門督間云々」

・寛仁二年閏四月五日条表（三文字抹消）古写本は某筆

自「参太内従土御門参院」→古「従土御門参院」

・寛仁三年（一〇一九）八月廿九日条表（七文字抹消）古写本は某筆

自「丑時許雨降尤有感丑時従縫殿退出」→古「時許雨降尤有感」

以上、自筆本で抹消された箇所のほとんどを、古写本は書写していない。その意味では、道長の意図を尊重しているということになる。

ただ、いくつか例外はある。

・寛弘元年三月十六日条表（一文字抹消）

古写本でも、自筆本の抹消を尊重したのか、いったん「仍遣彼御庄同類侍」と「遣」も書写した後、右傍に抹消符「〃」を付している。

・寛仁二年正月三日条裏（二文字抹消）

古写本の「南行立　東程許東面」では、抹消したのがどんな字かがわからなかったので、一文字分、空白にしている。

・寛仁二年三月廿三日条表（一三文字抹消）

自筆本で誤って「此日雨降」まで抹消してしまい、「終日従酉許《時》、入夜与女方参太内、」と続くのであるが、古写本は「終日」も抹消するものと誤解してしまい、右傍に抹消符「、」を付している。

・寛仁三年八月廿九日条表（七文字抹消）

自筆本は「廿九日、癸丑、丑時許雨降、尤有感、丑時従縫殿退出」と、後半の「丑時従縫殿退出」を抹消しているのであるが、古写本では「廿九日、癸丑、時許雨降尤有感」と、「丑時従縫殿退出」を書写しなかったのみならず、後半の「丑時」に引かれて、前半の「丑時」の「丑」を書くのを忘れている。あるいは干支が癸丑なので、「丑」を書くことが脳裡から抜けてしまったのであろうか。

おわりに

以上、『御堂関白記』の自筆本と古写本における文字抹消の様相と、その事情を探ってきた。そこには道長や師実たちが日記を記録したり書写したりする際における、脳内も含めた意識のありようが窺える。

しかし、論じ残した問題も多い。たとえば、古写本独自の抹消も多数存在する。それらの持つ意味は何なのか。また、いつも『御堂関白記』の古写本原本を見ていて気になるのは、しばしば見られる付箋痕である。付箋を剥がした後に、糊の付いた部分だけ、付箋の紙が残っている。それはもう綺麗な藍色で、非常に気になる。いったいこの付箋は、どのような箇所に貼られていたのであろうか。もしかしたら自筆本の抹消と関係があるのであろ

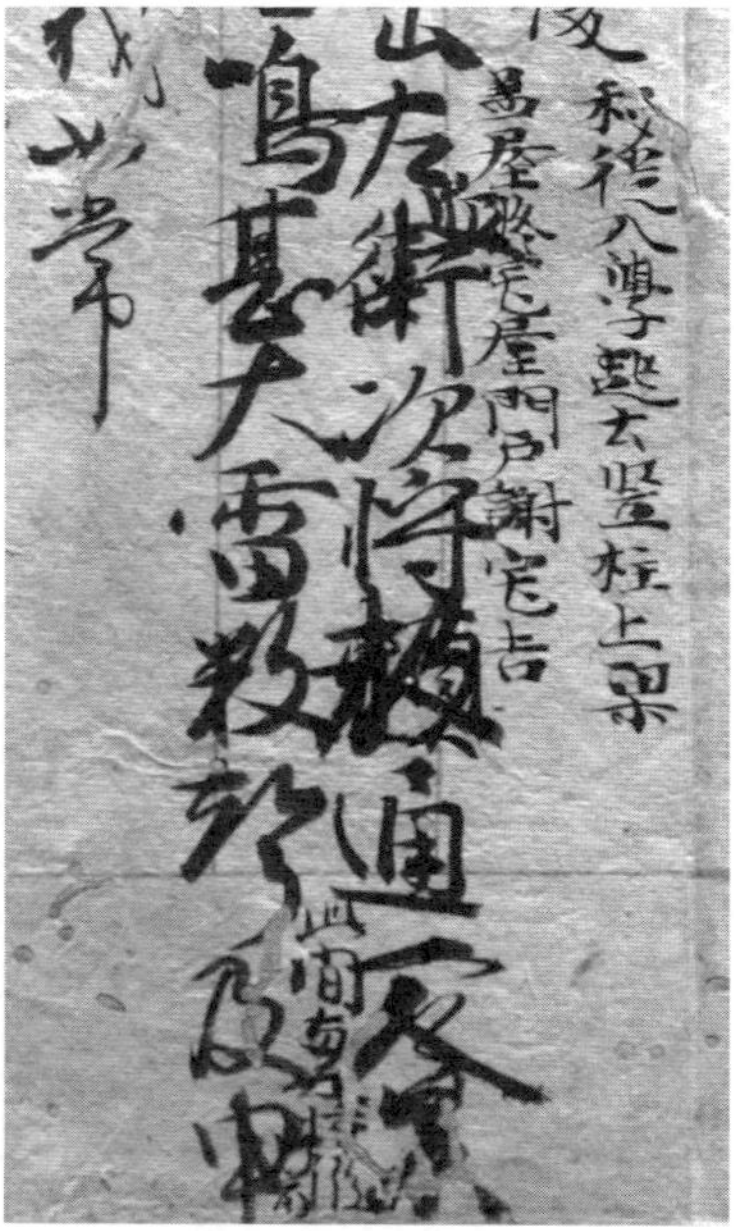

図13　自筆本　寛弘六年七月廿七日条（表）

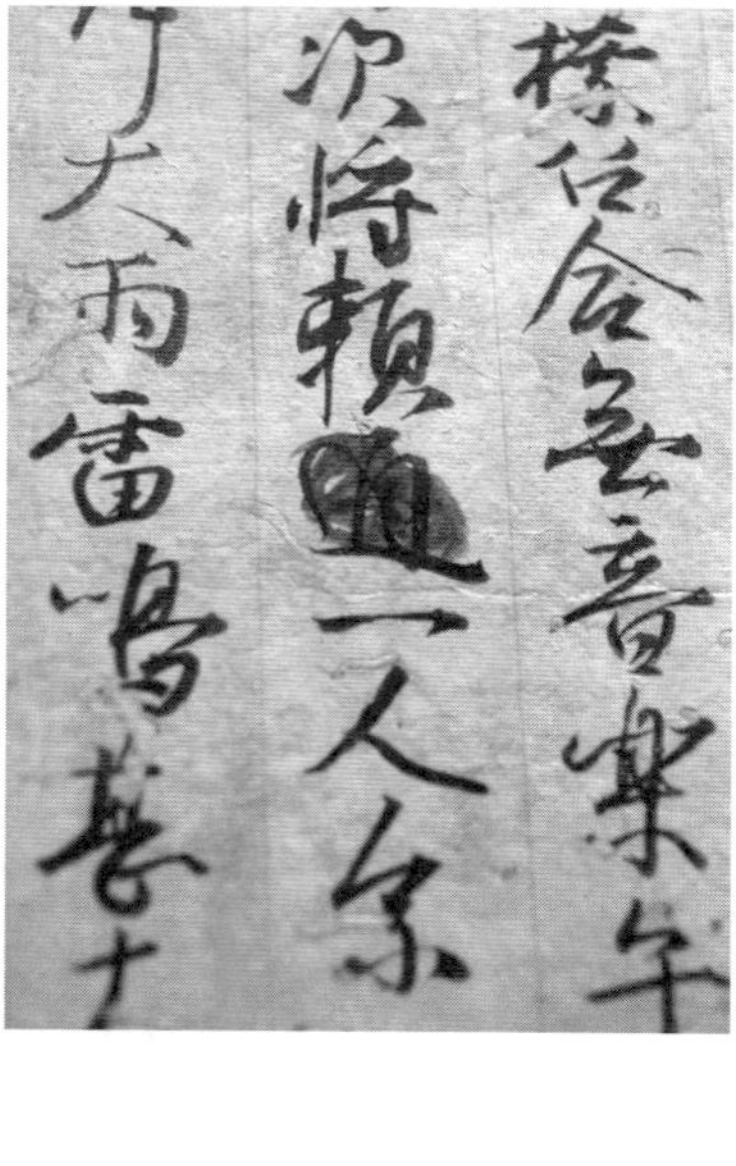

図14　古写本　寛弘六年七月廿七日条

うか。

最後に面白い例を挙げよう。寛弘六年（一〇〇九）七月廿七日条は、自筆本ではまず「左近衛次将頼通」と書き、「頼」の上に重ねて「教」と書いて「教通」としたものを（図13）、古写本では「頼通」と書いて「通」だけを抹消しているのである（図14）。頼通に対する認識には、頼通の父である道長と子である師実では、微妙に違いがあったのであろう。

註

（1）倉本一宏「彰子立后勘申の記事を日記から消した藤原道長」（『摂関政治と王朝貴族』吉川弘文館、二〇〇〇年、初出一九九八年）。

（2）倉本一宏『藤原道長「御堂関白記」を読む』（講談社、二〇一三年）。
（3）倉本一宏「彰子立后勘申の記事を日記から消した藤原道長」（前掲註（1））。
（4）倉本一宏「『御堂関白記』の裏書」（本書第一部第一章）。

第三章　『御堂関白記』自筆本寛弘五年秋冬巻の裏に写された『後深心院関白記』抜書

はじめに

『御堂関白記』自筆本は、現存する世界最古の自筆日記である。藤原摂関家の実質的な祖である道長によって記録されたこの日記は、その後の摂関家最高の重宝とされ、近衛家の文庫の奥深くに大切に収蔵された。文車に載せられて日常的な閲覧に供されたともされる古写本とは異なり、現役の摂関でさえも容易に見ることができないほどであったと、我々は考えてきた。

しかし、それはあくまで平安末期から中世にかけての状況であって、近世ともなると、いささか異なる状況も生まれてきていたのである。

本章では、近世初期に近衛信尹によって、『御堂関白記』自筆本の寛弘五年（一〇〇八）秋冬巻の裏に抜書を書写された、南北朝期の『後深心院関白記』（愚管記、近衛道嗣筆）を紹介することによって、『御堂関白記』自筆本の近世における扱われ方の一端を示すこととする。

なお、以下の記述は、そのほとんどが陽明文庫長の名和修氏のご教示に基づくものであることを、最初にお断わりしておく。

寛弘五年という年は、摂関家にとっても、最も重要な年であった。道長の長女である一条天皇中宮の彰子がついに皇子（敦成親王、後の後一条天皇）を出産し、一条天皇の土御門第行幸、敦成親王御五十日の儀、御百日の儀が華々しく行なわれ、後世、「寛弘の佳例」と称された時期であった。この祝宴における藤原公任の言葉を根拠として、「『源氏物語』千年紀」記念事業（二〇〇六～〇九年）が催されたのは、記憶に新しい。

そういうわけで、私もこの年の『御堂関白記』自筆本の原本を見る機会も多かったのであるが、その褾紙の外題に、「寛弘五年裏有信尹公手跡自延文元至三年抜書」と記されていること（図1）には、まったく注目してこなかった。また、その写真版である『陽明叢書』[1]を見ても、『御堂関白記』の裏書の前後に別の筆がわずかに見えていることは、まったく意に介してこなかったのである。

そうしたなか、二〇〇九年に国際日本文化研究センターに就職するや、さっそく立命館出版部が一九三六年に作成した自筆本の複製を古書店から購入してもらい、研究補助員と共に調査にかかったのであるが、すぐに寛弘五年秋冬巻紙背の書き込みに気付いた。『陽明叢書』は『御堂関白記』の写真版を提示するのが目的であり、余計な書き込みはカットしていたのであったが、立命館出版部の複製は、習書や天保の年号のある紙背書入（誰によるものだろう）も含め、『御堂関白記』自筆本のすべてを複製するのが目的であったので、このような書き込みも「複製」したのであろう。

図1　自筆本　寛弘五年暦巻下褾紙外題

この書き込みには年月日が記されており、『大日本史料　第六篇之二十・二十一』[2]で見てみると、それが『後深心院関白記』の抜書であることは、すぐにわかった。そして大日本古記録の『後深心院関白記　一』[3]と合わせてみると、ほとんど書き替えることなく、抜書していることがわかったのである。

その時点で名和氏に尋ねてみると、「よう気付いたな」といった風情で種々のご教示を賜り、また、すでに『陽明叢書　五』の「解説」で土田直鎮氏によって言及されているとのことであった（なお、立命館出版部『御堂関白記』複製の[4]「解説」にも、「御堂関白記とは何等関係のないものである」というかたちで言及されていた）。加えて、国際日本文化研究センターの共同研究「日記の総合的研究」でこのことを発表すると、共同研究員で大日本古記録の『後深心院関白記』の編纂にあたられている史料編纂所の尾上陽介氏から、すでにこのことに触れた論文の存在を教えられた[5]。

一　関係者について

これらの学恩に導かれながら、以下にこの書き込みについて述べていくことにするが、その前に、古代史研究者にはなじみの薄いこの一件の関係者について、『国史大辞典』を引いて、簡単に整理してみよう。

まず、『後深心院関白記』を記した近衛道嗣（元弘二年〈一三三二〉～嘉慶元年〈一三八七〉）は、南北朝時代の北朝の廷臣。堀川関白また後深心院と称する。父は関白基嗣。康安元年（一三六一）に関白となり、嘉慶元年に五六歳で薨じた[6]。

その日記である『後深心院関白記』は、通称『愚管記』と呼ばれる。自筆原本が延文元年（一三五六）から永徳三年（一三八三）にわたって陽明文庫に所蔵されているが、四年分が散逸して伝わらないほかは、ほとんど揃っている。具注暦行間の余白や継紙に記入されたものが多いという[7]。

さて、問題の近衛信尹（永禄八年〈一五六五〉～慶長十九年〈一六一四〉）は、安土桃山時代の公家。父は関白前久、母は家女房。三藐院（さんみゃくいん）と号す。天正五年（一五七七）に元服。加冠の役を勤めた織田信長から諱の一字をもらう。生来、才気渙発、直情奔放の性格であった。同八年内大臣、十三年左大臣となったが、関白二条昭実と争論を起こし、豊臣秀吉に関白就任の口実を与える結果となった。秀吉、次いで秀次が関白となるや、心中穏やかならず、平人同様に振る舞い、参内もせず、公家衆や秀吉にも会わなかった。文禄の役が始まるや、朝鮮に渡ると称して京都を出奔し、名護屋に赴いたので、後陽成天皇は勅書を秀吉に賜い、これを留めた。文禄三年（一五九四）、秀吉の上奏によって勅勘を蒙り、薩摩坊津に配流された。慶長元年（一五九六）、許されて帰京、同十年、関白となった。同十九年に五〇歳で薨じた。嗣子がなかったので後陽成天皇の第四皇子信尋（信尹の妹前子の所生）が家を継いだ。禅を大徳寺の春屋宗園・蒲庵古渓両和尚に学び、また沢庵宗彭和尚にも参じた。和歌・連歌・絵画に優れ、ことに書道においては青蓮院流より出て一派を成し、本阿弥光悦・松花堂昭乗と共に寛永の三筆と称された。世に近衛流、もしくは三藐院流という。また、その日記は『三藐院記』と称し、文禄元年から慶長十五年まで、断続して存する。[8]

どうもとんでもない人物のようであるが（なお、大和和紀の漫画『イシュタルの娘』では、主人公小野於通の書道の師匠〈兼、思い人〉として登場するとの由である）、その嗣子の近衛信尋（慶長四年〈一五九九〉～慶安二年〈一六四九〉）は、江戸時代前期の公家。後陽成天皇第四皇子。母は中和門院近衛前子。近衛信尹の養子となった。元和九年（一六二三）、関白に補される。慶安二年、五一歳で薨じた。後水尾天皇を中心とした学問芸術活動の中心の一翼を担い、その発展に貢献した。また沢庵宗彭・一絲文守・金森宗和・松花堂昭乗らとの交流も深く、これら文芸家と宮中との仲介的存在でもあった。書は養父信尹の三藐院流を嗣いで卓越し、茶は織部の流を汲み、連歌でも佳作が多い。自筆日記を『本源自性院記』という。[9]

『御堂関白記』寛弘五年秋冬巻の裏に信尹が抜書を行なったことを発見し、標紙外題に「裏有信尹公手跡／自延文元至三年抜書」と書き付けたのは、この信尋であったという。いったいどのような気持ちで、この外題を記したのであろうか。

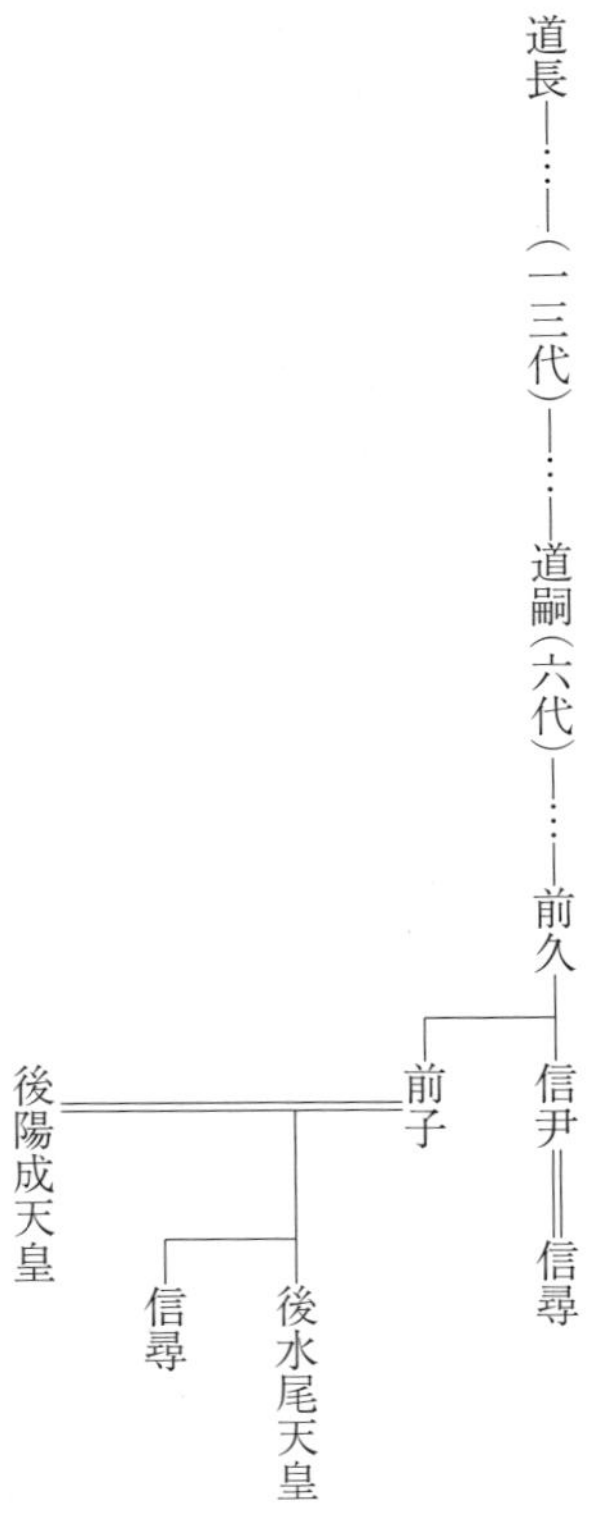

二　『後深心院関白記』抜書の顛末

次に、この抜書が記された経緯を述べていこう。返す返すも、ほとんどは名和氏の知見に基づくものである。本来、巻子本として保存されていた『御堂関白記』自筆本であったが、信尹はこのうちの五巻分を折本の状態とした。ちなみにそれは、長徳四年（九九八）の秋冬、長保元年（九九九）の秋冬、寛弘五年（一〇〇八）の秋冬、寛弘八年（一〇一一）の春夏、寛仁四年（一〇二〇）の春夏である。当時、自筆本がどれほど残っていたかは不明であるが、現存する最古の巻である長徳四年秋冬と、その次に古い長保元年秋冬、また、最も新しい寛仁四年春夏を折本にしている点から、まだ道長が裏書を記していない古い方と、出家して裏書を記さなくなった新しい方から加工していったことが窺える。

しかし、何かを書写するのであれば、記述が少なく、裏書のない、始めか終わりの方の巻を使えばよさそうなものであるが、敦成親王誕生や一条天皇土御門第行幸の記された寛弘五年、一条天皇崩御、三条天皇践祚などの重要事が記された寛弘八年も折本に加工しているところから（そういえば、一条天皇の関係で寛弘八年の調査を行なうと、自筆本に折り目が付いていたのを思い出す)、実際には、そういった配慮もなかったようである。

なお、現在、折り目はどうやって見付けるのかというと、巻子本ならば等間隔に同じ形の虫食いが存在するはずであるが(正確には、徐々に間隔は狭まっていき、虫食いの大きさも小さくなっていくが)、折本だとほぼ同じ形・大きさの虫食いが、一定の線の左右に対称に存在する(図2)。

この写真は表をこちら側にして、日に透かして撮影したものであるが、同じ箇所を普通に撮影すると、左右対称の虫食い(裏打ちしてあるのでわかりにくいが)の間に、わずかな線が確認できる(図3。この場合は八日条の日付の一つ前の行)。山折りの部分は汚れが付着して線になりやすいが、谷折りの部分は折り込まれているので、なかなか見付けにくいとのことである。

このようにして、わずかな線と左右対称の虫食いを手がかりに、折本の「複製」を作ってもらった。自筆本の複製をカラーコピーして、それを張り継ぎ、線と左右対称の虫食いによって折り目を見分けたのである。その結

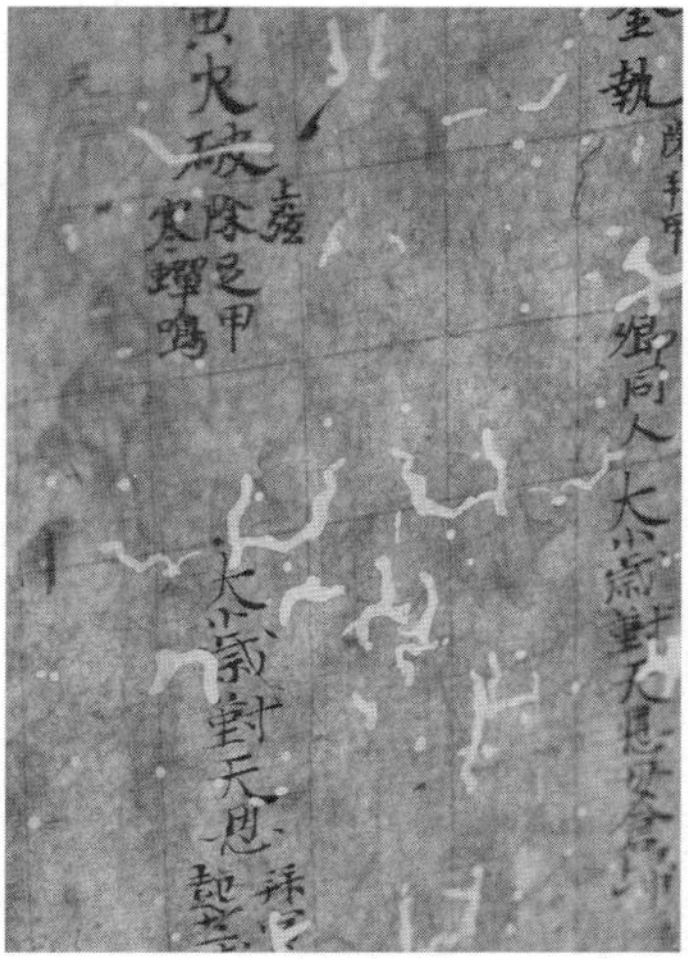

図2　自筆本　寛弘五年秋冬巻　虫食い

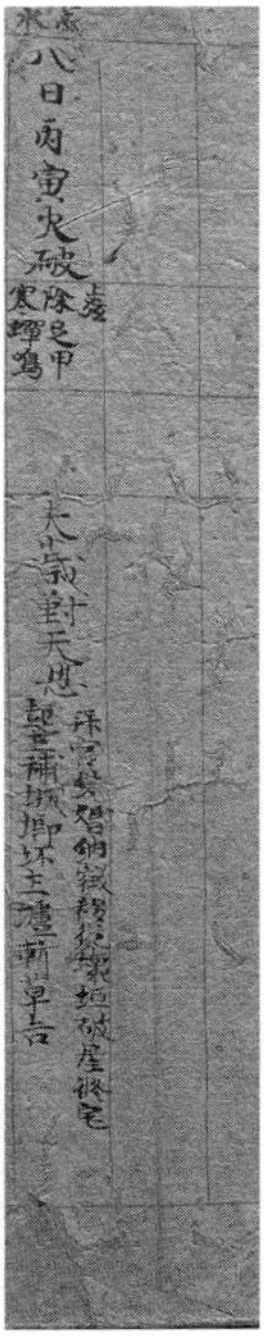

図3　自筆本　寛弘五年秋冬巻　折り目

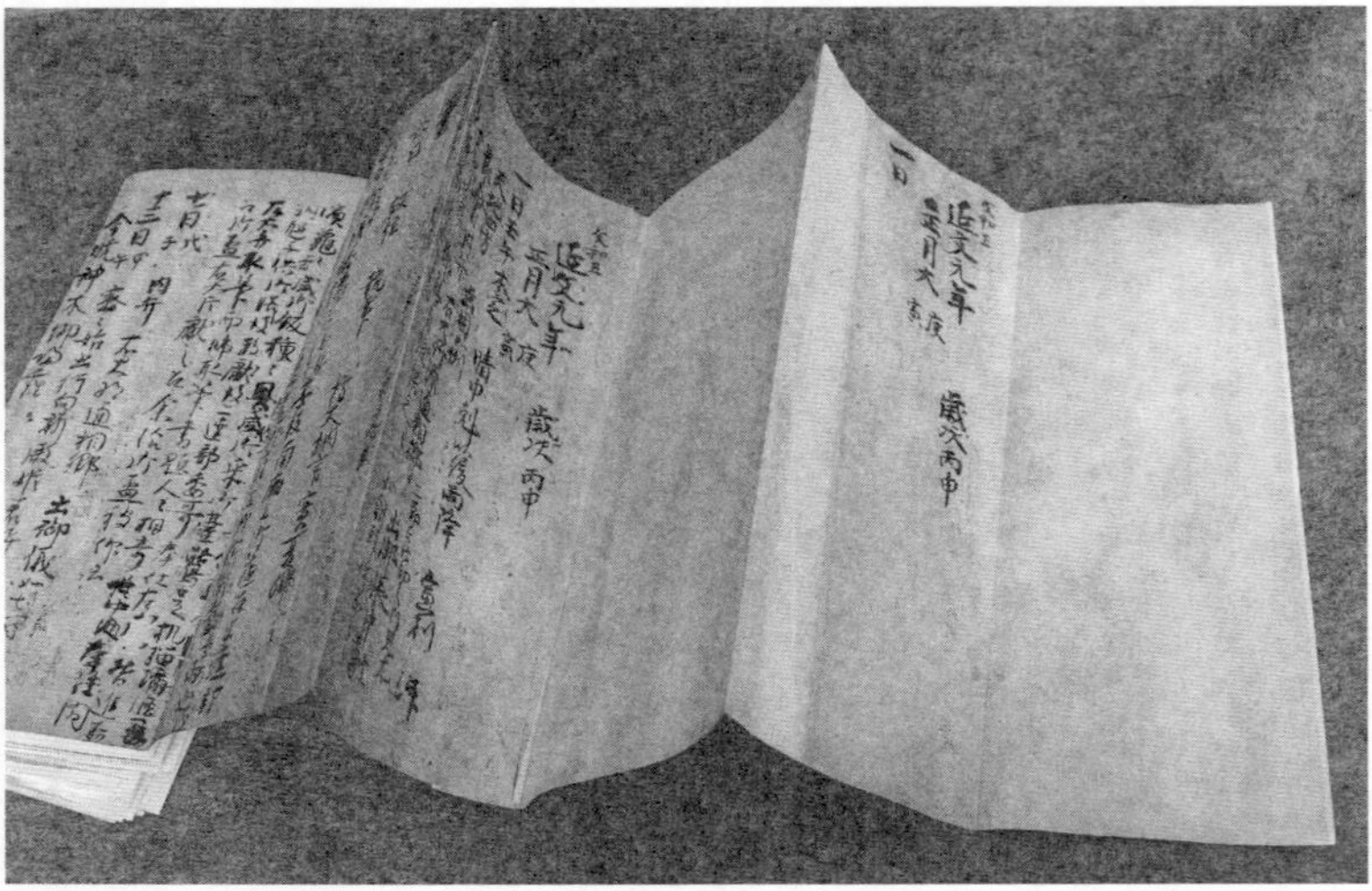

図4　自筆本　寛弘五年秋冬巻　複製折本

果、約一三センチごとの折り目が確認できた（図4）。信尹以来、約四〇〇年振りの『御堂関白記』折本ということになろうか。

そのような折本に、信尹は『後深心院関白記』の抜書を書写したのであるが、それは、よりによって寛弘五年秋冬の一巻のみに限られていたのである。

信尹は『御堂関白記』具注暦の末尾の裏、すなわち寛弘五年十二月三十日の暦の裏から記し始めた（したがって、『御堂関白記』の表の日付とは逆に進むことになる）。それは具注暦に記された暦記の『後深心院関白記』冒頭である延文元年正月一日の記事に始まり、延文三年六月三十日の記事にまで及ぶ。『後深心院関白記』も一年二巻の具注暦に記されていたことを考えると、延文三年の春夏巻の末尾までの五巻分を抜書したことになり、一応、これで完結したつもりだったのであろうか。なお、延文三年六月三十日条は、『御堂関白記』では寛弘五年九月廿一日条の裏にあたり、まだまだ約二箇月余りの分の余白が存在している。

信尹は、抜書を書写してから、それを折本にしたのではなく、まず折本を作ってから、抜書を書写しているとわかる。

なぜなら折り目の山や谷の部分には書写しておらず、行間も多少ながら空いているからである。ちなみに、その時点以前の巻子本時代にあった虫食い（等間隔のもの）は、巧みに回避している。

また、名和氏によると、書風は信尹が三藐院流の書を確立する以前のものであり、いまだ父前久に師事していた青蓮院流（和様）の書体であるとのことである。そうなると、この折本を作って『後深心院関白記』の抜書を書写したのは、慶長二、三年（一五九七、九八）よりも以前ということになるらしい。そう言われてみると、『御堂関白記』の道長の書体にも通じる風があるように見えるから不思議である。慶長初年というと、許されて薩摩から帰京した直後ということになるが、信尹の心中に何か考えるところが生じたということなのであろうか。

ちなみに、抜書された延文元年（一三五六）から三年（一三五八）にかけては、道嗣は従一位右大臣であり、関白となる直前であった。信尹がこの抜書を行なったのが慶長初年であるとすると、許されて帰京したものの、左大臣に再任される慶長六年（一六〇一）の直前ということになる。関白・氏長者となったのが慶長十年（一六〇五）であることを考えると、延文初年の道嗣と似たような状況と言えなくもない。

三　『後深心院関白記』抜書の情況

それでは、『後深心院関白記』抜書を見ていくことにしよう。注目すべきは、抜書の書き出しが二回にわたっているということである。ごくごく初め、おそらくは折本を最初にめくったあたりに、

文和五
延文元年　歳次丙申
　正月庚寅
一日

と書き出し（図5）、日付で中断した後、約二〇センチほど空けて、再び同じ書き出しを行なっている。

図5　『後深心院関白記』抜書　延文元年書き出し（『御堂関白記』自筆本紙背）

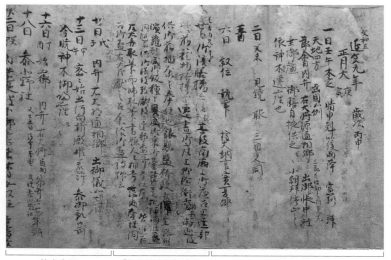

図6　『後深心院関白記』抜書　延文元年正月（『御堂関白記』自筆本紙背）

そして「一日」という日付の下に、「壬午　木定」という干支と暦書を記して、そのまま下に、「晴、申剋以後雨降、寅刻拝」以下、一日条の抜書を行なっている（図6）。

これについては、はじめ巻子本で書き出し、折本にして、また書き出したものかという推測も可能であろうが、むしろ、最初の書き出しが巻子本の最初（軸のところ）から約二〇センチほど空けて記されていること、折本を最初にめくって現われる面の、折り目の真ん中あたりに記されていること（図5には、この書き出しの両側に、折り目が見える）から、「一日」まで書いてしまってから、そのまま続けて本文を記してしまうのも、表紙としては体裁が悪いと考えて、もう一回めくったところに、改めて写し始めたのではないかと考えている（図4）。つまり、まず折本状態にした後に、めくりながら写したというわけである。

その後、正月一日条、二日条を抜書した後、三日条は同じ記事を書くのを面倒に思ったのか、「又同、」とだけ記している。四日条は写さず、五日条は日付を記した後に、それを抹消している（図6）。そして六日条を抜書した後に、『御堂関白記』寛弘五年十二月廿日条の裏書七行が現われる。図4を見れば明らかであるが、折本状の『御堂関白記』を二回めくれば、この裏書が現われる。信尹が『後深心院関白記』の抜書を始めた時点で、この裏書に気付いていたかどうかは、難しい問題である。

さて、この裏書は道長の長女である彰子が産んだ敦成親王の御百日の儀の記事である。「公卿たちが祝いの和歌を詠み、能書の行成がそれを書こうとした時、かつて道長の政敵であった伊周が筆を取り上げて書いた。皆が怪しんでいた時、一条は道長を召して玉杯を賜う。一条が仰せになったことには……、で記事が終わっている。いったい一条は、何と言ったのであろうか、また道長は、何故これを記さなかったのであろうか。[10]」といった、政治的にも伊周をめぐって緊迫し、また一条天皇の言葉をめぐっての、きわめて興味深い記事なのである。

信尹は『御堂関白記』の裏書に気付き、六日条を写した後、道長の記した「廿日」という日付の傍らに、「是

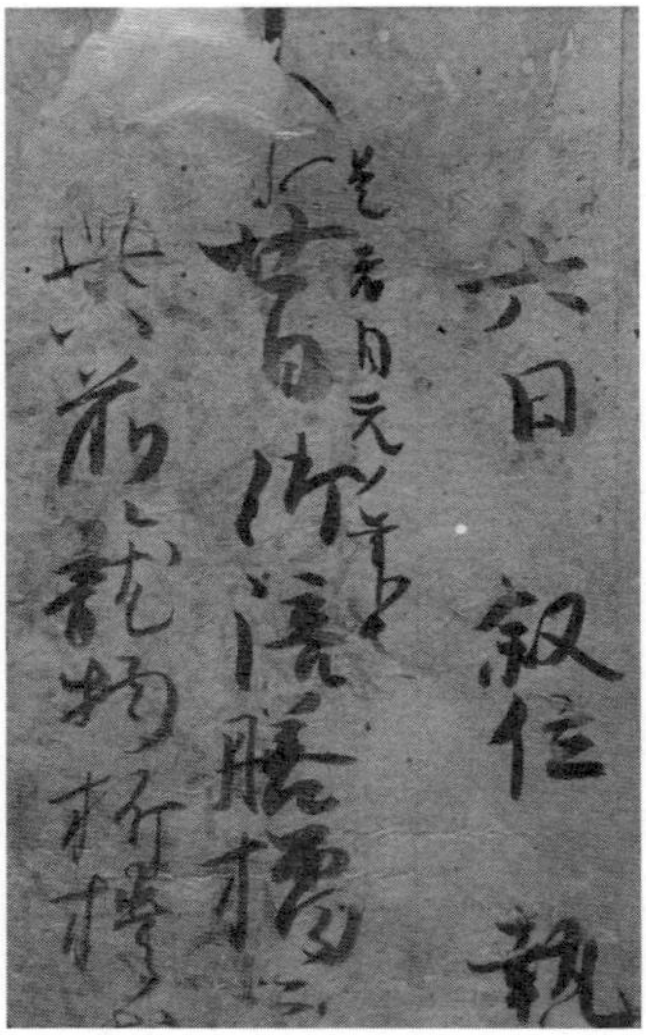

図7　『御堂関白記』自筆本裏書への書き込み

者自元ノ筆也（是は元よりの筆なり）」という注記を行ない、廿日の日付の上に圏線を引いている（図7）。この紙に元から記されていた筆という意味であろう。いかにも能筆の信尹らしい（「御堂殿の筆」とでも書いてほしかったところであるが）。

『御堂関白記』寛弘五年十二月廿日条の裏書を抜かして（先ほど述べた、一条天皇が「仰云、」である）、信尹は再び七日条を写し始めた。そして、正月七日・十三日・十六日・十八日・廿二日・廿六日・廿八日・卅日、二月八日・九日・十六日・十八日・廿日・廿一日・廿五日、三月廿日・廿五日、四月一日・二日・八日・廿一日・廿二日・廿三日・廿四日・廿六日、五月六日・十九日・廿九日と進んだところで、延文二年に入っている。

延文二年は、正月一日・五日・七日・十日・十六日・廿五日・廿九日、二月二日・十日・十一日・十六日・十九日・廿二日・廿五日・廿八日、三月一日・三日だけを写したところで延文三年に入る。

延文三年は、正月一日・五日・六日・七日・八日・十二日・十四日・十六日・廿日、二月三日・九日・十一日・十二日・十六日・十九日・廿一日・廿九日、三月一日・二日・五日・十三日・十九日・廿八日、四月一日・二日ときたところで、『御堂関白記』の次の裏書が現われる（図8）。

こちらは寛弘五年十月十七日条と十六日条の裏書で（裏書では、日付が後のものが先に現われる）、十七日条が敦成親王家別当を定めた記事、十六日条が一条天皇土御門第行幸・皇子敦成への親王宣下・行幸叙位の記事である。十七日条が八行、十六日条が二〇行と、道長にとっては異例の長い記事なのである。まさに『紫式部日記』の世

『御堂関白記』裏書　抜書書写

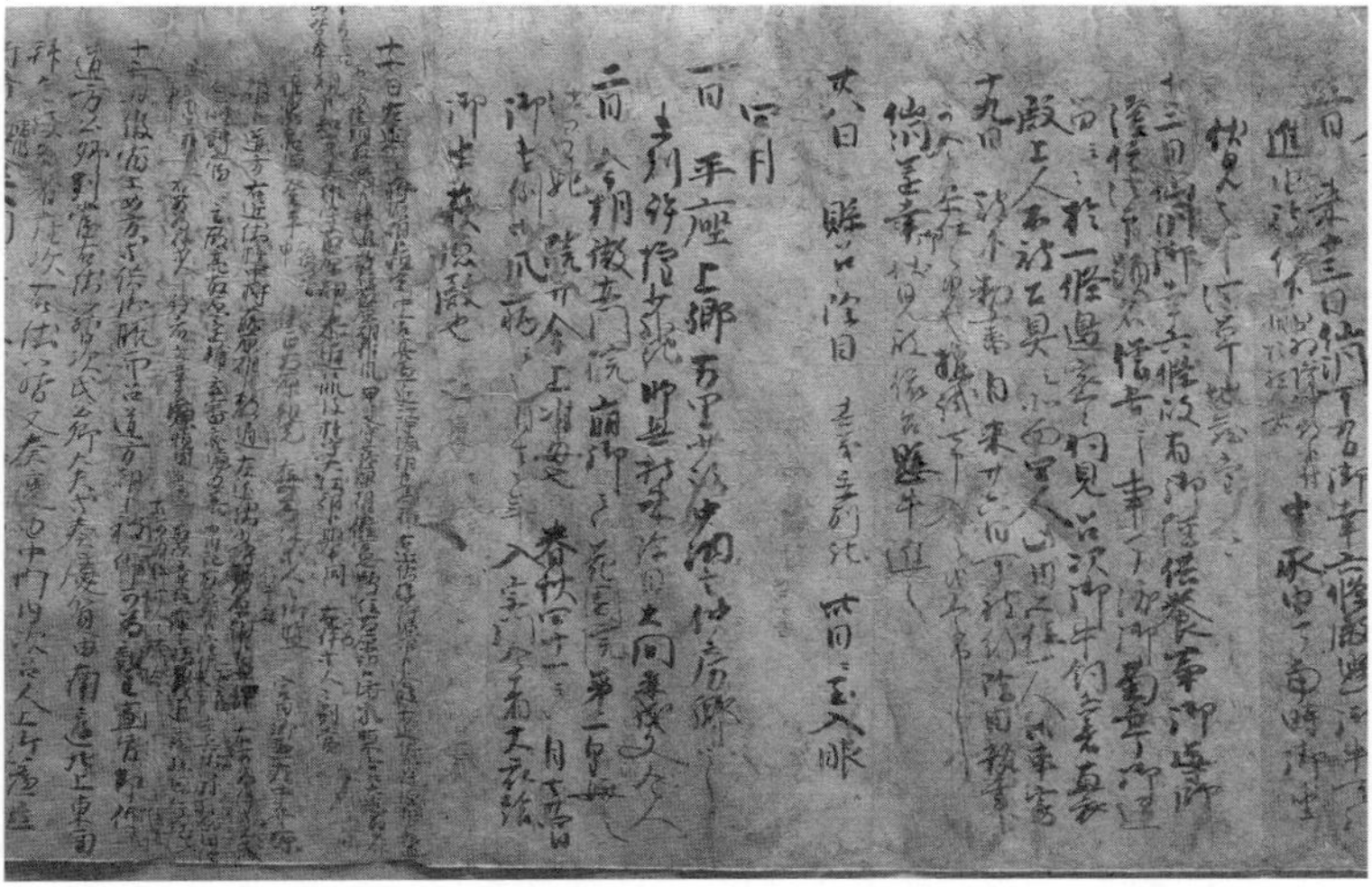

図8 『後深心院関白記』抜書 延文元年四月(『御堂関白記』自筆本裏書 寛弘五年十月十七日条・十六日条)

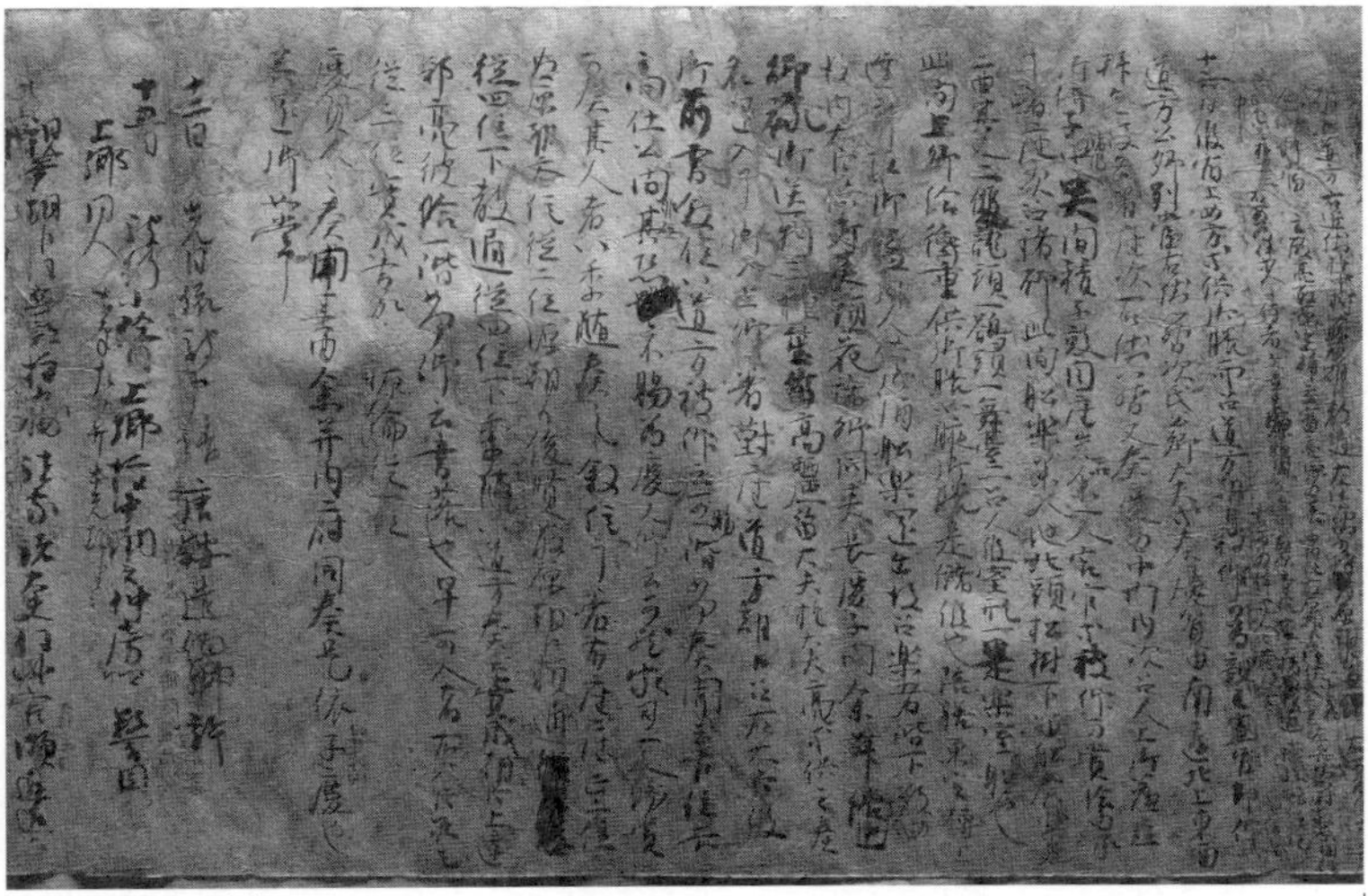

抜書書写　『御堂関白記』裏書

図9 『後深心院関白記』抜書 延文元年四月(『御堂関白記』自筆本裏書)

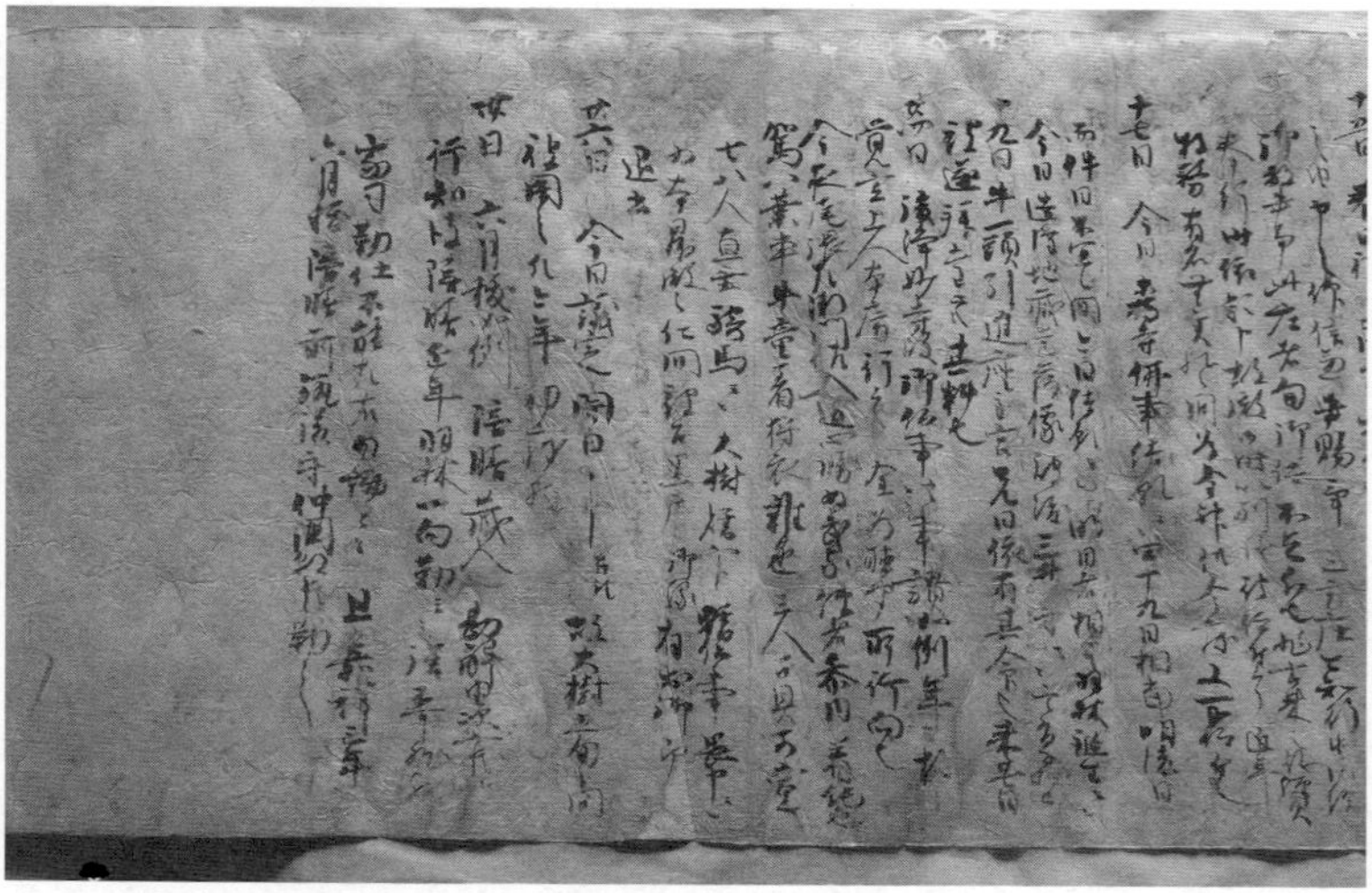

図10　『後深心院関白記』抜書　延文元年六月（『御堂関白記』自筆本紙背）

界で、道長家にとってはもちろん、後世の摂関家にとっても、「栄華の初花」や「寛弘の佳例」と称された、一大イベントであった。その日の記事を挟んで抜書を写すという書写者の個性もなかなかのものであるが、信尹は何事もなかったかのように、寛弘五年十月十六日条の裏書が終わると、再び四月十二日条を写している（図9）。

そして、四月十二日・十五日・十七日・廿日・廿六日・廿八日・廿九日・卅日、五月廿六日、六月一日・四日・六日・十二日・十五日・十七日・十九日・廿四日・廿六日・卅日と写したところで、この抜書は終了している（図10）。

これらの抜書のほとんどすべてが、自筆現本『後深心院関白記』と同文であるので、全文の釈文を掲げることはしないが、試みに延文元年正月の分のみ、自筆現本『後深心院関白記』と対照させてみよう。

なお、自筆現本『後深心院関白記』との比較・対照を目的としたため、『御堂関白記』紙背に書写された『後深心院関白記』抜書の改行は、原本通りではない。また、句点は私が付けたものである。

自筆現本『後深心院関白記』

延文元年
文和五年暦春夏　歳次丙申
正月大建
一日、壬午、木定
晴、申刻以後雨降、　寅刻拝
天地四方、歯固如例、
節会、内弁右大将源通相卿、
出御帳中被
垂御簾、御膳自掖供之云々、小朝拝停止之、
依神木遷座也、
二日、癸未、木執
晴陰不定、　見鏡服薬、
三日、甲申、水破
晴、　鏡・薬如例、
蔵人右少弁信兼覧政所吉書、
四日、乙酉、水危

『御堂関白記』紙背書写抜書

文和五
延文元年　歳次丙申
正月庚寅
一日

文和五
延文元年　歳次丙申
正月庚寅
一日壬午　木定
晴、申剋以後雨降、寅刻拝
天地四方、歯固如例、
節会、内弁、右大将源通相卿、三節共被部之机見左、
出御帳中被
垂御簾、御膳自掖供之云々、小朝拝停止之、
依神木遷座也、
二日癸未
見鏡、服、
三日
又同、

自早旦天陰、申時以後雨雪降、
　年首初有沐浴事、
五日、丙戌、土成
晴陰不定、
六日、丁亥、土収
晴、　今日被行叙位、執筆権大納言実夏卿云々、
暁、熒惑淩犯天江第三・第四星云々、

七日、戊子、火開
晴陰不定、　節会、内弁右大将、出御之儀如去一日、
　有勅問事、御斎会延否事、
八日、己丑、火閉
晴、
九日、庚寅、木建
晴、今暁暴風雷雨、　有祈始事、
十日、辛卯、木除
晴、　月犯五車星云々、
十一日、壬辰、水満
晴、
十二日、癸巳、水平
晴、

~~五日~~
六日
叙位、執筆権大納言実夏卿云々、
是者自元ノ筆也、
（『御堂関白記』寛弘五年十二月廿日条　裏書七行）
七日戊子
内弁右大将通相卿、　出御儀如去一日、

十三日、甲午、金定
及晩雨下、　今日密々始出行、向新殿姫君許、
参御影御前、
　今暁神木御帰座云々、
十四日、乙未、金執
雨降、
十五日、丙申、火破
晴、
十六日、丁酉、火危
晴、　節会、始出御、内弁右大将、外弁六七許
輩云々、
十七日、戊戌、木成
晴、
十八日、己亥、木収
晴、入夜雨下、　参北野社、
十九日、庚子、土開
晴、
廿日、辛丑、土閉
雨下、及晩属晴、
廿一日、壬寅、金建
晴、

十三日甲午
密々始出行、向新殿姫君許、
参御影御前、
　今暁神木御帰座云々、

十六日丁酉
始出御、内弁右大将通相、外弁六七輩云々、

十八日
参北野社、又廿五日、詩哥・奏楽、及晩参北野社、

廿二日、癸卯、金除
晴、　自禁裏被下御書、来卅日女叙位・吉書奏・陣定等可参仕之由、被仰下、可令存知之由令申了、
兼日奉行職事等相触了、
廿三日、甲辰、火満
天陰雨降、雪霰相交、
廿四日、乙巳、火平
朝間雨降、　自今日三个日念誦、毎月事也、
廿五日、丙午、水定
晴、　詩哥如例、法楽聖廟也、
　及晩参北野社、
廿六日、丁未、水執
晴、　自今日県召除目、執筆洞院大納言実夏卿云々、
予年給申文付頭兵衛督教光朝臣、
召外記、給公卿給、
　申文如此、
　従七位上橘朝臣安国
　　望諸国掾
右、当年給〈二合、〉所請如件、
　文和五年正月廿六日従一位行右大臣藤原朝臣道
嗣

廿二日癸卯
自禁裏被下御書、来卅日女叙位・吉書奏・陣定等可参
仕之由、被仰下、可令存知之由令申了、
兼日奉行職事等相触了、

廿六日
自今日県召除目、執筆洞院大納言実夏卿云々、
予年給申文付頭兵衛督教光朝臣、召外記給
公卿給、
　申文如此、
　従七位上橘朝臣安国
　　望諸国掾
右、当年給二合所請如件、
　文和五年正月廿六日従一位行右大臣藤原朝臣道嗣

年給中文献之、
可被　奏聞之状
如件、
　三月廿六日　右大臣判、
頭左兵衛督殿
廿七日、戊辰、土破
陰、入夜雨下、
廿八日、己酉、土破
陰、　除目入眼云々、教光・経方等朝臣任参議、
元蔵人頭、左中将隆家・左中弁時光等朝臣補蔵人頭、
廿九日、庚戌、金危
雨下、　明日仗儀延引云々、
「卅日、辛亥、女叙位、有御別記、」
（別記省略）

年給中文献之、
可被　奏聞之状
如件、
　三月廿六日　右大臣判、
頭左兵衛督殿
廿八日
除目入眼云々、
卅日
女叙位、参勤、私道嗣云、作法事、在別紙、

これを見てもわかる通り、信尹は何か特定の儀式や政務を選択して抜書を行なったとは考えにくい。もちろん、ごく個人的な事柄や天候については省略していることが多いが、何か特定の実用的な目的でもって、この抜書を行なったというわけではなさそうである。

面白いことに、道嗣が二月八日条に、「雨降、先公御忌日也、作善等如例、」と、自分の亡父である基嗣の忌日であることを記している箇所を、信尹は「後岡屋殿御忌日也、有作善等、」と、基嗣の号で記している。時折、

人名注を施していることと合わせ、慶長年間という時代に、よりわかりやすい抜書を行なおうとした態度が読み取れよう。

また、抜書が『後深心院関白記』のうちで年の前半（春夏巻）についてのみ行なわれているという事情については、別個に考えなければならないであろう。

さて、信尹は延文三年六月卅日条以降の抜書を中断している。そして、名和氏によると、信尹自身がこれを巻子本に戻し、縹紙を付けたとのことである。他の四巻についても、書写を行なうことなく、同様の措置を施したのであろう。ただし、虫食いの状況から見て、一定の期間、折本のまま放置されていたものと思われる。

どのような心情から、信尹が抜書を中断し、折本を元の状態に戻したのかは、知る由もない。そもそも、全体としてどれだけの分量の抜書を行なう予定だったのか、それにもまして、何故に『御堂関白記』を使おうと考えたのか、また何故に『後深心院関白記』を抜書しようとしたのか、まったく不明と言わざるを得ないのである（『御堂関白記』とは知らずに折本を作ってしまったと考えると、元も子もなくなってしまう）。

おわりに

廟堂に復帰し、いま一歩で関白の座に就けそうなこの時期、信尹が自己と近衛家の正統性を再確認するために、あえて重宝であった『御堂関白記』自筆本、しかも最も大切な巻の裏に、これも祖先の道嗣の日記である『後深心院関白記』自筆本を抜書した、と言ってしまえばそれまでであるが(11)、しかしそれにしても、残された謎は多い。『後深心院関白記』の他にも近衛家には重要な日記が数多く残されていたはずであるし、そもそも日記の抜書を行なわなくても、権威を確立するためにできそうな所為としては、信尹ほどの才人であれば、他にいくらでも方法があったはずである。

何度も述べているように、本来、摂関家にとっては、敦成親王誕生と一条天皇の土御門第行幸は、「寛弘の佳例」であった。その箇所を記した重宝である道長自筆の『御堂関白記』の裏に他の日記を抜書するということは、信尹自身の個性もさることながら、摂関家嫡流の近衛家にとってみても、「寛弘の佳例」の現実的な意義が低下した時代を考える必要がありそうである。

このように、『御堂関白記』の裏書には、まだまだ未知の意義と魅力が隠されているのである。向後もその解明に努める所存であることを述べて、本章を終えることとしたい。

最後にもう一度、この貴重な史料の閲覧と撮影、それにもまして数々のご教示を賜った名和修氏、この裏書を考える基となった複製本を二つ返事で購入して下さった国際日本文化研究センター、調査においてこの抜書の存在を指摘してくれた研究補助員の皆さんに、改めて感謝の意を表したい。

註

（1）陽明文庫編『陽明叢書　御堂関白記』（思文閣出版、一九八三～八四年）。
（2）東京大学史料編纂所編『大日本史料　第六篇之二十・二十二』（東京大学出版会、一九二三・二四年）。
（3）東京大学史料編纂所編『大日本古記録　後深心院関白記　二』（岩波書店、一九九九年）。
（4）『近衛公爵家世寳　御堂関白記 具注暦・自筆本』（立命館出版部編・刊、一九三六年）「解説」（黒板勝美執筆）。
（5）尾上陽介「再利用された日記原本――『猪熊関白記』『後深心院関白記』を中心に――」（『三田中世史研究』一二号、二〇〇五年）。
（6）「近衛道嗣」（村田正志執筆、国史大辞典編集委員会編『国史大辞典　第五巻』吉川弘文館、一九八五年）。
（7）「愚管記」（益田宗執筆、『国史大辞典　第四巻』吉川弘文館、一九八四年）。
（8）「近衛信尹」（近衛通隆執筆、『国史大辞典　第五巻』）。

（9）「近衛信尋」（名和修執筆、『国史大辞典　第五巻』）。

（10）倉本一宏「『御堂関白記』全現代語訳を終えて」（本書第四部一）。

（11）『後深心院関白記』自身も、暦裏を近衛尚通（文明四年〈一四七二〉～天文十三年〈一五四四〉）の『尚通公記』（『後法成寺関白記』）に利用されている。

第二部

『御堂関白記』の書写

第一章　『御堂関白記』古写本の書写

はじめに

一般的に、古記録の写本は自筆本とは別個の古記録であるとか、古記録の自筆本は草稿本で、写本になって完成するとか言われている。ところが『御堂関白記』に関しては、自筆本が暦記として残され、その史料的価値があまりに高いものだから、古写本についての理解が今ひとつ低いのではないだろうか。古写本に関する研究も、ほとんど目にする機会がない。『御堂関白記』古写本に対する一般的な理解は、次のようなものではないだろうか。

平安時代後期、孫の藤原師実の時に、一年分一巻からなる古写本十六巻が書写された（長徳・長保年間、および寛仁三年から治安元年までは記事が少ないため、三年分をまとめて一巻としている）。自筆本の破格な漢文を普通の漢文に直そうとしたり、文字の誤りを正そうとしたりする意識が見られるが、自筆本の記載を尊重している箇所も多い（自筆本の記載を書き落としている場合も九ヵ所あるが）。一部（合わせて三年分）は師実自身の筆（「大殿御筆」）によるものである。

現在、陽明文庫に十二巻が所蔵されている。この古写本でさえ、同時代の『小右記』や『権記』の最古の写本よりも古く、しかも書写の来歴がはっきりしているのだから、すごいものである。

私自身の著わした『藤原道長「御堂関白記」を読む』(1)からの引用である。古写本に対する理解は、遡れば田山信郎氏の『記録――特に平安朝の日記について――』では、次のように説明されていた[2]。

此の写本の特徴は原本を有りのまゝに書写したことであつて、原本の方の書誤り又措辞の誤りと思はれる点をも忠実に写し、而る後その傍に加筆をなして自分の意見としてゐることである。

古写本は自筆本の忠実な書写としている点が特徴である（なお、「大殿」は忠実としている）。こうなると、現在の古写本に対する認識は、阿部秋生氏の古典的研究「藤原道長の日記の諸本について」[3]をその淵源としているのであろう。阿部氏は古写本について、次のように分類された。

一、自筆本の本文に加えた変更

（1）本文の中で文字の配列の順序を変更したもの

（A）変更の跡の遺つているもの

（B）変更の跡の遺つていないもの

（C）自筆本の指定どおりに変更したもの

（D）誤つて変更したもの

（2）本文の文字を傍記にしたもの

（E）自筆本と同位置に傍記したもの

（F）自筆本と違う位置に傍記したもの

（G）自筆本の一日分又は上欄外の全文を行間に註記したもの

（H）自筆本の文字の位置の遺つているもの

（3）自筆本の文字を改めたもの

（I）自筆本の位置で改めたもの

（J）抹消してその傍に改めたもの
（K）抹消せずにその傍に改めたもの
（L）誤つて改めたもの
（4）自筆本の文字を削除してあるもの
（M）自筆本の位置のままで削除したもの
（N）削除した跡の遺つているもの
（O）削除の跡を空白にしてあるもの
（5）自筆本にない文字を加えたもの
（P）本文の中に加えたもの
（Q）加えた文字を傍記したもの
（R）朱筆で加えてあるもの

二、自筆本の傍記の文字に加えた変更
（1）（S）傍記の文字を本文に入れたもの
（2）（T）傍記の文字を削除したもの

三、（U）自筆本の仮名を漢字に改めたもの

四、（V）自筆本の字面を全く改めたもの

五、誤写
（1）（W）一日分の全文を脱写したもの
（2）（X）裏書全文を脱写したもの

（3）（Y）行を改むべきを改めぬもの

（4）（Z）誤記を踏襲したもの

そして、「これらの異同の中には、書写というものに常に随伴して起る普通の現象もあるが、極端にいえば意識的な本文の改訂にも等しい変更が往々にして加えられていることを認めなければならない」と考えられたうえで、「これらの古写本に於ける改訂、即ち書写の態度を別の角度からいへば、自筆本の格はづれの漢文の格を、出来るだけ普通の漢文の格へ引戻そうとしているのだと云いえよう」と結論付けられた。『御堂関白記』の古写本は、自筆本の漢文を訂正しているのであるという、一般的に考えられている通念が、ここに確固たる地位を確立して現われたと称すべきであろうか。

なお、阿部氏は、古写本の二人による差異について、「まず古写本は、全体としては、自筆本と対校してみた時に出て来る特徴を、各巻ともに有つているといいうると思う」と述べられ、二筆による差異はほとんどないものと考えられた。これも、この後の常識として通用しているものと思われる（古写本の特徴など、本格的に研究する人がいなかったことにもよるのであろうが）。

その後も、たとえば大日本古記録の解題[4]では、自筆本との比較から、

自筆本の記法は、後見を予期しないかに見える自由さで、他の同時の記録によらなければ到底読解出来ないものもあり、宛字・省略・顚倒や通用の記録語以外の本書独特の用語が見られ、文体の構成も主語・動詞・客語の位置が句々で、主語が最後に位置することもあり、而もそれを重ね書・塗抹・傍書等を以て正さうと試みた跡がある。従つて古写本はそれを推し進めて文体の改変を試み、或は先づ自筆本通り写して後、塗抹・傍書・顚倒符を以てし、或は直ちに改変してゐる。この改変は必ずしも当らざるものがあり、原形を推定して読解すべき場合も少くない。

古写本の筆者は二筆に分れ、其中の一筆に対して、古写本の標紙に「大殿御筆」と説明して居り、……
と解説されている。二筆の区別には言及されていない。

もう一つ、この大日本古記録の解題を基にした陽明叢書の解題(5)では、筆者の問題に触れている。

（「大殿」〈師実〉と某の）両筆は、その筆意に於て頗る似た所があるが、某の筆は極めて流暢で軽く、大殿の筆蹟はこれに比すればやや固く、力強い。両者の差が最も明瞭に現れるのは日付の数字の記し方で、某の方は「廿」の終劃の横線を必ず引いているが、大殿はこれを「サ」もしくは「サ」の形に書き、横棒を引かない。……

書写の内容には触れていないが、これは重要な事実を示唆している。師実は画を省略したような字を書くのに対し、某は律義にすべての画を書いているのである。この態度は、文章の書写自体にも見られるものである。

ここでは、古写本の書写のうち、特に師実と某との書写の差を中心に考えていきたい。従前は、古写本はただ自筆本を普通の漢文に直して訂正したものという考えが支配的であったが、それが実は師実と某との書写態度の差であったことを明らかにしたい。そしてそれは、摂関家と実務官人との差に基づくものであるということを推定する。なお、阿部氏は某として師通を想定されたが(6)、やはり家司のような実務官人を想定すべきであろう。

一　師実と某の書写の分担

ここで師実と某がどのような基準で書写を分担したかを推定してみる。現在、陽明文庫に残されている古写本のうち、師実が書写した部分（□で囲った）と、某が書写した部分（⋮で囲った）は、以下の通りである（数字は古写本の巻数）。その春夏、もしくは秋冬の半年の間に起こった主な出来事と共に示してみる。

長徳四年（九九八）
下01　『御堂関白記』記録再開

長保元年（九九九）	上01　東三条院行幸	／下01　彰子入内
長保二年（一〇〇〇）	上01　彰子立后	
寛弘元年（一〇〇四）	上02　頼通春日祭使	／下02　寛弘改元
寛弘二年（一〇〇五）	上　彰子大原野社行啓	／下　内裏焼亡
寛弘三年（一〇〇六）	上　東三条第花宴	／下　神鏡定、土御門第行幸
寛弘四年（一〇〇七）	上　土御門第曲水宴・内裏密宴	／下　金峯山詣
寛弘五年（一〇〇八）	上　花山院崩御	／下　彰子敦成親王出産
寛弘六年（一〇〇九）	上03　比叡山舎利会	／下03　彰子敦良親王出産
寛弘七年（一〇一〇）	上04　敦良親王五十日儀	／下04　敦良親王百日儀
寛弘八年（一〇一一）	上05　一条天皇譲位・三条天皇即位	／下05　内裏遷御
長和元年（一〇一二）	上06　妍子立后	／下06　大嘗会
長和二年（一〇一三）	上07　東宮敦成親王朝覲行啓	／下07　妍子禎子内親王出産
長和四年（一〇一五）	上08　禎子内親王着袴	／下08　道長准摂政
長和五年（一〇一六）	上09　後一条天皇即位・道長摂政	／下09　大嘗会御禊
寛仁元年（一〇一七）	上10　頼通摂政	／下10　敦良親王立太子
寛仁二年（一〇一八）	上11　後一条天皇元服	／下11　威子立后
寛仁三年（一〇一九）	上12　嬉子着裳	／下12　敦良親王元服
寛仁四年（一〇二〇）	上12　無量寿院供養	
治安元年（一〇二一）		下12　念仏

図1　古写本　寛仁元年六月―七月

師実が書写したのは、寛弘六年の後半（彰子敦良親王出産）、寛弘八年の一年分（一条天皇譲位・三条天皇即位／内裏遷御）、長和四年の後半（道長准摂政）、長和五年の前半（後一条天皇即位・道長摂政）、寛仁元年の前半（頼通摂政）である。

最初のうちは、彰子立后も含め、某に書写を任せていたかのような師実であったが、寛弘五年後半の彰子敦成親王出産、あるいは寛弘六年後半の彰子敦良親王出産を契機として、摂関家の権力構築にとって重要な局面を含む巻については、師実が自ら書写するようになったと推測することができようか。

どちらかというと、立后よりも、道長や頼通の地位の変化に関わる巻を、師実は自ら書写したがっているようにも思える。それは道長の内覧宣旨から『御堂御記抄』を作成し始めた師実の関心の方向に相応しいものである。

なお、寛弘元年から寛弘五年までは、現在、陽明文庫に古写本が残されていない。しかし、古写本を書写した平松本が残っていることから、師実の時代には寛弘元年から寛弘五年までについても、古写本が書写されたことは確実である。

平松本の用字や文法を分析することによって、この部分が師実の手になるものか、某の手になるものか、推測することは可能なのであるが、今は措いておきたい。推測にわたるが、彰子敦成親王出産や一条天皇土御門第行幸のあった寛弘五年後半のみ、師実が書写したようにも思える。

この推定が正しいとすると、師実は「栄華の初花」と称された敦成親王誕生の記事を契機として、古写本を自ら書写し始めたということになろうか。

同一巻の上下、つまり年の前半と後半で書写者が異なる寛弘六年、長和四年、長和五年、寛仁元年の複雑な状況については、寛弘六年と長和五年は、いずれも六月の末と七月の冒頭で料紙が変わり、間に一行分、あるいは小紙片を貼り継いで一巻としているが、長和四年は閏六月までと七月以降の紙を継ぎ改めたのみである。

また、寛仁元年については、さらに複雑である。これについてはかつて考えたことがあるが、[7]簡単に触れておきたい。寛仁元年の六月末と七月初頭の間には、実は褾紙が施されていたのである（図1）。そこには、「寛仁元年　七月以後」と記されている。結局は七月以降もこの後に貼り継がれ、一年で一巻になっているが、あまりに記事が多くて長い寛仁元年については、いずれかの時期に、一年を上下二巻に分けることも考えられていたのであろう。このように褾紙を施そうとしているのは、寛仁元年だけである。

二　師実と某の書写の差

さて、師実と某の書写の差異について見ていくことにしよう。従前の論考において、自筆本と古写本の記述の差について、具体的な例を引いて言及されているのは、池田尚隆氏と名和修氏である。以下、この二氏が例として引かれた記事が、師実と某のいずれの筆によって書写されたものなのかを考えていきたい。

まず池田氏は、『御堂関白記』の仮名表記を考察された際に、自筆本と古写本の仮名表記の差異を俎上に載せられた。[8]そのうえで、

①古写本が自筆本の仮名表記を改めようとする態度がかなり強い
②自筆本の仮名表記をそのまま写したところもまた多い

という、相反する二種の特色を抽出された。この二つの特色が、もしも師実と某の書写態度の差異であったとしたら、問題は解決するのである。では、池田氏が挙げられた例を、年次順に挙げていくことにしよう（記載は池田氏の記された通り）。古写本が見せ消ちにした部分は、後に記した部分のみを挙げる。なお、池田氏は古写本系統の平松本を古写本と同列に扱っておられるので、その箇所については、ここでは考察の範囲から外しておく（どちらが書写したかわからないからである）。自筆本系統の長和二年前半の平松本は、そのまま自筆本として扱う。

・使者仁久るを↓使者にくるを（寛弘六年七月七日条）　師実書写
・依之上達部比か事云也↓依之上達部令申僻也（寛弘八年正月六日条）　師実書写
・又仰云、彼宮申せ申と思給つる間、早立給つれは不聞也、敦康親王に給別封并年官爵等、若有申事、可有御用意者、即参啓此由、御返事云、暫も可候侍りつるを、承御心地非例由天、久候せむに有憚天、早罷つるなり、有仰親王事は、無仰とも可奉仕事、恐申由可奏者↓又仰云、彼宮申と思給之間、早立給つれは更以不聞也、可賜敦康親王別封并年官爵等、若有申事、可有御用意者、即参啓此由、御返事云、有暫可令候之処、承御心地非例由、久不候有憚、早罷出也、有仰親王事者、無仰以前可奉仕事、恐申由可令奏者（寛弘八年六月二日条）　師実書写
・有本意所為にこそあらめ↓有本意所為（長和元年正月十六日条）　某書写
・なと↓等（長和元年正月十六日条）　某書写
・是馬興給、はやる馬也↓是有馬興給由馬也（長和元年二月三日条）　某書写

・志久礼→志久礼（長和二年三月二十三日条）　某書写
・志久れ→時雨（長和二年三月二十四日条）　某書写
・其詞云、人有志けるものをと云々、又返奉給、其詞云、此返給ゑらハここに侍物も返や奉む云々、皆御書あり→又返奉給、皆有御書（長和二年四月二十四日条）　某書写
・而懐平久候宮司、年老以止保之久見由る人也……仰云、猶加むと思と→而懐平久候宮司、年老可哀憐人也、……仰云、猶思食可加任由（長和二年六月二十三日条）　某書写
・事不思、只思人と被仰、傾事也→被仰不思世間事、只思人様之事也（長和二年六月二十三日条）　某書写
・参太内思つるを→欲参大内（寛仁二年五月十三日条）　某書写

池田氏が「古写本が自筆本の仮名表記を改めようとする態度がかなり強い」と考えられた箇所は、そのほとんどが某による書写であったこと、逆に「自筆本の仮名表記をそのまま写したところもまた多い」と考えられた箇所は、寛弘六年の後半や寛弘八年の前半など、師実による書写であったことは、明らかであろう。

　これは「古写本が極めて例外的に直さなかったあるいは直し残した箇所」というよりも、そもそも師実には、道長の記述を書き直そうとする意識が、某と比較すると希薄であったと考えた方がいいのではないだろうか。

　池田氏は、「『御堂関白記』が一方で二代後の直系である師実かといわれる古写本筆者に抵抗感を生じさせるほどの、仮名による道長らの息吹きを感じさせる記述を持ってもいる」と評されたが、「道長らの息吹き」を感じ取ったのは、それこそ摂関家直系の師実だけだったのであり、下級実務官人である某には、その「息吹き」よりも、この日記を扱いやすい漢文に改めることの方が重要な使命だったのである。

　次いで名和氏は、自筆本・古写本が共に現存する巻における記述の差異の詳細を逐一検討され、古写本が積極的に改訂もしくは改竄しようとする態度の汲み取れる箇所に注目し、その意図を明らかにしようとされた[9]。古写

本の書写全般という問題が、はじめて論考のテーマとなったものと評価したい。

この論文で名和氏は、自筆本・古写本が共に現存する年次のうち、長徳四年後半・長保元年後半・長保二年前半・寛弘元年前半・寛弘六年後半・寛弘七年前半までを考察の対象とされている。このうち、師実が書写した古写本は、寛弘六年後半のみである。同じく師実が書写した寛弘八年前半までを考察の対象とされなかったのは、まことに残念である。続編の発表を鶴首するものである。

さて、名和氏は、以下の十四の視点から、古写本の書写態度を示す事例を検出された。

一　古写本において特定の人名の一字を闕字としたもの　九例（内、師実筆は一例）
二　自筆本の省画文字を正字に改める　二九例（内、師実筆は九例）
三　自筆本の誤字を正字に改める　九三例（内、師実筆は八例）
四　自筆本の脱字と思われる文字を補入する　七四例（内、師実筆は一四例）
五　自筆本の行間補書を本行へ　三六例（内、師実筆は三例）
六　自筆本の衍字と思われる字を古写本で省略する　七例（内、師実筆はなし）
七　自筆本の記述の語順を改める　一四三例（内、師実筆はなし）
八　自筆本の仮名表記への古写本の対応　九例（内、師実筆は三例）
九　古写本の独自解釈により自筆本と異なる用字　二八例（内、師実筆はなし）
一〇　自筆本にあって古写本に欠落している文　一〇例（内、師実筆は三例）
一一　自筆本にあって古写本に欠落している文字　八八例（内、師実筆は一一例）
一二　自筆本本行文字を古写本で行間補入　四三例（内、師実筆はなし）
一三　古写本の誤写と思われる文字　三九例（内、師実筆は五例）

一四　古写本の誤写をのちに行間補入もしくは修正する　一六例（内、師実筆はなし）

全部で六二四例のうち、師実が書写したものは五七例。師実は、「二　自筆本の省画文字を正字に改める」（義→儀、亭→停、士→仕など）、「三　自筆本の誤字を正字に改める」（製→制、車→東、歓→勧など）、「四　自筆本の脱字と思われる文字を補入する」（諸→諸卿、御→御門、上達→上達部など）といった類の、単純な文字の訂正や補入に関しては、比較的熱心に行なっているようである。

しかし、「六　自筆本の衍字と思われる字を古写本で省略する」、「七　自筆本の記述の語順を改める」、「九　古写本の独自解釈により自筆本と異なる用字」といった項目の例が見られないということから、師実が文章そのものを改訂しようという態度をほとんど示していないことが窺える。

「一一　自筆本にあって古写本に欠落している文字」が多いというのも、これは書写態度というよりも、見落としの類であろうが、自筆本の文字をよく欠落させているという書写能力を示すものである。「一三　古写本の誤写と思われる文字」が師実筆には存在し、「一四　古写本の誤写をのちに行間補入もしくは修正する」例がないというのも、某と比較すると、書写者としての師実の能力と熱意を示すものであろう。

また、先にも少し触れたが、「八　自筆本の仮名表記への古写本の対応」について見てみると、「仁久る」「下末て」「云しを」「無便と」などをそのまま仮名で表記しているなど、自筆本の仮名表記に近い傾向を見せている。

一律にこれらの事例のみをもって云々できる問題ではないが、それでもやはり、名和氏の言われる「古写本が積極的に改訂もしくは改竄しようとする態度」、つまり「古写本書写者の、自筆本の持つ特異記述を、一般的な記録記述様式に適合させようとする志向」は、師実よりも某の方に、より顕著に見られる傾向であることは、読み取ることができよう。

もっとも、下級実務官人であろう某と、公卿社会の中枢に位置する師実を、同じ作業において比較するのは、いささか酷というものかもしれない。むしろ、それだけ忙しく、身分も高い、そして道長同様、実務の教育や経験を経ていない師実が、自筆本を自らの筆で書写しようとしたことにこそ、我々は注目すべきなのかもしれない。

三　道長自筆本と師実筆古写本

それでは、道長自筆本と師実書写古写本とを比較して、両者が類似性を有していたかどうかを確認することとしたい。自筆本と古写本が共に残っている年は、以下の通りである。

長徳四年（九九八）下　自筆本　古写本（某筆）
長保元年（九九九）下　自筆本　古写本（某筆）
長保二年（一〇〇〇）上　自筆本　古写本（某筆）
寛弘元年（一〇〇四）上　自筆本　古写本（某筆）
寛弘二年（一〇〇五）上　自筆本　平松本（古写本系）
寛弘四年（一〇〇七）下　自筆本　平松本（古写本系）
寛弘五年（一〇〇八）下　自筆本　平松本（古写本系）
寛弘六年（一〇〇九）下　自筆本　古写本（師実筆）
寛弘七年（一〇一〇）上　自筆本　古写本（某筆）
寛弘八年（一〇一一）上　自筆本　古写本（師実筆）
長和元年（一〇一二）上　自筆本　古写本（某筆）
長和二年（一〇一三）上　平松本（自筆本系）　古写本（某筆）
寛仁二年（一〇一八）上　自筆本　古写本（某筆）

寛仁三年（一〇一九）下　自筆本　古写本（某筆）
寛仁四年（一〇二〇）上　自筆本　古写本（某筆）

師実書写の古写本の特色を明らかにするためには、寛弘六年後半と寛弘八年前半について、自筆本と古写本を比較しなければならない。以下に、師実の「書写態度」が窺える例を挙げることとする。師実が自筆本を正格の漢文に近付けようとした例には「↓」、自筆本そのままに書写した例には「＝」、自筆本よりも誤ってしまい、正格の漢文から遠ざかった例には「⇓」を、それぞれ付す（正誤を判断するのが困難な場合もあるが）。

1・寛弘六年七月四日条　自筆本「日春社」↓師実筆古写本「春日社」（正格は「春日社」）
自「国夫領」＝師「国夫領」（正「国夫預」）
2・寛弘六年七月五日条　自「不製止」↓師「不制止」（正「不制止」）
3・寛弘六年七月七日条　自「使者仁久るを」＝師「使者仁久るを」
4・寛弘六年七月十三日条　自「午後参」＝師「午後参」（正「午後参内」）
5・寛弘六年七月十四日条　自「今有風雨」＝師「今有風雨」（正「今日有風雨」）
6・寛弘六年七月十九日条　自「参太内」＝師「参太内」（正「参大内」）
自「催諸」↓師「催諸卿」（正「催諸卿」）
7・寛弘六年七月廿日条　自「例有論儀」＝師「例有論儀」（正「有例論義」）
8・寛弘六年七月廿三日条　自「着右丈座」＝師「着右丈座」（正「着右仗座」）
9・寛弘六年七月廿五日条　自「右衛相撲人等」⇓師「右相撲人等」（正「左近衛相撲人等」）
10・寛弘六年七月廿七日条　自「左近衛次将教通」⇓師「左近衛次将頼」（正「左近衛次将教通」）
自「其義如常」↓師「其儀如常」（正「其儀如常」）

11・寛弘六年八月六日条
自「不召論義」⇓師「不召論議」（正「不召論義」）

12・寛弘六年八月十日条
自「参太内」＝師「参太内」（正「参大内」）

13・寛弘六年八月十一日条
自「召外」↓師「召外記」（正「召外記」）

14・寛弘六年八月十三日条
自「吏是氏」↓師「史是氏」（正「史是氏」）

15・寛弘六年八月十七日条
自「参太内」＝師「参太内」（正「参大内」）
自「御車入鳥居内小」⇓師「御車入鳥居小」（正「御車入鳥居内」）
自「教通朝候御釼」↓師「教通朝臣候御釼」（正「教通朝臣候御釼」）
自「小御馬疋」↓師「小御馬一疋」（正「小御馬一疋」）
自「御車下末天」↓師「至御車下末て」（正「至御車下」）

16・寛弘六年八月十八日条
自「参太内」＝師「参太内」（正「参大内」）

17・寛弘六年八月十九日条
自「従内罷」↓師「従内罷出」（正「従内罷出」）

18・寛弘六年八月廿日条
自「参太内」＝師「参太内」（正「参大内」）

19・寛弘六年八月廿三日条
自「後夜後従寺帰来」⇓師「後夜従寺帰来」（正「後夜後従寺帰来」）
自「参太内」＝師「参太内」（正「参大内」）
自「表袴」⇓師「綾袴」（正「表袴」）
自「行騰」⇓師「行勝」（正「騰」）

20・寛弘六年八月廿六日条
自「参太内」＝師「参太内」（正「参大内」）

21・寛弘六年九月一日条
自「中御末」↓師「中御門末」（正「中御門末」）
自「東啓宮事由」＝師「東啓宮事由」（正「東宮事由啓」）

22・寛弘六年九月二日条

自「筑後守文」＝師「筑後守文」（正「筑後守文信」）

自「雲出」＝師「雲出」（正「出雲」）

自「加織掛」＝師「加織掛」（正「加織物掛」）

23・寛弘六年九月四日条

自「近衛御女子」↓師「近衛御門女子」（正「近衛御門女子」）

自「冷泉」＝師「冷泉」（正「冷泉院」）

24・寛弘六年九月七日条

自「太内」＝師「太内」（正「大内」）

自「太内候宿」＝師「太内候宿」（正「候宿大内」）

自「同宮々宮」＝師「同宮々宮」（正「同宮々司」）

自「筑後国守文信」⇓師「筑後国文信」（正「筑後国守文信」）

自「不善郎等及有事聞者等」⇓師「不善郎等有事聞者等」（正「不善郎等及有事聞者等」）

25・寛弘六年九月八日条

自「官符」⇓師「官府」（正「官符」）

自「可被召上歟」⇓師「可被召上」（正「可被召上歟」）

自「進済調庸京庫」⇓師「進済調京庫」（正「進済調庸京庫」）

26・寛弘六年九月十日条

自「勿聞之」↓師「聞之」（正「忽聞之」）

自「参太内間」＝師「参太内間」（正「参大内間」）

自「近江雑任」⇓師「近江親任」（正「近江雑任」）

自「国分僧等」＝師「国分僧等」（正「国分寺僧等」）

27・寛弘六年九月十二日条

自「従罷出」＝師「従罷出」（正「従内罷出」）

28・寛弘六年九月十六日条

自「蝕不正現」↓師「月蝕不正現」（正「月蝕不正現」）

29・寛弘六年九月十八日条

自「参太内候」＝師「参太内候」（正「参大内候」）

30・寛弘六年九月十九日条

自「同保相秦定重」⇓師「同保秦定重」（正「同保相秦定重」）

自「止大弐理務符」⇓師「止大弐務符」（正「止大弐理務符」）

自「定符等也」⇓師「定府等也」（正「定符等也」）

31・寛弘六年九月廿三日条

自「殿人野望」↓師「殿上人野望」（正「殿上人野望」）

32・寛弘六年九月廿四日条

自「参太内」＝師「参太内」（正「参大内」）

自「奏可随御定由」⇓師「奏可有随御定由」（正「奏可随御定由」）

自「占方」⇓師「■卜方」（正「占方」）

33・寛弘六年九月廿五日条

自「小一宮」⇓師「小一品」（正「一宮」）

34・寛弘六年九月廿九日条

自「依穢亭止」↓師「依穢停止」（正「依穢停止」）

35・寛弘六年十月二日条

自「参大内給」⇓師「参太内給」（正「参大内給」）

自「又朝干飯又参給」＝師「又朝干飯又参給」（正「又朝干飯参給」）

自「入女方院飯」↓師「入女方垸飯」（正「入女方垸飯」）

自「殿人」＝師「殿人」（正「殿上人」）

自「上達」＝師「上達」（正「上達部」）

36・寛弘六年十月五日条

自「枇杷殿可御渡」＝師「枇杷殿可御渡」（正「枇杷殿可渡御」）

自「如定申可御」↓師「如定申可御渡」（正「如定申可渡御」）

自「行中宮権大夫」＝師「行中宮権大夫」（正「行事中宮権大夫」）

自「彼所東宮」⇓師「彼東宮」（正「彼所東宮」）
自「別貴本牧」↓師「別遺本牧」（正「別遺本牧」）

37・寛弘六年十月六日条
自「従内罷」↓師「従内罷出」（正「従内罷出」）

38・寛弘六年十月十三日条
自「釈加」＝師「釈加」（正「釈迦」）
自「座東西対」⇓師「座東西対座」（正「座東西対」）
自「見聞道谷」↓師「見聞道俗」（正「見聞道俗」）
自「斉信僧都」＝師「斉信僧都」（正「済信僧都」）

39・寛弘六年十月十四日条
自「共奉上達部」＝師「共奉上達部」（正「供奉上達部」）

40・寛弘六年十月十五日条
自「他雑物相具」⇓師「他物相具」（正「他雑物相具」）

41・寛弘六年十月十九日条
自「書行造作所」↓師「昼行造作所」（正「昼行造作所」）
自「奉士之」↓師「奉仕之」（正「奉仕之」）

42・寛弘六年十月廿一日条
自「殿上」↓師「殿上人」（正「殿上人」）

43・寛弘六年十月廿二日条
自「共奉上達部」＝師「共奉上達部」（正「供奉上達部」）
自「参太内」＝師「参太内」（正「参大内」）

44・寛弘六年十月廿三日条
自「中宮御善」＝師「中宮御善」（正「中宮御修善」）
自「参太内」＝師「参太内」（正「参大内」）

45・寛弘六年十月廿四日条
自「参車宮」↓師「参東宮」（正「参東宮」）
自「参宮々御在」＝師「参宮々御在」（正「参宮々御在所」）

46・寛弘六年十月廿六日条
自「参太内」＝師「参太内」（正「参大内」）

47・寛弘六年十一月七日条
自「疋見」＝師「疋見」（正「疋絹」）
自「参大内」⇓師「参太内」（正「参大内」）
自「左近衛曹将」＝師「左近衛曹将」（正「左近衛将曹」）
自「酒盞」⇓師「酒盃」（正「酒盞」）
自「依候不」↓師「依不候」（正「依不候」）

48・寛弘六年十一月八日条
自「事依勿」＝師「事依勿」（正「事依忽」）
自「右兵衛佐」⇓師「右近衛佐」（正「右兵衛佐」）
自「上総前守」＝師「上総前守」（正「上総前介」）
自「箸信」＝師「箸信」（正「著信」）

49・寛弘六年十一月九日条
自「不及寸」⇓師「不及尺寸」（正「不及寸」）
自「陣吉常等」↓師「陣吉上等」（正「陣吉上等」）

50・寛弘六年十一月十日条
自「家中僧家依多也」↓師「依家中僧家多之故也」（正「依家中僧家多之故也」）

51・寛弘六年十一月十一日条
自「参太内」＝師「参太内」（正「参大内」）

52・寛弘六年十一月十四日条
自「一有同北対」⇓師「有一同北対」（正「一有同北対」）

53・寛弘六年十一月十七日条
自「頼通」⇓師「頼々」（正「頼通」）
自「不事了間」↓師「未事了間」（正「未事了間」）

54・寛弘六年十一月十九日条
自「着左丈」＝師「着左丈」（正「着左仗」）
自「尚依無宜」↓師「尚依不宜之」（正「尚依不宜」）

55・寛弘六年十一月廿日条
自「試楽如常」↓師「試楽如常」（正「試楽如常」）

56・寛弘六年十一月廿二日条

自「倍従」＝師「倍従」（正「陪従」）

自「侍御神楽間」＝師「侍御神楽間」（正「侍御神楽間」）

57・寛弘六年十一月廿五日条

自「又奏内事由以教通」⇓師なし（正「又奏内事由以教通」）

自「御乳侍両事」↓師「御乳付両事」（正「御乳付両事」）

自「酉時共御湯」＝師「酉時共御湯」（正「酉時供御湯」）

自「弥鳴者」＝師「絃鳴者」（正「鳴弦者」）

自「共御湯」＝師「共御湯」（正「供御湯」）

自「向湯宰相」＝師「向湯宰相」（正「迎湯宰相」）

自「夕御湯同朝臣」＝師「夕御湯同朝臣」（正「夕御湯同朝」）

58・寛弘六年十一月廿六日条

自「東宮学」↓師「東宮学士」（正「東宮学士」）

自「後漢書章帝紀」⇓師「後漢書章帝記」（正「後漢書章帝紀」）

自「五帝本紀」⇓師「五帝本記」（正「五帝本紀」）

59・寛弘六年十一月廿七日条

自「漢書文帝紀」⇓師「漢書文帝記」（正「漢書文帝紀」）

自「左近中教通」↓師「左近中将教通」（正「左近中将教通」）

自「業遠朝」↓師「業遠朝臣」（正「業遠朝臣」）

自「上達悉参入」↓師「上達部悉参入」（正「上達部悉参入」）

自「右大将歓盃有」↓師「右大将勧盃有」（正「右大将勧盃有」）

自「上達許詠」↓師「上達部許詠」（正「上達部許詠」）

60・寛弘六年十一月廿九日条

自「各差」＝師「各差」（正「各有差」）

61・寛弘六年十二月一日条
自「漢書成帝紀」⇒師「漢書成帝記」（正「漢書成帝紀」）
自「論語大伯篇」＝師「論語大伯篇」（正「論語泰伯篇」）
自「太内女方」＝師「太内女方」（正「大内女方」）

62・寛弘六年十二月二日条
自「史記五帝本紀」⇒師「史記五帝本記」（正「史記五帝本紀」）
自「従太内」＝師「従太内」（正「従大内」）
自「事儀如夜々」⇒師「事議如夜」（正「事儀如夜々」）
自「士三人賜禄」→師「博士三人賜禄」（正「博士三人賜禄」）
自「上達殿上人」＝師「上達殿上人」（正「上達部殿上人」）

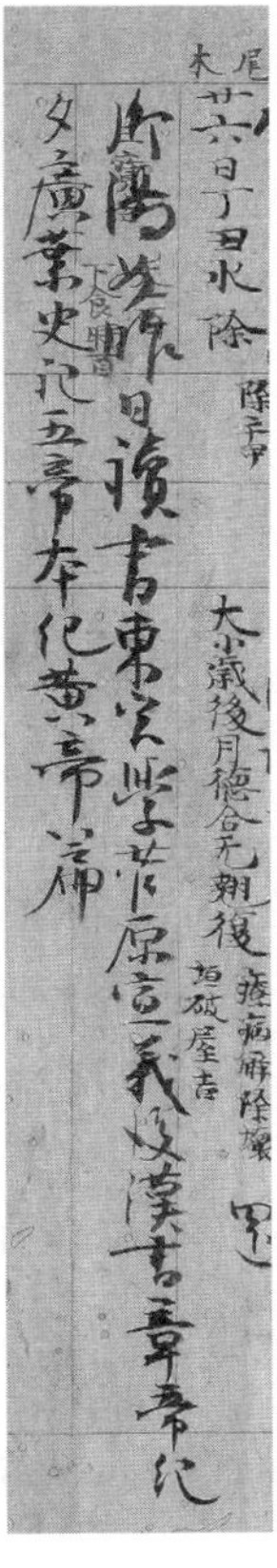
図2　自筆本　寛弘六年十一月廿六日条

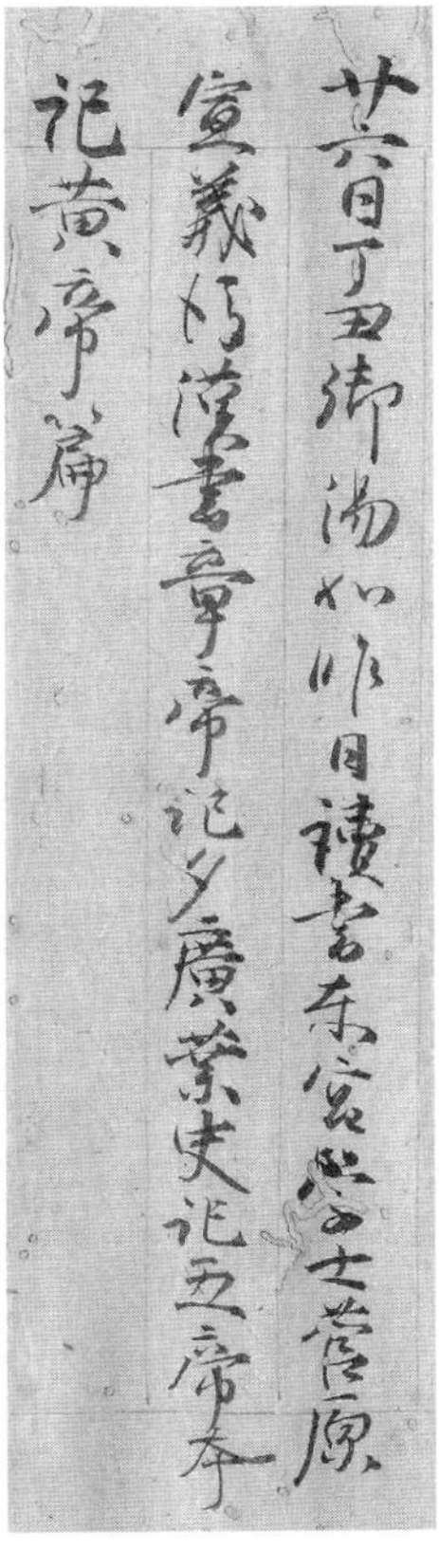
図3　古写本　寛弘六年十一月廿六日条

自「疋見」＝師「疋見」（正「疋絹」）
自「皆疋見」＝師「皆疋見」（正「皆疋絹」）

63・寛弘六年十二月三日条

自「参太内」＝師「参太内」（正「参大内」）
自「参太内日」＝師「参太内日」（正「参大内日」）

64・寛弘六年十二月四日条

自「上達参入」→師「上達部参入」（正「上達部参入」）
自「盛義物」＝師「盛義物」（正「威儀物」）
自「歓盃献寿」→師「勧盃献寿」（正「勧盃献寿」）

65・寛弘六年十二月六日条

自「電音五六度」＝師「電音五六度」（正「雷音五六度」）
自「参太内」＝師「参太内」（正「参大内」）

66・寛弘六年十二月七日条

自「御五日」→師「御五十日」（正「御五十日」）

67・寛弘六年十二月十日条

自「着左丈」＝師「着左丈」（正「着左仗」）
自「有障自正引」→師「有障自延引」（正「有障自延引」）

68・寛弘六年十二月十二日条

自「電鳴」＝師「電鳴」（正「雷鳴」）
自「解退也」＝師「解退也」（正「懈怠也」）

69・寛弘六年十二月十三日条

自「着左丈座」＝師「着左丈座」（正「着左仗座」）

70・寛弘六年十二月十四日条

自「太内御願」＝師「太内御願」（正「大内御願」）
自「従太内」＝師「従太内」（正「従大内」）
自「着左丈座」＝師「着左丈座」（正「着左仗座」）
自「持参」⇒師「持来」（正「持参」）

71・寛弘六年十二月十六日条
自「太内奏之」＝師「太内奏之」（正「大内奏之」）
自「奉神宝神十列」⇓師「奉神宝十列」（正「奉神宝神馬十列」）
自「上達八人」↓師「上達部八人」（正「上達部八人」）

72・寛弘六年十二月十九日条
自「謂慈徳寺」＝師「謂慈徳寺」（正「詣慈徳寺」）

73・寛弘六年十二月廿二日条
自「謂慈徳寺」＝師「謂慈徳寺」（正「詣慈徳寺」）
自「斎食事」⇓師「斉食事」（正「斎食事」）

74・寛弘六年十二月廿三日条
自「可領叙人々」↓師「可叙之人々」（正「可叙之人々」）
自「対領造為時」＝師「対領造為時」（正「対預造為時」）
自「十七万余」＝師「十七万余」（正「十七万余束」）
自「進署名者」＝師「進署名者」（正「進署名者」）
自「正税減省」⇓師「正説減省」（正「正税減省」）
自「宣旨下了」⇓師「宣旨下」（正「宣旨下了」）

75・寛弘六年十二月廿四日条
自「参太内」＝師「参太内」（正「参大内」）

76・寛弘六年十二月廿六日条
自「共奉上達部」＝師「共奉上達部」（正「供奉上達部」）
自「共奉諸司」＝師「共奉諸司」（正「供奉諸司」）
自「宮々又同」⇓師なし（正「宮々又同」）
自「皇大后宮大夫」＝師「皇大后宮大夫」（正「皇太后宮大夫」）
自「左宰相中」↓師「左宰相中将」（正「左宰相中将」）

77・寛弘六年十二月廿九日条
自「非参儀大弁」↓師「非参議大弁」（正「非参議大弁」）

78・寛弘八年正月一日条　自「依風度発動」↓師「依風病発動」（正「依風病発動」）
79・寛弘八年正月二日条　自「参太内」＝師「参太内」（正「参大内」）
80・寛弘八年正月三日条　自「上達部殿上」↓師「上達部殿上人」（正「上達部殿上人」）
自「宮々御出」⇓師「宮御出」（正「宮々御出」）
自「傅拝」⇓師「傅以拝之」（正「傅拝」）
81・寛弘八年正月四日条　自「参太内」＝師「参太内」（正「参大内」）
82・寛弘八年正月五日条　自「参大内」⇓師「参太内」（正「参大内」）
自「召装束問処」↓師「召装束使令問処」（正「召装束使令問処」）
自「付衆人事着座」⇓師「付申衆人事着座」（正「付衆人事着座」）
83・寛弘八年正月六日条　自「日記等引見」⇓師「日記等引見之」（正「日記等引見」）
自「依之上達部比か事云也」↓古「依之令申上達部僻也」（正「依之上達部令申僻事也」）
84・寛弘八年正月七日条　自「不参太内」＝師「不参太内」（正「不参大内」）
85・寛弘八年正月八日条　自「参太内」＝師「参太内」（正「参大内」）
自「蔵人殿上等」↓師「蔵人殿上人等」（正「蔵人殿上人等」）
86・寛弘八年正月十三日条　自「参太内」＝師「参太内」（正「参大内」）
87・寛弘八年正月十五日条　自「明日明々日」↓師「明日明後日」（正「明日明後日」）
自「参太内」＝師「参太内」（正「参大内」）
88・寛弘八年正月廿一日条　自「忌日事」⇓師「忌日事者」（正「忌日事」）

89・寛弘八年正月廿二日条　自「参太内」＝師「参太内」（正「参大内」）
90・寛弘八年正月廿六日条　自「有傅悩気」⇓師「有傅聞悩気」（正「有傅悩気」）
91・寛弘八年正月廿七日条　自「参太内」＝師「参太内」（正「参大内」）
92・寛弘八年正月廿八日条　自「金泥法華事」＝師「金泥法華事」（正「金泥法華経事」）
自「被明日仰有何事哉」↓師「可被仰明日有何事哉」（正「可被仰明日有何事哉」）
93・寛弘八年正月廿九日条　自「北対北方有死人頭」⇓師「対北方有死人頭」（正「北対北方有死人頭」）
自「有定立々」＝師「有定立々」（正「有定云々」）
自「祈年可行他吉日」↓師「祈年祭可行他吉日」（正「祈年祭可行他吉日」）
94・寛弘八年二月一日条　自「悉道理」⇓師「悉道理也」（正「悉道理」）
自「無難申事」↓師「無申難事」（正「無申難事」）
95・寛弘八年二月二日条　自「京官頗相違」⇓師「京官頗以相違」（正「京官頗相違」）
96・寛弘八年二月三日条　自「釈尊延引」↓師「釈奠延引」（正「釈奠延引」）
97・寛弘八年二月六日条　自「参太内」＝師「参太内」（正「参大内」）
98・寛弘八年二月十日条　自「参太内」＝師「参太内」（正「参大内」）
自「刀帯長」＝師「刀帯長」（正「帯刀長」）
99・寛弘八年二月十四日条　自「参太内」＝師「参太内」（正「参大内」）
100・寛弘八年二月十七日条　自「参太内并東宮」＝師「参太内并東宮」（正「参大内并東宮」）
101・寛弘八年二月十八日条　自「有太裏犬産触穢」＝師「有太裏犬産触穢」（正「有内裏犬産触穢」）
102・寛弘八年二月十九日条　自「到鳴滝解除」⇓師「到鳴滝解除目」（正「到鳴滝解除」）

103・寛弘八年二月廿日条
自「陰陽実光朝臣」＝師「陰陽実光朝臣」（正「陰陽師実光朝臣」）

104・寛弘八年二月廿四日条
自「参太内」＝師「参太内」（正「参大内」）

105・寛弘八年三月八日条
自「参太内」＝師「参太内」（正「参大内」）

106・寛弘八年三月九日条
自「舞六位六人」＝師「舞六位六人」（正「舞人六位六人」）
自「依可重忌」⇓師「可重忌」（正「依可重忌」）

107・寛弘八年三月十二日条
自「参太内」＝師「参太内」（正「参大内」）

108・寛弘八年三月十四日条
自「女方渡来」⇓師「如方渡来」（正「女方渡来」）

109・寛弘八年三月十六日条
自「参太内」＝師「参太内」（正「参大内」）
自「献最勝講僧名書」⇓師「献最勝講僧名書之」（正「献最勝講僧名書」）
自「令又書下給」↓師「又令書下給」（正「又令書下給」）

110・寛弘八年三月十八日条
自「参太内」＝師「参太内」（正「参大内」）
自「依可今年慎」⇓師「依可会年慎」（正「依可今年慎」）
自「参太内」＝師「参太内」（正「参大内」）
自「着左丈座」＝師「着左丈座」（正「着左仗座」）

111・寛弘八年三月廿一日条
自「供養法経」↓師「供養法華経」（正「供養法華経」）

112・寛弘八年三月廿五日条
自「非本自」↓師「非本意」（正「非本意」）
自「阿弥施仏」↓師「阿弥陁仏」（正「阿弥陁仏」）

113・寛弘八年三月廿七日条
自「檀々修善」＝師「檀々修善」（正「壇々修善」）
自「不領此座」＝師「不領此座」（正「不預此座」）

114・寛弘八年三月卅日条
115・寛弘八年四月一日条

116・寛弘八年四月三日条
117・寛弘八年四月五日条
118・寛弘八年四月七日条

119・寛弘八年四月八日条
120・寛弘八年四月九日条
121・寛弘八年四月十日条

自「源院僧都」＝師「源院僧都」（正「院源僧都」）
自「演説未曾有」＝師「⿰言寅説未曾有」（正「講説未曾有」）
自「唄庄命」⇓師「唄慶命」（正「唄庄命」）
自「上達饗座」⇓師「堂達饗座」（正「上達部饗座」）
自「題鶯囀唯今日」⇓師「題鶯囀唯」（正「題鶯囀唯今日」）
自「参太内」＝師「参太内」（正「参大内」）
自「入夕与女罷出」⇓師「入夜与女罷出」（正「入夕与女罷出」）
自「参太内」＝師「参太内」（正「参大内」）
自「参太内」＝師「参太内」（正「参大内」）
自「参太内」＝師「参太内」（正「参大内」）
自「右丈座」＝師「右丈座」（正「右仗座」）
自「朝臣従内」＝師「朝臣従内」（正「朝出従内」）
自「頼重子死由」↓師「頼重称子死由」（正「頼重称子死由」）
自「斎院長官為理」⇓師「斎院長官為綱」（正「斎院長官為理」）
自「不参院」⇓師「不参於院」（正「不参院」）
自「仰可然以者可為代官」↓師「仰以可然人可為代官」（正「仰以可然人可為代官」）
自「泥途今作間」↓師「泥途令作間」（正「泥途令作間」）
自「当家者召出処」↓師「当家者令召出処」（正「当家者令召出処」）
自「反来申云」↓師「返来申云」（正「返来申云」）

122・寛弘八年四月十一日条

自「輙令尋件」⇓師「敬令尋件事」（正「輙令尋件男」）

自「申件害由者」⇓師「件害由者」（正「申件害由者」）

自「然示云」↓師「然而示云」（正「然而示云」）

自「参大内」⇓師「参太内」（正「参大内」）

123・寛弘八年四月十三日条

自「参太内」＝師「参太内」（正「参大内」）

自「右近将監親成」＝師「右近将監親成」（正「右近将監親業」）

自「惟平」＝師「維平」（正「維衡」）

自「馬十疋一疋」＝師「馬十疋一疋」（正「馬十一疋」）

自「一疋献皆鞍具」⇓師「一疋皆鞍具献之」（正「一疋献皆鞍具」）

124・寛弘八年四月十四日条

自「参太内候」＝師「参太内候」（正「参大内候」）

125・寛弘八年四月十五日条

自「所者頼重」＝師「所者頼重」（正「所者頼成」）

126・寛弘八年四月十六日条

自「所借帯釼」＝師「所借帯釼」（正「所借帯釼」）

127・寛弘八年四月十七日条

自「左兵衛門督」＝師「左兵衛門督」（正「左兵衛督」）

自「参太内」＝師「参太内」（正「参大内」）

自「一条家散敷室」＝師「一条家散敷室」（正「一条家桟敷室」）

自「左宰相中」↓師「左宰相中将」（正「左宰相中将」）

自「左近衛督」↓師「左兵衛督」（正「左兵衛督」）

128・寛弘八年四月十八日条

自「参太内」＝師「参太内」（正「参大内」）

自「内府以下候御供」⇓師「内府以下候御共」（正「内府以下候御供」）

自「頼重」＝師「頼重」（正「頼成」）
自「散敷有東宮御使」＝師「散敷有東宮御使」（正「桟敷有東宮御使」）

129・寛弘八年四月廿一日条
自「文章生頼信」＝師「文章生頼信」（正「文章生頼宣」）
自「参太内」＝師「参太内」（正「参大内」）
自「唐鞍具」⇓師「唐具」（正「唐鞍具」）
自「巡方馬瑙帯帯」↓師「巡方馬瑙帯」（正「巡方馬瑙帯」）

130・寛弘八年四月廿三日条
自「参太内」＝師「参太内」（正「参大内」）

131・寛弘八年四月廿五日条
自「参太内」＝師「参太内」（正「参大内」）

132・寛弘八年四月廿七日条
自「参太内」＝師「参太内」（正「参大内」）
自「着右丈座」＝師「着右丈座」（正「着右仗座」）
自「所解怠也」＝師「所解怠也」（正「所懈怠也」）

133・寛弘八年四月廿八日条
自「従内外後」＝師「従内外後」（正「従内出後」）
自「自余人々施禄物」⇓師「自余人々施物」（正「自余人々施禄物」）

134・寛弘八年五月八日条
自「午後講文」⇓師「午後文講之」（正「午後講文」）

135・寛弘八年五月十一日条
自「上女方参中宮御」↓師「上女方参中宮」（正「上女方参中宮」）
自「女方候宮御者」＝師「女方候宮御者」（正「女方候宮御方者」）

136・寛弘八年五月十二日条
自「参太内」＝師「参太内」（正「参大内」）

137・寛弘八年五月十五日条
自「今日可有俸物」＝師「今日可有俸物」（正「今日可有捧物」）
自「参太内」＝師「参太内」（正「参大内」）

138・寛弘八年五月十六日条
自「有俸物事」＝師「有俸物事」（正「有捧物事」）

139・寛弘八年五月十七日条
自「題池水澄如簟」＝師「題池水澄如簟」（正「題池水澄如潭」）

140・寛弘八年五月十八日条
自「條講夕座」＝師「條講夕座」（正「候講夕座」）

141・寛弘八年五月廿一日条
自「巻御帳帷」⇓師「巻御帳」（正「巻御帳帷」）
自「自余如仁王会儀」⇓師「自余仁王会儀」（正「自余如仁王会儀」）
自「南箐子敷」＝師「南箐子敷」（正「南簀子敷」）
自「南西東上」＝師「南西東上」（正「南面東上」）
自「未一点打鐘」⇓師「未一点打鍾」（正「未一点打鐘」）
自「又立幄立」↓師「又立幄」（正「又立幄」）
自「諸」＝師「諸」（正「諸卿」）
自「赴陣座」＝師「赴陣座」（正「起陣座」）
自「参次」＝師「参次仕」（正「参次仕？」）

142・寛弘八年五月廿五日条
自「令奉仕易」↓師「令奉仕易ト」（正「令奉仕易ト」）

143・寛弘八年五月廿七日条
自「東御装束事」↓師「東宮御装束事」（正「東宮御装束事」）
自「即承令奉仕之」↓師「即承令奉仕之由」（正「即承令奉仕之由」）

144・寛弘八年六月二日条
自「東対南妾門口」＝師「東対南妾門口」（正「東対南妻戸口」）
自「彼宮申せ申と」⇓師「彼宮申と」（正「彼宮申せ申と」）
自「思給つる間」↓師「思給之間」（正「思給之間」）
自「不聞也」↓師「更以不聞也」（正「更以不聞也」）

自「敦康親王に給別封幷年官爵等」↓師「可賜敦康親王別封幷年官爵等」（正「可賜敦康親王別封幷年官爵等」）
自「暫も可候侍りつるを」↓師「有暫可令候之処」（正「有暫可令候之処」）
自「久候せむに有憚て」↓師「久不候有憚」（正「不久候有憚」）
自「早罷つるなり」↓師「早罷出也」（正「早罷出也」）
自「有仰親王事は」↓師「有仰親王事者」（正「有仰親王事者」）
自「無仰とも可奉仕事」↓師「無仰以前可奉仕事」（正「無仰以前可奉仕事」）
自「恐申由可奏」↓師「申恐由可令奏」（正「申恐由可令奏」）

145・寛弘八年六月八日条

自「召東宮陰陽」＝師「召東宮陰陽」（正「召東宮陰陽師」）
自「美作守泰通」＝師「美作守泰通」（正「美作介泰通」）

146・寛弘八年六月九日条

自「久主不御南殿」＝師「久主不御南殿」（正「旧主不御南殿」）
自「久主無御出」＝師「久主無御出」（正「旧主無御出」）
自「久主御悩極重」＝師「久主御悩極重」（正「旧主御悩極重」）
自「戌時許頗宜御座」↓師「戌時許頗宜御座」（正「戌時許頗宜御座」）

147・寛弘八年六月十三日条

自「蔵頭道方」↓師「蔵人頭道方」（正「蔵人頭道方」）
自「六本四人」＝師「六本四人」（正「六品四人」）
自「勅受余加随身等」↓師「勅授余加随身等」（正「勅授余加随身等」）
自「坊官余目」↓師「坊官除目」（正「坊官除目」）
自「可然冷旨等未下」↓師「可然之令旨等未下」（正「可然令旨等未下」）

148・寛弘八年六月十四日条　自「心細く思御座」↓師「心細思御座」（正「心細思御座」）
自「悦思せる有気色」↓師「悦欣有気色」（正「悦欣有気色」）
自「其有感応」＝師「其有感応」（正「甚有感応」）
149・寛弘八年六月十五日条　自「時たは事を被仰」↓師「時たは事被仰」（正「時たは言被仰」）
150・寛弘八年六月十九日条　自「依事勿不候御法服」＝師「依事勿不候御法服」（正「依事忽不候御法服」）
151・寛弘八年六月廿日条　自「参太内」＝師「参太内」（正「参大内」）
152・寛弘八年六月廿一日条　自「とおほせられて」↓師「と被仰せられて」（正「被仰」）
自「臥給後」↓師「臥給之後」（正「臥給之後」）
153・寛弘八年六月廿二日条　自「巳時萌給」＝師「巳時萌給」（正「巳時崩給」）
自「申子三点由」⇓師「由子三点由」（正「申子三点由」）
154・寛弘八年六月廿五日条　自「候殿南」↓師「候南殿」（正「候南殿」）
自「箐子敷」＝師「箐子敷」（正「簀子敷」）
自「於殿奉可然人々」＝師「於殿奉可然人々」（正「於殿可然人々」）
自「御葬雑幷御法事等」＝師「御葬雑幷御法事等」（正「御葬雑事幷御法事等」）

以上、一五四の条文の三三六箇所について、考えてみた。その結果、

師実が自筆本を正格の漢文に近付けた例（↓）　のべ　六二条　九五箇所
自筆本そのままに書写した例（＝）　のべ一〇四条　一六六箇所
自筆本よりもかえって正格の漢文から遠ざかった例（⇓）　のべ　五二条　七五箇所

という集計を得た。寛弘六年後半と寛弘八年前半の内訳は、

寛弘六年後半は、道長は『御堂関白記』の記事を一二六日について記録しているが、その内、七七条の一七二箇所について、

師実が自筆本を正格の漢文に近付けた例（↓）　のべ　三八条　四七箇所
自筆本そのままに書写した例（=）　のべ　四九条　八四箇所
自筆本よりもかえって正格の漢文から遠ざかった例（⇓）　のべ　二八条　四一箇所

となる。同様、寛弘八年前半は、道長は『御堂関白記』の記事を一二三日について記録しているが、その内、七七条の一六四箇所について、

師実が自筆本を正格の漢文に近付けた例（↓）　のべ　二四条　四八箇所
自筆本そのままに書写した例（=）　のべ　五七条　八二箇所
自筆本よりもかえって正格の漢文から遠ざかった例（⇓）　のべ　二四条　三四箇所

という結果である。「↓」「=」「⇓」の割合は、寛弘六年後半がそれぞれ、二七・三%、四八・八%、二三・八%、寛弘八年前半がそれぞれ、二九・三%、五〇・〇%、二〇・七%と、ほぼ同じ結果を得た。全体では、それぞれ、二八・三%、四九・四%、二二・三%となっている。

つまり師実は、道長自筆本の破格な用語や漢文を訂正して正確な用語に直したり、正格な漢文に直したりすることは、三割弱くらいの割合でしか行なっておらず、五割弱は道長の誤った用語や破格な漢文を踏襲し、二割強ほどについては、かえってより誤った用語や、破格な漢文にしてしまっているのである。

これではとても、「自筆本の格はづれの漢文の格を、出来るだけ普通の漢文の格へ引戻そうとしているのだ」とは言いがたい。寛弘六年後半というのが、おそらくは師実がはじめて『御堂関白記』自筆本（および古記録）を書写した巻であろうことを考えると、寛弘六年後半と寛弘八年前半との差異があるのか、言い換えれば、師実

の書写能力が上達しているかとも考えたが、どうやらそうでもないようである。

四　某筆古写本と師実筆古写本

数量的な比較にどれだけ意味があるのか、いささか不安ではあるが、ここで某が書写した巻についても、同様の集計を行なってみよう。隣接する年である寛弘七年前半について、例を挙げて集計してみる。なお、どちらが正格か判断できなかったものには、「?」を付した。

1・寛弘七年正月一日条

自「四方拝如常」⇓某筆古写本「四方拝」（正「四方拝如常」）

自「参太内」↓某「参大内」（正「参大内」）

自「列間挙煉」↓某「列間挙燭」（正「列間挙燭」）

自「自余事如常」?某「自余如常」

2・寛弘七年正月二日条

自「被上達部来」↓某「上達部被来」（正「上達部被来」）

自「引物馬一疋」↓某「引出物馬一疋」（正「引出物馬一疋」）

自「随身疋見」＝某「随身疋見」（正「随身疋絹」）

自「自余人着大盤」＝某「自余人着大盤」（正「自余人着台盤」）

自「御楽数曲」?某「御遊数曲」

3・寛弘七年正月四日条

自「中宮大夫左衛門督家被来」↓某「中宮大夫被来左衛門督家」（正「中宮大夫被来左衛門督家」）

自「参太内」↓某「参大内」（正「参大内」）

4・寛弘七年正月五日条

自「叙位儀如常」↓某「叙位議如常」（正「叙位議如常」）

自「仰云七日可有節会」⇓某「云七日可有節会」（正「仰云七日可有節会」）

自「早人々可参早」↓某「早人々可参」（正「早人々可参」）

5・寛弘七年正月六日条

自「叙位小勘文持来」↓某「持来叙位小勘文」（正「持来叙位小勘文」）

自「幷十労」↓某「幷十年労」（正「幷十年労」）

6・寛弘七年正月七日条

自「自余如常」⇓某「　如常」（正「自余如常」）

自「申時例立」↓某「申時列立」（正「申時列立」）

自「年来不候例」↓某「年来不候」（正「年来不候」）

自「時刻遷僭」↓某「時剋遷替」（正「時剋遷替」）

自「外記有後」？某「外記在後」

7・寛弘七年正月八日条

自「参御斉会」＝某「参御斉会」（正「参御斎会」）

自「参太内」↓某「参大内」（正「参大内」）

8・寛弘七年正月十一日条

自「横笛《歯》二。」＝某「横笛《歯》二。」（正「横笛《葉》二。」）

自「献箏螺鈿」？某「献螺鈿箏」

9・寛弘七年正月十五日条

自「犬宮御五十」↓某「犬宮御五十日」（正「犬宮御五十日」）

自「申時餅まいる」↓某「申時供餅」（正「申時供餅」）

自「御渡御給」？某「御渡御」

自「余餅調献之」↓某「余調餅献之」（正「余調餅献之」）

自「母室下御簾」↓某「母屋下御簾」（正「母屋下御簾」）

自「次々右大臣以下」↓某「次右大臣以下」（正「次右大臣以下」）

自「立唐草葉御匕」↓某「立唐草葉御匕」（正「立唐草葉御匕」）
自「道方朝臣」↓某「道方朝臣」（正「道方朝臣」）
自「合衆人声」↓某「衆人合声」（正「衆人合声」）
自「殿上人疋見」＝某「殿上人疋見」（正「殿上人疋絹」）
自「頭綾」⇓某「預綾」（正「頭綾」）
自「給疋見」↓某「給疋絹」（正「給疋絹」）
自「二俸入綿」↓某「二捧入綿」（正「二捧入綿」）
自「二俸入生絹百疋」↓某「二捧入生絹百疋」（正「二捧生絹百疋」）
自「横長」↓某「横笛」（正「横笛」）
自「歯二」＝某「歯二」（正「葉二」）
自「和合」↓某「和琴」（正「和琴」）
自「右府間」↓某「右府間」問歟（正「右府問」）
自「留庭燎」↓某「停庭燎」（正「停庭燎」）
自「御窪器物」⇓某「御窪器」（正「御窪器物」）
自「折敷打こほせり」⇓某「折敷打　」（正「折敷打こほせり」）
自「衆人奇々事」↓某「衆人奇事」（正「衆人奇事」）
自「左衛門督献」⇓某「左衛門督」（正「左衛門督献」）
自「参太内」↓某「参大内」（正「参大内」）
自「待被下宣旨」？某「待下彼宣旨」

10・寛弘七年正月十六日条

11・寛弘七年正月十八日条

自「為左兵衛督実成朝臣別当」↓某「左兵衛督実成朝臣為別当」（正「左兵衛督実成朝臣為別当」）

自「内府内座」↓某「内府内座《弁歟》」（正「内府内弁」）

自「召光栄吉平等」⇓某「召光吉平等」（正「召光栄吉平等」）

自「来廿日」＝某「来廿日」（正「来月廿日」）

自「橘三位給会司」＝某「橘三位給会司」（正「橘三位給曹司」）

自「件罷出」＝某「件罷出」（正「罷出」）

自「左勝二数二」⇓某「左勝二数」（正「左勝二数二」）

自「兵部省掌遅参後」⇓某「兵部省遅参後」（正「兵部省掌遅参後」）

12・寛弘七年正月十九日条

自「参太内」↓某「参大内」（正「参大内」）

13・寛弘七年正月廿日条

自「入夜事」＝某「入夜事」（正「入夜事了」）

14・寛弘七年正月廿一日条

自「雖至年」↓某「雖年至」（正「雖年至」）

自「必不免者也」↓某「必不被免者也」（正「必不被免者也」）

自「斎食常」↓某「斎食如常」（正「斎食如常」）

自「即以律師令申上経」？某「即律師令申上経」

15・寛弘七年正月廿二日条

自「参太内」↓某「参大内」（正「参大内」）

16・寛弘七年二月廿日条

自「参尚侍東宮」↓某「尚侍参東宮」（正「尚侍参東宮」）

自「知光朝臣賜女装束」⇓某「知光朝臣賜女装」（正「知光朝臣賜女装束」）

17・寛弘七年二月廿一日条

自「有酒希」↓某「有酒肴」（正「有酒肴」）

18・寛弘七年二月廿六日条

自「左兵衛門督」↓某「左兵衛督」（正「左兵衛督」）
自「源等也」↓某「源　等也」（正「源宰相等也」）
自「刀帯陣」↓某「帯刀陣」（正「帯刀陣」）
自「御宣旨乳母」↓某「宣旨御乳母」（正「宣旨御乳母」）
自「絹十五疋」⇓某「賜絹十五疋」（正「絹十五疋」）
自「右衛門」？某「左衛門」
自「自余女方等」↓某「自余女官等」（正「自余女官等」）
自「疋見」＝某「疋見」（正「疋絹」）

19・寛弘七年二月廿九日条

自「五檀御修善」↓某「五壇御修善」（正「五壇御修善」）
自「大裏」＝某「大裏」（正「内裏」）

20・寛弘七年閏二月一日条

自「雲林院寺雲堂」↓某「雲林院慈雲堂」（正「雲林院慈雲堂」）
自「法性寺五大堂依為修二月」↓某「為法性寺五大堂修二月」（正「為法性寺五大堂修二月」）

21・寛弘七年閏二月六日条

自「犬時供餅」＝某「犬時供餅」（正「戌時供餅」）
自「事御出」↓某「事　御出」（正「事了御出」）
自「皇大后宮大夫」＝某「皇大后宮大夫」（正「皇太后宮大夫」）
自「女装束加掛」⇓某「女装束加掛」（正「女装束加掛」）
自「諸陣所々賜屯物」⇓某「諸陣所賜屯物」（正「諸陣所々賜屯物」）
自「有果」↓某「有裏」（正「有嚢」）

自「常侍」＝某「常侍」（正「掌侍」）
自「綾卦袴」→某「綾掛袴」（正「綾掛袴」）
自「白掛一重袴」⇒某「白袴一重袴」（正「白掛一重袴」）
自「疋見」＝某「疋見」（正「疋絹」）

22・寛弘七年閏二月十九日条　自「上達部数多来」？某「上達部数多」
自「早朝仰可来由」→某「仰早朝可来由」（正「仰早朝可来由」）

23・寛弘七年閏二月廿三日条　自「仁王會」⇒某「仁王食」（正「仁王會」）
自「参太内」→某「参大内」（正「参大内」）
自「為太裏」？某「為大裏」（正「為内裏」）
自「御七仏薬初作」→某「御七仏薬師初作」（正「御七仏薬師初作」）
自「行任不参」⇒某「行不参」（正「行任不参」）

24・寛弘七年閏二月廿五日条　自「季御読経定僧名」→某「定季御読経僧名」（正「定季御読経僧名」）

25・寛弘七年三月二日条　自「参太内」→某「参大内」（正「参大内」）
自「御乳母依細仍也」？某「御乳母依　仍也」（正「御乳母依細奶也」）

26・寛弘七年三月三日条　自「参太内給」→某「参大内給」（正「参大内給」）

27・寛弘七年三月五日条　自「参太内」→某「参大内」（正「参大内」）

28・寛弘七年三月六日条　自「申二剋打鐘」⇒某「申二剋打鍾」（正「申二剋打鐘」）

29・寛弘七年三月八日条　自「着左丈座」＝某「着左丈座」（正「着左仗座」）
自「有論議事」＝某「有論議事」（正「有論義事」）

30・寛弘七年三月九日条

自「御読結願」↓某「御読経結願」（正「御読経結願」）
自「参太内」⇓某「参大雨」（正「参大内」）
自「後打鐘」⇓某「後打鐘」（正「後打鐘」）

31・寛弘七年三月十日条

自「参太内」↓某「参大内」（正「参大内」）

32・寛弘七年三月十一日条

自「以僧三口読初」↓某「以僧三口読　初」（正「以僧三口初読経」）

33・寛弘七年三月十二日条

自「巡方馬悩等帯」？某「巡方馬脳等帯」（正「巡方瑪瑙等帯」）

34・寛弘七年三月十三日条

自「経頼馬悩帯借」？某「経頼馬脳帯借」（正「経頼借瑪瑙帯」）
自「参太内」↓某「参大内」（正「参大内」）
自「依雨降立絹室」↓某「依雨降立絹屋」（正「依雨降立絹屋」）
自「立了又御出」？某「立了御出」

35・寛弘七年三月十四日条

自「参入太内」↓某「参入大内」（正「参入大内」）

36・寛弘七年三月十五日条

自「早朝参上御出」⇓某「早朝参上」（正「早朝参上御出」）
自「皇太后宮大夫」⇓某「皇大后宮大夫」（正「皇太后宮大夫」）
自「源中納言」⇓某「源中納」（正「源中納言」）
自「左兵衛督」⇓某「左兵衛」（正「左兵衛督」）

37・寛弘七年三月十六日条

自「此間雨下云」↓某「此間雨下」（正「此間雨下」）

38・寛弘七年三月十七日条

自「参太内」↓某「参大内」（正「参大内」）

39・寛弘七年三月十八日条

自「奉懸御仏」⇓某「奉安置御仏」（正「奉懸御仏」）
自「新図画釈加」↓某「新図画釈迦」（正「新図画釈迦」）

自「新作御等身等」＝某「新作御等身等」（正「新作御等身」）
自「七仏薬四体」→某「七仏薬師四体」（正「七仏薬師四体」）
自「南責子」→某「南簀子」（正「南簀子」）
自「東敦上達部」→某「東敷上達部」（正「東敷上達部」）
自「上達部」＝某「上達部」（正「上達部座」）
自「東西高蘭下」→某「東西高欄下」（正「東西高欄下」）
自「放北御障子」⇒某「施北御障子」（正「放北御障子」）
自「上北御隔子」⇒某「上北御障子」（正「上北御隔子」）
自「午時二剋。打鐘」⇒某「午時二剋。打鐘」（正「午時二剋。打鐘」）
自「威儀在前」→某「威儀師在前」（正「威儀師在前」）
自「図書有前如常」？某「図書在前如常」
自「花筥分行着座」→某「分行花筥着座」（正「分行花筥着座」）
自「散花僧従下東階」→某「散花僧下従東階」（正「散花僧下従東階」）
自「立南階前発音」？某「立東階前発音」
自「衆僧従下階」→某「衆僧下従階」（正「衆僧下従階」）
自「令召院源座前」→某「令召院源於座前」（正「令召院源於座前」）
自「御経置十部」→某「置御経十部」（正「置御経十部」）
自「可不日功云」→某「可云不日功」（正「可云不日功」）
自「散花尋誉」＝某「散花尋誉」（正「散花心誉」）

40・寛弘七年三月十九日条

41・寛弘七年三月廿日条

42・寛弘七年三月廿三日条

43・寛弘七年三月廿五日条

44・寛弘七年三月廿六日条

45・寛弘七年三月卅日条

自「肴有事也」↓某「希有事也」（正「希有事也」）

自「昨仏経」↓某「昨日仏経」（正「昨日仏経」）

自「参太内」↓某「参大内」（正「参大内」）

自「最勝欠請等」＝某「最勝欠請等」（正「最勝講欠請等」）

自「参太内」↓某「参大内」（正「参大内」）

自「僧等渡者并賜禄」↓某「僧等度者并賜禄」（正「僧等度者并賜禄」）

自「供奏仁和寺灌頂堂」↓某「供養仁和寺灌頂堂」（正「供養仁和寺灌頂堂」）

自「就饗後打鐘」⇓某「就饗後打鍾」（正「就饗後打鐘」）

自「一大臣家堂也」↓某「一　大臣家堂也」（正「一条大臣家堂也」）

自「相具者両三人」？某「具者両三人」

自「絹米等度了」＝某「絹米等度了」（正「渡絹米等了」）

自「着左丈座」＝某「着左丈座」（正「着左仗座」）

自「無其仰詞依請二字」？某「無其詞依請二字」

自「参太内」↓某「参大内」（正「参大内」）

自「申文枚撰上」↓某「申文撰上」（正「申文撰上」）

自「依召参上御前」？某「依召参御前」

自「任遠国難候朝夕」↓某「任遠国往還遠国難候朝夕」（正「任遠国往還遠国難候朝夕」）

自「後任右衛門佐」⇓某「後右衛門佐」（正「後任右衛門佐」）

自「尾張国前任能治内」？某「尾張前任能治内」

自「以前筑後守敦頼任」⇓某「以前筑後敦頼任」（正「以前筑後守敦頼任」）

自「税計頭以助為忠任」↓某「主計頭以助為忠任」（正「主税頭以助為忠任」）

自「以少弐永道定可行交替政事」↓某「以少弐永道可定行交替政事」（正「以少弐永道可定行交替政事」）

46・寛弘七年四月五日条

自「参太内」↓某「参大内」（正「参大内」）

自「着左丈」＝某「着左丈」（正「着左仗」）

自「不堪田々文」？某「不堪田文」（正「不堪佃田文」）

47・寛弘七年四月八日条

自「依神事」⇓某「依神」（正「依神事」）

48・寛弘七年四月十三日条

自「可舎立定所々」↓某「定可舎立所々」（正「定可立舎所々」）

自「参太内」↓某「参大内」（正「参大内」）

自「候宿」⇓某「　宿」（正「候宿」）

49・寛弘七年四月十四日条

自「従太内罷出」↓某「従大内罷出」（正「従大内罷出」）

50・寛弘七年四月廿四日条

自「着座後」？某「着座」

自「従中宮袴……賜」↓某「従中宮……賜袴」（正「従中宮……賜袴」）

自「右馬頭」＝某「右馬頭」（正「左馬頭」）

自「相伊朝臣」↓某「相尹朝臣」（正「相尹朝臣」）

自「一座時国令着借」↓某「令着一座時国　」（正「令着借一座時国」）

自「非気色如本」↓某「気色非如本」（正「気色非如本」）

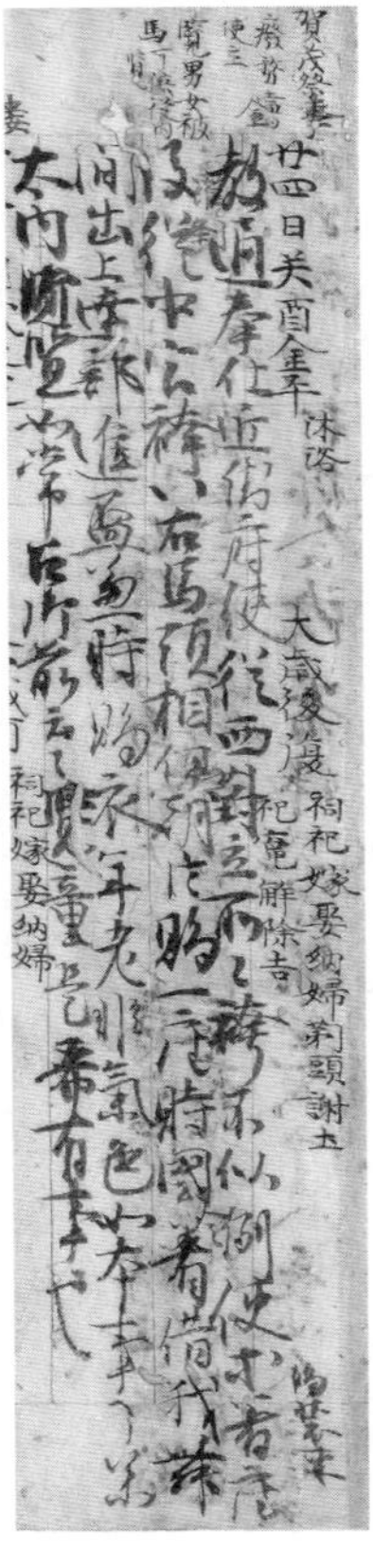

図4　自筆本　寛弘七年四月廿四日条

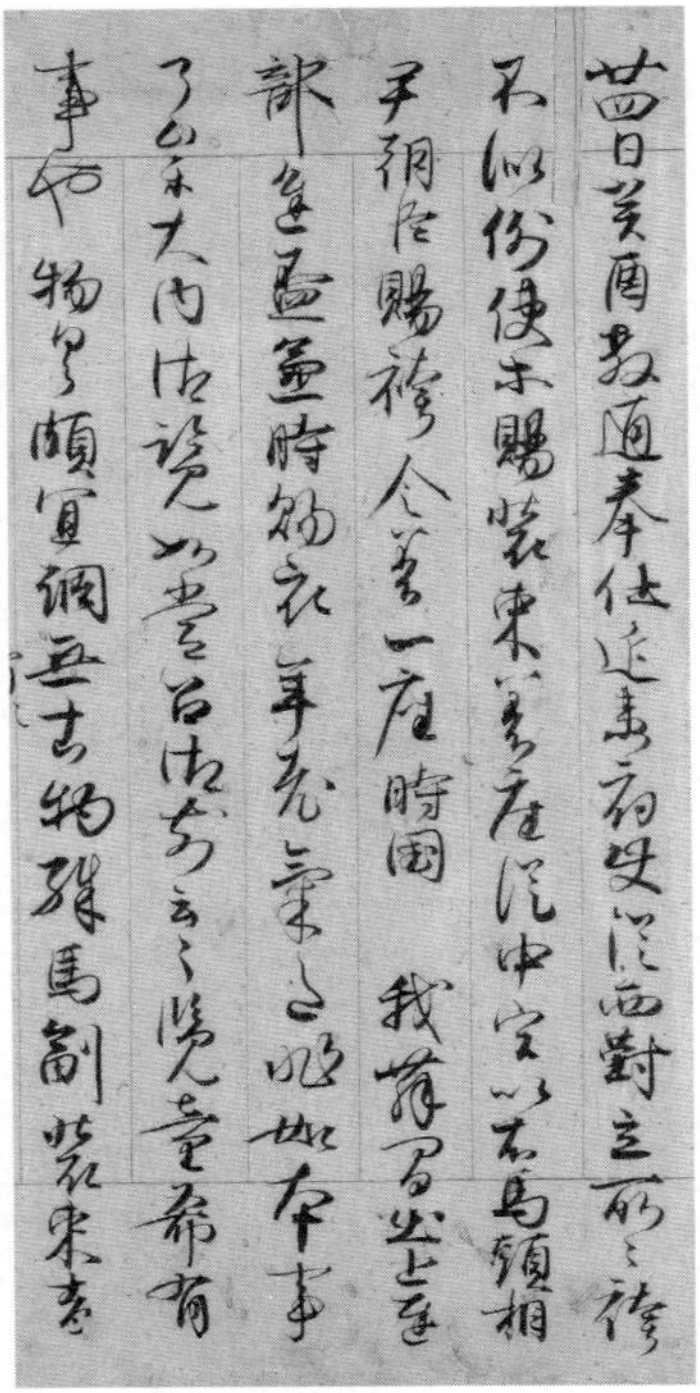

図5　古写本　寛弘七年四月廿四日条

自「参太内」→某「参大内」（正「参大内」）

自「覧童是希有事也」？某「覧童希有事也」

自「着踏襪等」→某「着踏《沓歟》襪等」（正「着沓襪等」）

自「着伴化等」→某「着半靴等」（正「着半靴等」）

51・寛弘七年四月廿五日条

自「六人青色丶〻」⇓某「六人青色六人」（正「六人青色狩衣袴」）

自「六人紅梅〻〻」⇓某「六人紅梅六人」（正「六人紅梅狩衣袴」）

自「六人若葉色〻〻」⇓某「六人若葉色六人」（正「六人若葉色狩衣袴」）

自「従見物所」⇓某「従見物」（正「従見物所」）

自「神立……到」↓某「……到神立」（正「……到神館」）

自「神立」＝某「神立」（正「神館」）

自「着直許」↓某「着直衣許」（正「着直衣許」）

自「近衛使」⇓某「近来」（正「近衛使」）

自「頗勝人々」⇓某「頗勝人」（正「頗勝人々」）

自「云云丶丶」↓某「云丶」（正「云丶」）

自「若宮左衛門督在渡小南給」↓某「若宮渡左衛門督在小南給」（正「若宮渡左衛門督在小南給」）

52・寛弘七年五月十一日条

自「可然上達」↓某「可然上達部」（正「可然上達部」）

自「若」↓某「若宮」（正「若宮」）

自「参太内給」↓某「参大内給」（正「参大内給」）

53・寛弘七年五月十三日条

自「近辺寺令臥僧房」↓某「令臥近辺寺僧房」（正「令臥近辺寺僧房」）

自「入夜率」↓某「入夜卒」（正「入夜卒」）

54・寛弘七年五月十六日条

自「三行後講了」↓某「三迊後講了」（正「三迊後講了」）

自「送香子筥一双」＝某「送香子筥一双」（正「送香壺筥一双」）

55・寛弘七年五月廿八日条　自「送倖物」＝某「送倖物」（正「送捧物」）

56・寛弘七年六月一日条　自「仰大外敦頼」↓某「仰大外記敦頼」（正「仰大外記敦頼」）

自「直欠三度已上」⇓某「欠三度已上」（正「直欠三度已上」）

自「三度已上欠者」↓某「三度已上者」（正「三度已上者」）

57・寛弘七年六月三日条　自「為追涼」↓某「為逐涼」（正「為逐涼」）

58・寛弘七年六月六日条　自「参太内并東宮」↓某「参大内并東宮」（正「参大内并東宮」）

59・寛弘七年六月七日条　自「題青衣古蘿」↓某「題青松衣古蘿」（正「題青松衣古蘿」）

60・寛弘七年六月九日条　自「書間時々雨降」↓某「昼間時々雨降」（正「昼間時々雨降」）

61・寛弘七年六月十四日条　自「若宮参太内」⇓某ナシ（正「若宮参大内」）

62・寛弘七年六月十六日条　自「人々落入■泔甕」？某「人々落入泔甕」

自「如猟」＝某「如猟」（正「如鼠」）

63・寛弘七年六月廿日条　自「了上達知部相率」↓某「了上達部相率」（正「了上達部相率」）

自「参太内」↓某「参大内」（正「参大内」）

自「前出羽介信親」⇓某「出羽介信親」（正「前出羽介信親」）

自「相加詞等多也」⇓某「相加詞　多也」（正「相加詞等多也」）

64・寛弘七年六月廿一日条　自「留国進季久後」⇓某「留国季久後」（正「留国進季久後」）


寛弘七年前半は、道長は『御堂関白記』の記事を一〇二日について記録しているが、その内、六四条の二一七箇所について、

師実が自筆本を正格の漢文に近付けた例（↓）　のべ　五一条　一一九箇所

自筆本そのままに書写した例（＝）　のべ　二二一条　二八箇所
自筆本よりもかえって正格の漢文から遠ざかった例（⇓）　のべ　二二一条　四四箇所
どちらが正格か判断できなかった例（？）　のべ　二二一条　二四箇所

という結果を得た。「↓」「＝」「⇓」「？」の割合は、それぞれ、五四・八％、一二・九％、二〇・三％、一一・一％という結果となった。

先ほど集計したように、師実は、道長自筆本の破格な用語や漢文を訂正して正確な用語に直したり、正格な漢文に直したりすることは、三割弱くらいの割合でしか行なっておらず、五割弱は道長の誤った用語や破格な漢文を踏襲し、二割強ほどについては、かえってより誤った用語や、破格な漢文にしてしまっているのである。

それに対し、某は、半数以上の割合で道長自筆本の破格な用語や漢文を訂正して正確な用語に直したり、正格な漢文に直したりしており、道長の誤った用語や破格な漢文を踏襲したのは一割強、かえってより誤った用語や破格な漢文にしてしまったのは二割強となっている。どちらが正格か判断できなかった一割強の例についても、正格な漢文に訂正しようとする態度の表われと考えるべきであろう。

特に、師実が道長の誤記である「太内」をすべて「太内」と書写したのに対し（道長が「大内」と書いたものを「太内」と「書写」した例もある）、某はすべて「大内」と訂正している（「皇太后宮大夫」も「皇大后宮大夫」と記してしまったのはご愛敬か）。

一例として、寛弘七年四月廿四日条の一部を見てみよう。自筆本では、

……従中宮袴以右馬頭相伊朝臣賜、一座時国令着借、……（図4）

とある。これをそのままの語順で読み下すと、

……中宮より袴、右馬頭相伊朝臣を以て賜ふ。一座の時国、着し借らしむ。……

ということになろうが、袴が下賜した対象であることの語順が破格である。また、時国という人物が袴を着し借した（「借りて着した」の意か）主語であるかの語順となっている。

これに対し、某の書写は、

……従中宮以右馬頭相尹朝臣賜袴、令着一座時国　、……（図5）

ということで、中宮が右馬頭相尹朝臣を介して袴を下賜したこと、それを時国に着させたことが明確に理解できるのである。「借」があると意味が通らないと考えて、一字分を空白としているのも、正格の漢文で明快な文章を記そうとした結果なのである。

これはほんの一例として、要するに、先学が、「自筆本の格はづれの漢文の格を、出来るだけ普通の漢文の格へ引戻そうとしているのだ」と考えられたのは、この某の書写した部分の古写本を見た結果によるものであったことになる。

現存一二巻の古写本で、半年を一単位とした二八単位の内で、師実が書写したのが六単位分（のべ三年分）に過ぎないことを考えると、古写本は自筆本に比べると正格の漢文を目指していたと考えられてきたのも、無理からぬところであった。

しかし、我々はもはや、「『御堂関白記』の自筆本と古写本」といった二区分ではなく、「『御堂関白記』の自筆本と、師実の書写した古写本と、某の書写した古写本」という三区分が必要になってきたのである。いや、道長の自筆本と師実書写の古写本との類似性を考えると、「摂関家の道長や師実の記した『御堂関白記』と、下級実務官人である某の記した『御堂関白記』」という二区分で理解した方が適切なのかもしれない。

これはかつて、峰岸明氏が、『小右記』と『春記』の表記の顕著な類似と、それらと『御堂関白記』との対蹠的関係を指摘されたうえで、漢文調の優る小野宮系（『小右記』『春記』『師記』）と、漢文体から隔たり日常実用文に徹した摂関系（『九暦』『御堂関白記』『後二条師通記』『殿暦』『台記』）と称すべき二系列の文体を想定されたこと[10]とも関連する。小野宮系と摂関系との対比というよりも、これは記主や書写者の身分を想定した方がよさそうなのである。

また、自筆本も古写本も残っておらず、平松本しか残っていない年次の『御堂関白記』についても、その文体を分析することで、それが師実の筆によるものか、某の筆によるものかも、推定することが可能なようである。

おわりに

これまで長々と、『御堂関白記』古写本の書写の特質について述べてきた。特に、師実筆の「大殿御筆」古写本と某筆の古写本の差について、一定の知見を得たものと思う。一律に古写本と呼んでいるが、このような二種に分類すべきであり、その差異は書写者の身分に基づくものであったことを推測した。現在、『歴代残闕日記』所収の『師実公記』（治暦四年〈一〇六八〉）の翻刻作業を行なっているが、これは師実の記述の一端を解明する手がかりともなるかもしれない。

私の古記録の師匠の一人などは、「『御堂関白記』なんて、古写本じゃないと、自筆本なんて読めやしねえ」とよく言っておられた。師匠は某筆の古写本を読まれる機会が多かったのであろう。

今後は『小右記』や『権記』など他の古記録、また平松本『御堂関白記』についても、書写の特質を追究する必要があることを述べて、この章を終えたい。

註

（1）倉本一宏『藤原道長「御堂関白記」を読む』（講談社、二〇一三年）。

（2）田山信郎『記録──特に平安朝の日記について──』（岩波書店、一九三五年）。
（3）阿部秋生「藤原道長の日記の諸本について」（『日本学士院紀要』第八巻第二・三号、一九五〇年）。
（4）東京大学史料編纂所・陽明文庫編纂『大日本古記録　御堂関白記　下』解題（岩波書店、一九五四年）。
（5）陽明文庫編『陽明叢書　御堂関白記　五』解題（土田直鎮氏による。思文閣出版、一九八四年）。
（6）阿部秋生「藤原道長の日記の諸本について」（前掲註（3））。
（7）倉本一宏『藤原道長「御堂関白記」を読む』（前掲註（1））。
（8）池田尚隆「『御堂関白記』の位置──その仮名表記を中心に──」（『国語と国文学』第六四巻第一一号、一九八七年）。
（9）名和修「『御堂関白記』古写本の書写態度」（倉本一宏編『日記・古記録の世界』、思文閣出版、二〇一五年）。
（10）峰岸明「古記録と文体」（古代学協会編『後期摂関時代史の研究』、吉川弘文館、一九九〇年）。

第二章　『御堂関白記』の仮名

はじめに

古記録といえば、和風漢文（変体漢文）で記録された日記、というのが定義であろうが、その古記録の記載中に、ごく稀にではあるものの、仮名が記されることがある。

ここでいう仮名には、草仮名・平仮名・片仮名が含まれるが、古記録の記主が自己の日記に仮名を記した際の心情は、なかなかに興味深いものがある。

たとえば、『権記』の古写本では、平仮名を使うのを潔しとしないのか、片仮名で記すことが多いのであるが（『小右記』や『権記』は自筆本が残っているわけではないので、記主である実資や行成が実際にどのような仮名で記したのかはわからないが）、『御堂関白記』ではどうであろうか。

周知のように、『御堂関白記』には、道長が具注暦に記した自筆本と、孫の師実の時代に作られた古写本が存在する（一部は師実の筆になる）。また、平松本（古写本を転写した年が多いが、長和二年だけは自筆本を転写している）も残っており、合わせると、

・道長の記録した自筆本（現存は半年を一巻としたものが一四巻）

・師実が自筆本を転写した古写本（現存は一二巻のうち、のべ三年分）

・師実周辺の某が自筆本を転写した古写本（現存は一二巻のうち、一一年分）
・古写本を転写した平松本（一年を一冊としたものが四冊）
・自筆本を転写した平松本（半年を一冊としたものが一冊）

の五種類が、主なテキストとして知られる（平松本以外の新写本は、予楽院本をはじめ、すべて古写本を転写したものである）。正確には、師実が転写した古写本を転写した平松本と、某が転写した古写本を転写した平松本があるが、両者は判別しがたい。

この五種類のテキストにおいて、仮名がどのように使われているのか、その傾向を分析することによって、『御堂関白記』の特性はもとより、道長の心性や、写本を転写した人々の特性を窺い知ることができるのではないかと考える。

なお、このテーマに関しては、早く池田尚隆氏の研究[1]があり、近年では中丸貴史氏の一連の研究[2]がある他、私もかつて少し触れたことがある。[3]本章がいささかでもこれら先行研究に付け加えることができれば幸甚である。

一　『御堂関白記』の仮名

まずは『御堂関白記』において仮名が記されている箇所を列挙してみよう。仮名部分を平仮名で示し、（　）内に原文の記載を示す（和歌については一首を一括して掲げる）。抹消は二重線で示し、傍書は原位置に示す。

1・長保元年（九九九）二月九日条（古写本〈某筆〉）

ひめ（比女）御着裳、

2・長保元年三月十六日条（古写本〈某筆〉）

為出此暁参ひ□（比□）也、

3・寛弘元年（一〇〇四）二月六日条（自筆本・古写本〈某筆〉）

自筆本（図1）

六日、雪深、朝レ早左衛門督許かくいひやる、

わかなつむかすかのはらにゆきふれはこゝろつかひをけふさへそやる、

（わ可那つむか須可の者らに由木ふれ者こゝ呂つ可ひをけふさへそやる）

かへり、

みをつみておほつ□なきはゆきやまぬかすかのはらのわなゝりけり、

（見をつみておほつ□那木ハ由木やまぬ可須可の者ら能わ那ゝ利けり）

従華山院賜仰、以女方、

われすらにおもひこそやれかすかのゝをちのゆきまをいかてわくらん、

（われ須らにおもひこそやれか須可のゝ雪《をちの由》木まをい可てわくらん）

御返、

みかさ山雪やつむらんとおもふまにそらにこゝろのかひけるかな、

（三かさ山雪や川むらんとおもふまにそら尓こゝ呂の可ひける可那）

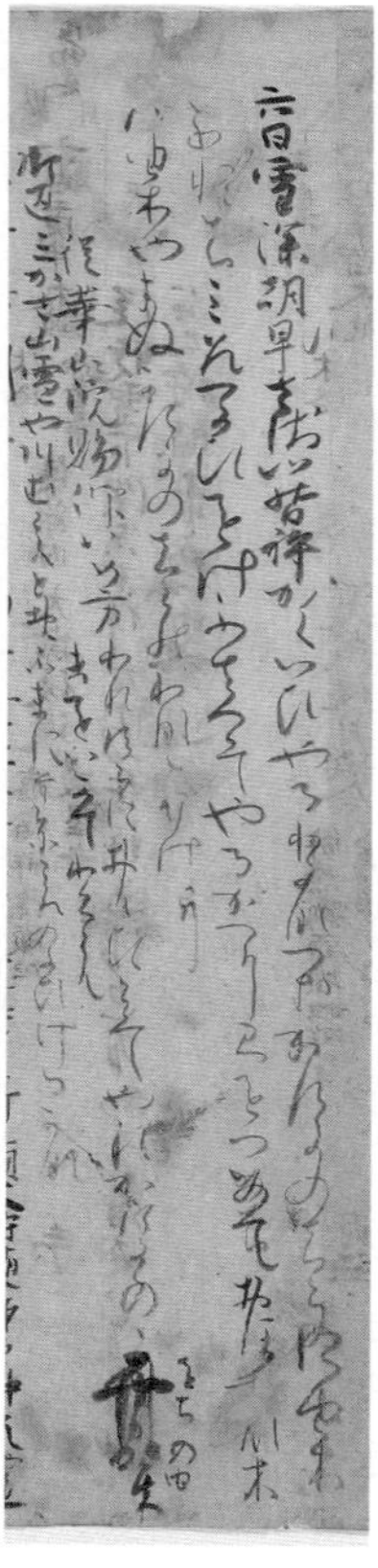

図1　自筆本　寛弘元年二月六日条裏

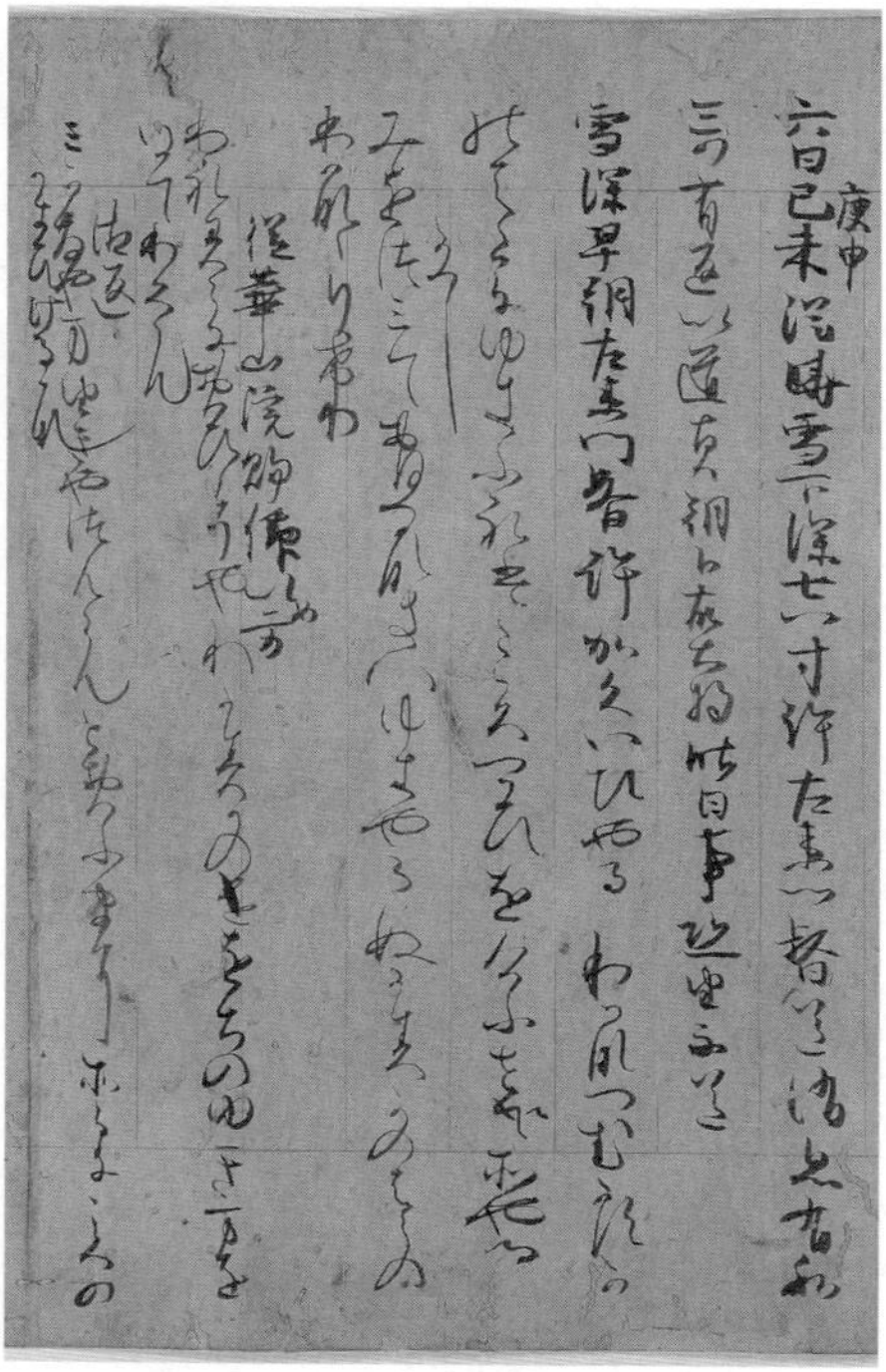

図2　古写本　寛弘元年二月六日条

↓古写本〈某筆〉（図2）

六日、雪深、早朝左衛門督許かく（加久）いひやる、

わかなつむかすかのはらにゆきふれはこゝろつかひをけふさへそやる、
（わ可那つむ可須可能者ら尓ゆ支ふれ者こゝろつ可ひを介ふさへ所やる）
　か（可）へし、
みをつみておほつかなきはゆきやらぬかすかはらのわかなゝりけり、
（みを徒ミてお保つ可那支ハゆ支やらぬ可寿可の者らのわ可那ゝり希利）
　従華山院賜仰、以《女》方、
われすらにおもひこそやれかすかのゝをちのゆきまをいかてわくらん、
（われ寿ら尓おもひこそやれ可寿可のゝをちのゆき万をい可てわ久らん）
　御返、
みかさやまゆきやつんらんとおもふまにそらにこゝろのかよひけるかな、
（ミ可散や万由きや徒んらんとおもふま尓所ら尓こゝろの可よひける可那）

4・寛弘元年三月九日条（自筆本・古写本〈某筆〉）
自「大弁等依或取文申云、可候と、」→古〈某筆〉「大弁依或取文申云、可候と、」

5・寛弘元年五月十五日条（自筆本・古写本〈某筆〉）
自「日来八月中《と》件女候也、」→古〈某筆〉「日来八月申《申》件女候也、」

6・寛弘元年六月九日条（自筆本・古写本〈某筆〉）

自「師来たり（利）、」→古〈某筆〉「師来、」

7・寛弘元年六月廿二日条（自筆本・古写本〈某筆〉）

自「入夜行長たに（多仁）寺、」→古〈某筆〉「入夜行長谷寺、」

8・寛弘元年六月廿四日条（自筆本・古写本〈某筆〉）

自「従長たに（多仁）寺還来、」→古〈某筆〉「従長谷寺還来、」

9・寛弘元年七月十一日条（古写本〈某筆〉）

今朝被御夢、飲酒御覧せ（世）り者、

10・寛弘元年七月廿五日条（古写本〈某筆〉）

いは（異葉）丸奏名簿、

11・寛弘元年七月廿八日条（古写本〈某筆〉）

いは（異葉）丸初参内、

12・寛弘元年七月廿九日条（古写本〈某筆〉）

いは（異葉）丸東宮昇殿、

13・寛弘元年九月十日条（古写本〈某筆〉）

着座上卿たち（達智）束帯著庁云々、

14・寛弘元年十一月八日条（古写本〈某筆〉）

小女童乃有ホ《小女子》、百日許ホ也、

15・寛弘二年（一〇〇五）正月九日条（自筆本・平松本〈古写本系〉）

自「直・さしぬき（佐志奴木）・馬一疋給、」→平〈古系〉「直衣・指貫・馬一疋給、」

16・寛弘二年四月四日条（自筆本・平松本〈古写本系〉）

自「帥おと丶（於殿々）被座、」→平〈古系〉「帥於殿ル被座、」

17・寛弘二年五月二日条（自筆本・平松本〈古写本系〉）

自「不候盗人と、」→平〈古系〉「不候盗人上《と》、」

18・寛弘二年九月一日条（平松本〈古写本系〉）

小馬一疋貢せり（世断）、

19・寛弘二年十月十五日条（平松本〈古写本系〉）

彼おと丶（於殿々）被入寺云々、

20・寛弘二年十一月十五日条（平松本〈古写本系〉）

内裏と見馳参、

21・寛弘三年（一〇〇六）四月廿三日条（平松本〈古写本系〉）
　奉結みづら（ミツ羅）典侍賜女装束、
22・寛弘三年七月十三日条（平松本〈古写本系〉）
　可無便歟と承、追定澄許に（尓）、
23・寛弘三年七月十四日条（平松本〈古写本系〉）
　後日来可告と仰〔吉〕、……我能行と思へり〔以為〕、
24・寛弘三年七月十五日条（平松本〈古写本系〉）
　焼人をハ〔不罪〕、不罪〔被〕愁人被罪、
25・寛弘四年（一〇〇七）八月二日条（自筆本・平松本〈古写本系〉）
　自「宿内記堂と云処、」→平〈古系〉「宿内記堂と（上）云処、」
26・寛弘五年（一〇〇八）十一月十七日条（自筆本・平松本〈古写本系〉）
　自「奉抱候御車はは（母々）幷御乳母、」→平〈古系〉「奉抱候御車はは（母々）幷御乳母、」
27・寛弘六年（一〇〇九）七月七日条（自筆本・古写本〈師実筆〉）
　自「使者にく（仁久）るを、」→古〈師実筆〉「使者にく（仁久）るを、」
28・寛弘六年八月十七日条（自筆本・古写本〈師実筆〉）

自「右府御車下まて（末天）被参、」↓古〈師実筆〉「右府御車下《至》ま（末）て被参、」

29・寛弘六年九月十六日条（自筆本・古写本〈師実筆〉）

自「子時許まて（末天）々晴、」↓古〈師実筆〉「子時許ま（末）て天晴、」

30・寛弘六年十一月廿五日条（自筆本・古写本〈師実筆〉）

自「はは（波々）奉仕、」↓古〈師実筆〉「はは（波々）奉仕、」

31・寛弘六年十二月廿日条（自筆本・古写本〈師実筆〉）

自「令《可》奏云しを（之遠）、程無便と依命不奏事由、」↓古〈師実筆〉「可令奏云しを、程無便と依命不奏事由、」

32・寛弘七年（一〇一〇）正月三日条（自筆本・古写本〈某筆〉）

自「中宮大夫許得と云野釵持来、」↓古〈某筆〉「中宮大夫許得と云野釵持来、」

33・寛弘七年正月十五日条（自筆本・古写本〈某筆〉）

自「申時餅ま（末）いる、……折敷打こほせ（古保世）り、」↓古〈某筆〉「申時供餅、……折敷打　、」

34・寛弘八年（一〇一一）正月六日条（自筆本・古写本〈師実筆〉）

自「依之上達部ひ（比）か事云也、」↓古〈師実筆〉「依之上達《令申》部比~~か事云也~~《~~令申~~僻事也》、」

35・寛弘八年四月十八日条（自筆本・古写本〈師実筆〉）

自「尚侍・はは（母々）同参東宮、即与はは（母々）退出、」

↓古〈師実筆〉「尚侍・はは（母々）同参東宮、即与はは（母々）退出、」

36・寛弘八年六月二日条（自筆本・古写本〈師実筆〉）

自筆本

主上御、直被聞譲位、次東宮御か云々、参御前、次被仰云、東宮聞了、又仰云、彼宮申せ申と思給つる間、早立給つれは（者）不聞也、敦康親王に（尓）給別封幷年官爵等、若有申事、可有御用意者、即参啓此由、御返事云、暫も（毛）可候侍り（利）つるを、承御心地非例由て（天）、久候せむに有憚て（天）、早罷つ（川）るなり、有仰親王事は、無仰とも（毛）《可》奉仕事、恐申由可奏者、

↓古写本〈師実筆〉

主上御、直被聞譲位、次東宮御か云々、参御前、次被仰云、東宮聞了、又仰云、彼宮申~~せ申~~と思給之~~つる~~間、早立給つれは更以不聞也、《可賜》敦康親王~~に~~給別封幷年官爵等、若有申事《曲》、可有御用意者、即参啓此由、御返事云、暫《有》~~も~~可候《令》~~侍りつるを~~《之処》、承御心地非例由~~て（天）~~、久《不》候せ《者》む~~に（尓）~~有憚~~て（天）~~、早罷~~留つるなり~~《出也》、有仰親王事者《は》、無仰~~とも~~以前可奉仕事、恐申由《レ》可奏《令》者、

37・寛弘八年六月十四日条（自筆本・古写本〈師実筆〉）

自「為他行心細く（久）思御座、仍不可参由、悦思せる有気色、」

↓古〈師実筆〉「為他行心細~~く（久）~~思御座、仍奏《奏》不可参由、悦~~思せる~~《欣》有気色、」

38・寛弘八年六月十五日条〈自筆本・古写本〈師実筆〉〉

自「時たは（太波）事を被仰、」→古〈師実筆〉「時たは（太波）事を被仰、」

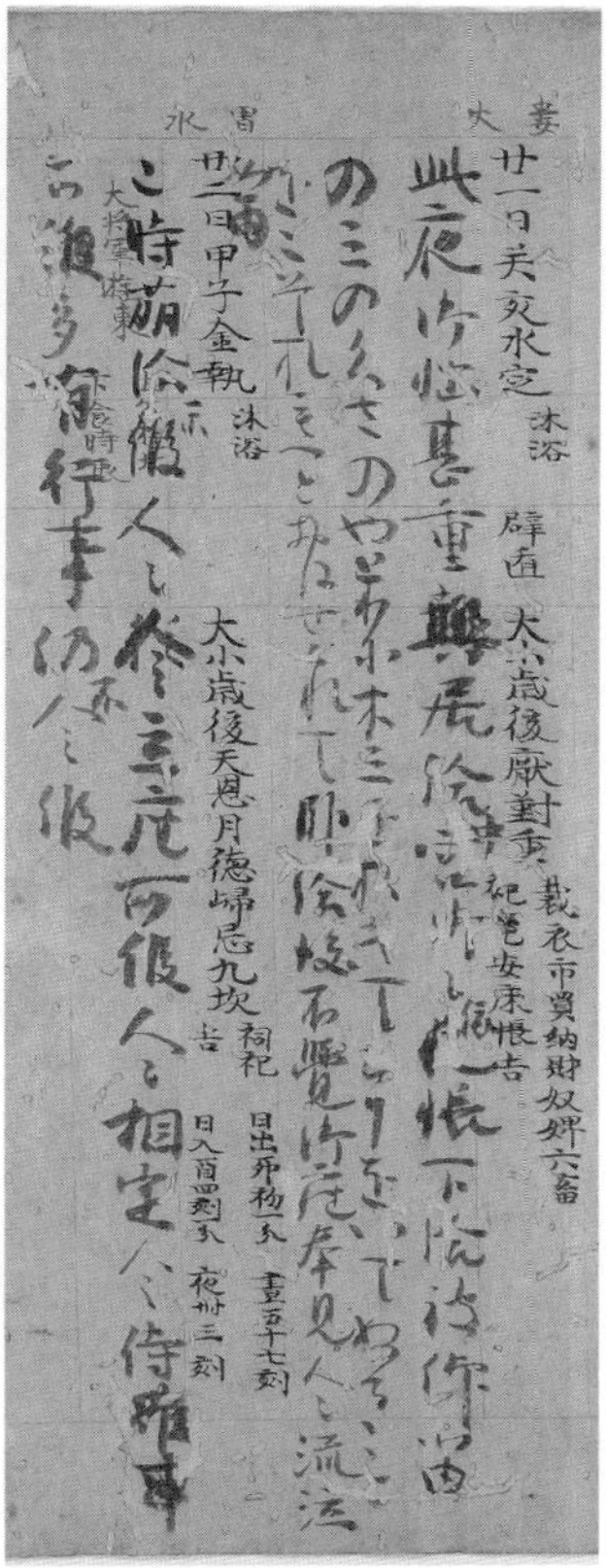

図3　自筆本　寛弘八年六月廿一日・廿二日条

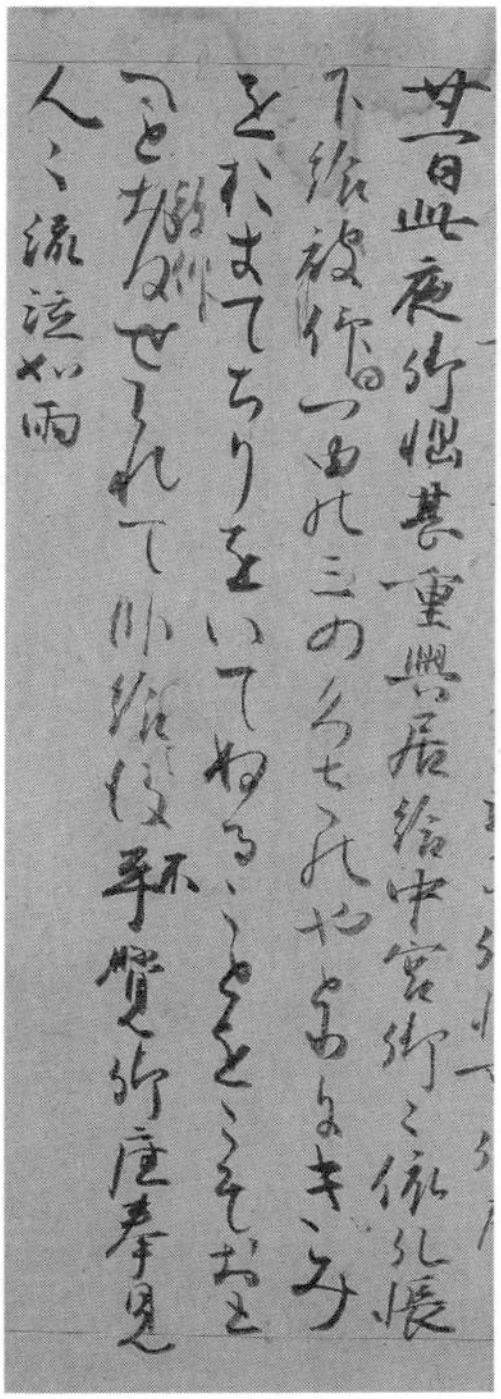

図4　古写本　寛弘八年六月廿一日条

39・寛弘八年六月廿一日条（自筆本・古写本〈師実筆〉）

自筆本（図3）

被仰、つゆのみのくさのやとりにきみをおきてちりをいてぬることをこそおもへ、

（川由のミの久さのやと利尓木ミを於きてちりをいてぬることをこそ於毛へ）

とおほせられて臥給後、不覚御座、

→古写本〈師実筆〉（図4）

被仰《曰》、つゆのみのくさのやとりにきみをおきてちりをいてぬることをこそおもへ、

（つ由能ミの久さ能やと利尓きみを於支てちりをいてぬることをこそおもへ）

とおほせ《被仰》られて臥《之》給後、平《不》覚御座、

40・寛弘八年七月一日条（古写本〈師実筆〉）

先光栄朝臣相共宜日也と申歟《之由所令此旨歟》、

41・寛弘八年九月五日条（古写本〈師実筆〉）

而多東《寄》に（尓）頼て（天）不定立、……中納言も（毛）多有、

42・寛弘八年十一月廿九日条（古写本〈師実筆〉）

火有と云《申之由》、……出河辺祓て（天）破弃云々、

43・長和元年（一〇一二）正月十六日条（自筆本・古写本〈某筆〉）

自筆本

命云、有本意所為にこそあらめ、今無云益、早返上、可然事等お（於）きて、可置給者也、左衛門督など

登山、

→古写本〈某筆〉

命云、有本意所為、今云無益、早帰上、可然事等可定置給者也、左衛門督等登山、

44・長和元年正月廿七日条（自筆本・古写本〈某筆〉）

自「時々かゝる事云人也、」→古〈某筆〉「時々云如是《事》人也、」

45・長和元年二月二日条（自筆本・古写本〈某筆〉）

自「中宮火付と申、」→古〈某筆〉「中宮火付、」

46・長和元年二月三日条（自筆本・古写本〈某筆〉）

自「是馬興給、は（者）やる馬也、」→古〈某筆〉「是馬興給《有》由馬也、」

47・長和元年二月五日条（自筆本・古写本〈某筆〉）

自「ひめ（比女）日来候、」→古〈某筆〉「ひめ（比女）日来候、」

48・長和元年二月廿五日条（自筆本・古写本〈某筆〉）

自「是蔵云女方うは（宇波）成打云々、」→古〈某筆〉「是蔵云女方　打云々、」

49・長和元年三月廿四日条（自筆本・古写本〈某筆〉）

自「只一人侍り（利）けり（利）云々、」→古〈某筆〉「只一人侍云々、」

50・長和元年三月廿五日条（自筆本・古写本〈某筆〉）

自「是も（毛）依彼例可被行者、」→古〈某筆〉「此度依彼例可被行者、」

51・長和元年四月廿一日条（自筆本・古写本〈某筆〉）

自「内お（於）と丶の右兵衛佐奉仕前駆、」→古〈某筆〉「内大臣右兵衛佐奉仕前駆、」

52・長和元年十一月十七日条（古写本〈某筆〉）

三市後、依気色仰、乗れ（礼）、四五廻後仰、下り、……次仰、御馬取れ（礼）、……仰、乗れ（礼）、

53・長和元年十一月廿三日条（古写本〈某筆〉）

称後宣、かしはて（加之八手）給へ、

54・長和元年十二月廿五日条（古写本〈某筆〉）

御画廿五日と書給へり、

55・長和二年（一〇一三）正月十四日条（平松本〈自筆本系〉・古写本〈某筆〉）

平〈自系〉「件宣命云、以権僧正円慶正僧正に（尓）、前大僧都済信を（於）権僧正に（尓）、」

↓古〈某筆〉「件宣命云、以権僧正慶円僧正に（尓）、前大僧正都済信を権僧正に（尓）、」

56・長和二年正月十七日条（平松本〈自筆本系〉・古写本〈某筆〉）

平〈自系〉「昨日モ被参南院、」↓古〈某筆〉「昨日被参南院、」

57・長和二年正月廿六日条（平松本〈自筆本系〉・古写本〈某筆〉）

平〈自系〉「閉門無向人と申、」↓古〈某筆〉「申閉門無向人、」

58・長和二年二月六日条（平松本〈自筆本系〉・古写本〈某筆〉）

平〈自系〉「少々女方等に（尓）無食物云々、」↓古〈某筆〉「女方等少々入物云々、」

59・長和二年三月四日条（平松本〈自筆本系〉・古写本〈某筆〉）

平〈自系〉「四位五位数と書是也、」↓古〈某筆〉「四位五位数と書る是也、」

60・長和二年三月廿三日条（平松本〈自筆本系〉・古写本〈某筆〉）

平〈自系〉「従昼雨下、しくれ（志久礼）様也、」↓古〈某筆〉「従昼雨下、しくれ（志久礼）様也、」

61・長和二年三月廿四日条（平松本〈自筆本系〉・古写本〈某筆〉）

平〈自系〉「雨降如常、似しく（志久）れ、」↓古〈某筆〉「雨降如常、似時雨、」

62・長和二年三月廿九日条（平松本〈自筆本系〉・古写本〈某筆〉）

平〈自系〉「人々モ有其用間有時、」↓古〈某筆〉「人々有其用間有時、」

63・長和二年四月十四日条〈平松本〈自筆本系〉・古写本〈某筆〉〉

平〈自系〉「其詞云、人有志けるもの（毛乃）をと云々、又返奉給、其詞云、此返給し（志）らハらに侍物

も（毛）返や奉む云々、皆御書あり（利）、」↓古〈某筆〉「又返奉給、皆有御書、」

64・長和二年六月八日条〈平松本〈自筆本系〉・古写本〈某筆〉〉

平〈自系〉「還来間見れは（礼者）、竈神御屋入水来、」↓古〈某筆〉「還来間、見竈神御屋《入》水来、」

65・長和二年六月廿三日条〈平松本〈自筆本系〉・古写本〈某筆〉〉

平〈自系〉「年老いほしく（以保之久）見ゆ（由）人也、……猶加むと思と、……只思人と被仰傾事也、」

↓古〈某筆〉「年老可哀憐人也、……猶思食加《可任由》奏云、……只被仰思人様之事也、」

66・長和二年十一月十六日条〈古写本〈某筆〉〉

余仰云、しきいん（之幾尹）、是無極失也、

67・長和二年十二月廿二日条〈古写本〈某筆〉〉

糸星《く(久)》見事無極、

68・長和四年（一〇一五）七月八日条〈古写本〈師実筆〉〉

夜部二星会合見侍り（利）しと、其有様は、二星各漸々行合、間三丈許、

69・長和四年七月廿三日条〈古写本〈師実筆〉〉

ひめ（比女）宮、依悩気御参太内、……聞事ハ加賀守正職件宮御封物未弁、

70・長和四年九月五日条〈古写本〈師実筆〉〉

其間火たき《燋炬》屋辺犬死見付侍也申、

71・長和四年十月廿五日条〈古写本〈師実筆〉〉（図5）

有余賀心和哥、侍従中納言取筆、

あひおひのまつをいと丶もいのるかなちとせのかけにかくるへけれは

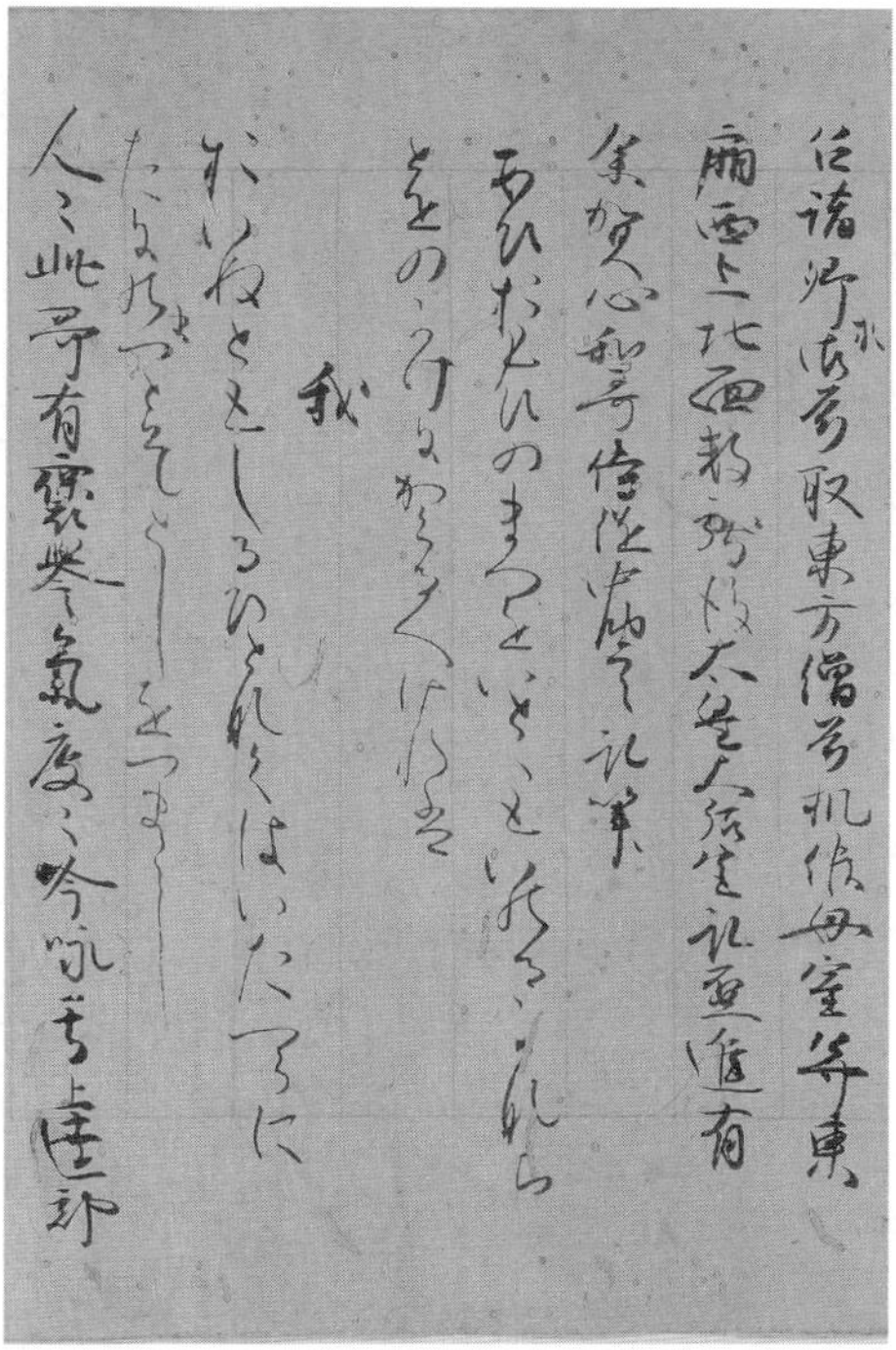

図5 古写本 長和四年十月廿五日条

（あひ於しひのまつをいと、もい能る可那ちと世の可け尓か久るへけれ者）

　　　我

　　おいぬともしるひとなくはいたつらにたにのまつとそとしをつま、し

（於いぬともしるひと那久はいたつらにた尓能《末》つとそとしをつ末、し）

72・長和四年十月廿八日条（古写本〈師実筆〉）

我も（毛）重方・公助等給之、……後に（尓）令持外記来、

73・長和四年十一月八日条（古写本〈師実筆〉）

皇后宮親王たち（達智）着裳・元服日被勘、

74・長和四年十一月十三日条（古写本〈師実筆〉）

兵部卿親王《向給》枇杷殿お（於《御》）ハしぬ（奴）と云々、

75・長和四年十二月四日条（古写本〈師実筆〉）

不言問、又ここまて（己々末天）、

76・長和四年十二月廿七日条（古写本〈師実筆〉）

厳寒間法師等参着由、悦尊ひ（比）給者、

77・長和五年（一〇一六）正月十三日条（古写本〈師実筆〉）

件上卿たち（達智）当時無止人々也、

78・長和五年二月一日条（古写本〈師実筆〉）

仰云、《奉》吉く（久）申奉、

79・長和五年二月七日条（古写本〈師実筆〉）

暁はは（母々）参八省、……はは（母々）同之、

80・長和五年三月二日条（古写本〈師実筆〉）

自今後たに（多尓）可宜様相定可有者也、

81・長和五年三月四日条（古写本〈師実筆〉）

雑事免《称》と《之由》称、不随公事云々、

82・長和五年三月十五日条（古写本〈師実筆〉）

三宮物《所》見《レ被仰也、》のたま、

83・長和五年三月廿一日条（古写本〈師実筆〉）

仍二条充西淡路前《可渡》守定佐家に（尓）可渡、

84・長和五年三月廿三日条（古写本〈師実筆〉）

猶見辛《苦歎》宮事《歎》かな（那）、

85・長和五年三月廿四日条（古写本〈師実筆〉）

仰云、勅使可持来者、……此中有長者書者一人、

86・長和五年四月十三日条（古写本〈師実筆〉）

只今宅中帯刀致信と云者入来、成乱行、

87・長和五年六月十一日条（古写本〈師実筆〉）

一夜も（毛）四具宿、依有事恐返也、

88・寛仁元年（一〇一七）正月七日条（古写本〈師実筆〉）

右大臣宣命、以右手、此院ては用左、

89・寛仁元年三月四日条（古写本〈師実筆〉）

余かく（久）云、

このもとにわれはきにけりさくらはなはるのこゝろそいとゝひらくる

（この毛と尓わ礼者きにけ利さ久らハなはる乃こゝろそいと丶ひら久る）

出大臣間、我送《手》本筥、大臣来申はは（母々）慶由、

90・寛仁元年三月十一日条（古写本〈師実筆〉）

侍小宅清原致信云者侍け（介）り、

91・寛仁元年四月十四日条（古写本〈師実筆〉）

今明固物忌侍𪜈、……物忌固者不参有け何事あら《有乎》ん、

92・寛仁元年四月十六日条（古写本〈師実筆〉）

詣賀茂《詣》舞人・君たち（達智）・陪従如常、

93・寛仁元年四月廿六日条（古写本〈師実筆〉）

長家可給冠𪜈、正下如何、

94・寛仁元年四月廿九日条（古写本〈師実筆〉）

被仰、我もさそ（毛佐曽）思、早可剃者也者、

95・寛仁元年五月廿七日条（古写本〈師実筆〉）

一日はは（母々）依御忌日延引也、……はは（母々）御方留中宮女方給絹、

96・寛仁元年九月廿日条（古写本〈某筆〉）

左尾白、右こひち（古比千）、

97・寛仁元年十一月十九日条（古写本〈某筆〉）

はは（母々）給泰通薫香云々、

98・寛仁元年十一月廿二日条（古写本〈某筆〉）

従はは（母々）許装束幷衾等送給、

99・寛仁元年十二月五日条（古写本〈某筆〉）

仰、御馬取れ（礼）、

100・寛仁二年（一〇一八）正月三日条（自筆本・古写本〈某筆〉）

自「祭□以御箸取、はつ《初》を、」↓古〈某筆〉「祭之祭者以御箸取、」

101・寛仁二年正月廿一日条（自筆本・古写本〈某筆〉）

自「被来上《与》たちべ（達智部）相定、」↓古〈某筆〉「与上達部達相定、」

102・寛仁二年三月七日条（自筆本・古写本〈某筆〉）

自「はは（母々）供御衾、」↓古〈某筆〉「はは（母々）供御衾、」

103・寛仁二年三月十三日条（自筆本・古写本〈某筆〉）

自「はは（母々）給物、」↓古〈某筆〉「はは（母々）給物、」

104・寛仁二年三月廿四日条（自筆本・古写本〈某筆〉）

自「其使者搦来者と云て、……件召法師無事早帰参と申、……其下手者早可送と云、……仍三日無着馬場思侍り（利）しか（可）と源大納言な（那）との（乃）尚可着由相示侍り（利）しか着侍り（利）云々、……無《以》事為前と思、……」

→古〈某筆〉（裏書すべてなし）

105・寛仁二年四月廿二日条（自筆本・古写本〈某筆〉）

自「院も（毛）渡給め、」→古〈某筆〉（裏書すべてなし）

106・寛仁二年五月九日条（自筆本・古写本〈某筆〉）

自「ひめ（比女）宮幷一位二百端、」→古〈某筆〉「ひめ（比女）宮幷一位二百端、」

107・寛仁二年五月十三日条（自筆本・古写本〈某筆〉）

自「今日朝間参太内思つるを、」→古〈某筆〉「今日朝間欲参大内、」

108・寛仁二年七月廿七日条（古写本〈某筆〉）

尚侍・三位・はは（母々）候御共、

109・寛仁二年十月十六日条（古写本〈某筆〉）

大夫君達召せ、

110・寛仁二年十月廿二日条（古写本〈某筆〉）

はは（母々）・女三位同参候、

111・寛仁二年十月廿四日条（古写本〈某筆〉）

はは（母々）候御、

112・寛仁二年十一月九日条〈古写本〈某筆〉〉

余幷はは（母々）有前物、

113・寛仁三年（一〇一九）八月廿七日条〈自筆本・古写本〈某筆〉〉

自「はは（母々）参大内、」→古〈某筆〉〈頭書すべてなし〉

二　『御堂関白記』の仮名表記の特徴

以上の結果を、『御堂関白記』の半年毎の残存状況、それぞれの字数と共に、次に表示してみる。

自筆本仮名字数の内、（　）内は推定

	自筆本（字数）	仮名（字数）	古写本（字数）	仮名（字数）	平松本（字数）	仮名（字数）	仮名合計（字数）
長徳元年（九九五）上	現存せず		現存せず		なし		○
下	現存せず		現存せず		なし		○
長徳二年（九九六）上	なし		なし		なし		―
下	なし		なし		なし		―
長徳三年（九九七）上	なし		なし		なし		―
下	なし		なし		なし		―

長徳四年（九九八）	上	なし		なし		なし		｜
	下	あり（一六二）	○	あり某（一六〇）	○	なし		○
長保元年（九九九）	上	現存せず		あり某（一五二七）	四	なし		四
	下	あり（一〇八七）	○	あり某（一〇四五）	○	なし		○
長保二年（一〇〇〇）	上	あり（二〇七八）	○	あり某（二〇七四）	○	なし		○
	下	なし		なし		なし		｜
長保三年（一〇〇一）	上	なし		なし		なし		｜
	下	なし		なし		なし		｜
長保四年（一〇〇二）	上	なし		なし		なし		｜
	下	なし		なし		なし		｜
長保五年（一〇〇三）	上	なし		なし		なし		｜
	下	なし		なし		なし		｜
寛弘元年（一〇〇四）	上	あり（八一二四）	一三六	あり某（七九二一）	一三四	なし		一三六
	下	現存せず	（一一）	あり某（九三七六）	一〇	なし		一一
寛弘二年（一〇〇五）	上	あり（三九七二）	八	現存せず		あり（三九八一）	三	八
	下	現存せず		現存せず		あり（五七四六）	六	六
寛弘三年（一〇〇六）	上	現存せず		現存せず		あり（三五七四）	三	三
	下	現存せず	（八）	現存せず		あり（六六一四）	二	八

寛弘四年（一〇〇七）	上	現存せず		現存せず		あり（六九九八）	○	○
	下	あり（二九九七）	一	現存せず		あり（二九五四）	一	一
寛弘五年（一〇〇八）	上	現存せず		現存せず		あり（三九八一）	○	○
	下	あり（二二四四）	一	現存せず		あり（二二一二）	一	一
寛弘六年（一〇〇九）	上	現存せず		あり某（一二五九）	○	なし		○
	下	あり（五七三〇）	一三	あり師（五七二四）	一三	なし		一三
寛弘七年（一〇一〇）	上	あり（五〇三一）	八	あり某（四九六七）	一	なし		八
	下	現存せず		あり某（五五五一）	○	なし		○
寛弘八年（一〇一一）	上	あり（四六七三）	七七	あり師（四六五五）	五二	なし		七七
	下	現存せず	（七）	あり師（五三〇六）	○	なし		七
長和元年（一〇一二）	上	あり（六二八六）	三〇	あり某（六二二〇）	二	なし		三〇
	下	現存せず		あり某（一〇九七八）	一二	なし		一二
長和二年（一〇一三）	上	現存せず		あり某（一〇九六九）	八	あり（一一〇三三）	四〇	四〇
	下	現存せず		あり某（九四三九）	三	なし		三
長和三年（一〇一四）	上	現存せず		なし		なし		―
	下	現存せず		なし		なし		―
長和四年（一〇一五）	上	現存せず		あり某（五〇四九）	○	なし		○
	下	現存せず		あり師（七〇七一）	八五	なし		八五

	一一五〇条　五一一五五字　仮名三四三字		二九八一条　一五一一四九字　仮名四一二字		一〇〇二条　四六九九三字　仮名五六字		三八一八条　仮名五六九字
長和五年（一〇一六）上	現存せず	（六）	あり師（一〇八五五）	一四	なし		一四
長和五年（一〇一六）下	現存せず		あり某（六四五二）	〇	なし		〇
寛仁元年（一〇一七）上	現存せず	（三）	あり師（七六二二）	五一	なし		五一
寛仁元年（一〇一七）下	現存せず		あり某（七六一三）	八	なし		八
寛仁二年（一〇一八）上	あり（八四九〇）	三二	あり某（七九六二）	六	なし		三二
寛仁二年（一〇一八）下	現存せず		あり某（八〇九六）	九	なし		九
寛仁三年（一〇一九）上	現存せず		あり某（二八六八）	〇	なし		〇
寛仁三年（一〇一九）下	あり（二八〇）	二	あり某（二六八）	〇	なし		二
寛仁四年（一〇二〇）上	あり（一〇一）	〇	あり某（一〇一）	〇	なし		〇
寛仁四年（一〇二〇）下	なし		なし		なし		ー
治安元年（一〇二一）上	なし		なし		なし		ー
治安元年（一〇二一）下	現存せず		あり某（二二）	〇	なし		〇

これによると、一一五〇条が残っている自筆本の五万一一五五字のうち、仮名は三〇八字である。率にすると〇・六〇％となる。推定分（古写本などがいったん書いて抹消したもの）も含めると、仮名は三四三字である。仮に元の字数が古写本などと同じと仮定すると、九万九二七字のうちの三四三字で、率にすると〇・三八％となる。

同様、二九八一条が残っている古写本の一五万一一四九字のうち、仮名は四一二字、率にすると〇・二七％と、格段に低くなる。

一〇〇二条が残っている平松本のうち、自筆本系一万一〇三三字のうち、仮名は四〇字、率にすると〇・三六%、古写本系三万五九六〇字のうち、仮名は一六字、率にすると〇・〇四%と、こちらも格段に低くなる。

『御堂関白記』全体では、三八一八条の一八万八一八四字のうち、仮名五六九字ということで、率にすると〇・三〇%となる。

自筆本では仮名で書かれていたものを、古写本では漢文に直す傾向が広く認められることを考えると、この結果は妥当なものであろうと、一見すると思われる。

では、古写本のうちで、師実が書写したものと、おそらくは師実の家司と思われる某が書写したものとでは、それぞれどのような傾向が認められるであろうか。師実が書写した古写本は四万一二三二字で仮名は二一五字、率にすると〇・五二%、某が書写した古写本は一〇万九九一七字で仮名は一九七字、率にすると〇・一八%となる。師実が書写した古写本は、道長の記録した自筆本よりもむしろ仮名で記す割合が高いのに対し、某が書写した古写本は、格段に低くなるのである。

かつては、古写本は、二筆に分かれるものの、「全体としては、自筆本と対校してみた時に出て来る特徴を、各巻ともに有つているといいうる」と考えられてきたが(4)、けっしてそうではない。かつて私は、師実と某の間には明確な用字の差異があることを、「妻」と「妾」から明らかにしたことがある(5)。仮名の使用についても、同様のことが言えそうである。

さて、道長はどのような言葉、あるいは文章を、どういう場面で、どんな内容について、仮名で記録したのであろうか。

すでに築島裕氏は、「1．普通の散文の中の概念語で、その和語の意味が、漢字では的確には表はし得ないもの。2．和歌を書き表はす場合。3．儀式等の際の会話の用語。4．加点された漢文の形態を模した場合。5．漢字・漢語などに対する訓釈。」という五つを仮名表記の主たる原因として挙げておられ(6)、峰岸明氏が、「漢字専用表記を原則とする変体漢文にあって、漢字では表記し得ない語形・文形の表示にこれが利用された」とまとめられている(7)。

近年では、池田氏が、仮名表記は「ある独自の意味合い」をもってとられており、「道長の肉声に近いものが伝わる」と評され(8)、中丸氏は、「漢文で書くべき（とされた）テクストに仮名の論理が入り込み、別の位相をもったテクストを生成した」と、さらに積極的に評価されている(9)。

これらの評価は、自筆本を書写して「漢文風に」書き替えた古写本（特に家司某の手になるもの）との対比によって、より鮮明に表われてくる。それについては次節で述べることとしてさておき、和歌を記録すると大量の仮名を使用しなければならないことは、言うまでもない。ここで先に集計した仮名数から、八首の和歌に使用した仮名を除いた字数を示し、改めて仮名使用率を示してみよう。

- ・自筆本（推定分を含む）　仮名一九一字（〇・二一％）
- ・自筆本を転写した平松本　仮名　四〇字（〇・三六％）
- ・師実が転写した古写本　仮名　八九字（〇・二二％）
- ・師実周辺某が転写した古写本　仮名一〇三字（〇・〇九％）
- ・古写本を転写した平松本　仮名　一六字（〇・〇四％）

道長の自筆本と、自筆本を転写した平松本が、高い割合で仮名を使用していることは、ある程度予想通りとして、師実が転写した古写本が、道長自筆本とほぼ同じ割合で仮名を使用していることを、どのように解釈すればいいのであろうか。

某が転写した古写本と、古写本を転写した平松本には、仮名がほとんど使用されていないことと考え併せると（古写本を転写した平松本には、師実が転写した古写本を転写したものも含まれる可能性があることを考えると、この割合はさらに低くなるであろう）、仮名の使用率の差異は、自筆本と古写本にあるのではなく、むしろ道長―師実といった摂関家嫡流と、家司クラスの実務官人との差異と考えた方がよさそうである。師実の方は、道長の記した仮名を見ても、多くの場合、それをそのまま仮名で書写したということなのであろう。これはかつて、「妻」「妾」の使用傾向について考察した結果[10]と軌を一にするものである。

なお、『御堂関白記』で使われた仮名の種類について、特に自筆本と古写本、平松本といった時代の変遷と共に考察しなければならないのであるが、これがなかなか判別が難しい。明らかに平仮名風になっている仮名もあれば、明らかに片仮名のような仮名、中には万葉仮名風のものもある。とりわけ、草仮名と平仮名との判別については、私にはその能力がないので、ここでは措いておくこととする。

三　自筆本から古写本へ

ここで、自筆本と、これを書写した古写本との対比を、いくつかの事例について行ない、道長の記録の特徴、また古記録の書写の特徴を考えてみよう。

33・寛弘七年（一〇一〇）**正月十五日条**（自筆本・古写本〈某筆〉）

自筆本では、「申時、餅まいる。……折敷、打こぼせり、」と、ほとんど口語のような文章を書こうとしている。それを古写本〈某筆〉では、「申時、餅を供す。……折敷、打　、」と、漢文風に訂正している。自筆本の「こぼせり（古保世り）」をどのように漢文に直せばいいのかが判断できずに、一字分の空白としている。

36・寛弘八年（一〇一一）**六月二日条**（自筆本・古写本〈師実筆〉）（図6）

譲位の前に東宮居貞親王と対面した一条天皇の台詞は、自筆本では、「彼宮申せ申と思給つる間、早立給つれば、不聞也、敦康親王に給別封幷年官爵等、若有申事、可有御用意」と記録されており、一条の台詞をなるべくそのまま記録したものである。これは古写本〈師実筆〉では、自筆本の仮名を見せ消ちにしたうえで、「彼宮申と思給之間、早立給つれは更以不聞也、可賜敦康親王別封幷年官爵等、若有申事、可有御用意」と、正格な漢文に近付けている。敦康親王の処遇は一条や道長にとっては重大なことであり、一条の台詞を正確に記録する必要があったのであるが、師実にとってはすでに終わったことであり、その必要は感じなかったのである。

次に居貞の台詞は、自筆本では、「暫も可候侍りつるを、承御心地非例由て、久候せむに有憚て、早罷つるなり、有仰親王事は、無仰とも可奉仕事、恐申由可奏、」というもので、これも敦康の処遇に関して次期天皇の確約を正確に記録したものである。それを古写本〈師実筆〉では、やはり自筆本の仮名を見せ消ちにしたうえで、「有暫之可令候之処、承御心地非例由、久不候有憚、早罷出也、有仰親王事者、無仰以前可奉仕事、申恐由可令奏者、」と、完全な漢文に替えている。

なお、この二日条、自筆本では表裏共に、非常に丁寧で大きな字で記している。二人の対面の様子を確実に残しておきたいと考えたのであろう。重要な事柄の微妙なニュアンスを伝えるには、やはり言葉をそのまま仮名で記さないといけないと、道長は考えたのである（元々漢文は苦手であるし）。

43・長和元年（一〇一二）**正月十六日条**（自筆本・古写本〈某筆〉）（図7）

源明子所生の顕信の出家の報を得た道長の台詞である。自筆本では、「有本意所為にこそあらめ、今無云益、早返上、可然事等おきて、可置給者也、左衛門督なと登山、」と、仮名交じりで記しているのに対し、古写本〈某筆〉は、「有本意所為、今云無益、早帰上、可然事等可定置給者也、左衛門督等登山、」と、漢文に直している。自筆本では、複雑な心理描写をともなう台詞を正確を期して記録したものか、あるいは明子を前にした道長

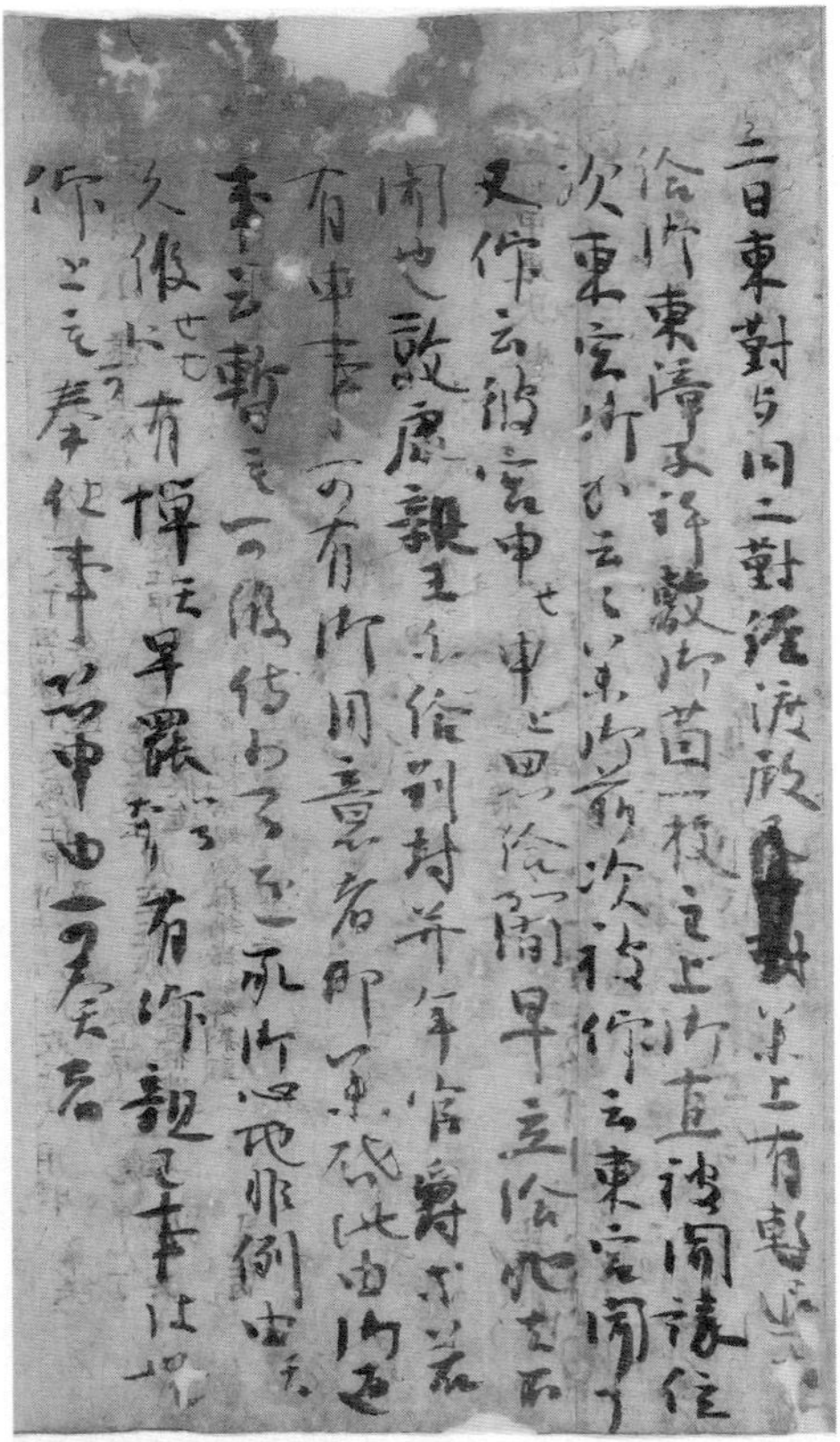

図6　自筆本　寛弘八年六月二日条裏

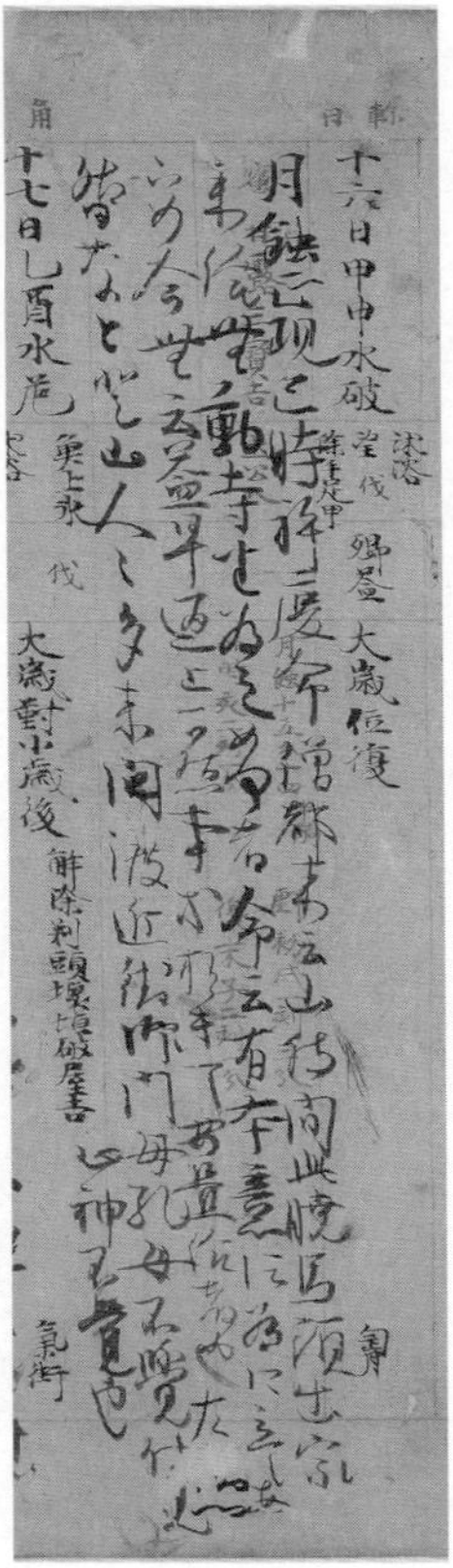

図7　自筆本　長和元年正月十六日条

は、複雑な心理を漢文では記せなかったのであろうか。ともあれこれで、悲嘆にくれる道長の心情が見えにくくなってしまったのである。(11)

48・長和元年（一〇一二）**二月廿五日条**（自筆本・古写本〈某筆〉）

「うわなり打」という民間習俗の初例であるが、自筆本では、「是蔵云女方うは成打云々、」と、「うわなり打」とそのまま記録している。あるいはこれに相応しい漢字表現を思い付かなかったのであろう。古写本〈某筆〉では、「うは成打（宇波成打）」の意味がわからなかったのか（草仮名とは知らず、無理やりに漢文で読もうとしたのであろうか）、あるいは漢文で記述しようとしたものの結局はできなかったのか、「是蔵云女方　　　打云々、」と、三文字分の空白となっている。

63・長和二年（一〇一三）**四月十四日条**（平松本〈自筆本系〉・古写本〈某筆〉）

四月十三日に中宮妍子が皇太后彰子との対面の際に、藤原斉信が妍子に献上した贈物を彰子に奉献したが、十四日に彰子がこれを返還した。その際の彰子と妍子の台詞である。平松本〈自筆本系〉では、「其詞云、『人有志けるものを』と云々、又返奉給、其詞云、『此返給ゑらハこゝに侍物も返や奉む』云々、皆御書あり、」というもので、二人のやりとりがそのまま記録されている。それに対し、古写本〈某筆〉は、「又返奉給、皆有御書、」と、台詞をすべて削除していて、二人の間に書状のやりとりがあったことを伝えるのみである。もしも平松本がこの年に限って自筆本を書写していなければ、我々は永遠に二人のやりとりを知ることはなかったのである。

65・長和二年（一〇一三）**六月廿三日条**（平松本〈自筆本系〉・古写本〈某筆〉）

藤原懐平の権中納言任官を強行しようとする三条と、それを阻止しようと、交換条件として頼通の権大納言と教通の権中納言昇任を求める道長との、緊迫感に満ちた場面である。三条の語った懐平の任官の理由を、自筆本では、「年老いとほしく見ゆる人也、……猶加むと思と、」と、台詞そのままで記録しているのに対し、古写本化している。

〈某筆〉では、「年老可哀憐人也、……猶思食可加任由、」と、漢文風に書き直している。三条の人となりも含めて、その場の雰囲気を精確に記録しようとした道長と比べると、古写本ではすでに終わったことと、これを客体化している。[12]

104・寛仁二年（一〇一八）**三月廿四日条**（自筆本・古写本〈某筆〉）

頼通が春日詣の際に興福寺との騒動に巻き込まれた記事で、自筆本の裏書には頼通の台詞の中に大量の仮名が含まれているのであるが、古写本〈某筆〉では裏書をまったく書写しないでいる。これが頼通の不始末を後世に残さないための配慮なのか、はたまた、まったく裏書の存在を見落としてしまったものかは、別に考えなければならない問題である。

105・寛仁二年（一〇一八）**四月廿二日条**（自筆本・古写本〈某筆〉）

明子所生の長家が賀茂祭使となり、明子と小一条院（三条天皇皇子の敦明親王、明子所生の寛子と結婚）が見物したという裏書であるが、自筆本では、「院も渡給め、」と小一条院の渡御を仮名交じりで記録しているのに対し、これも古写本〈某筆〉では裏書をまったく書写しないでいる。

以上、いくつかの事例について、自筆本と古写本の比較を行なってきた。阿部氏は、「古写本の筆者は、自筆本の内容を精確に伝えようとして、文章の格を正す努力をしている」と評されたが、[13]自筆本の仮名交じり文と古写本の漢文の、どちらが「精確」であるかは、一概には決められない問題である。

漢文の文法に少しでも近付けようとしたことと、その場の雰囲気や台詞をそのまま記録したことでは、池田氏が論じられたように、「言葉に変体漢文のフィルターがさらにかかった古写本の表現はそれだけでも現場性が消え、出来事からも『御堂関白記』からも遠ざかる」と評す[14]ことができるのではないだろうか。

自筆本の仮名を漢文に書き替えたのが、主に師実の手によるものではなく、某の手によるものであるとすれば、なおさらである。

おわりに

考えてみると、日本人である平安貴族が漢文で日記を記すというのは、外国語で日記を記すことなのであり、道長のように大学教育も実務経験もない人にとっては、たいへんな営為だったに違いない。難しい微妙なニュアンスを記録しなければならない文脈において仮名を使いたくなるというのも、わからないでもないのである。特に台詞に関わるものでは、複雑な感情や台詞の微妙なニュアンスは、漢文では表わすことができなかったために、仮名交じり文で記録したのであろう。

以上、仮名書きを通して、道長の記録の心性の一端を探ってみた。単純に、自筆本を破格な文章、古写本を正格な漢文表現と考えることができないことは、すでに明らかであろう。加えて、古写本の二人の手による差異、平松本の二種の底本による差異も、つねに意識しなくてはならないことである。

「写本は清書本である」とは、よく聞かれる言辞ではあるが、我々はいま一度、自筆本の持つ意味と、写本それぞれの目的と用途を、考え直してみる必要があるのである。

註

（1）池田尚隆「『御堂関白記』の位置——その仮名表記を中心に——」（『国語と国文学』第六四巻第一一号、一九八七年）。

（2）中丸貴史「漢文日記のリテラシー——『御堂関白記』のテクスト生成——」（『日本文学』第六二巻第一号、二〇一三年）、同「漢文日記と歴史物語に関する一考察——『御堂関白記』『権記』『栄花物語』、一条天皇発病記事をめぐって

――」（加藤静子・桜井宏徳編『王朝歴史物語史の構想と展望』、新典社、二〇一五年）、同「『御堂関白記』のテクスト学――記録することと和歌を書くこと――」（『日本文学』第六五巻第五号、二〇一六年）。
（3）倉本一宏『藤原道長「御堂関白記」を読む』（講談社、二〇一三年）。
（4）阿部秋生「藤原道長の日記の諸本について」（『日本学士院紀要』第八巻第二・三号、一九五〇年）。
（5）倉本一宏「『御堂関白記』の「妻」と「妾」について」（本書第三部第四章）。
（6）築島裕『平安時代の漢文訓讀語につきての研究』（東京大學出版會、一九六三年）。
（7）峰岸明『変体漢文』（東京堂出版、一九八六年）。
（8）池田尚隆「『御堂関白記』の位置」（前掲註（1））。
（9）中丸貴史「漢文日記のリテラシー」（前掲註（2））。
（10）倉本一宏「『御堂関白記』の「妻」と「妾」について」（前掲註（5））。
（11）阿部秋生「藤原道長の日記の諸本について」（前掲註（2））。
（12）池田尚隆「『御堂関白記』の位置」（前掲註（1））。
（13）阿部秋生「藤原道長の日記の諸本について」（前掲註（2））。
（14）池田尚隆「『御堂関白記』の位置」（前掲註（1））。

第三章　『御堂関白記』古写本・寛仁元年九月卅日条と十月一日条の書写順序をめぐって

はじめに

かつて『御堂関白記』の自筆本と古写本を調査し、その一環として、藤原道長の記録の時間観念についても考察したことがある(1)。

自筆本では、道長が数日間の記事を一気にまとめて記した場合があること、具注暦の別の日付の箇所に記してしまい（必ずしも毎日、具注暦を巻いていなかったことを示している）、後にそれを圏線で結ぶことで何日条の記事であるかを示している場合があること（このような圏線は、全部で一一箇所存在する）、古写本では、自筆本の記述を一行飛ばして書写し、後で気付いて行間に補った場合があること、自筆本の裏書をまったく見落として書写し、後で気付いて行間に補ったり紙を貼り継いだりした場合があること、自筆本の異なった日の裏書と勘違いして表の記述に続けて裏書を書写し、後で気付いて抹消したり補ったりした場合があること、などを明らかにした。

また、『御堂関白記』自筆本の裏書を調査し、裏書の機能を考察した際に、古写本や新写本についても、裏書と思われる部分があることを推定した。そして、古写本が自筆本の裏書を見落として書写し、それに気付いて行間補書として記した場合があることを明らかにした(2)。

本章では、これらの考察の際に気付いてはいながらも、古写本と自筆本の関係がよくわからなかった条について（主に『大日本古記録　御堂関白記　下巻』の説明註のせいなのであるが）、古写本の書写の時間軸を推定してみることとしたい。

一　『御堂関白記』寛仁元年九月卅日条と十月一日条

『御堂関白記』の寛仁元年九月卅日条と十月一日条は、それぞれ、道長第の例講と、後一条天皇即位にともなう大神宝使の宣命について、摂政頼通が「大殿」道長に諮ったという記事である。特に十月一日条の宣命については、伊勢神宮や宇佐・石清水八幡宮、香島・香取・枚岡社、春日・大原野社、賀茂・稲荷社の扱いに関するきわめて興味深い内容を含んでいるのであるが、ここではそれには立ち入らず、古写本書写者の書写の順序について考えることとする。

なお、寛仁元年は自筆本が残っておらず、古写本は、前半は師実、後半は「某」によって書写されている。量が多いのでいったんは前半と後半を別の巻にしようとして七月の前に標紙を付けたものの、結局はそれも貼り継いで一巻としたものである。ここで問題とする九月卅日条と十月一日条は、「某」によって書写されたものである。

まずは本文を掲げてみよう。陽明文庫蔵『御堂関白記』古写本・第十巻になるべく近いかたちで示す。引用にあたっては、陽明文庫編『陽明叢書　御堂関白記　五　古写本・御記抄』(3)を参照した。改行なども原本の通りである。なお、九月卅日条の二行目、「来勧一両盃」は、「卅日」という日付のある行と「十月 小」との間の行間補書である。

卅日乙丑例講以定基律師令申上々達部八九人許

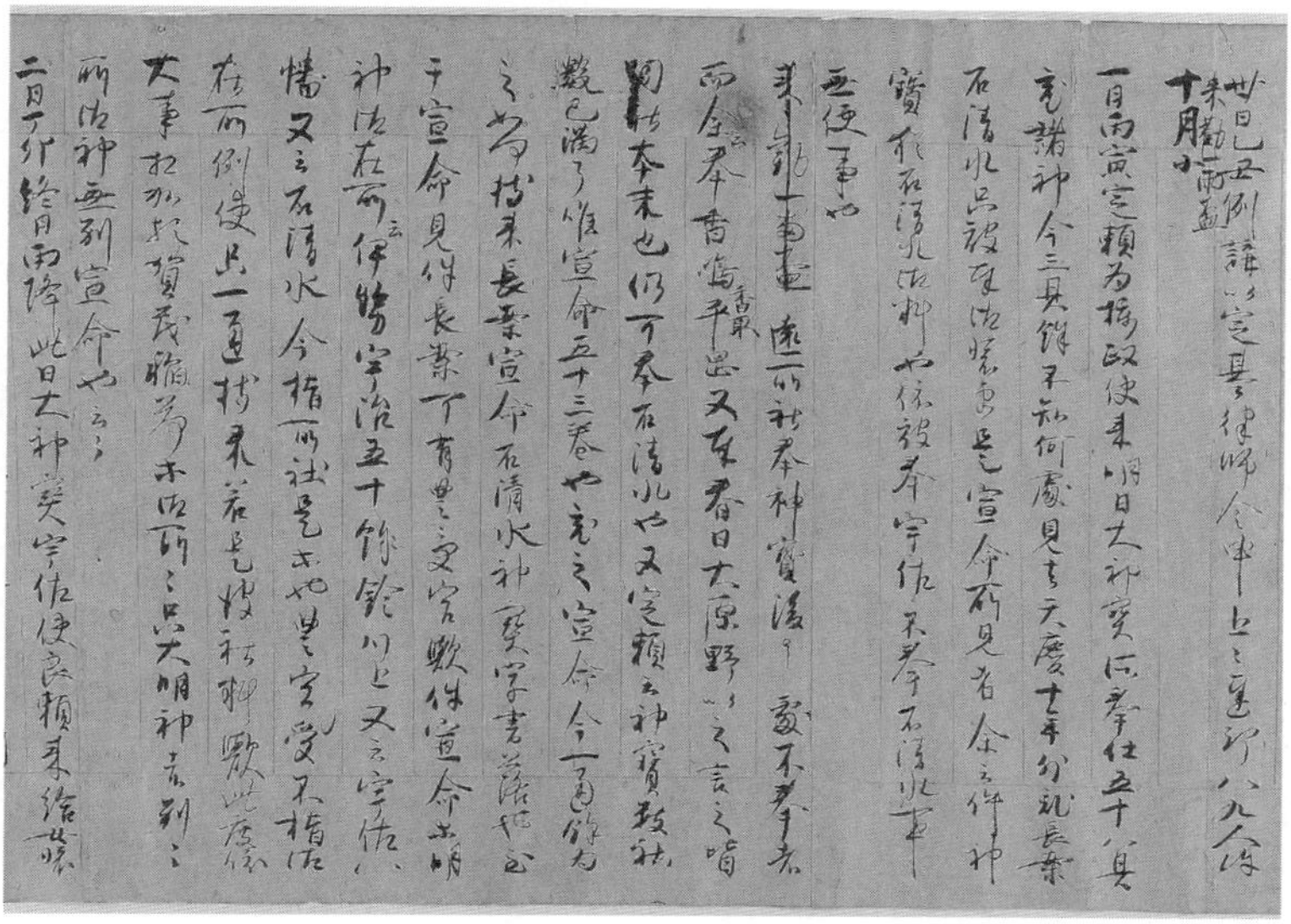

図1　古写本　寛仁元年九月卅日条・十月一日条

来勧一両盃
十月　小
一日丙寅定頼為摂政使来明日大神宝所奉仕五十八具
充諸神今三具余不知何処見去天慶十年外記長案
石清水只被奉御装束是宣命所見者余云件神
宝猶石清水御料也依被奉宇佐不奉石清水事
無便事也
来勧十両盃遠所社奉神宝後♀□処不奉者
而余（云）奉香島（香取）平岡又奉春日大原野以之言之皆
同社本末也仍可奉石清水也又定頼云神宝数社
数已満了唯宣命五十三巻也充之宣命今一通余為
之如何持来長案宣命石清水神宝字書落也至
于宣命見件長案可有豊受宮歟件宣命等明
神御在所（云）伊勢宇治五十鈴川上又云宇佐八
幡又云石清水今指所社是等也豊宮受（レ）不指御
在所例使只一通持来若是彼社料歟此度依
・大事相加歟賀茂稲荷等御所〻只大明神者別〻
所御神無別宣命也云〻
これだとわかりにくいので、句読点を付して、訓読文にしてみよう。国際日本文化研究センターウェブサイト（http://db.nichibun.ac.jp/ja/）で公開している「摂関期古記録データベース」によるものである。

三十日、乙丑。例講。定基律師を以て申上せしむ。上達部八、九人ばかり来たる。一両盃を勧む。

十月

一日、丙寅。定頼、摂政の使と為て来たる。「明日の大神宝、五十八具を奉仕する所、諸神に充つるに、今三具、余る。何処なるを知らず。去ぬる天慶十年の外記の長案を見るに、石清水は只、御装束を奉らる。是れ宣命に見ゆる所なり」てへり。余、云はく、「件の神宝、猶ほ石清水の御料なり。宇佐に奉らるるに依りて、石清水に奉らざる事、便無き事なり」と。

「遠所の社に神宝を奉る後、□処、奉らず」てへり。而るに余、云はく、「香島・香取・平岡に奉る。又、春日・大原野に奉る。之を以て之を言ふに、皆、同社の本末なり。仍りて石清水に奉るべきなり」と。又、定頼、云はく、「神宝の数、社数、已に満ち了んぬ。唯し宣命、五十三巻なり。之を充つるに、宣命、今一通、余る。之を如何為ん」と。持ち来たる長案は、宣命に「石清水神宝」の字を書き落とすなり。宣命に至りては、件の長案を見るに、「豊受宮」と有るべきか。件の宣命等、明神の御在所は、「伊勢宇治五十鈴川上」と云ふ。又、「宇佐八幡」と云ひ、又、「石清水」と云ふ。今、所を指す社、是等なり。豊受宮は御在所を指さざる例なり。使、只、一通を持ち来たるは、若しくは是れ、彼の社の料か。此の度、大事に依り、相加ふるか。賀茂・稲荷等、所々に御すも、只、「大明神」てへり。「別々の所に御す神には、別の宣命無きなり」と云々。

問題なのは、九月卅日条の「来勧一両盃」という行間補書と、十月一日条の改行の後の抹消「来勧一両盃」である。この部分以外の箇所の九月卅日条と十月一日条を含め、いったい自筆本ではどのような順序で記録され、古写本ではどのような順序で書写されたのであろうか。

二　『御堂関白記』自筆本・寛仁元年九月卅日条と十月一日条の記録順序

まずは自筆本において、道長がこの二日分の記事を、どの順番で記録したかを、九月卅日条を起点として推定してみよう。

最初に道長が、具注暦の表の卅日の日付のある行と「十月　小」と月の記載のある行の間の二行の間明きに、「例講以定基律師令申上々達部八九人許」を記したことは確実である。この行の字数は一七字であるが、一般的な『御堂関白記』自筆本の一行の字数が二〇から二五字くらいであることを考えると、一七字を一行に記し、「許」で行末に至ったものと考えられる。

九月卅日条を記録した日時は、常識的には十月一日の朝ということになるが、道長の場合、何日分かをまとめて記すことも多い。自筆本だと墨の濃淡や筆の勢いから、何日分かを続けて記したことを推測することが可能なのであるが、古写本となると、それができない。ただ、九月卅日条と十月一日条を続けて（つまり同じ日に）記した可能性も、考慮に入れておく必要があることを頭の片隅に残しておきたい。

道長は後になるほど大きな字を書く傾向があるから（老眼のせいかもしれない）、一七字で一行というのも、ちょうどよい字数である。また、一見すると「上達部八、九人ばかり」で文脈が切れているので、ここで一段落するというのも、よくあることである。以前に考察したところであるが、『御堂関白記』自筆本の裏書というのは、表の具注暦に書ききれなかったから仕方なく紙背に記したというのではなく、表には表用の内容、裏には裏用の内容（参列者の歴名、賜禄の明細、儀式の開始など）を記すことが多い(4)。ここまでの記載状況を概念図にすると、次のようになろう。暦注はすべて略し、日付のある行と間明きの行の行数を下に付すこととする。

卅日乙丑	（暦注略）	0930—1表
	例講以定基律師令申上々達部八九人許	0930—2表
		0930—3表
十月　小	（暦注略）	1000—1表
	（暦注略）	1000—2表
一日丙寅	（暦注略）	1001—1表
		1001—2表
		1001—3表
二日丁卯	（暦注略）	1002—1表

次いで道長は、卅日条の裏書を記し始めた。「来勧一両盃」の五字である。表の「八、九人ばかり」と、裏の「来たる」は文章がつながっており、この箇所で紙背に記すのはおかしいとも考えられるが（もっとも、文章の途中で裏書に続く例も、ないわけではない）、表の「八、九人ばかり」でいったん意識が途切れてしまい、改めて紙背に

裏書として記したものであろう。

通常、道長は具注暦の二行の間明きに四行の日記を記すことが多い。ここで一行しか記していないのは不審ではあるが、二行目を記そうとした際に「十月 小」という月の記載のある行が見えてしまい、そこまで詰めて記すと、月の記載がわかりにくくなると考えて、紙背に記すこととしたのであろう（その時点では、この日の記事をもっと大量に記そうと考えていた可能性が高い）。

具注暦をひっくり返して裏書を記すのであるが、当然ながら、表と裏では左右が逆になる。表では「卅日→一日→二日」と、左に書き進めて行くにしたがって日付順に進むのに対し、紙背では「二日の裏→一日の裏→卅日の裏」と、書き進めて行くにしたがって日付が遡る箇所の裏となる。また、紙背には日付の記載や罫線はない。道長が紙背に裏書を記し始めるのは、通常、その日の間明きの二行目の裏であることが多い。ここで言うと、卅日条の裏書は3の紙背から「3→2→1」と書き進めるのである（この場合は一行なので、3の紙背）。この裏書を記した時点での紙背の状況を、これも概念図にしてみよう。

来勧一両盃

1000—2裏　1000—1裏　0930—3裏　0930—2裏　0930—1裏

次に道長は、十月一日条の記事を記し始めた。その時間は、十月二日の朝と考えるのが常識的であるが、これも十月二日条以降の記事と続けて記した可能性もある。ただ、道長は『小右記』のように基になった資料（儀式の次第を記した書き付けなど）に書き込んだり、その紙背に日記を記したりはしていないから、内容の複雑さから考えると、十月一日のうちに記したと考えるのが自然かもしれないが。

十月一日分の具注暦に記したのが、「定頼為摂政使来明日大神宝所奉仕五十八具充諸神今三具余不知何処見去天慶十年外記長案石清水只被奉御装束是宣命所見者余云件神宝猶石清水御料也依被奉宇佐不奉石清水事無便事也」の八二文字であることは、ほとんど疑いのないところであろう。これを二行の間明きのスペースに四行として記したのであろう。

一般的な『御堂関白記』自筆本の一行あたりの字数にも合致するし、内容もここで区切りが付いている。九月卅日条よりも一行あたりの字数が多くなっているのは、この日の記事を大量に書くことがあらかじめ予想されていたので、頑張って小さな字で書いたからであろう。ここまでを概念図にしてみると、次のようになる。

卅日乙丑	（暦注略）	0930―1表
	例講以定基律師令申上々達部八九人許	0930―2表
		0930―3表
十月　小	（暦注略）	1000―1表
	（暦注略）	1000―2表
一日丙寅	（暦注略）	1001―1表
	定頼為摂政使来明日大神宝所奉仕五十八具充諸 神今三具余不知何処見去天慶十年外記長案石清	1001―2表
	水只被奉御装束是宣命所見者余云件神宝猶石清 水御料也依被奉宇佐不奉石清水事無便事也	1001―3表
二日丁卯	（暦注略）	1002―1表

次に十月一日条の裏書を紙背に記したであろう。ちょうど台詞が裏書の第一字目から始まるので、区切りもよかったはずである。その場所は、一日の行が終わるあたりの紙背、行数番号で言うと8と9の間であろう。

ところが、この十月一日条の裏書として記したのはちょうど二〇〇文字と、『御堂関白記』としては多い文字数となってしまった。これを一行に二〇文字で記したとすると、一〇行も要してしまうことになる。すると、九月卅日条の裏書「来勧一両盃」とほとんど接してしまったはずである。概念図は次の通りである。

遠所社奉神宝後♀□処不奉者而余云奉香島香取
平岡又奉春日大原野以之言之皆同社本末也仍
可奉石清水也又定頼云神宝数社数已満了唯宣
命五十三巻也充之宣命今一通余為之如何持来
長案宣命石清水神宝字書落也至于宣命見件長
案可有豊受宮歟件宣命等明神御在所云伊勢宇
治五十余鈴川上又云宇佐八幡又云石清水今
指所社是等也豊宮受不指御在所例使只一通持
来若是彼社料歟此度依大事相加歟賀茂稲荷等
御所々只大明神者別々所御神無別宣命也云々
来勧一両盃

1002—1裏
1001—3裏
1001—2裏
1001—1裏
1000—2裏
1000—1裏
0930—3裏
0930—2裏
0930—1裏

道長は、裏書を記すに際して、日付を記すこともあるが、記さずに続けてしまうこともよくある。自筆本を数

えてみたところ、

・裏書に日付を記した場合　　五三例
・裏書に日付を記さなかった場合　二七例

となった。続けた日付で裏書を記していないものについては、

・日付を記した場合　　　　四三例
・日付を記さなかった場合　　　二三例

である。

ここで問題にしているように、続けた日付で裏書を記した場合は、

・両方に日付を記した場合　　　四例
・どちらか片方に日付を記した場合　　二例
・どちらにも日付を記さなかった場合　一例

となり、この場合はきわめて稀な例ということになる。自筆本で日付が有ったものを、古写本で記さなかった場合も、考慮に入れなければならないが、自筆本が残っておらず、古写本から自筆本の記録状況を推定しているのであるから、致し方ないところである。

三　『御堂関白記』古写本・寛仁元年九月卅日条と十月一日条の記録順序

問題は、古写本がこれを何故このように書写してしまったのかという点である。古写本では、具注暦の表に記された日記に続けて、紙背に記された裏書を書写することが多い。その際、改行を行なうこともあるが、『小右記』や『権記』など、他の古記録の裏書のように（古写本しか残っていないが）、ここから裏書であることを示す

「裏書」や「ウラ」といった書き込みをすることはない。

また、表の記事を書写した後で、その日の記事に裏書があることを見落として、次の日の表の記事を書写してしまい、後で裏書の存在に気付いて、行間に書き込んだり、（長和五年正月十三日条一例だけではあるが）裏書を書写した紙を挟み込んだりしている例（寛仁元年九月廿日条）もある。

逆に言えば、古写本しか残されていない年には、古写本の書写者が最後まで裏書の存在に気付かずに、表の記事だけが今日まで残されている場合もあり得るということになるのである。

さて、煩雑になるが、現状の九月卅日条と十月一日条を、これも概念図に示してみよう。

卅日乙丑例講以定基律師令申上々達部八九人許
来勧一両盃
十月　小
一日丙寅定頼為摂政使来明日大神宝所奉仕五十八具
充諸神今三具余不知何処見去天慶十年外記長案
石清水只被奉御装束是宣命所見者余云件神
宝猶石清水御料也依被奉宇佐不奉石清水事
無便事也
来勧十《云》両盃遠所社奉神宝後〇《香取》□処不奉者
而余奉香島平岡又奉春日大原野以之言之皆
同社本末也仍可奉石清水也又定頼云神宝数社

数已満了唯宣命五十三巻也充之宣命今一通余為
之如何持来長案宣命石清水神宝字書落也至
于宣命見件長案可有豊受宮歟件宣命等明
神御在所伊勢宇治五十余鈴川上又云宇佐八
幡又云石清水今指所社是等也豊宮受不指御
在所例使只一通持来若是彼社料歟此度依
・大事相加歟賀茂稲荷等御所〻只大明神者別〻
所御神無別宣命也云〻

古写本の書写者「某」は、これらをどの順番で記したのであろうか。順を追って推測してみよう。まず、自筆本の九月卅日条の日付と表の記載を最初に書写したことは確実であろう。概念図は次の通りである。

卅日乙丑例講以定基律師令申上々達部八九人許

19 18 17 16 15 14 13 12 11 10 9

次いで九月卅日条の裏書に進んだかというと、卅日条と「十月　小」という記載の間隔があまりに少ない。「某」が九月卅日条の裏書を見落として、十月を書写することに意識が向いたことは確実であろう。それは九月卅日条の表の記事があまりに少なく、それに続く裏書が存在するとは、とうてい思えなかったことによるものであろう。

実は先にも述べたように、道長は表の具注暦に書ききれなかったから紙背に裏書を記すのではなく、表でいったん文脈を切って、裏には裏に書きたい事柄を記すことが多い。しかし、ここまで短い表の記事に続いた裏書は少なく、「某」が見落としてしまったのも無理はない。次のような感じであろう。

卅日乙丑例講以定基律師令申上々達部八九人許

十月　小

19 18 17 16 15 14 13 12 11 10 9 8 7 6 5 4 3 2 1

次いで「某」は、十月一日条の表を書写した。一日条の表は、道長の台詞で終わっており、分量もいかにも表の間明き二行に四行記した字数に相応しい。ここまでは、「某」は何の疑問もなく、書写していたことであろう。以下のようになる。

卅日乙丑例講以定基律師令申上々達部八九人許

十月 小
一日丙寅定頼為摂政使来明日大神宝所奉仕五十八具
充諸神今三具余不知何処見去天慶十年外記長案
石清水只被奉御装束是宣命所見者余云件神
宝猶石清水御料也依被奉宇佐不奉石清水事
無便事也

ここで「某」は具注暦を裏返し、裏書の存在を確認したことであろう。十月一日条がいかにも裏書に続きそうな内容であったからである。紙背におそらくは一一行にわたって記されていた裏書のうち、最後の行の「来勧一両盃」から書写し始めたということは、この一行が十月一日条の裏書の最末尾であると認識したわけではなく、九月卅日条の裏書であると認識したことを示している。

問題は、それを十月一日条の表の記載に続けて書写してしまったことにある。ここで改行を行なっているということは、これが裏書であることを示そうとしたからであろう。しかしこれを、どうしてそう考えることになったのか、十月一日条の裏書として書写してしまった。これが単純なミスなのか、あるいは何か事情があったのかはわからないが、おそらくは何も考えずに十月一日条の表の記載に続けて書写してしまったのであろう。ここまでを概念図に示すと、以下のようになる。

卅日乙丑例講以定基律師令申上々達部八九人許

十月　小
一日丙寅定頼為摂政使来明日大神宝所奉仕五十八具
充諸神今三具余不知何処見去天慶十年外記長案
石清水只被奉御装束是宣命所見者余云件神
宝猶石清水御料也依被奉宇佐不奉石清水事
無便事也
来勧一両盃

ここまで書写して、「某」は、はたと困ってしまったことであろう。「来勧一両盃」を十月一日条の裏書として書写してしまったではないか。これでは「遠所社奉神宝後」から「御神無別宣命也云々」までの一〇行は、どこに書写すればいいのであろうか。そこでやっと「来勧一両盃」を間違った箇所に書写したことに気付いた「某」は、「来勧一両盃」を抹消線で消した。この時点では、こんな感じであろう。

卅日乙丑例講以定基律師令申上々達部八九人許

十月　小
一日丙寅定頼為摂政使来明日大神宝所奉仕五十八具
充諸神今三具余不知何処見去天慶十年外記長案
石清水只被奉御装束是宣命所見者余云件神
宝猶石清水御料也依被奉宇佐不奉石清水事
無便事也
~~来勧一両盃~~

その後、九月卅日条の箇所に卅日条の裏書「来勧一両盃」を改めて記したはずであるが、すでに「卅日乙丑」以下の行に続けて「十月　小」を記してしまっており、行間にはスペースが残されていなかった。仕方なく「某」は、行間にむりやり挿入した。

よく見れば、「十月　小」の行は下部に随分とスペースが空いている。たとえば「卅日乙丑」以下の行の「八九人許」の横にでも「来勧一両盃」を記せば、こんなに窮屈に記さなくてもよさそうなものであるが（自筆本では道長がよくやる手である）、無理をしても行頭に「来勧一両盃」を記したのは、これが裏書であることを示すためだったのであろう。

なお、『大日本古記録　御堂関白記』(5)がこの部分を「　」の中に入れ、「(行間補書、次張トノ継目上ニアリ)」と註しているのは、「行間補書」だけあればいいのであって、「次張トノ継目上」に記されているかどうかは、まったくの偶然によるものであるから、蛇足であった。

卅日乙丑例講以定基律師令申上々達部八九人許
来勧一両盃
十月 小
一日丙寅定頼為摂政使来明日大神宝所奉仕五十八具
充諸神今三具余不知何処見去天慶十年外記長案
石清水只被奉御装束是宣命所見者余云件神
宝猶石清水御料也依被奉宇佐不奉石清水事
無便事也
来勧十両盃

最後に、「某」は、本来の十月一日条の裏書を書写した。場所は抹消した「来勧十両盃」の次である。これで現状の古写本九月卅日条と十月一日条の状態になったということになる。

卅日乙丑例講以定基律師令申上々達部八九人許
来勧一両盃
十月　小
一日丙寅定頼為摂政使来明日大神宝所奉仕五十八具
充諸神今三具余不知何処見去天慶十年外記長案
石清水只被奉御装束是宣命所見者余云件神
宝猶石清水御料也依被奉宇佐不奉石清水事
無便事也
来勧一両盃遠所社奉神宝後○□処不奉者
而余云奉香島香取平岡又奉春日大原野以之言之皆
同社本末也仍可奉石清水也又定頼云神宝数社
数已満了唯宣命五十三巻也充之宣命今一通余為
之如何持来長案宣命石清水神宝字書落也至
于宣命見件長案可有豊受宮歟件宣命等明
神御在所云伊勢宇治五十余鈴川上又云宇佐八
幡又云石清水今指所社是等也豊宮レ受不指御
在所例使只一通持来若是彼社料歟此度依
・大事相加歟賀茂稲荷等御所々只大明神者別々
所御神無別宣命也云々

おわりに

以上、『御堂関白記』古写本・寛仁元年九月卅日条と十月一日条の書写順序を推定してきた。順序はほぼ推定できるのだが、いまだにわからない点が二つある。

一つは十月一日条の本来の裏書部分に、『大日本古記録　御堂関白記　下巻』が、「(遠以下ハ恐ラク自筆本ニ於ケル裏書ニシテ、始メ前月卅日条ノ裏書ト認メ、後本日条ニ改メシナラン)」という註を付している点である。これは初刷の時点ですでに記されていたばかりでなく、四刷（一九九一年）に至るまで、すべて踏襲されている。

これによると、「遠（遠所社奉神宝後）以下」を九月卅日条の裏書と誤解し、後にこれが十月一日条の裏書であるとわかったので、十月一日条に改めて記したということになるが、それはちょっと違うのではなかろうか。「遠（遠所社奉神宝後）以下」の一群の裏書は全部で一一行あり、「遠（遠所社奉神宝後）」はその冒頭、十月一日の具注暦の紙背に記されている。そして一一行目の「来勧一両盃」だけが九月卅日条の裏書なのであって、これは具注暦の九月卅日条の紙背に記されている。これらをすべて九月卅日条の裏書と誤認することは、ほとんど考えられないのではないか。

また、この一一行を九月卅日条として書写したのではなく、最後の「来勧一両盃」だけを十月一日条の裏書として書写しているのであって、それを後に九月卅日条に改めたのである。説明註を付けるのならば、抹消した十月一日条の「来勧十両盃」の傍らに、「(来以下五文字ハ恐ラク自筆本ニ於ケル裏書ニシテ、始メ十月一日条ノ裏書ト認メ、後抹消セシナラン)」と付けるか、九月卅日条の行間補書の「来勧一両盃」の傍らに、「(来以下五文字ハ恐ラク自筆本ニ於ケル裏書ニシテ、始メ十月一日条ノ裏書ト認メ、後本日条ニ改メシナラン)」と付けるのが正しいのである。

しかし、まだどうしてもわからない点がある。道長は何故、九月卅日条の具注暦の表に一行一七字しか記さず、三行分のスペースを残したまま、「来勧一両盃」のたった五文字を紙背に記したのであろうか。しかも、表の記事と裏の記事はひと続きの文章の途中であり、ことさらに紙背に記す必要性も感じられない。先ほどは、表の「八、九人ばかり」でいったん意識が途切れてしまい、改めて紙背に裏書として記したとか、二行目を記そうとした際に「十月　小」という月の記載のある行が見えてしまい、そこまで詰めて記すと月の記載がわかりにくくなると考えて、紙背に記すこととしたと推測したが、それでも腑に落ちない部分がある。改めて、『御堂関白記』と道長の謎は深まるばかりである。

繰り返すが、道長は表でいったん文脈を切って、裏には裏に書きたい事柄を記すことが多いとはいうものの、ここまで短い表の記事に続いた裏書は少なく、古写本の書写者「某」が見落としてしまったのも無理はない。とはいえ、この場合は後で九月卅日条の裏書に気付いて行間に補ったからよいものの、最後まで気付かなかった例もあるのではないかと恐れる。

自筆本と古写本が両方残っている年は少なく、古写本しか残っていない年だと、その裏書は永遠に読めなくなっている可能性もある。そのような例がなるべく少ないことを祈るばかりである。

註

（1）その一部は、倉本一宏『藤原道長「御堂関白記」を読む』（講談社、二〇一三年）に、写真と共に示しておいた。
（2）倉本一宏「『御堂関白記』の裏書」（本書第一部第一章）。
（3）陽明文庫編『陽明叢書　御堂関白記　五』（思文閣出版、一九八四年）。
（4）倉本一宏「『御堂関白記』の裏書」（前掲註（2））。
（5）東京大学史料編纂所・陽明文庫編纂『大日本古記録　御堂関白記　下巻』（岩波書店、一九五四年）。

第四章　平松本『御堂関白記』と『御堂御記抄』

はじめに

藤原道長の日記である『御堂関白記』は、自筆本が現存する世界最古の日記として、きわめて貴重な史料である。道長は、政権を獲得した長徳元年（九九五）から日記を記し始め、寛弘元年（一〇〇四）からは継続的に書き続けている。現存するものは、長徳四年（九九八）から治安元年（一〇二一）の間の記事である。

元々は半年分を一巻とした具注暦に記した暦記が三六巻あったと考えられる。京都市右京区の陽明文庫に、自筆本一四巻、平安時代の古写本一二巻が伝わっているが、その伝来の経緯により、散逸してしまった年も多い。

特に寛弘二年（一〇〇五）の後半から寛弘四年（一〇〇七）の前半にかけて、そして寛弘五年（一〇〇八）の前半については、道長女の彰子が時の一条天皇の真の意味におけるキサキになり、敦成親王（後の後一条天皇）を懐妊する時期だけに、自筆本も古写本も現存しないという状況は、まことに残念と言うしかない。

このような時期の欠を補うのが、予楽院本系統（予楽院本一七冊・柳原本一一冊・明治十八年本四冊・明治十七年本八冊）、元禄本系統（元禄本二冊・久世本一冊・藤波本五冊・松岡本三冊・平松本五冊・菊亭本五冊・滋野井本六冊・林崎文庫本五冊・天保献本二冊・神習文庫本二冊・秘閣本五冊・内閣本三冊・甘露寺本五冊・榊原本五冊）、壬生本系統（壬生本一冊・鷹司本二冊・鷹司秘本四冊・天明本三冊）などの、いわゆる新写本（転写本とも）である。

『大日本古記録 御堂関白記』(1)では、自筆本も古写本も現存しない年については、平松本（京都大学附属図書館蔵、平松家旧蔵）という写本を底本として使用している（長和二年〈一〇一三〉の前半だけは、古写本が現存するにもかかわらず、平松本を使用している。これは平松本の他の四冊が古写本を転写しているのに対して、長和二年前半だけは自筆本を転写しているため、オリジナルに近いと考えたためである）。

ところが、この平松本が、数ある新写本の中で最も善い本と言えるかどうかは、いささか心許ない。『大日本古記録』は、松岡本や壬生本、久世本、柳原本、朽木本と校合してはいるが、やはり底本として平松本が最善であったかどうかは、再考の余地を残している。

本章でその可能性を検討してみたいのは、陽明文庫蔵『御堂御記抄』が新写本を補うものとして使えるかどうかという問題である。

一　『御堂御記抄』について

『御堂御記抄』というのは、『御堂関白記』からの抄出本である。七種の形態があり、第一種から第五種までは古写本からの抄出、第六種と第七種は自筆本からの抄出とされている(2)。いずれにせよ、平安時代の本を見て、それを抄出したものであり、元の自筆本や古写本を、いかばかりかでも復原するための材料となり得るかの如くである。

いま、『御堂御記抄』に記された記事の条数を列挙すると、以下の通りである。

・第一種　　長徳元年　　　一七条
・第一種後半　寛仁元年　　七条（他に『権記』『師実公記』の抄出あり）
・第二種　　長徳四年～寛弘元年　五五条

・第三種　長保二年〜寛弘三年　三条
・第四種　長保二年　一六条
・第五種　寛弘元年〜寛仁四年　七二条
・第六種　長和四年　一条
・第七種　寛仁元年　一条

これら『御堂御記抄』全般に関する本格的な研究も、これから始めなければならないのであるが、本章においては、『御堂関白記』のうち、自筆本も古写本も現存しない年について、平松本と『御堂御記抄』第三種・第五種とを比較することとする。

	寛弘二年下	寛弘三年上	寛弘三年下	寛弘四年上	寛弘五年上
予楽院本					
柳原本					
十八年本					
十七年本	○	○	○	○	○
元禄本	○	○	○	○	○
久世本	○	○	○	○	○
藤波本	○	○	○	○	○
松岡本	○	○	○	○	○
壬生本	○	○	○		
鷹司本	○	○	○		
鷹司秘本				○	○
天明本	○	○	○		
平松本	○	○	○	○	○
御記抄	○	○	○	○	

古写本を転写した平松本と、古写本を抄出した『御堂御記抄』の共通部分を比較することによって、『御堂御記抄』の抄出状況を推定し、ひいては『御堂御記抄』が当該年の『御堂関白記』本文を確定するための材料となり得るか否かを確認したい。

二　自筆本・古写本の現存しない期間の『御堂御記抄』

『御堂関白記』の自筆本も古写本も現存しない期間は、以下の通りである（長徳二年から三年、長保三年から五年にかけても現存しないが、そもそも道長がこの期間には日記を記していなかったと思われる）。

寛弘二年下

寛弘三年上・下

寛弘四年上

寛弘五年上

これらの期間のうち、『御堂御記抄』が現存するのは、以下の一八条である。

寛弘二年　五条

第五種

《学生試》寛弘二年七月十日、丙辰、御書所学生等召弓場殿被試、

《被物拝》寛弘二年七月廿九日、相撲王卿被物、拝舞、

《作事》寛弘二年八月廿二日、土御門西二対立柱上棟、

《堂供養》寛弘二年十月十九日、甲午、浄妙寺供養、

《作事》寛弘二年十二月廿一日、乙未、法■性寺立五大堂、

寛弘三年　七条

第三種

同三年

正月一日、甲辰、天晴、家人拝礼如常、加立上卿六所・四位以下百五人、

第五種

《文章生試》寛弘三年三月四日、丙午、文章生試、

《作事》寛弘三年七月廿七日、丁卯、立法性寺五大堂、辰時上棟、
《堂事》寛弘三年八月七日、丁丑、法性寺新堂奉渡丈六五大尊、仏師等賜禄、
《家渡》寛弘三年八月十九日、己丑、奉幣、戌時渡小南、不用新宅儀、有碁手、
《競馬》寛弘三年九月廿二日、辛酉、於京極競馬行幸、
《作事》寛弘三年十月五日、甲戌、渡東三条見作事、

寛弘四年　六条

第五種

（裏書）「《寛弘四年三月三日講詩四日、》」
《家渡》寛弘四年二月廿一日、戊子、渡東三条、
《作事》寛弘四年三月十五日、壬子、立小南小屋、
《御盃》寛弘四年四月廿五日、於御前有作文幷楽、
同廿六日、壬辰、辰時□□講文、賜酒肴、一献後、右衛門督献御酒御盃、賜中務親王代盃飲後、
従西階下拝舞、昇従長橋後、下巡、
《長斉》寛弘四年（閏脱）五月十五《七》日、壬午、巳時御精進、

寛弘五年　なし

第三種が寛弘三年の記事について一条存する他は、すべて第五種である。

阿部秋生氏の研究(3)によると、第三種は軸物であり、長保二年、寛弘二年、寛弘三年の記事が、それぞれ一条ずつ記されている。箱の裏には「宇治殿御筆師実公加筆」とあるが、実際には道長の曾孫である師実の筆になるものとされる。

第五種（第一函第七号）は、長保六（寛弘元）年、寛弘二・三・四・五・六・七・八・九（長和元）年、長和二・四・五（寛仁元）年、寛仁二・三・四年にわたる抄出である。外題には、

一條
長保六年　改長保六年為寛弘元年　道長公御記頼通公自筆

と、その傍らの貼紙には、「師実公御筆也子細見寛弘二六廿七之御記」とある。阿部氏によれば、「この抄出の筆者は師実以外には考えられない」という(4)。

それでは、これら一八条の『御堂御記抄』を、それぞれの基となった日の平松本『御堂関白記』の記事と比較してみよう。上段に平松本『御堂関白記』、下段に『御堂御記抄』を示しておく。平松本『御堂関白記』のうち、『御堂御記抄』と共通する箇所には傍点を付した。

『御堂関白記』（平松本）

1・寛弘二年七月十日条（平松本第一冊）

十日、丙辰、早朝参内、望御書所学生等召弓場殿被試、参者九人、其座北上西面、監守近衛亜将座北壁下、西上南面、文台立戸西間、御題賜頼定朝臣、々々々召学生上﨟、賜之、学生従右近陣、二人欠、四人献文、依文宜乍四人補寄、就左仗奏施来文、去月可行也、而朔間有悩事不参内次献着、仍于今、晩景退出、

2・寛弘二年七月廿九条（平松本第一冊）

廿九日、乙亥、寅時中宮御南殿、時剋御出、東宮上給、自余如昨日、召二番、右勝、奏楽各八曲、輪台間上御簾、上達部給瓜、楽了間賜被物、親王大臣御衣、

『御堂御記抄』

《学生試》

寛弘二年七月十日、丙辰、御書所学生等召弓場殿被試、

《被物拝》

寛弘二年七月廿九日、相撲王卿被物、拝舞、

自余大掛、王卿拝舞退出、還御後中宮又還御、

3・寛弘二年八月廿一日条（平松本第一冊）

廿一日、丁酉、土御門立西二対、居石、

・寛弘二年八月廿二日条（平松本第一冊）

廿二日、戊戌、立柱上棟、

4・寛弘二年十月十九日条（平松本第一冊）

十九日、甲午、浄妙寺供養、天晴、以時寅出立、月如昼、辰始着寺、女方下借屋、与春宮大夫同、巳時吉時打鐘、々声如思、此間上達部十人許先来、午時人々来具、未時入堂、大会儀如常、無楽、式部・弾正着南大門内東西幄座、次諸僧入堂、外記行事、証者覚慶前大僧正、導師前大僧正観修、呪願大僧定証、唄大僧都済信・前大僧厳久、散花少僧都院源・律師明肇、引頭慶命・尋光等律師、堂達林懐・庄命等也、在法服、納衆卌人、此中綱八人、讃衆廿人、梵音衆廿、錫杖衆廿人、威儀二人、定者二人也、会指図在別、入礼上達部右府・内府・前帥・春宮大夫・右衛門督・左衛門督・中宮権大夫・権中納言・藤中納言・勘解由長官・左兵衛督・左大弁・大蔵卿・修理大夫・三位中将・宰相中将等也、不来人、尹中納言・式部大輔也、内蔵寮・冷泉院・花山院・皇太后宮・中宮・一品宮有御諷誦、一門男如可然所有此事、使々有禄物、酉時事了、人々還出、後始三昧、以院源僧都、令申事由、此前打火可付香者、余取火打、白仏言、此願非為現世栄耀・寿命福禄、只座此山先孝・先妣及奉始昭宣公諸亡霊、為無上菩提、従今後、来々一門人々、為引導極楽也、心中清浄、願釈迦大師・

《作事》

寛弘二年八月廿二日、土御門西二対立柱上棟、

《堂供養》

寛弘二年十月十九日、甲午、浄妙寺供養、

普賢菩薩自証明給、打火是為用清浄火也、早付為悦、晩付不為恨、祈請打火不及二度、一度得火、盛渡数行、見聞道俗流渡如雨、付香挙灯明、白事由権三宝、堂僧時剋吹螺、新螺声未調不快、余作念言、始吹螺欲奉三宝、取螺試吹之、螺声長大也、万人盛悦之、留会之上達部春宮大夫・右衛門督・中宮権大夫・左大弁・修理大夫・三位中将・宰相中将等也、別当前大僧正観修、三綱随彼定、別当堂僧等送房具、寺名観修付也、式部権大輔願文持来、有禄物、左大弁願文・呪願等書、従中宮名香給、使公信朝臣賜禄物、供養三昧経、件経毎巻初只手自書、此外法華経一百部・心経百供養、事了子時許還来、京雪雨下、寺無此事、還間月明々、還間、領作寺貞仲朝臣賜袙、

5・寛弘二年十二月廿一日条（平松本第一冊）

廿一日、乙未、候御物忌、着左丈座、定朝拝侍従、次定荷前事使、有召参御前、被仰云、可定作宮事、可召諸卿、而御物忌也、定別当・行事、国充定申陣者、召硯・紙、随依書、別当権中納言俊賢・参議行成、行事左中弁道方・右少弁広業・左大夫内蔵為親・右大夫伴季随、書了御覧後、返給、着陣座、召文書等宛定、左大弁執筆、此間従御前播磨守陳政申文給、文云、以私物作常寧殿・宣耀両、賜重任宣旨、諸卿式申云、未功了、非可有賞、又申云、有公益可被免者、余申云、人々所申可然、未功了、領賞事雖不宜、有被免例、依公益可被免、可然所、被加如何、以此由奏聞、被仰云、可被充国難堪云々、可然所定充免給者、行加宿所屋、定了奏聞、亥時退出、候内、従勧学賀巻数持来、六位別当行信賜被物、法性寺立五大堂、即初作仏、各丈六、造料米五百石送座主房、

《作事》

寛弘二年十二月廿一日、乙未、法■性寺立五大堂、

6・寛弘三年正月一日条（平松本第二冊）

一日、甲辰、天晴、家人拝礼如常、立加上卿六所・四位以下五百人、次参内、被仰、小朝拝以無宜思如何、奏云、是年首例事、不侍無便歟、猶可被行、出殿上与上達部相議、令奏云、小朝拝依例可奉仕者、依例可奉仕由有仰、如常小朝拝、了御南殿、節会如常、但侍従列可有庭中、而不立標、下中島、立座前、是□也、又宣命二段、可有舞、只両段再拝、是違例也、御暦・氷様等奏付内侍所、小朝拝後、左衛門督示云、今日欠日、而二位後未立列、初立如何、我命云、被従他事忌如何、但如□付人御思云、命云、小野宮殿中納言之後被立列、立申日、以此由被申定、貞信被仰云如命、而右大将示云、従申日欠日重忌、可忌者、付彼事退出、

7・寛弘三年三月四日条（平松本第二冊）

四日、丙午、従夜雨下、暁中宮渡於南殿、辰時御渡給、女方料屯物北廂台居、御懸々夜御衣、紅打二重、同色張二重、白張二重、御袴二腰、御直一領、巳時人々参入、上達部饗設陣座、殿上人饗儲殿上、蔵人所饗本所、上官本所、侍従東門内、南廊諸陣所々賜屯物、奉御膳、沉懸盤六・銀土器・香染打敷、殿上人従南面供之、其後召右大臣、賜家女・家子・家司爵級、大臣召頼□、仰叙従三位由、頼□従高渡殿西階下西廊、於中間拝舞、従右近陣方出、於宿所、我着衣、家子等奏慶、被免殿上、家女奏云、停賜加階、賜右近少将雅通加階者、被仰云、加階有本意給、雅通列賜之四位、奏慶、次被免殿上、召諸卿御前、依次仰、召文人等、雖雨止、西廊内賜座、以勘解由長官、令召之、参着後、承仰、「文台

同三年
正月一日、甲辰、天晴、家人拝礼如常、加立上
卿六所・四位以下百五人、

《文章生試》
寛弘三年三月四日、丙午、文章生試、

賜紙筆後立殿上、近衛下内蔵司」権中納言忠輔献題、渡水落花舞、奏聞後、聞人付韻字、軽字、召匡衡朝臣、賜題、仰可献序由、未献題前、実成・頼定等献御硯・紙等、内蔵権頭為義、率殿上五位、硯賜公卿召人、次大納言以下献々物於庭中、右大臣問之、申物名、給膳部、次供脇御膳、是儲所如脇御膳、用銀器、次賜公卿衝重、両三献後、船楽発音、龍頭鷁首数曲遊浪上、当御前留船、奏舞各二曲、此間上下文人等献文、中宮幷宮之御方献御膳、中宮懸盤六、有打敷、銀土器、取文台、講文講書、序宜作出、仍序者男挙周、被補蔵人了、召伶人、公卿禄物、上下諸司・諸衛皆有此事、次献御馬十疋、近衛馬寮給之、如駒牽儀、次献御送物、次行幸、次中宮渡給、東宮又渡枇杷殿給、擬文章生依雨不召、

8・寛弘三年七月廿七日条（平松本第二冊）

廿七日、丁卯、候内、立法性寺五大堂、辰時上棟、午時遣清通朝臣令行事、匠等賜禄物、各有差、領事僧等同之、

9・寛弘三年八月七日条（平松本第二冊）

七日、丁丑、参法性寺新堂、奉渡丈六五大尊、仏師等賜禄物、僧都引出牛、上達部六七許被座、殿上人廿人許、帰後東宮、□元服饗事定仰、初最勝講、七口、

10・寛弘三年八月十九日条（平松本第二冊）

十九日、己丑、臨時立奉幣、於八省院、廿一社、午時参、奏清書間雨下、雷鳴、於戌時渡小南、不用新宅儀、有基手、

11・寛弘三年九月廿二日条（平松本第二冊）

《作事》
寛弘三年七月廿七日、丁卯、立法性寺五大堂、辰時上棟、

《堂事》
寛弘三年八月七日、丁丑、法性寺新堂奉渡丈六五大尊、仏師等賜祿禄、

《家渡》
寛弘三年八月十九日、己丑、奉幣、戌時渡小南、不用新宅儀、有碁手、

《競馬》

廿二日、辛酉、卯一剋参内、有雨気、上卿皆参入、同二剋乗輿出宮、着東院東大路間、雨下、右近中将実成仰笠宣旨、入於西門、着寝殿給、此後雨止、東宮参給、貢御馬十疋貢、左六・右四給之、此後又雨下、待雨間、御馬場殿、腰輿、此□船楽、蘇芳菲・駒形、舞在庭、楽在船、御馬場、自埒東西下、南着馬場殿間、三的下群立、次東宮経西廊幷当簀子・中島等、馬場殿後廊着御在所給、召上卿間、雨下、内侍臨南階、左近中将頼定告此由、王卿不着幄下、依深雨立西廊馬道、余参上着座、次皇太子参上給、次王卿参上、自余事如式、勅使馬出左中弁道方朝臣・少納言朝任、馬駐標下兵庫頭聞、供膳宰相中将経房、東宮右近中将実成、六番了、入夜不馳遺御馬、々射・出馬等同停之、戌時御寝殿、東宮渡西対給、以頼定朝臣召余、次召王卿、次以実成朝臣、東宮可参上給有御消息、即参上給、供御膳、置物机二、懸盤四脚有、六二止、右衛門督陪膳、東宮御膳実成朝臣、銀□□高坏二脚、深折敷、賜王卿膳、次召伶人、御遊数曲、此間雨止、次諸司諸衛女官賜禄物、次王卿納言已上女装束、参議綾掛・袴、殿上人四位白掛一重・袴一具、五位白掛一重、六位童袴、此間右大臣御座下、有頼□給一階之宣旨、頼□出於中庭、拝舞、献送物、箏御琴春宮大夫、琵琶右衛門督、和琴源中納言、御入、東宮立給御西対、御送物笙・笛等也、左衛門督・権中納言取之、乗輿出西門、中宮大夫承令旨、仰啓陣可令入東宮御車由、而東宮於門外立御車云々、東宮殿上人・帯刀等賜禄、女方典侍御乳母女装束・絹八疋、内侍綾掛・袴・絹五疋、命婦白掛一重・袴・絹四疋、女蔵人白掛一重・絹三疋、自余女官等各有差、

寛弘三年九月廿二日、辛酉、於京極競馬行幸、

12・寛弘三年十月五日条（平松本第二冊）

五日、甲戌、渡東二条見作事、次入道中納言被来、入夜帰、亥時許未申方火見、冷泉院御在所南院、馳入、東三条御西門、即東対御装束御座、夜深還出、華山院参給、諸□皆以参入、

13・寛弘四年二月廿一日条（平松本第三冊）

廿一日、戊子、従内還出、到東三条還、入夜与女房又渡、

14・寛弘四年三月四日条（平松本第三冊）

四日、辛巳、文成、就流辺清書、立流下、立廻草壑、講詩、池南廊楽所数曲有声、昨日舞人着重衣、今朝位袍、講書了間被物、納言直・指貫、宰相直、殿上人或絹掛、或白掛、五位単重、殿上六位袴、自余疋絹、序匡衡朝臣、講師以言、従一条還来、

15・寛弘四年三月十五日条（平松本第三冊）

十五日、壬子、依立小南屋、渡一条、参内、欲候宿、有方忌出了、女方同之、

16・寛弘四年四月廿五日条（平松本第三冊）

廿五日、辛卯、御前御装束、東方御障子一間遣東、昼御東間立大床子一双、又立置物机一双、置御硯筥、従西階間西又廂鋪畳、親王公卿座、庭中当御座立文台、南殿北砌従文台西間、鋪二行、鋪文人座、従滝口前立大鼓一面（左衛門府無台）、滝口廊内召人・楽人座、酉時中務卿親王参、未前召御前、暫鋪昼御座西間西柱許鋪円□一枚、長押上、有暫退出後、撤御座等、召人、酉時中務親王・前大宰帥親王・余・右大臣・内大臣・東宮傅・右衛門督・左衛門督・権中納言・尹中納

《作事》

寛弘三年十月五日、甲戌、渡東三条見作事、

《家渡》

寛弘四年二月廿一日、戊子、渡東三条、

（裏書）

「《寛弘四年三月三日講詩四日、》」

《作事》

寛弘四年三月十五日、壬子、立小南小屋、

《御盃》

寛弘四年四月廿五日、於御前有作文幷楽、

言・中宮権大夫・新中納言・勘解由長官・左大弁・左兵衛督・式部大輔・宰相中将・春宮権大夫・三位中将・源三位・右兵衛著座、下﨟公卿長橋敷円座候、次召文人、御料帋頼定朝臣入楊筥、加高坏、経公卿座前、入従西第二間、立置物御机上、次殿上人取紙・筆給親王・公卿、内蔵官人賜文人、御召、余唯称、従座前進、昇長押候御座未申角、承仰、復座、召権中納言藤原朝臣、仰可献詩題由、中納言復座、書題目持来、取之座前入筥、従同道前奏之、勅許了又令書、召文人、一座為憲給題、乍居本座給之、其次仰以言奉仕序由、次王卿属文者探韻、殿上人・文人又聞、了参音声如、文人従仙華門着座、右兵衛尉多吉茂一皷、召人等云、着座後上下賜衝重、二献後、供御膳、此間奏楽、通夜物音不断、已暁了、

17・寛弘四年四月廿六日条（平松本第三冊）

廿六日、壬辰、々時献序、此召人等献作文、依仰令取文台筥、右近少将済政朝臣以筥置座上、依召参御前、召御円座、鋪大床子南、御之、可奉仕講師匡衡朝臣講文、此間王卿・殿上人近候、召人候砌下、講了復座、賜酒肴、一献後、右衛門督献御酒御盃、中務親王代盃飲後、従西階下拝舞、昇従長橋後、下巡、召余、経簀子候長押下、近召、仍上候、仰云、両人親王各可叙一品者、退下進座上仰両親王、外殿上令召候召人、大内記宣義仰可作位記由、此両親王下従長階拝舞、復本座、此間奏楽二曲了、罷出音声如入儀、召人等留候御竹下、余献御笛、中務親王琵琶弾、宰相中将吹笙、令召候雅風朝臣、孝義・知光・則友・長能・公忠・遠理・致貴・為時敦信通直宣義積善時棟忠真頼国孝行・惟信等也、

同廿六日、壬辰、辰時□□講文、賜酒肴、一献後、右衛門督献御酒御盃、賜中務親王代盃飲後、従西階下拝舞、昇従長橋後、下巡、

文人為憲・孝道・善言・弘道・以言・業直・輔尹・為時・敦信・通直・宣義・積善・時棟・忠真・頼国・義忠・章信等立座退出、次召人等賜疋絹、殿上人又内、親王・大臣大掛一重、加御下重、納言以下大掛一領、事了退出、両親王参中宮御方、被啓賀、大夫啓之、恐々不少、是我君達也、右大臣・内大臣・東宮傅・尹中納言・権中納言・左兵衛督・宰相中将・春宮権大夫・三位中将等不献文、或夜部退出、

18・寛弘四年閏五月十七日条（平松本第三冊）

十七日、壬午、巳時渡精進所室町高雅宅、先出東河解除、籠人々源中納言・権大夫・知章朝臣・能通朝臣・済政々々・忠経・広業・為義・孝義・斉・為理・親平・順時・頼行・正・々忠七八人許也、参内、説経・御読経、朝座講師定澄、問者明尊、夕座講師覚運、問者仁善、未時初、戌時了、従申時許小雨下、

《長斉》

寛弘四年五月十五〈七〉日、壬午、巳時御精進、

三　平松本『御堂関白記』と『御堂御記抄』

以下、それぞれの条について、両者を比較してみよう。

1・寛弘二年七月十日条

『御堂御記抄』は、七月十日条の日付と干支、御書所学生試に関する記事の冒頭部分のみを抄出している。文字はすべて、平松本と同じである。

2・寛弘二年七月廿九条

これは、『御堂関白記』の「楽了間賜被物」と「王卿拝舞退出」のうち、「王卿」を「被物」の前に持ってきて、「拝舞」をその後に配置するといったかたちで「抄出」を行なっている。また、「王卿」の前に「相撲」という語があるが、これは、この日の前後の記事によって、この日が相撲召合であることがわかるのであって、この日の記事に「相撲」という語があるわけではない。この日の『御堂御記抄』を見る限り、『御堂御記抄』が『御堂関白記』本文を正確に復原するための材料とすることができないことは、明らかである。

3・寛弘二年八月廿二日条

この例はさらに、『御堂関白記』廿一日条の「土御門立西二対、居石」と廿二日条の「立柱上棟」を一つにして、廿二日条として「土御門西二対立柱上棟」という「抄出」を行なっている。たしかに廿二日条の「立柱上棟」だけでは、何の立柱上棟かがわからないのではあるが、これでは、いったい何日条の抄出かもわからなくなってしまっているのである。

4・寛弘二年十月十九日条（図1）

道長にとっては重要な意味を持つ浄妙寺供養の日の記事である。『御堂関白記』では、彼にしては珍しく、詳細な式次第を記しているにもかかわらず、『御堂御記抄』では、冒頭の「浄妙寺供養」だけを抄出している。これでは抄出というよりも、目録の表出のようなものである。道長が自ら火打ち石を打ったところ一度で火が付き、「見聞する道俗、渡

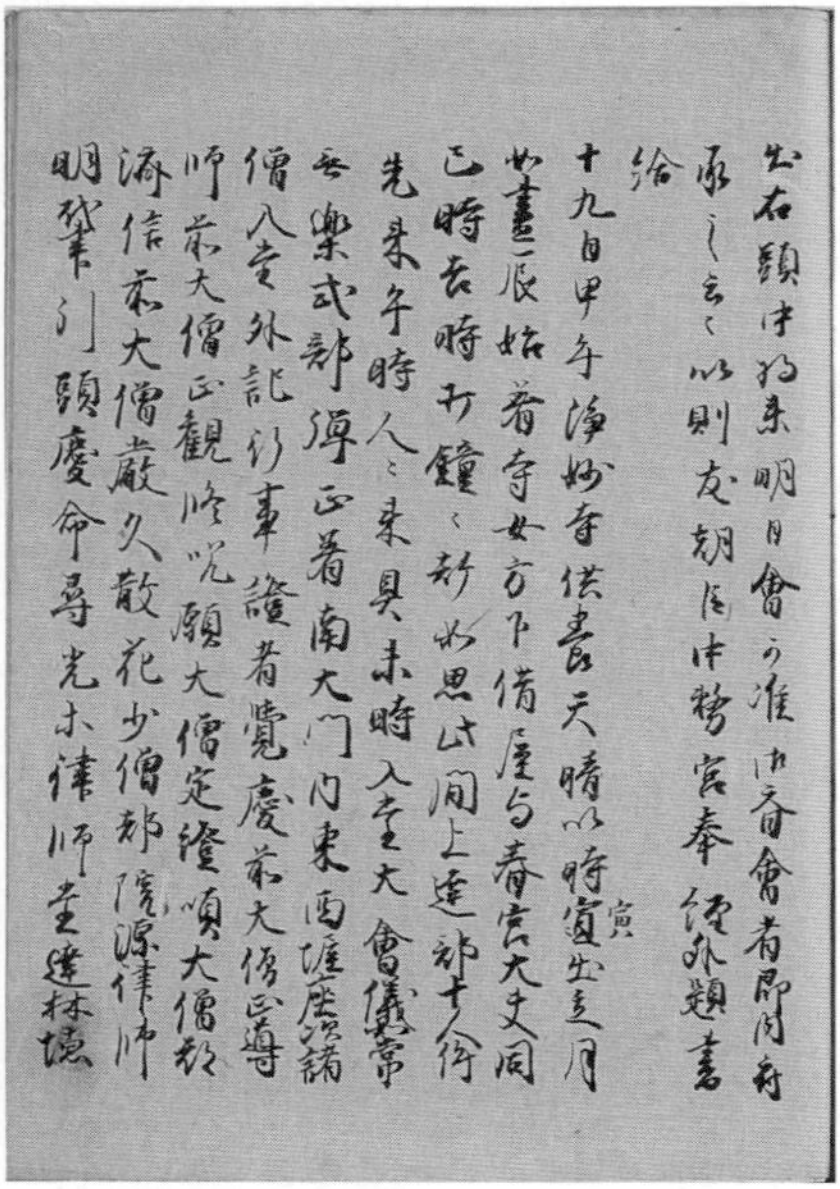
出右頸中将来明日會之准中宮會者即問有
承之云々以則友朝臣中務宮奉 使外題書
給
十九日甲午浄妙寺供養天晴以時賔《寅》出立月
如晝也辰始着寺女方下備屋而春宮大夫同
巳時着時打鐘々新如思此間上達部十人許
先来午時人々来集未時入堂大會儀常
無樂式部卿源中着南大門内東西座諸
僧入堂外記行事證者覺慶前大僧正導
師前大僧正觀修呪願大僧定澄唄大僧都
濟信前大僧都嚴久散花少僧都院源律師
明尊引頭慶命尋光小律師堂達林懐

図1 平松本 寛弘二年十月十九日条（京都大学附属図書館蔵）

（涙か）を流すこと雨のごとし」という状況になったとか、僧が吹き鳴らせなかった法螺貝を道長が取って吹いたところ、その声が長大で、「万人、盛んに之を悦ぶ」となったことなどは、『御堂御記抄』には必要なかったのであろう。

5・寛弘二年十二月廿一日条

これも道長が、藤原北家の氏寺とも称すべき法性寺に、自己の家の堂となるべき五大堂を建立し、その本尊となる仏像（五大尊）を造り始めたという日である。ところが『御堂御記抄』では、『御堂関白記』の記事の末尾にある「法性寺立五大堂、即初作仏、各丈六」のうち、「法性寺立五大堂」だけを「抄出」してしまっている。これではあたかも、この日に五大堂が建立されたかのような誤解を与えてしまうのである（実際に五大堂が上棟されたのは翌寛弘三年七月二十七日、五大堂供養が行なわれたのは寛弘三年十二月二十六日のことである）。『御堂御記抄』を見ただけでは、この日に何が起こったのかさえも、わからなくなってしまうのである。

6・寛弘三年正月一日条

この条のみが第三種『御堂御記抄』である。この年の元旦の記事のうち、『御堂御記抄』は道長邸における元旦儀礼を抄出している。「次参内」以下は内裏における小朝拝や元日節会の儀礼なので、すべて省略してしまっている。平松本『御堂関白記』では道長邸の拝礼に「立ち加」わった公卿というところを、『御堂御記抄』では「加へ立」った公卿という語順にしているが、これはむしろ『御堂御記抄』の方がオリジナルの『御堂関白記』に近いものと言えようか。同様、四位以下の殿上人が「五百人」もやって来たというのも考えがたく、『御堂御記抄』の「百五人」が実数であろう。これなどは、『御堂御記抄』が新写本しか残っていない時期の『御堂関白記』の復原に裨益できそうな例ではあるが、その見極めは、きわめて困難である。

7・寛弘三年三月四日条

文章生試に関する記事であるが、『御堂御記抄』は、『御堂関白記』の詳細な記事をすべて捨象し、「文章生試」と、この日にあった儀式の項目だけを記している。『御堂関白記』には「文章生試」という語は見えないのであるから、これは本文の抄出というよりは、目録のようなものである。もし平松本『御堂関白記』が残っていなかったとしても、『御堂御記抄』から『御堂関白記』本文を復原することはできない。

8・寛弘三年七月廿七日条

道長が自己の家の結集のための堂として建立していた法性寺の、五大堂の上棟の記事である。この場合は、日付と干支から、『御堂関白記』の記事を前半部分だけ抄出している。元々の『御堂関白記』の記事の前半部分が、あたかも目録の見出しのような記述だったから、このような抄出となったのであろう。

9・寛弘三年八月七日条

法性寺の五大堂に丈六五大尊を安置したという記事である。『御堂関白記』の記事のうち、「参」を抜かして、以下を「禄」までそのまま抄出し、禄物の細目は省略している。『御堂関白記』の記事がこのように時間の推移に沿って記された場合は、抄出しやすいのであるが、いつもそういうわけにはいかず、時間順に記載しない例の方が多いのである。

10・寛弘三年八月十九日条

道長の二十一社奉幣と、小南第への移徙を記した記事であるが、『御堂関白記』の記事の「臨時立奉幣、於八省院、廿一社、午時参、奏清書間雨下、雷鳴」のうち、「奉幣」のみを抄出し、「於戌時渡小南、不用新宅儀、有碁手」のうち、ほとんどの「戌時渡小南、不用新宅儀、有碁手」を抄出している。この日の『御堂御記抄』には「家渡」という項目が立てられているが、「奉幣」が入っていると、移徙に伴って奉幣が行なわれたかのような印象を与えてしまう。いくらなんでも、道長の私邸の引越に際して（しかも、土御門第の敷地内の小南第に移っただけである)、二十一社に奉幣などするはずはなく、これは『御堂御記抄』筆者の失考と言うべきであろう。

11・寛弘三年九月廿二日条

道長の土御門第への競馬行幸の記事であるが、詳細な『御堂関白記』の記事を、『御堂御記抄』はまったく「抄出」することなく、「京極」(土御門第のこと)に「競馬行幸」が行なわれたという事実のみを記す。これでは抄出というよりも目録のようなものとなっている。

12・寛弘三年十月五日条

道長が東三条殿の造作を見聞したという記事である。大日本古記録は、『御堂御記抄』を「東三条見作事」と翻刻してしまっており、「東三条、作事を見る」と、わけのわからない文となっているかのようであるが、陽明叢書の写真版では「渡東三条見作事」とあり、『御堂御記抄』も「東三条に渡り、作事を見る」と正しく訓める。なお、平松本『御堂関白記』では「東二条」と誤写しているのに対し、『御堂御記抄』では「東三条」と正しく表記している。平松本よりも質のよい本を抄出したことによるのであろう。

13・寛弘四年二月廿一日条

前夜の内裏候宿から明けて、室の倫子と共に東三条殿に還ったという記事である。『御堂関白記』本文では候宿を承けての記事だけに、「還」という表現となっているが、『御堂御記抄』では候宿についての言及がないことによるものか、「渡東三条」という表現となっている。ただ、これが本文を意図的に書き替えたものか、平松本以外の『御堂関白記』本文では元々「渡」という表記がなされていたのかは、わからない。

14・寛弘四年三月四日条

『御堂関白記』本文によると、三月三日に土御門第において曲水宴と詩会が行なわれ、四日に講詩が行なわれている。『御堂御記抄』では、三日の詩会については何も触れずに、「三日講詩四日」という表現で、三日に作られた詩を四日に講じたことを示している。

15・寛弘四年三月十五日条

『御堂関白記』本文では、「小南第に屋を建てるので、忌みを避けるために一条第に移った」という記事となっているが、『御堂御記抄』では小南第に屋を建てたという部分のみを抄出している。

16・寛弘四年四月廿五日条

内裏密宴が開かれ、一条の御前において作文会と楽があったことを記す記事である。『御堂関白記』本文では長い記事を記しているが、『御堂御記抄』では、『御堂関白記』の「未前召御前」という記事以下の趣意文として「於御前」と記し、それ以下の儀式の記事を抄出して「有作文」という文を作っている。また、『御堂関白記』の「此間奏楽」以下を抄出して「(有) 楽」という文を記している。『御堂御記抄』の記事だけを見ても、『御堂関白記』本文の記事を復原する手がかりとはできそうにない。

17・寛弘四年四月廿六日条

前日の内裏密宴の後に作られた漢詩を、この日の朝に召し、それを講じているという記事である。『御堂御記抄』は、「辰時」「講文」「賜酒肴、一献後、右衛門督献御酒御盃、中務親王代盃飲後、従西階下拝舞、昇従長橋後、下巡」と、『御堂関白記』本文の記事を忠実に抄出している。「賜中務親王代盃飲後」と「賜」を書き加えてはいるけれども、これは元々、平松本以外の本にはあった可能性もある。それが証明できれば、自筆本や古写本の本文を復原する手がかりとなるのだが、その見極めを行なうのは、きわめて困難なことである。

18・寛弘四年閏五月十七日条

八月に出立する道長の金峯山詣のための長斎開始の記事。『御堂関白記』本文の「巳時渡精進所」という記事を、『御堂御記抄』では「巳時御精進」と「抄出」している。細かな内容を省略するのならば問題はないが、このように道長の行為に対して「御」を付けたのでは、本文の抄出という範囲を越えてしまっている。もちろん、『御堂関白記』本文の記事を復原する手がかりには、まったくならない。なお、『御堂御記抄』は「閏五月」の「閏」を抜かし、日付も「十五日」と書いたうえで、「五」の傍らに「七」と記している。

おわりに――『御堂御記抄』の可能性

以上、一八条の記事について、平松本『御堂関白記』の本文と『御堂御記抄』の記事を比較し、「抄出」の様相が様々であることを確認することができた。簡単に分類すると、以下のようになろうか。

・『御堂関白記』本文の一部分のみを抄出する。文字は平松本と同じ　（1・6・8・9・17）
・『御堂関白記』本文の一部分のみを抄出する　（16）
・『御堂関白記』本文の一部分のみを抄出し、本来の記事の意味を変えてしまう　（5・10・12・13・15・18）
・『御堂関白記』本文の項目だけを記す　（4・7・11）
・『御堂関白記』本文の順序を入れ替えて「抄出」する　（2）
・『御堂関白記』の二日分の記事をまとめて「抄出」する　（3・14）

これらの結果を見る限り、『御堂御記抄』が『御堂関白記』の本文を復原するための根拠たり得るとは、とても考えられそうにない。阿部秋生氏も述べられているように、(5) この第五種『御堂御記抄』は、「現存する自筆本にも古写本にも欠巻となつている寛弘年間の一部分を伝えている点に於いて尊重すべき伝本ではあるが、……必ずしも原本に忠実な書写本とはいいがたい憾がある」のである。

本章においては、自筆本も古写本も現存しない時期に関する比較を行なったに過ぎないが、それでもこの結果は、『御堂御記抄』全体に関して適用できそうである。第五種以外の『御堂御記抄』については、自筆本、もしくは古写本との比較を、稿を改めて行ないたいところであるが、それほど異なる結果が得られるとは思えない。
以上、自筆本も古写本も現存しない時期の『御堂関白記』本文に関しては、複数の新写本の校合を基本とした、新たな研究の必要性があることを、改めて確認した次第である。

註

（1）東京大学史料編纂所・陽明文庫編纂『大日本古記録　御堂関白記　下巻』（岩波書店、一九五四年）。
（2）東京大学史料編纂所・陽明文庫編纂『大日本古記録 御堂関白記』（前掲註（1））解題。
（3）阿部秋生「藤原道長の日記の諸本について」（『日本学士院紀要』第八巻第二号・第三号、一九五〇年）。
（4）阿部秋生「藤原道長の日記の諸本について」（前掲註（3））。
（5）阿部秋生「藤原道長の日記の諸本について」（前掲註（3））。

第三部

『御堂関白記』の内容

第一章　「内府悦気有り」

はじめに

『紫式部日記』の寛弘五年（一〇〇八）十一月一日、敦成親王五十日の祝宴の場面に、

「三位の亮、かはらけとれ」などあるに、侍従の宰相立ちて、内の大臣のおはすれば、下より出でたるを見て、大臣酔ひ泣きしたまふ。

という記述がある。藤原顕光は几帳の綻びを引き破ってはしたない冗談を喋り、藤原実資は女房の袖口を取って着ている衣装の数を数え、藤原公任は「このわたりに、若紫やさぶらふ」などと言って紫式部を探しまわり、藤原隆家は女房を柱もとに引っ張り込んで聞き苦しい戯れを言いかけるという、信じられないような公卿連中の泥酔状態、まさに「おそろしかるべき夜の御酔ひ」という状況の中、内大臣の藤原公季は、道長に召された嫡男の実成が自分の下座から出てきたのを見て、「酔ひ泣き」していた、というのである。

考えてみれば、道長の女である彰子から誕生した敦成親王の祝宴というのは、道長が後宮をも制覇したことの披露を意味しているわけであり、たった一人の勝者と他のすべての敗者が確定したことを再確認する儀式のはずである。特に、女や姉がかつて一条天皇後宮に入っていたこともある顕光や公季、隆家にとっては、なかなか苦しい宴であったに違いない。公卿たちの酔態も、鬱屈した精神状態を割り引いて考えてあげるべきであろう。

それにもかかわらず、この公季の脳天気ぶりは、異彩を放っている。本章においては、摂関期の古記録、特に道長の記した『御堂関白記』に見える「悦気」という語を手がかりに、公季や道長の立場、ひいては当該期の公卿の人間関係の機微に触れてみたい。

一　「悦気有り」

「悦気」とか「興気」という語は、ある人が「ご満悦だった」「ご機嫌だった」という様子を示す語である。直接的な記主本人の喜びの感情を表わす「悦（ヨロコビ）」とか「興（オコリ）」、「咲（ワラヒ）」とは異なり[1]、他者が喜んでいる気配を記主が窺知する、といった語なのである。

ある儀式や政務の場において、あの人が喜んでいた、あるいは喜んでくれた、という事実を古記録に記すということは、その人が記主にとって、そういう様子を気に掛けなければならない対手であったことを意味する。言わば、記主から特別扱いを受けていた人物ということになるはずである[2]。

そこで、『御堂関白記』と同時代の『小右記』に見える「悦気」や「咲気」という語が、どのように使われていたかを、以下に検してみる。

『小右記』には、これらの語は、以下のように一三例見える。ところが、結果を先に述べると、『御堂関白記』

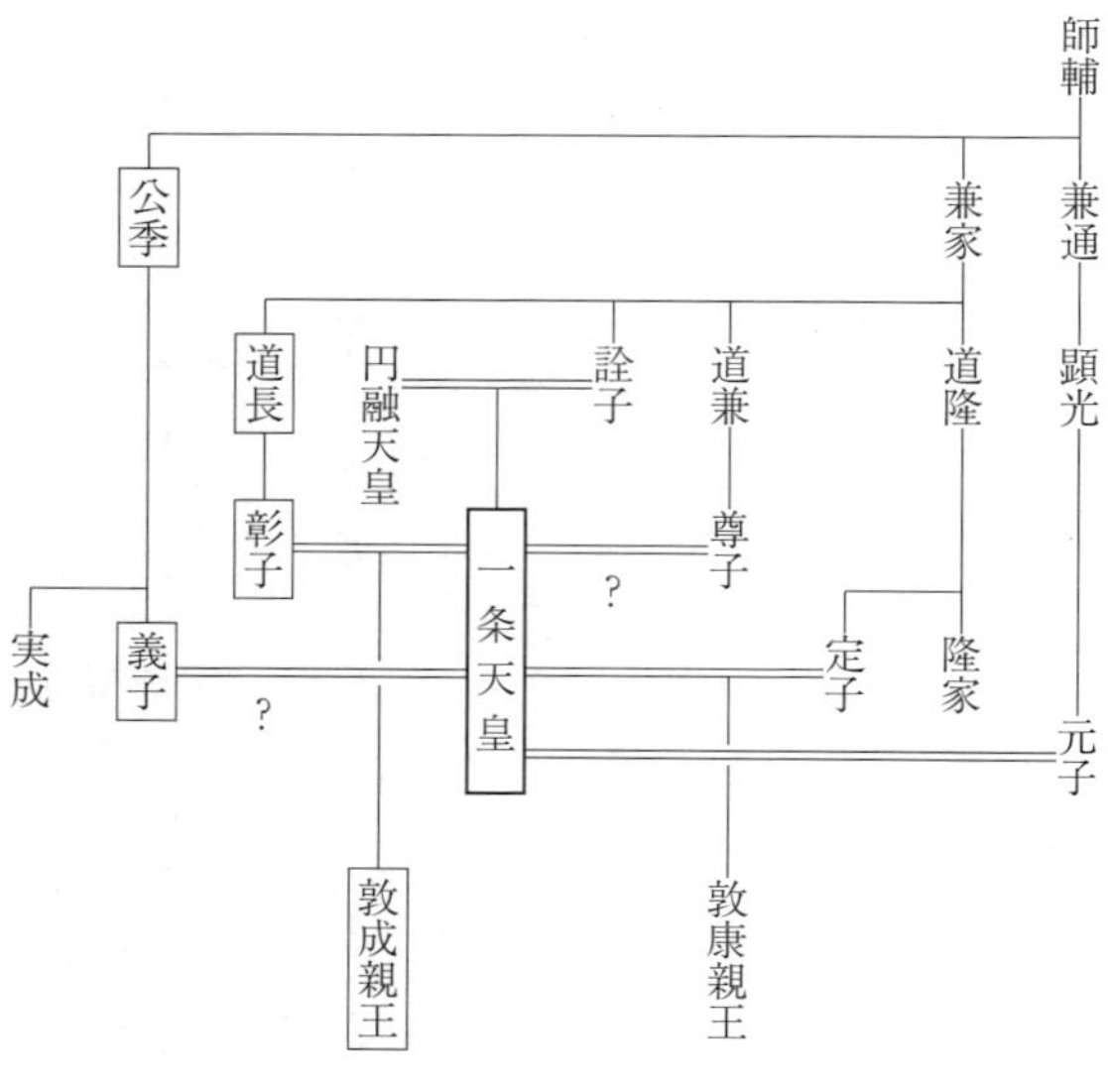

とは異なり、『小右記』に見える「悦気」は、公季とはまったく関わりなく、基本的には、ほとんどが道長に関する文脈の中に見えるのである。

『小右記』寛弘二年（一〇〇五）**三月九日条**

左府以前越後守尚賢朝臣被示昨日供奉之悦、尚賢云、悦気甚深者、

（左府、前越後守尚賢朝臣を以て昨日の供奉の悦びを示さる。尚賢、云はく、「悦気、甚だ深し」てへり。）

ここでは、前日の彰子大原野行啓への実資の供奉を喜んだ道長が、藤原尚賢を実資の許に遣わして、感謝の意を表わしているのであるが、尚賢が、道長の「悦気、甚だ深し」という様子を、実資に伝えたのである。[3]

『遷幸部類記』所引「野記」[4]**寛弘七年**（一〇一〇）**十一月廿八日条**

左大臣貢御馬十疋家司中将・少将・兵衛佐及他中少将・外衛佐・衛府侍中等牽御馬、片口近衛府官人取之、此間及黄昏、又雨降、仍不令騎、只一両廻了、左府云、中分可給左右歟、将次第可給歟、予答云、以上五疋給左、以下五疋給右、々可有愁、尚次第一給左、次第二給右、如此分給可無愁歟、相府頗有咲気、右大臣以此由奏聞、有天許、任申請可給者、仍分給了一三五七九左、二四、六八十右

（左大臣、御馬十疋を貢ず〈家司の中将・少将・兵衛佐、及び他の中少将・外衛佐・衛府の侍中等、御馬を牽く。片口、近衛府の官人、之を取る。〉。此の間、黄昏に及ぶ。又、雨降る。仍りて騎らしめず。只一両、廻らし了んぬ。左府、云はく、「中分して左右に給ふべきか。将た次第に給ふべきか」と。予、答へて云はく、「上の五疋を以て左に給ひ、下の五疋を以て右に給はば、右、愁へ有るべし。尚ほ次第一を左に給ひ、次第二を右に給へ。此くのごとく分け給はば、愁へ無かるべきか」と。相府、頻りに咲気有り。右大臣、此の由を以て奏聞するに、天許有り。「申請に任せて給ふべし」てへり。仍りて分け給ひ了んぬ。〈一・三・五・

七・九は左、二・四・六・八・十は右。〉）

一条天皇と中宮彰子が、道長の枇杷殿から新造一条院に還御した日の記事。道長が、自ら貢上した一〇疋の馬を、左右の馬寮に分給しようとしたのであるが、最上の馬から五疋を左馬寮、程度の悪い五疋の馬を右馬寮に取らせるべきか、はたまた順番に左右に取らせるべきかを実資に問うた。右近衛大将の実資としては、程度の悪い馬ばかりが右馬寮に来ることには我慢ができず、第一の馬を左馬寮、第二の馬を右馬寮、以下、順繰りに分給するように、道長に申し出たのである。元々ご機嫌だった道長は、笑ってこの申し出を受け容れ、一条に奏聞、一条も許可するということで（こんなことまで一々裁可しなければならない一条も大変だったであろうが）、一・三・五・七・九を左馬寮、二・四・六・八・十を右馬寮に、それぞれ分給した、というもの。後に述べるように、道長が何時も気を遣っている公季が左近衛大将、子息の教通が左近衛中将であったことも、道長の念頭にあった（したがって、実資の癇に障った）のであろうか。

『小右記』長和二年（一〇一三）**七月七日条**

暁更人々云、中宮御産平安遂給云々、仍令参資平、事依不審以随身取案内於源納言俊、還来云、丑刻許遂給、但女子者、相尋以書状送納言許、其報云、御産丑刻許也、有所憚不参入九宮服、者、余内着軽服、外服心喪、如此之間不可参役、小選資平帰来云、相府已不見給卿相・宮殿人等、不悦気色甚露、依令産女給歟、天之所為人事何為、

（暁更、人々、云はく、「中宮の御産、平安かに遂げ給ふ」と云々。仍りて資平をして参らしむ。事、不審に依り、随身を以て案内を源納言〈俊。〉に取る。還り来たりて云はく、「丑刻ばかり、遂げ給ふ。但し女子」てへり。相尋いで、書状を以て納言の許に送る。其の報に云はく、「御産、丑刻ばかりなり。憚る所有りて、参入せず〈九宮の服。〉」てへり。余、内に軽服を着し、外、心喪に服す。此くのごとき間、役に参るべから

ず。小選くして、資平、帰り来たりて云はく、「相府、已に卿相・宮の殿人等に見え給はず。悦ばざる気色、甚だ露はなり」と。女を産ましめ給ふに依るか。天の為す所、人事、何と為ん。）

三条天皇の中宮となった道長二女の妍子が無事出産した、という情報を得た実資が、養子の資平を遣わして確認させたところ、道長が皇女（禎子）の誕生を喜ばず、甚だ不機嫌であったという報告を得た、というもの。

『小右記』長和二年（一〇一三）**七月九日条**

資平云、昨日参中宮、本宮奉仕御養産事、……左相国猶有不悦之気、……云々、

（資平、云はく、「昨日、中宮に参る。本宮、御養産の事を奉仕す。……。左相国、猶ほ悦ばざる気有り。……」と云々。）

禎子の三夜の御産養に至っても、道長がなお不機嫌であったという報告を得た、という記事。

『小右記』長和五年（一〇一六）**三月廿日条**

摂政被向新造二条第、日々被坐、諸卿追従、下官住処如隔壁、未被遷移之前有欲参詣、仍従内参入、頗有悦気、右衛門督懐平・左衛門督教通・新中納言頼宗・藤宰相兼隆、相従摂政巡検、所々追従見之、土木工不可敢云、小時退出、

（摂政、新造の二条第に向かはる。日々、坐さる。諸卿、追従す。下官、住む処、壁を隔つるがごとし。未だ遷移せざる前に参詣せんと欲する有り。仍りて内より参入す。頗る悦気有り。右衛門督懐平・左衛門督教通・新中納言頼宗・藤宰相兼隆、摂政に相従ひて巡検す。所々、追従して之を見る。土木の工、敢へて云ふべからず。小時くして退出す。）

諸卿が、摂政道長に引き連れられて道長の新造二条第を見に行った、という記事。道長の誘いに応じて実資も見物に赴いたところ、道長は頗るご満悦だった、と記している。

『小右記』寛仁二年（一〇一八）**六月廿八日条**

行成已下参大殿、依御移徙事、両大納言先参上東門第、待候移給云々、戌剋移給也、……頼光進献御調度、以件物等皆為新殿之用、悦気殊甚云々、従頼光宅持連進献、観者如堵、道路以目云々、

（行成已下、大殿に参る。御移徙の事に依る。「両大納言、先づ上東門第に参り、移り給ふを待ち候ず」と云々。戌剋、移り給ふなり。……頼光、御調度を進献す。件の物等を以て、皆、新殿の用と為す。「悦気、殊に甚し」と云々。頼光の宅より持ち連ねて進献す。「観る者、堵のごとし。道路、以て目す」と云々。）

道長が、新造成った土御門第に移徙した際の、有名な記事。源頼光が調度のすべてを調達したところ、道長は殊にご機嫌だった、というもの（それはそうであろう）。

『小右記』寛仁三年（一〇一九）**四月二日条**

乗昏儀懐朝臣来語云、先日余所密談之事等洩申北方、有悦気者、大略一日余申入道殿了、

（乗昏、儀懐朝臣、来たり語りて云はく、「先日、余の密談する所の事等、北の方に洩らし申す。悦気有り」てへり。大略、一日、余、入道殿に申し了んぬ。）

この年の三月二十一日、道長は出家したのだが、二十九日、実資は道長を訪れて面談した。その際、実資は道長に対し、山林に隠遁するのではなく、月に五、六度は参内してはどうかと語ったのであるが、道長室の源倫子は、実資と道長の密談を伝聞して悦んだ、という情報が、橘儀懐から実資にもたらされたのである。何故に倫子が悦んだのかは、不明と言わざるを得ない。道長が出家しても、一気に老け込んでしまうわけではないことを知って安心したのであろうか。それとも、実資と道長（および頼通）の協力関係が維持されることを確認したことによるのであろうか。

『小右記』寛仁三年八月十六日条

慶快為内供使従叡山来云、座主被悩一両日頗減、彼薬料藕可入者、付還奉遣之、宰相云、昨参入道殿、相遇尋円僧都、密談云、入道殿曰、聞座主病重由一両有悦気者、可弾指、計也可望其職之人歟、

（慶快、内供の使と為て叡山より来たりて云はく、「座主、悩まるるも、一両日、頗る減ず。彼の薬料の藕、入るべし」てへり。還るに付して遣はし奉る。宰相、云はく、「昨、入道殿に参るに、尋円僧都に相遇ふ。密談して云はく、『入道殿、曰はく、「『座主の病、重き由を聞き、一両、悦気有り』てへり。弾指すべし」』」と。計るに其の職を望むべき人か。）

天台座主慶円の病悩に際し、資平が尋円から、「慶円の病が重いのを聞いて悦ぶ者が一、二人いる」と聞きて、道長が憤っていた、という情報を得た。これも道長の台詞の中に登場する語である。

『小右記』治安三年（一〇二三）**八月廿四日条**

早朝東大寺別当律師観真来言慶由、於堂相遇、喜悦気色不可敢云、

（早朝、東大寺別当律師観真、来たり、慶びの由を言ふ。堂に於いて相遇ふ。喜悦の気色、敢へて云ふべからず。）

二日前に東大寺別当に定まった観真が、実資の許に慶賀のためにやって来た際の喜悦の様子を、このように記している。

『小右記』治安三年十一月二日条

般若寺三昧僧五人来、愁供米事国司不下、行事、依施手作布各一端有悦気云々、

（「般若寺三昧僧五人、来たり、供米の事を愁ふ〈国司、行事を下さず。〉。手作布各一端を施すに依り、悦気有り」と云々。）

般若寺の三昧僧が、愁訴のために実資の許にやって来た。実資は、もちろん直接には会わなかったが、手作布

の施しを受けた僧たちは喜んでいた、との家人の報告を記した。

『小右記』万寿四年（一〇二七）**十一月廿一日条**

式光云、禅室弥以無力、痢病無数、飲食已絶、入夜中将従禅門来云、従時弥危急、無力殊甚、痢病無度、亦背腫物発動、不受医療、左右多危、可難待得行幸日之由家子所談、又云、行幸事至今無悦気、又東宮行啓事有御消息、而不能申通、昨坐不覚云々、女院・中宮御坐、然而相親難見給、依有汚穢事歟云々、

（式光、云はく、「禅室、弥よ以て無力。痢病、無数にして、飲食、已に絶ゆ」と。夜に入りて、中将、禅門より来たりて云はく、「時に従ひ、弥よ危急。無力、殊に甚し。痢病、度無し。亦、背の腫物、発動し、医療を受けず。左右、多く危ぶむ。行幸の日を待ち得ること難かるべき由、家の子、談る所」と。又、云はく、「行幸の事、今に至るも悦気無し。又、東宮の行啓の事、御消息有り。而るに申し通ふこと能はず。昨、不覚に坐す」と云々。「女院・中宮、御坐す。然れども相親しく見給ふこと難し。汚穢の事有るに依るか」と云々。）

危篤に陥った道長が、後一条天皇の行幸を受けることを、ついに喜ばなかった、という情報を、実資が得た。後文に見えるように、痢病による「汚穢の事有るに依る」のであろうか。(5) なお、法成寺行幸は結局二十六日に行なわれ、道長は十二月四日に薨去している。

『小右記』長元四年（一〇三一）**二月廿九日条**

山階僧朝寿来、不相遇、与帰粮三石、有悦気云々、

（山階僧朝寿、来たる。相遇はず。帰るに粮三石を与ふ。「悦気有り」と云々。）

興福寺僧の朝寿が実資を訪ねたが、実資は会わなかった。帰り際に布施を施したところ、朝寿は喜んだ、との家人の報告を記した。

『小右記』長元五年（一〇三二）十二月廿日条

為資朝臣云、去夜夢想、故公業束帯、把笏、相逢途中、容顔枯槁、已無気力、為資云、右大殿為御被行施餓鬼法、公業跪摩手云、穴宇礼之々々、喜悦気色不可敢言、先日夢想既以相合、世間之人後生可恐、餓鬼報誰可脱哉、可悲々々、可嘆々々、

（為資朝臣、云はく、「去夜の夢想に、故公業、束帯し、笏を把り、途中に相逢ふ。容顔、枯槁し、已に気力無し。為資、云はく、『右大殿、御為に施餓鬼法を行なはる』と。公業、跪き手を摩りて云はく、『あなうれし、うれし』と。喜悦の気色、敢へて言ふべからず」と。先日の夢想、既に以て相合ふ。世間の人、後生、恐るべし。餓鬼の報ひ、誰か脱るべけんや。悲しむべし、悲しむべし。嘆くべし、嘆くべし。）

『小右記』のほぼ最末尾に近い記事である。藤原為資が、餓鬼道に堕した藤原公業を夢で見た。実資が公業のために施餓鬼法を修した、と聞いた公業は、跪き手を摩って「あなうれし、うれし」と、喜悦の気色を浮かべた、と続く。『日本霊異記』に出てきそうな話であるが、晩年の実資の思想の一端が窺え、興味深い。

以上、『小右記』に見える「悦気」を眺めてきたが、全一三例中、道長の生前に使われた一一例のうちでは、七例が「道長のご機嫌」の良し悪しに関して使われている。残る四例のうちの二例も、道長の台詞の中で使われているものや、道長と実資の密談を聞いた道長室倫子の「ご機嫌」など、道長に関わる文脈の中で使われているものである。道長と関わりのない二例は、実資の許を訪ねてきた僧に関するもので、道長以外の貴族に関する文脈の中で使われているわけではない。

また、道長の死後、『小右記』では、この語はあまり使われなくなる。関白頼通でさえも、その儀式に関する博識を頼ってきているという情勢においては、実資にとって、「ご機嫌」を伺わなければならない対手は、もは

や存在しないのであろう（最後の例が、死後の六道輪廻に関わるものであることも、象徴的である）。

繰り返すが、『小右記』の記主である実資にとって、「ご満悦であった」（あるいは、「ご機嫌が悪かった」）などと、その機嫌を伺わなければならない対手は、ほぼ道長しか存在しないのであって、公季などは、ほとんど眼中にはなかったのである（そういえば、関白頼通に関する「悦気」がまったく存在しないことにも、実資の意気を感じるべきであろうか）。

二　『御堂関白記』に見える「悦気」

それでは、『小右記』の中で実資にやたらと「ご機嫌」を伺われていた道長の記した『御堂関白記』においては、「悦気」という語はどのように使われているのであろうか。『御堂関白記』には、「悦気」または「興気」という語は、以下のように八例見える。

『御堂関白記』寛弘元年（一〇〇四）**八月十七日条**

早朝登山、為会不断念仏也、至院源僧都房、午時許入堂、其次見勝蓮華院、座主有悦気、

（早朝、山に登る。不断念仏に会せんが為なり。院源僧都の房に至る。午時ばかり、堂に入る。其の次いでに勝蓮華院を見る。座主、悦気有り。）

延暦寺不断念仏会に参列するため比叡山に登り、勝蓮華院に到った道長に対し、天台座主の覚慶が機嫌よく迎えた、という記事。

『御堂関白記』寛弘三年（一〇〇六）**五月二日条**

午時参八省院、時剋打鐘、初堂、権中納言忠輔・宰相中将両人令参内、為令行南殿事也、事了参内、此内事、

了即出、初三十講、入夜仁王会検校右大将、雖日近具僧、感此由有悦気、

（午時、八省院に参る。時剋、鐘を打つ。堂を初む。権中納言〈忠輔〉・宰相中将両人をして内に参らしむ。南殿の事を行なはしめんが為なり。事了りて、内に参る。此れ内の事。了りて即ち出づ。三十講を初む。夜に入りて、仁王会の検校右大将、日近しと雖も、僧を具す。此の由を感じ、悦気有り。）

道長第法華三十講に際して、内裏において行なわれた仁王会と日時が近接していたにもかかわらず、実資が定員分の僧を揃えてくれたことに対して、道長自身が喜んでいる、という記事。

『御堂関白記』寛弘三年九月三日条

右衛門督・左衛門督・左大弁等作行幸式、参内、候宿、被仰云、行幸日可聞参東宮給由者、啓事由、可参給者、宮御気色極宜、有悦気、

（右衛門督・左衛門督・左大弁等、行幸式を作る。内に参る。候宿す。仰せられて云はく、「行幸の日、東宮、参り給ふ由を聞くべし」てへれば、事の由を啓す。「参り給ふべし」てへり。宮の御気色、極めて宜し。悦気有り。）

一条天皇の土御門第行幸に際して、東宮居貞親王（後の三条天皇）も参るべし、との一条の意向を居貞に伝えたところ、居貞はすこぶる機嫌がよかった、という記事。一条―道長ラインと居貞との微妙な関係が窺え、興味深い。

『御堂関白記』寛弘四年（一〇〇七）十一月廿二日条

使高雅、舞人四人我子也、是希有事也、昨一舞頼宗・顕信也、是座次第也、今日以教通被仰一舞、依中宮御歟、内府・傅与同車見物、内府孫小童乗車、内府有悦気、是一日事思也、

（使、高雅。舞人四人は我が子なり。是れ希有の事なり。昨の一の舞は頼宗・顕信なり。是れ座の次第なり。

今日、教通を以て一の舞を仰せらる。中宮、御するに依るか。内府・傅と同車して見物す。内府の孫の小童、車に乗る。内府、悦気有り。是れ一日の事を思すなり。）

賀茂臨時祭当日のことを記した記事であるが、公季の「ご機嫌」に関連するのは、春日祭であった。この年の春日祭は、十月二十六日に祭使が故障を申して辞退、やむなく二十九日の小除目で道長男の教通を祭使奉仕のためと称して権左少将に任じ、教通は十一月八日に春日祭使として出立した。その出立の儀に、異例のことながら左大将（つまり教通の上司）も兼ねている公季が参会してくれたことに感激して、「悦身余泥酔不覚（悦び身に余り、泥酔して不覚）」となった道長は、一条天皇から賜った馬をはじめとする三疋の馬（「家の馬の第一」も含む）や蒔絵野刀などを、引出物として公季に賜った[6]。この二十二日の賀茂臨時祭においても、子息四人が舞人となるという光栄に感激している道長であったが、そういう精神状態が影響しているのか、孫（公成）と同車で祭を見物している公季に対し、「彼もご機嫌のようだ」と認識したのである。そして、その理由を、「一日の事」つまり八日に自分から受けた厚意を思い出しているからである、などと勝手に推測する道長であった。

『御堂関白記』寛弘四年十二月十日条

法性寺未懸額、依僧都示書之及、従本非能書、度々雖示不堪由、云所依功徳故書之、以午時懸之南門、西門左大弁書、内大臣彼寺立堂供養、為入礼向、大臣有悦気、是為功徳、又一家長也、仍所向耳、又教通祭使日忝座、如此等事相重所詣也、送物和琴・琵琶・馬四疋、有鞍、権大夫有文帯、自息子四人釼、御前十六人、四位四人・五位八人・六位四人、有被物、又随身有被物、四位・五位・六位禄也、

（法性寺、未だ額を懸けず。僧都の示すに依り、之を書きて及ぼす。本より能書に非ず。度々、堪へざる由を示すと雖も、云ふ所の功徳に依りて故らに之を書く。午時を以て之を南門に懸く。西門は左大弁、書く。内大臣、彼の寺に堂を立つる供養に、入礼の為に向かふ。大臣、悦気有り。是れ功徳の為、又、一家の長なり。

仍りて向かふ所のみ。又、教通の祭使の日に座を忝くす。此れ等のごとき事、相重なりて、詣づる所なり。送物は和琴・琵琶・馬四疋。鞍有り。権大夫は有文帯、自余の息子四人は釼。御前の十六人、四位四人・五位八人・六位四人に被物有り。又、随身に被物有り。四位・五位・六位、禄なり。）

公季が法性寺三昧堂供養を行なったのであるが、道長は、求めに応じて額の字を書き、また法会に参列した。公季は、道長の参列をひどく喜んだ、とあるが、道長自身は、自身の「功徳の為」、また公季は「一家の長」であるから、そして公季が「教通の祭使の日に座を忝く」してくれたお礼などが重なって参列したものである、と言っている。公季は、道長や子息、前駆や随身に多数の「送物」や被物を贈っている。なお、翌十一日、公季は道長第を訪ねて「昨の悦」を申し、道長は公季やその随身に引出物を賜っている。

『御堂関白記』寛弘六年（一〇〇九）**十一月十日条**

備後守政職献牛二頭、一天牛右府、二斑内府、各送之、日来被称無牛由、仍送之、各有悦気、

（備後守政職、牛二頭を献ず。一の天牛は右府、二の斑は内府。各、之を送る。日来、牛無き由を称せらる。仍りて之を送る。各、悦気有り。）

源政職が献上してきた牛を、道長が、日頃牛がいないと言っていた顕光と公季に贈ったところ、二人ともそれぞれ喜んでいた、というもの（それはそうであろう）。もちろん、道長が政職に命じて二頭を献上させたものである。それにしても、手許に牛がいないということを、常日頃から道長に訴えていた両大臣というのも、いかがなものか。

『御堂関白記』寛弘八年（一〇一一）**六月十四日条**

為参内為束帯、参御前、而間御悩極重、為他行心細久思御座、仍奏不可参由、悦思せる有気色、仍不参入、

（内に参らんが為に、束帯を為す。御前に参る。而る間、御悩、極めて重し。他行を為すは心細く思し御座す。

仍りて参るべからざる由を奏す。悦しく思せる気色有り。仍りて参入せず。）

一条院が危篤であった時、道長が新天皇（三条）の許に参ろうとしたところ、一条が心細く思っていたので、道長は参内しない旨を一条に奏した。すると、一条は悦しく思う気配であったので、参内しなかった、というもの。晩年の一条と道長との微妙な関係が窺え、興味深い。

『御堂関白記』寛仁二年（一〇一八）七月廿八日条（図1）

早朝参宮御方、摂政又参、宮被仰云、尚侍可立后事早々可吉者、余申云、宮御座恐申侍、是以未申如此事也、又被仰云、更非可然事、以有同様可慶思也、摂政申云、早可被定日者、申慶由退下、未時御出、五番、東宮参上、其儀如常、事了還御、東宮又下給、大后依御物忌不御南殿、東宮着弘徽殿、参入宮御前給、供奉公卿等召殿東廂、給酒肴、非本自本意、早卒事也、突重等不合也、以御衣給公卿、摂政禄左大将取、右府禄我取云、子孫被□難堪云々、有興気色、我不着座、候公卿廿一人以御衣皆給、於忽事甚大也、事了還御、

（早朝、宮の御方に参る。摂政、又、参る。宮、仰せられて云はく、「尚侍、立后すべき事、早々たるを吉とすべし」てへり。余、申して云はく、「宮の御座すを恐れ申し侍る」と。是れを以て、未だ此くのごとき事を申さざるなり。又、仰せられて云はく、「更に然るべき事にあらず。同じ様有るを以て、慶び思ふべきな

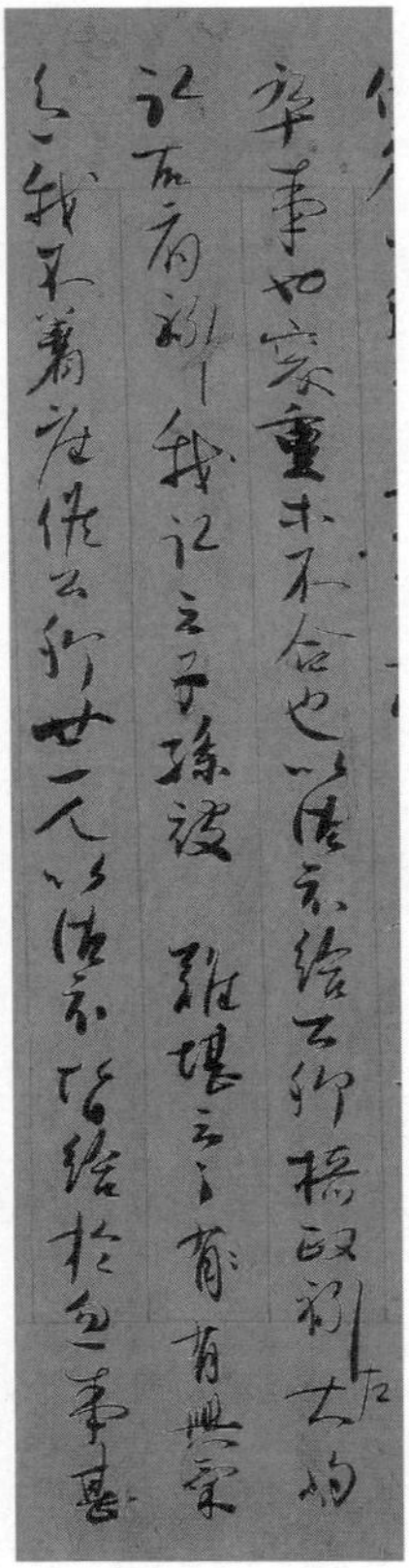

図1　古写本　寛仁二年七月廿八日条

り」と。摂政、申して云はく、「早く日を定めらるべし」てへり。慶びの由を申し、退下す。未時、御出あり。五番。東宮、参上す。其の儀、常のごとし。事了りて、還御す。東宮、又、下り給ふ。大后、御物忌に依りて、南殿に御さず。東宮、弘徽殿に着し、宮の御前に参入し給ふ。供奉の公卿等を殿の東廂に召し、酒肴を給ふ。本より本意に非ず、早卒の事なり。突重等、合はざるなり。御衣を以て公卿に給ふ。摂政の禄、左大将、取る。右府の禄、我、取りて云はく、「子孫、□るるは堪へ難し」と云々。興の気色有り。我、座に着さず。候ずる公卿廿一人に御衣を以て皆、給ふ。忽事に於いては甚大なり。事了りて、還御す。）

道長三女威子の立后が決定した日の記事。[7] 上機嫌に任せて急に思いついた大盤振舞の酒宴において、道長は公季の禄は自ら手渡し、「子孫が□（脱字があるが、「恩恵を受ける」とでもいった意味の語が入るのであろう）されるのは、堪え難い（ほど有難い）」などと公季に興言した。公季はその言葉を聞いて面白がった、と道長は勝手に記している。かつて女の義子を一条の女御に入れ、後宮政策において道長に先行していた公季は、どのような気持ちでこの言葉を聞いていたのだろうか。

以上、『御堂関白記』に見える「悦気」を眺めてきた。八例のうち、寛弘四年以降の五例については、一例の例外（危篤状態の一条に関するもの）を除いて、いずれも公季について用いられていることがわかる（ただし、本当に公季が喜んでいたかどうか不明な例や、喜んでいた理由を道長が勝手に推測している例が見えるのも、道長の性格をよく表わしている）。

先にも述べたように、同時代を生きた実資にとっては、公季の機嫌などは、ほぼ眼中にはなかった。それに対し道長の日記には、それ以前の天台座主覚慶、道長自身、東宮居貞親王に代わり、寛弘四年という時期以降、内大臣（後に右大臣）の公季の「悦気」のみが連続して記されているのである。その背景としては、どのようなことが考えられるであろうか。

三　藤原公季の立場

まず考えられるのは、一条天皇の後宮情勢との関連である。以前に述べたところであるが[8]、寛弘三年頃、一九歳になった彰子と一条との間に、皇子懐妊の「可能性」が生じ、彰子は寛弘四年の十二月に懐妊する。そして寛弘五年九月十一日、第二皇子敦成が誕生したのである。

一方、公季女の義子は、長徳二年（九九六）七月という早い時期に入内し、八月に女御となったものの、一向に懐妊した形跡がない。一条によって懐妊の「機会」そのものを遠ざけられたものと思われる。そして長保二年（一〇〇〇）頃からは、義子は公季の閑院に里居を続けることとなる。義子を懐妊させないという一条の「選択」に道長の意向がどれほど反映していたのか、また、ふたたび義子が参内することに対する道長の圧力がいかほどのものであったのか、知る術はない。しかし、義子が入内してから彰子が懐妊可能になるまでの一〇年間に、道長が公季に対して与え続けた無言のプレッシャーが、道長の心に影を落としていたと考えるのも、あながち間違いではなかろう。

『御堂関白記』に見える「悦気」が、もっぱら公季に対して使用されるようになった時期、言い換えれば、道長が公季の「ご機嫌」を何時も伺うようになった時期というのが、道長の後宮制覇が確立し、公季の敗北が確定した時点であるというのは、摂関政治の本質を考えるうえで、何やら示唆的である。

ただし、この時期の後宮情勢における敗者は、公季の他にも存在した。女の尊子が入内した時点ですでに薨じていた道兼は問題外としても、公季女の義子に遅れること四箇月、長徳二年十一月に女の元子を入内させた顕光である。しかも、元子は義子とは異なって一条の「寵愛」を受け、長徳三年八月頃、懐妊している。この際の懐妊は、長徳四年六月に悲劇的な結末を迎えるが、この時、たとえば元子が一条の第一皇子を産んでいたならば、道長家の栄花もどのような方向に向かっていたか、想像すらできない。この後、元子は堀河院に里居を続けるが、一条の方は元子に執着し、しばしば召しによって参内させている。それに対し、道長があからさまに嫌がらせをしたことは、先に論じたところである。(9)

しかしながら、道長は、この右大臣顕光に対し、次席の大臣としてそれなりに尊重してはいたものの、公季のように格別に気を遣うことはなかった。それればかりか、無能で耄碌しているのも気付かずに儀式や政務の度にそれを自身の手で執り行ないたがり、当然のことのように失態を演じて、ますます人々に軽蔑されるくせに、権力欲だけは人一倍旺盛なこの老人のことを、あからさまに罵ったりしていたのである。(10)

それではいったい、この顕光とは異なった対応をされた公季とは、どのような人物だったのであろうか。

公季が、藤原師輔最晩年の五〇歳の年、その一一男として生まれたのは、天徳元年(九五七)のことであった。道長よりも九歳年長ということになる。母は醍醐天皇皇女の康子内親王。師輔の嫡妻としては、武蔵守藤原経邦女の盛子がおり、伊尹・兼通・兼家という摂関や村上中宮の安子などがここから生まれているが、晩年に至り、勧子内親王、雅子内親王、康子内親王という三人の醍醐皇女の降嫁を賜り(『大鏡』第三巻「太政大臣公季」によると、女房を手なずけて密通したらしいが)、合わせて五人の男子を得ている。

ただ、興味深いのは、経邦女の盛子から生まれた四人の男子、常陸介藤原公葛女から生まれた三人の男子が、いずれも官人として出身しているのに対し、雅子内親王から生まれた三人の男子のうちの二人、康子内親王から生まれた二人の男子のうちの一人が、いずれも出家していることである。つまり、両内親王から生まれた男子は、それぞれ一人ずつしか、官人社会に身を置くことはしなかったのである。ところが、雅子内親王所生の為光、康子内親王所生の公季は、共に太政大臣にまで上り、のみならずその女たちは天皇家のキサキとして重んじられる

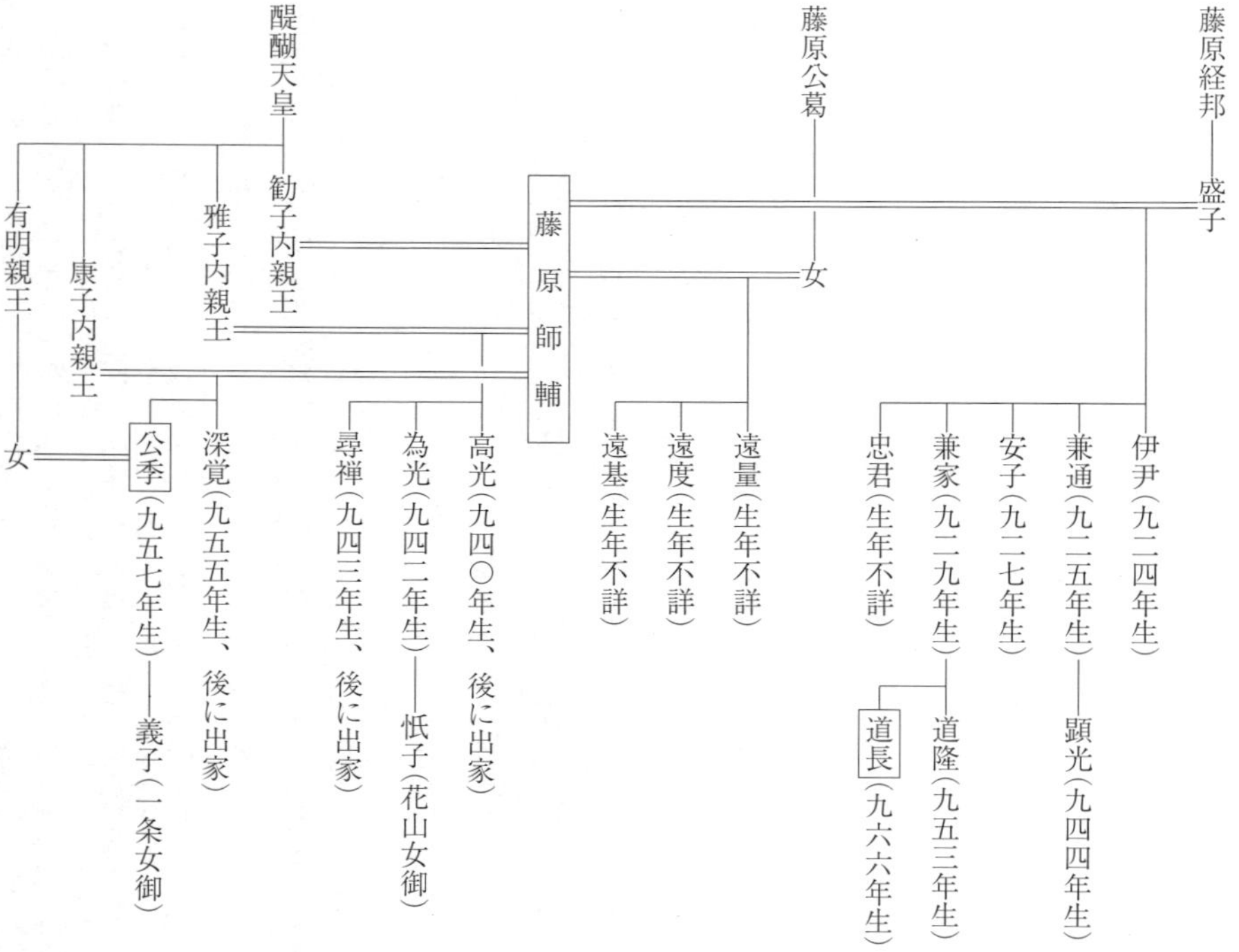

[11]という、特異な地歩を残したのである。

さて、公季は、生誕直後に母、四歳の時に父を失い、内裏において姉の中宮安子に育てられ、村上天皇の皇子に等しい扱いをされたと伝えられる。[12]康保四年（九六七）十月、冷泉天皇即位の日に元服し、師輔の「遺奏」によって特に正五位下に叙せられた。[13]

その後も順調に昇進を重ね、永観元年（九八三）に二七歳で参議、寛和二年（九八六）に三〇歳で権中納言、長徳元年（九九五）に三九歳で大納言に任じられ、長徳三年（九九七）には、ついに内大臣に上った。その任命の際には、一条天皇が、

内大臣先帝親舅、大納言朕外舅、其□共外戚也、

（内大臣、先帝の親舅、大納言、朕の外舅。其の□、共に外戚なり。）

と、円融天皇の親舅であることを理由として語っている。[14]そして寛仁元年（一〇一七）に六一歳で右大臣、治安元年（一〇二一）に六五歳で太政大臣に上り、長元二年（一〇二九）、七三歳で薨じている。

重要なのは、公季が長徳三年に内大臣に任じられたことにより、内大臣という官職に新たな性格が加わったということである。[15]古く七世紀の鎌足以来、八世紀の良継・魚名と続いた内大臣は、天皇権力と結び付いて内外の輔政にあたる権臣が任じられるという性格の地位であった。十世紀になって、醍醐天皇の外祖父で宿老の公卿であった高藤を遇するための官、その後、兼通・道隆・道兼・伊周など若年の摂関家嫡流の官人が摂関候補として任じられる官という性格が加わった。

しかし、公季の場合、将来にわたって摂関の地位に上ることがないであろうことは、周知の事実だったはずであり、かといって四一歳の公季は「宿老の公卿」というわけでもなかった。これは、内大臣という官職に新たな性格が加わって、大臣の定員が実質的には三人となり、内大臣も正官化して、必ずしも「員外大臣（数の外の大臣）」とばかり言えなくなったということを意味する。公季は、権臣でも、宿老の公卿でも、摂関候補でもなく、ただ単に「最上席の大納言」から「いま一際」上って、「最下席の大臣」となったに過ぎない。逆に言えば、政権を担当せず権力も掌握しない壮年の内大臣という地位は、公季のために設けられたものと考えることができよう。

同様、太政大臣という地位も、律令制では天皇の師範であるとされ、平安時代に入ってからも、良房・基経・忠平・実頼・伊尹・兼通・頼忠・兼家までは、摂政関白の地位と密接に結び付いていた。しかし、正暦二年（九九一）に任じられた為光と、治安元年（一〇二一）に任じられた公季の場合は、摂関ではない宿老の大臣を優遇する地位という意味を持っていた。[16]

注目すべきは、権力中枢に位置しない太政大臣として優遇された「宿老の大臣」が、為光・公季という、師輔と醍醐皇女との間に生まれた官人であったという点である。彼らの高貴な血筋と、権力欲のなさが、摂関家嫡流から重んじられた結果であろう。

公季に話を戻すと、長徳二年（九九六）に内大臣伊周が左遷されて以来、道長―顕光―公季という序列が、寛仁元年（一〇一七）に頼通が摂政に就任するまで一貫して続いた（その後も、道長―頼通―顕光―公季という序列が治安元年の顕光の薨去まで続く）。激しい抗争によってめまぐるしい政権交代を続けてきた摂関期にあって、この長期安定政権は、特異なものであった。

長く政権のトップにあった道長は、いま二人の大臣である顕光と公季との政権運営を通じて、すべてにおいて顕光と対照的な公季の姿を、親近感と尊敬をもって眺めていたのであろう。取り立てて有能というほどではないが、かといって顕光ほど無能ではなく、無難に儀式や政務をこなせる公季。内大臣という高貴な地位にありながら、顕光のような権力欲を表に出さない公季。道長よりも年長でありながら、顕光のように耄碌しているというほどでもない公季。道長にとっては、公季は、安心できる下僚という格好のパートナーにして、なおかつ一族の長老（「一家の長」）であったのである(17)。

また、公季自身、賀茂祭見物や参内の際に、いつも孫と同車していたと伝えられる姿や(18)、冒頭に挙げた『紫式部日記』の「酔ひ泣き」ぶりなど、鷹揚な長者の相を備えながら、まさに「一家の長」に相応しい人格の持ち主であったようである。

一条天皇後宮におけるただ一人の勝者となった道長は、一種の「引け目」を感じながら、「良き勝者"a good winner"」たることを心がけ、何人もの敗者のうち、最も尊重すべき地位にあり、最も尊敬すべき人格であった公季（まさに「良き敗者"a good loser"」に相応しい）に対して、その「ご機嫌」を伺うような態度を見せ、それを自身の日記にも記したのであろう。『御堂関白記』の寛弘四年十一月廿二日条に、はじめて公季の「悦気」が記されていることと、寛弘三年頃に彰子と一条との間に皇子懐妊の「可能性」が生じ、寛弘四年十二月に彰子が懐妊していることとの関連性は、まったく偶然ではなかろう。『御堂関白記』に記される公季の「悦気」は、勝者たる道長の、敗者に対する複雑な心情の反映だったのであろう。

日本文化の精華を現出させた摂関期における政権抗争は、かくも優美な勝者と敗者を生んだのである。

おわりに

公季が長寿を保って太政大臣にまで上ったせいもあり、公季の子孫は、院政期に天皇家の外戚となり、高位高官に上った。世代を重ねるにつれて代々没落していくという一般的な原則に反して、これはきわめて異例の事態であった。

後世、その流は、道長の子孫である摂関家に次ぐ清華家の家格を持つ四家（三条・西園寺・徳大寺・菊亭）、大臣家の家格を持つ二家（正親町三条・三条西）、羽林家の家格を持つ二十三家もの家に分立して繁栄した(19)。

公季は、やがて閑院流藤原氏の祖として仰がれることになるのであるが、さすがの道長も、そこまでは見通せなかったであろう。

註

（1）たとえば、『御堂関白記』に見える「悦」という語を検索してみると、全三七例のうち、後に触れる「悦気」を除く三〇例中、二一例は、道長自身の「悦」である。他は、「万人」「衆人」などが五例、一条天皇が一例、顕光が一例、公季が一例、観修が一例である。なお、公季の一例は、寛弘四年十二月十一日条に、

未時許内府被渡、是昨悦也、進酒膳、引出馬一疋、随身疋絹、

（未時ばかり、内府、渡らる。是れ昨の悦びなり。酒膳を進む。馬一疋を引き出づ。随身に疋絹。）

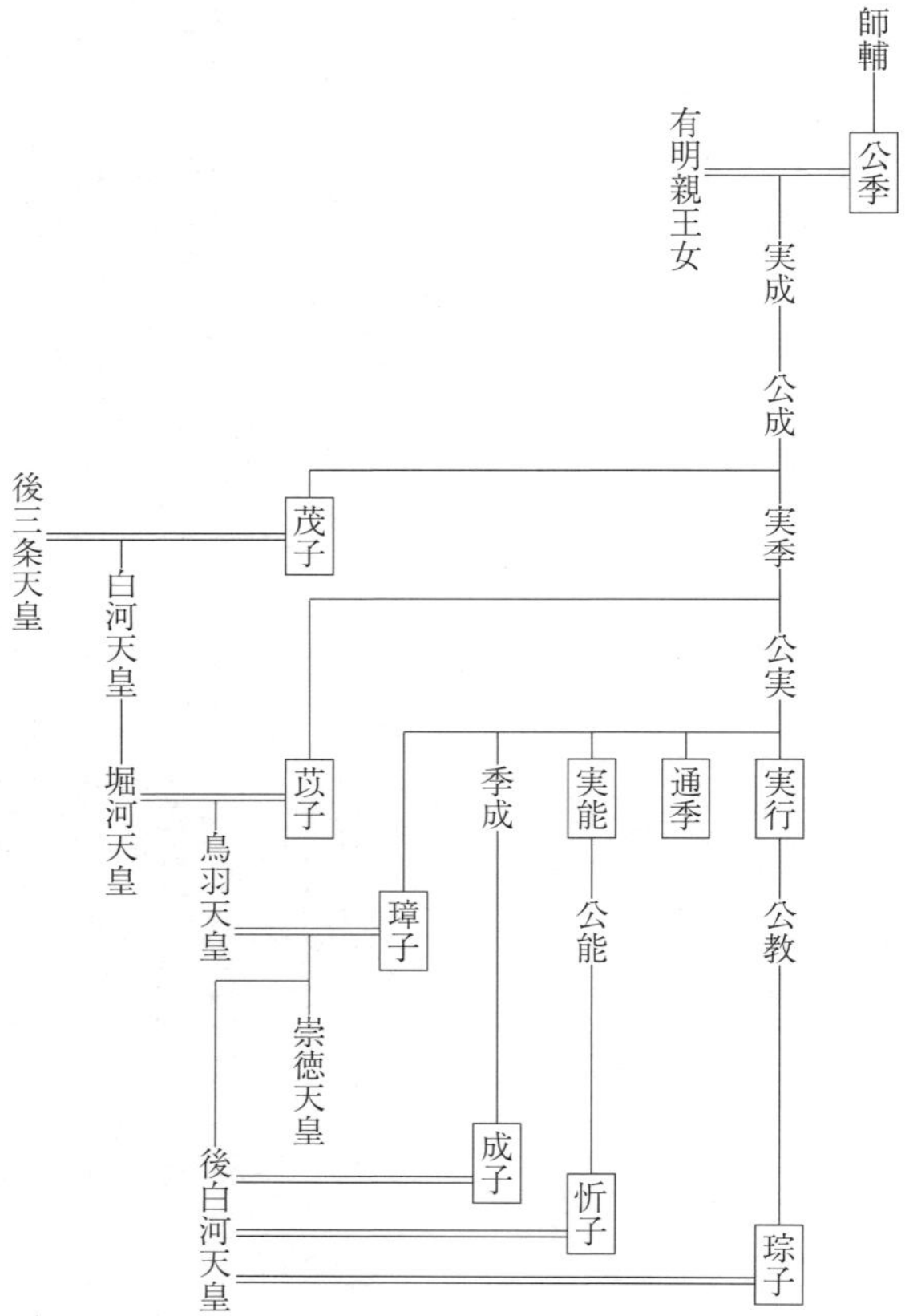

と見えるもので、公季の法性寺三昧堂供養に参列した道長に、公季が御礼を申しにやって来た、というものである。

（2）たとえば、この語の古記録における初例は、藤原師輔の記した『九暦』の承平六年（九三六）十一月廿一日条に、次のように見える。

先年延喜御時被行探韻之日、主上仰云、天皇探韻之例所未知也、為之如何、我奏云、天長年中日記云、九日探韻時内弁大臣取探韻坏献之者、天皇聞此事、甚有感悦気者、

（先年、延喜の御時、探韻を行なはるる日、主上、仰せて云はく、「天皇、探韻の例、未だ知らざる所なり。之を如何為ん」と。我、奏して云はく、「天長年中の日記に云はく、『九日の探韻の時、内弁大臣、探韻の坏を取りて之を

献ず』てへり。天皇、此の事を聞き、甚だ感悦の気有り」てへり。）

ここでは、師輔の父である忠平が、醍醐天皇の下問に応えて、天皇探韻の例を挙げたところ、醍醐は「甚だ感悦の気」が有った、とある。醍醐天皇という特別な人物が、臣下（これも師輔にとっては特別な人物である）の奉答に対して、たいそうご満悦だった、という文脈になる。

（3）行啓の当日にも、実資を同車に招いた道長が、

左大臣招余同車帰洛、……今日左府於車内数度被示今日供奉之喜由、

（左大臣、余を招き、同車にて帰洛す。……今日、左府、車内に於いて数度、今日の供奉の喜びの由を示さる。）

とあるように（寛弘二年三月八日条）、実資に感謝の意を何度も直接示している。「行幸の儀のごとし」と称された彰子の大原野行啓に実資が供奉してくれたことが、よほど嬉しかったのであろう（その入内以来、彰子に対して実資に含むところがあったことは、周知の事実だったはずである）。

（4）この『小右記』の逸文については、丸山裕美子「甘露寺親長の『遷幸部類記』について」（『史学雑誌』第一〇五編第八号、一九九六年）、丸山裕美子「『遷幸部類記』についての基礎的研究――影印・翻刻篇(1)江記・春記・小右記」（『愛知県立大学文学部論集　日本文化学科編　第8号』第五四号、二〇〇五年）による。

（5）『栄花物語』巻第卅「つるのはやし」に、後一条の行幸を受けた道長が、

世の中に公の御後見仕うまつりたる人々多かるなかに、上がりてもかばかり幸ひあり、すべきことのかぎり仕うまつりたる人さぶらはずはべり。

と述べた、と見えることと比較すると、対照的である。

（6）『御堂関白記』寛弘四年十一月八日条。

（7）この間の経緯については、倉本一宏「威子立后決定の日」（『摂関政治と王朝貴族』、吉川弘文館、二〇〇〇年、初出一九九七年）を参照されたい。

（8）倉本一宏「一条天皇後宮の変遷」（『摂関政治と王朝貴族』、吉川弘文館、二〇〇〇年）。

（9）倉本一宏「一条天皇後宮の変遷」（前掲註（8））、倉本一宏『一条天皇』（吉川弘文館、二〇〇三年）。

（10）倉本一宏「摂関期の政務と儀式」（『摂関政治と王朝貴族』、吉川弘文館、二〇〇〇年、初出一九九四年）。なお、道長

が叙位や除目の上卿を勤められない、と一条に奏上する際、しばしば顕光を自分の代わりに奉仕させるように、と言っているが、これはもしかすると、顕光を尊重しているのではなく、自分が上卿を勤めないと顕光が勤めることになるぞ（今年の叙位や除目は大変なことになるぞ）、と一条を脅しているのかもしれない。

(11)　為光の女については、角田文衞「為光の娘たち」（『角田文衞著作集　第六巻　平安人物志　下』、法藏館、一九八五年、初出一九六四年）に詳しい。

(12)　『大鏡』第三巻「太政大臣公季」。

(13)　『玉葉』承安五年三月六日条。

(14)　『権記』長徳三年七月五日条。

(15)　倉本一宏「内大臣沿革考」（『摂関政治と王朝貴族』、吉川弘文館、二〇〇〇年、初出一九九一年）。

(16)　橋本義彦「太政大臣沿革考」（『平安貴族』、平凡社、一九八六年、初出一九八二年）。ついでながら、『源氏物語』に登場する内大臣と太政大臣は、内大臣が摂関候補として、太政大臣が宿老の大臣としてのものである。高藤から兼通以降への変化、執筆数年前に起こった兼家から為光への変化を、鋭く見通した紫式部の政治センスは、さすがと言う他はない。詳しくは倉本一宏「『源氏物語』に見える摂関政治像」（『摂関政治と王朝貴族』、吉川弘文館、二〇〇〇年、初出一九八六年）を参照されたい。

(17)　公季に対する道長の特別扱いが窺える例を、『御堂関白記』からいくつか拾うと、以下の通り。

長保元年（九九九）　三月廿日条（仁王会）　公季、前に立ちて退出。仍りてまず公季に揖す。

寛弘元年（一〇〇四）十月十日条（賭弓）　道長、公季随身に衣を賜う（顕光随身にはなし）。

寛弘二年（一〇〇五）正月十日条（女叙位）　公季女義子を正三位に叙す。

寛弘二年　　　　　　十月十一日条（羹次）　公季、羹次に道長を誘う。道長、これに参加し、公季随身に袷を賜う。

「雖無便、依有所思也、（便無しと雖も、思ふ所有るに依りてなり。）」という記述あり。

寛弘三年（一〇〇六）三月五日条（中宮盃酒）　公季、中宮盃酒に参る。道長、直衣を賜う。

寛弘四年（一〇〇七）十二月二日条（浄妙寺多宝塔供養）「初内府一家上達部（内府を初め一家の上達部）」という記述あり。

寛弘六年（一〇〇九）四月廿五日条（賀茂祭）　道長、公季と同車にて見物す。

寛弘六年　　　十月廿二日条（東宮、一条第に移御）　公卿は馬に乗るも、公季のみ車に乗る（道長は東宮と同車）。

寛弘七年（一〇一〇）正月二日条（道長第臨時客）　道長、公季に馬を引出し、随身に疋絹を賜う。

寛弘八年（一〇一一）四月十八日条（賀茂祭）　道長、敦成・敦良親王と見物。公季以下、御供に候ず。公季に引出物の馬あり。

長和元年（一〇一二）九月九日条　道長、公季に貴重な薬である紅雪を贈る。

長和二年（一〇一三）九月十六日条（叙位）　公季家司に叙位。「而内府云、付我経年、此間必可有恩、身又一家長也、此間可有一度恩者、（而るに内府、云はく、「我、年を経るに付け、此の間、必ず恩有るべし。身は又、一家の長なり。此の間、一度、恩有るべし」てへり。）」という記述あり。

長和四年（一〇一五）十月廿七日条（除目）　公季、左大将を辞し、男実成を権中納言に任じることを請う。「何無朝恩哉、（何ぞ朝恩無からんや。）」という記述あり。

寛仁二年（一〇一八）四月廿四日条（道長、胸病）「右大臣被来、心地依宜、出為対面、（右大臣、来らる。心地、宜しきに依りて、出でて対面を為す。）」という記述あり。

寛仁二年　　　四月廿七日条（道長、胸病）「左大臣被来、此日悩重、不自会、摂政会之、（左大臣来らる。此の日、悩み重し。自らは会はず。摂政、之に会ふ。）」という記述あり。道長は、顕光には会わなかったのである。

寛仁三年（一〇一九）正月七日条（白馬節会）　公季内弁を承る後、顕光が参入。公季は案内を奏し上卿を代わろうとするも、改めること無し。顕光は退出。

（18）『大鏡』第三巻「太政大臣公季」。祭見物に孫と同車していたことは、『御堂関白記』寛弘四年（一〇〇七）十一月廿二日条にも見える。

（19）倉本一宏『藤原氏　権力中枢の一族』（中央公論新社、二〇一七年）。

第二章　寛弘五年七月の彰子土御門第退下をめぐって

『紫式部日記』は、次のような雅びな文章で始まる。

秋のけはひの立つままに、土御門殿の有様、いはむかたなくをかし。池のわたりの梢ども、遣水のほとりの草むら、おのがじし色づきわたりつつ、おほかたの空も艶なるにもてはやされて、不断の御読経の声々、あはれまさりけり。やうやう涼しき風のけしきにも、例の絶えせぬ水の音なむ、夜もすがら聞きまがはさる。

懐妊中の中宮彰子が寛弘五年（一〇〇八）七月十六日に一条院内裏から退出して土御門第に入った後、この部分に続く五壇の御修法が始まった七月二十日までの間の記述ということになる。

この後、九月十一日の彰子所生一条天皇第一皇子敦成の誕生の記事へと続き、少なくとも道長や彰子、紫式部の世界においては、祝賀ムードに満ちていたかのような観があるが、史実としては、当時の後宮情勢は、それほど単純なものではなかった。

周知のように、円融天皇には詮子との間に生まれた一条しか、皇子女はいなかった。一条が譲位した際には冷泉皇統の皇太子居貞親王（後の三条天皇）が即位することになっていたが、その際に定められる新東宮は円融皇統に戻ってくることが予想され、このまま道長女の彰子から皇子が生まれないでいては、東宮は定子が残した敦康親王になる他はなかった。

それは道長にとっては、伊周の復権にもつながる、きわめて危険な選択肢であった。かといって皇位が円融皇統を離れてしまっては、元も子もない。すでに居貞は、小一条流の済時女である娍子との間に四人の皇子を儲けているのである。

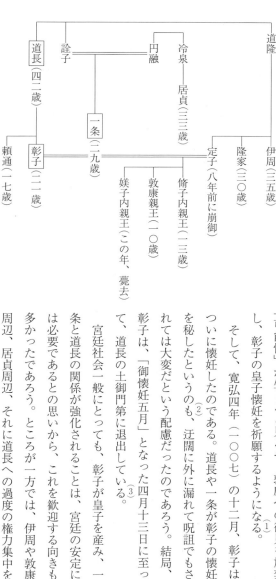

彰子はあまりに幼少のうちに入内してしまったため、一条との間に懐妊の「可能性」を生じさせられないでいた。この時期には、道長は円融皇統ただ一人の皇子として敦康を後見していたが、彰子と一条との間に懐妊の「可能性」が生じると見るや、敦康への後見を放棄し、彰子の皇子懐妊を祈願するようになる(1)。

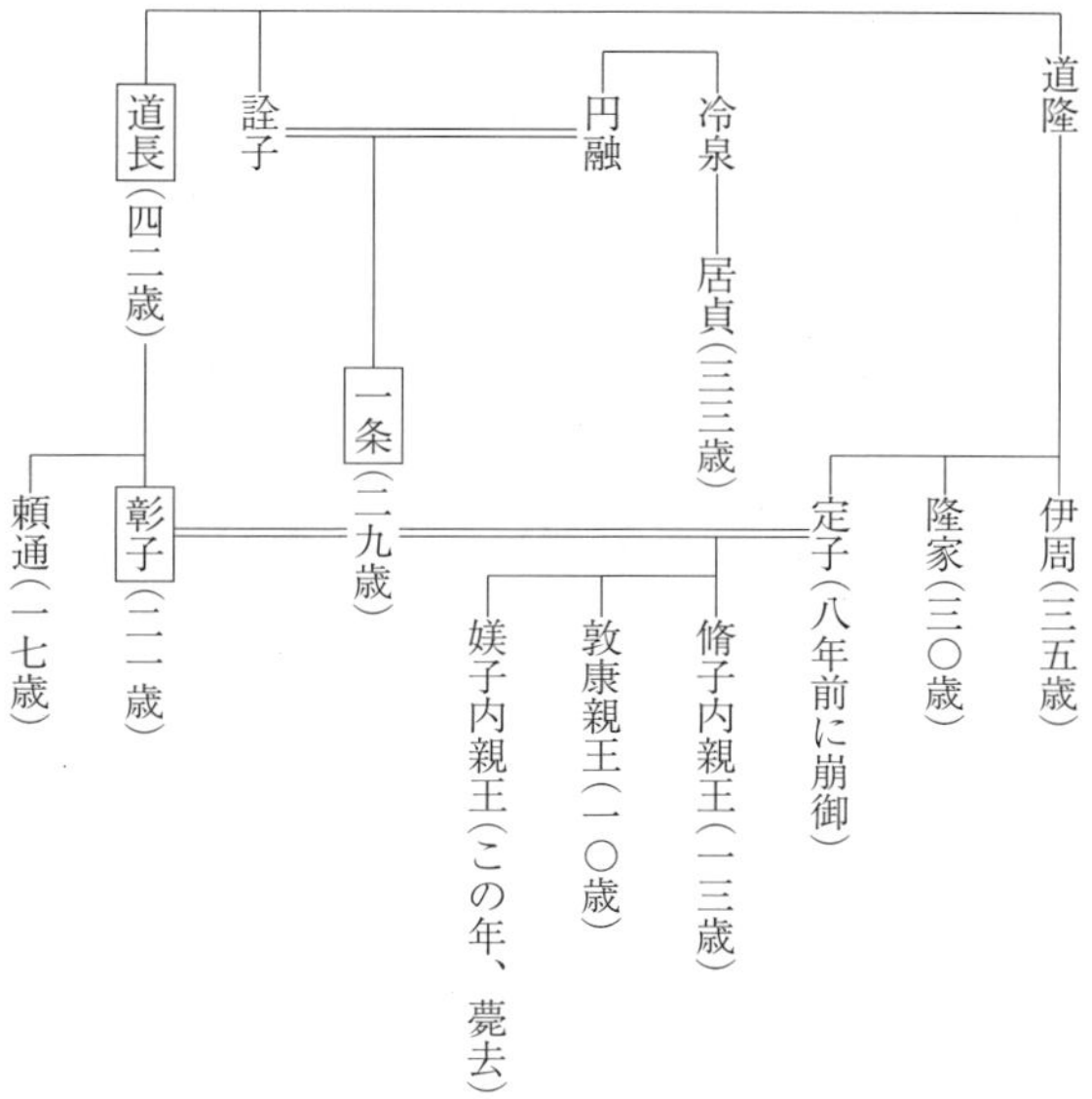

そして、寛弘四年（一〇〇七）の十二月、彰子はついに懐妊したのである。道長や一条が彰子の懐妊を秘したというのも(2)、迂闊に外に漏れて呪詛でもされては大変だという配慮だったのであろう。結局、彰子は、「御懐妊五月」となった四月十三日に至って、道長の土御門第に退出している(3)。

宮廷社会一般にとっても、彰子が皇子を産み、一条と道長の関係が強化されることは、宮廷の安定には必要であるとの思いから、これを歓迎する向きも多かったであろう。ところが一方では、伊周や敦康周辺、居貞周辺、それに道長への過度の権力集中を快く思わない勢力にとっては、彰子懐妊というのは、あまり喜ばしい事態ではなかったはずである（将来の敦康の処遇や、一条の懊悩も視野に入れていたであろう）。

ここでは、『紫式部日記』の世界が始まる直前、寛弘五年七月十六日の彰子土御門第退下をめぐるやりとりを追跡し、当時の宮廷社会の「雰囲気」の一端を示すことにしたい。

五月二十三日、土御門第では、彰子の安産を祈願する二十一日間の御修善が始まった(4)。一方、それが結願を迎える直前の六月十三日、今度は一条が、一条院内裏において彰子のための御修善を始めたのである(5)。翌十四日は土御門第御修善の結願の日であったが、それを済ませた彰子は、内裏御修善に参列するために一条院内裏に参入した(6)。

懐妊中の后妃が内裏に参入するというのは、きわめて違例のことであったが、これも一条の彰子への思いを強調するという道長の戦略だったのであろう。かつて一条が懐妊中の定子を参入させて「寵愛」した例に対抗する意味もあったかとも思えてしまう。

その内裏御修善は、六月二十日に結願を迎えたが、もう七日間、延行されることになった(7)。そしてそれが終わった結願日からさらに九日後の七月七日に至り、ようやく彰子は土御門第に退出することが決まった。

彰子が一条院内裏に参入した翌日の六月十五日には、すでに彰子の退出は諸卿の定によって決定されていたにもかかわらず、内裏御修善の結願まで、さらに七日間の延期、さらに九日後と、延び延びにしてきたのは、明らかに道長の策略であろう。「どうしても彰子を手許から離したくない一条」という図式を演出することによって、彰子がかつての定子に匹敵する「寵愛」を受けていることを主張し、その彰子から生まれるはずの皇子が、敦康を凌ぐ正統な後継者であることを宮廷社会にアピールする目的があったことは、十分に想定し得る。

さて、七月七日に、九日の退出という日付を選んだのは、『権記』によれば、賀茂光栄・安倍吉平・県奉平と

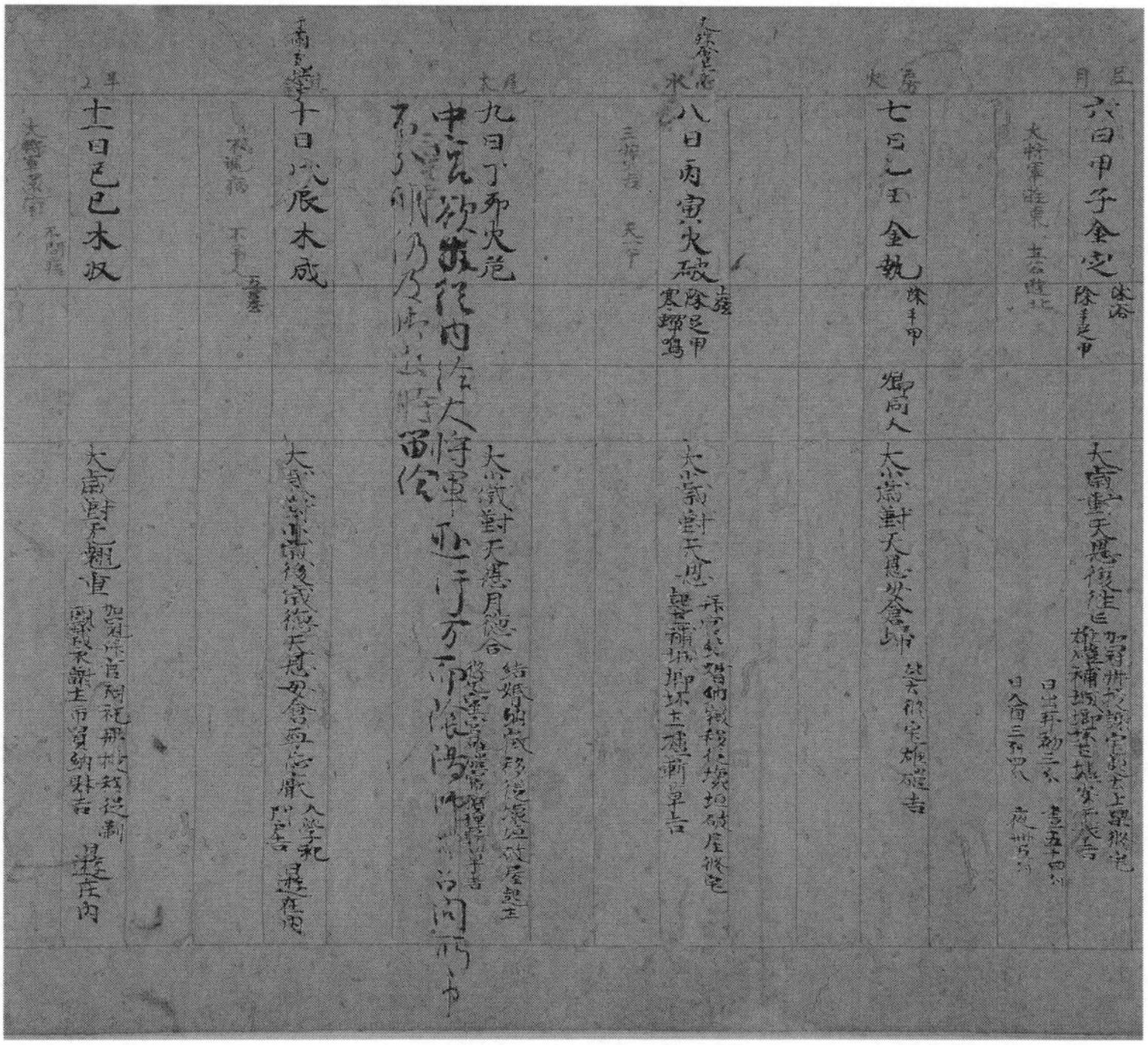

図1　自筆本　寛弘五年七月六日―十一日条

いう、錚々たる陰陽師たちであった[9]。

ところがこの月の六日から、本来は南の方角にあった大将軍が、「東に遊ぶ」という状態となっていた。大将軍というのは陰陽道の方角禁忌で、申酉戌の三年は南の方角に塞がるのであるが、甲子日から己巳日までは東に遊行するとされていた。一条院内裏から見て土御門第は東の方角にあたり、そちらへの移動はできない。これは『御堂関白記』の自筆本の六日条にも朱書してあるのであるから（図1）、もちろん道長も含めて、宮廷社会の全員がわかっていたことであった。

しかしながら、おそらくは誰もがそれに気付かぬふりをしたまま、九日の退出を迎えた。行啓の行列も整い、土御門第での饗饌の準備もすっかり終わった夕方、突如として大将軍が東に遊んでいるとの事実が表面化してしまったのである。『御堂関白

記』には、

中宮、内より出で給はんと欲するに、大将軍、遊行の方なり。而るに陰陽師等を召し問ふ所、申す所、分明ならず。仍りて御出の時に及び、留まり給ふ。

と[10]、また『権記』には、

亦、夕、内に参る。「此の夜、中宮、出で給ふべし」てへり。而るに今日、大将軍、遊行の間なり。仍りて本、択び申す光栄・吉平・奉平を召して問はるるに、勘申を忘却せる由を申す。仍りて改めて、来たる十六日、御出すべき由を勘ず。

と[11]、それぞれ見える。召し出された陰陽師たちは「忘却」を主張してわけのわからないことを言っていたようであるが、彼らがこんな大事なことを忘れていたはずはない。

重要なのは、おそらくは誰もが気付いていたのに気付かぬふりをしていたにもかかわらず、退出の時刻になって、誰かがその事実を指摘して問題としたということである。皆が気付かぬふりをしていれば、問題なく行啓が行なわれるが（それも問題であるが）、誰かが言い出した以上、大将軍の方角に向かって行啓を行なうわけにはいかなくなり、当然ながら突然の中止となってしまう。大将軍を問題にした誰か（行啓に供奉する予定の公卿・殿上人の内の一人であろう）は、行啓の準備をさせたうえで、その時刻に至って、はじめて問題にしたのである。それは周到に準備された、きわめて悪質にして、しかも正当的な嫌がらせと言うべきであろう。

ちなみに、このような行列には決して供奉しない（したがって、大将軍を問題とした張本人ではない）藤原実資は、翌十日の日記に、同じ小野宮家の藤原公任からの情報として、次のように記している[12]。

左金吾、示し送りて云はく、「去ぬる夕、行啓、俄かに以て延引す〈十六日。〉。其の由は、大将軍、遊行の方に依るなり。本宮、饗饌幷びに所司の装束等有り。而るに期に臨み、撤却す。頗る怪異に似る」と云々。

実資のしたり顔が浮かんでくるようであるが、結局、大将軍は十一日に「南に還」り（図1。前からわかっていたことであったが）、改めての勘申通りの十六日の戌剋、彰子は一条院内裏を退出し、土御門第に入った[13]。『御産部類記』所引『外記』に、「公卿以下諸司・諸衛、供奉すること、常のごとし」と見えるのは、皮肉なことである。その後も宮廷社会の注目を集めたまま、彰子の御産の時は刻々と近付いてきた。『小右記』の八月十八日条には、次のような怪異が語られている[14]。

「昨夕、左府の井屋、故無く忽然と顛倒す。昨、風雨無し。忽然と顛倒するは、怪と為す」と云々。「近曽、中宮の御在所の塗籠の内に犬産あり。亦、怪と為す」と云々。

そして九月九日の夜半、彰子に産気が起こった。道長は土御門第を訪れた伊周に会おうとはしなかった。実資は「事の故あるか」と記している[15]。一条朝の後宮情勢を考えれば、「御物の怪どもかりうつし、かぎりなくさわぎののしる」[16]必要性は十分にあり（憑依した「御物の怪」が誰であったかは自明であるが、なぜか諸書に記されていない）、道長が定子の兄である伊周を怖れるのも当然であった。

九月十一日、「御物の怪のねたみののしる声などのむくつけさよ」[17]という状況の中、彰子は「平安かに」皇子敦成（後の後一条天皇）を出産した[18]。これで敦康は、道長にとってまったく無用の存在、むしろ邪魔な存在となった。同様、伊周をはじめとする中関白家の没落も、決定的となった。そればかりか、外孫を早く立太子させたいという道長の願望は、やがて一条との関係も微妙なものとすることとなる。

冒頭に掲げた『紫式部日記』は、このようにして始まったのであった。もちろん、彰子の一条院内裏退出に関するやりとりを、紫式部も側にいて知っていたには違いないが、自己の文学世界には記録するはずもなかった。雅びな『紫式部日記』の世界とは裏腹の、当時の主要な政治抵抗手段である「嫌がらせ」の一端を示した次第である。

註

(1) 倉本一宏「一条天皇後宮の変遷」(『摂関政治と王朝貴族』、吉川弘文館、二〇〇〇年)、および倉本一宏『一条天皇』(吉川弘文館、二〇〇三年)。
(2) 『御産部類記』所引『不知記』寛弘五年三月十三日条。
(3) 『御堂関白記』寛弘五年四月十三日条、『権記』寛弘五年四月十三日条。
(4) 『御堂関白記』寛弘五年五月廿三日条。
(5) 『御堂関白記』寛弘五年六月十三日条。
(6) 『御堂関白記』寛弘五年六月十四日条、『御産部類記』所引『外記』寛弘五年六月十四日条。
(7) 『御堂関白記』寛弘五年六月廿日条。
(8) 『御産部類記』所引『外記』寛弘五年六月十五日条。
(9) 『権記』寛弘五年七月七日条。
(10) 『御堂関白記』寛弘五年七月九日条。
(11) 『権記』寛弘五年七月九日条。
(12) 『小右記』寛弘五年七月十日条。
(13) 『御堂関白記』寛弘五年七月十六日条、『権記』寛弘五年七月十六日条、『御産部類記』所引『外記』寛弘五年七月十六日条、『御産部類記』所引『不知記』寛弘五年七月十六日条。
(14) 『小右記』寛弘五年八月十八日条。
(15) 『小右記』寛弘五年九月九日条。
(16) 『紫式部日記』。
(17) 『紫式部日記』。
(18) 『御堂関白記』寛弘五年九月十一日条、『紫式部日記』。

第三章　『御堂関白記』に見える「女方」

はじめに

『御堂関白記』を読んでいると、「女方」という語に頻繁に出くわすが、道長の嫡妻である源倫子のことを指す例が多い。その一方では、どう考えても宮仕えの女房を表わすとしか思えない「女方」の例も出てくる。いったい、『御堂関白記』に見える「女方」という語は、どのくらいの比率で倫子を指したり、宮仕え女房を指したりしているのだろうか。ここで集計した結果を述べたいと思う。また、その過程において様々な問題が現われてきたので、あわせて提示してみたい。

なお、「女方」という表記は、ほぼ『御堂関白記』独自のものである。『殿暦』に宮仕え女房の意で一回出てくる(1)以外は、『貞信公記』『九暦』『小右記』『権記』『中右記』『民経記』『後二条師通記』『岡屋関白記』『深心院関白記』には、まったくこの表記は見られなかった(2)。

一　『御堂関白記』の「女方」

まず、現存『御堂関白記』において、四六一回見られた「女方」という語の内訳は、道長室の倫子を示すものが三〇七回、宮仕え女房を示すものが一五二回、その他（教通室〈公任の女〉）が二回であった。倫子を意味する用例が、六六・六％、約三分の二というのは、意外に少ないというのが実感である。なお、この結果には、時期による変遷は見られない。

それにしても、自分よりも二歳年上で、宇多天皇の三世孫、しかも『栄花物語』の記述を信じるならば、父である源雅信の反対を押し切って婿入りした相手の倫子に対して、宮仕え女房と同じ呼称を用いるとは、まさに道長の面目躍如といったところであろうか(3)。

ちなみに、最初に「女方」という呼称を用いたのは、長保元年（九九九）二月廿八日条に、

馬場に着す。例の仮屋の東に又、仮屋を作り、女方の在所と為す。

と見える例である。『御堂関白記』が本格的に記され始めたのが長保元年二月であることを考えると、どうも道長は、それ以前から倫子のことを「女方」と呼称していたことが推察される。なお、訓み方は、宮仕え女房のことも同じ表記をしているのであるから、訓みは「にょうぼう」としか考えられない。

しかも道長の場合、例えば寛仁二年（一〇一八）正月三日条などは、

此の日、御元服す。暁、女方と相共に内に参る。……西の一の戸の間に、内侍・女方等、候ず。

とあるように、同じ日の記事に、倫子を表わす「女方」と宮仕え女房を表わす「女方」とを記している。その独特の感性には、いつもながら驚かされる。

ついでに、『御堂関白記』に見える「女房」という表記について調べてみたところ、『御堂関白記』に「女房」という表記が見られるのは一三回であった。これは『小右記』の一九九回に比べると少ないのであるが（『御堂関白記』は、ほとんどは「女方」と記しているためである）、その内訳は、道長室の倫子を示すものが五回、宮仕え女房を示すものが八回である。やはり「女房」という表記は、普通の女房を表わす例が多いが、それでも嫡妻である倫子のことを指している場合が半数近くあり、少ないとは言えない。寛弘七年（一〇一〇）三月廿五日条などは、

倫子が仁和寺観音院灌頂堂を再建供養した日の記事であるが、倫子のことを、「女房」と書いたり「女方」と書いたりして（図1）、読む者としては大変迷惑である。

二　倫子の呼称

さてそれでは、『御堂関白記』の中で倫子は、どのように呼称されているのであろうか。「女方」三〇七回、「女房」五回以外の呼称を列挙すると、「内方」（基本的には他人の妻を指す語）が六回、「女」が四回、「三位」が一回、「家女」が二回、「産婦」が二回、「源倫（子）」が一回、「母（・母々・波々）」が一七回、「土御門」が一回、「家北政所」が一回、「女一位」が一回、「一位」が一回、「倫子」が一回といったところである。

全部で三五〇回出てくる倫子の呼称のうち、八九・一%が

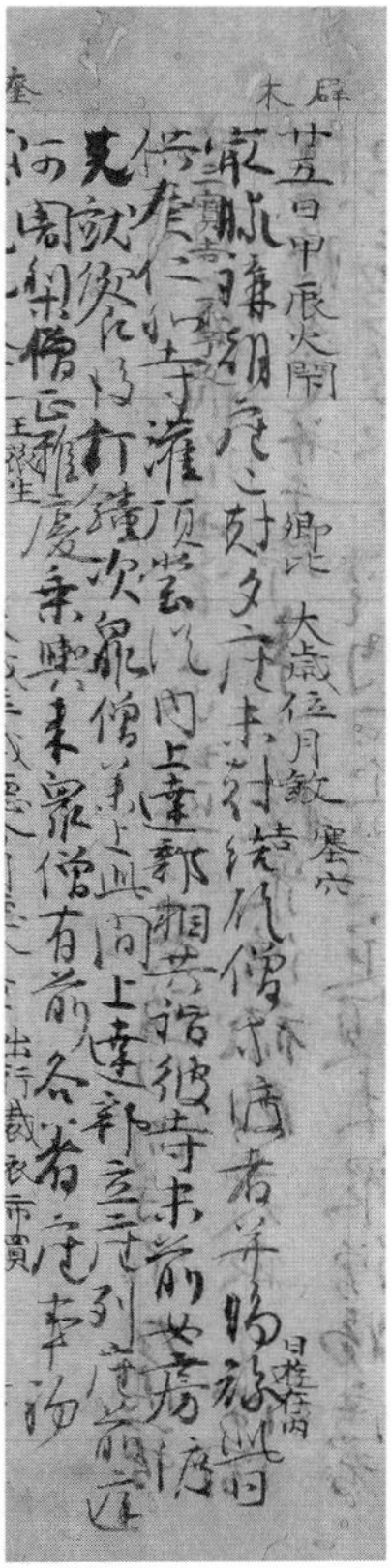

図1　自筆本　寛弘七年三月廿五日条（表）

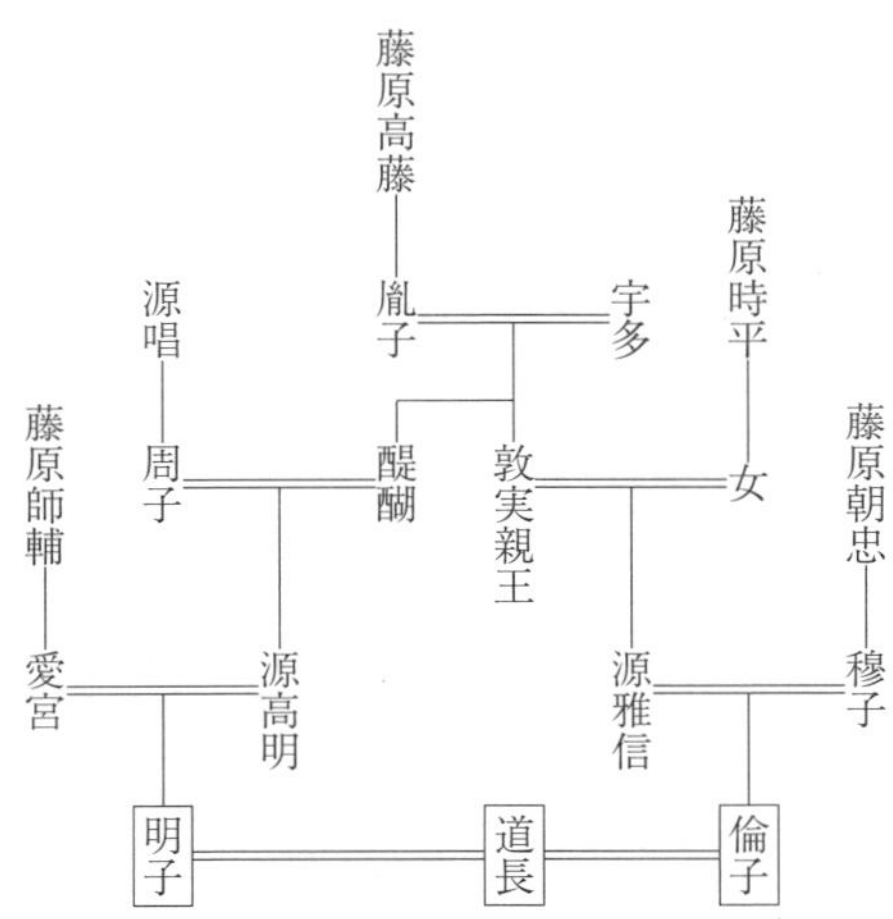

「女方」「女房」ということになる。道長は倫子を、基本的に「にょうぼう」と認識していたことがわかる。

ところで道長の倫子に対する呼称で気になるのは、「女」という呼称と、「母」あるいは「母々」「波々（まさか「婆々」の略ではないだろう）」というものである。

「女」という呼称（「女方」を省略したものである可能性もあるが、ここでは措いておく）が見えるのは、長保元年と長保二年（一〇〇〇）に各一回、寛弘八年（一〇一一）に二回である。これらの年、倫子はそれぞれ三六歳、三七歳、四八歳ということになる。なお、倫子は寛弘四年（一〇〇七）、四四歳の年に、道長との最後の子である嬉子を産んでいる。

一方、「母（・母々・波々）」という呼称が見えるのは、寛弘六年（一〇〇九）を嚆矢とし、寛仁元年（一〇一七）と寛仁二年に四回ずつ見えるようになる。これらの年には、倫子はそれぞれ四六歳、五四歳、五五歳である。

自分の妻のことを、「母」を意味する語（「かあさん」「ママ」とか）で呼称する人は、現代でも見られるようであるが、道長が倫子のことをこのように呼称した最初の例は、寛弘六年十一月廿五日条、つまり外孫敦良親王（後の後朱雀天皇）が誕生した日の記事である。この慶事の中、道長は倫子を、皇子を産んだ中宮の「母」と認識したのであろうか。

また、寛仁元年は外孫敦成親王が即位して後一条天皇となった年、寛仁二年は三女の威子が立后して道長が「この世をば」を詠んだ年である。倫子に対して、天皇を産んだ国母の「母」という意識が強くなったことは、十分に考えられるところである。

このような歴史段階をきっかけとして、倫子に対する道長の意識が、自身の妻である「女」から、中宮や国母の「母」へと変化していったのであろう。

三　倫子と明子

こうなると気になるのは、もう一人の配偶者である明子のことである。実は意外なことに、『御堂関白記』には明子のことを「女方」と呼称した例は一例しかなく、「女房」「内方」と呼称した例はないのである。では、道長がどのように呼んでいたかというと、「堀河辺」が二回、「近衛御門」が三〇回、「母（・母々）」が三回、「女方」が一回となる。

「堀河辺」とか「近衛御門」というのは、居住していた邸第の所在地で呼称したものであり、「母」「母々」というのは、出家した顕信や、結婚する寛子の母親としての呼称である。ほとんどの場合、道長は明子のことを所在地で認識していたことがわかる。同居していない明子については、わざわざその邸第まで出向かなければ会えないのであり、所在地で認識しているのは、当然といえば当然ではある。ただ、倫子に対する意識とは、おのずと差異が存在したようである。

もっと意外なことは、『御堂関白記』に明子がはじめて登場するのは、寛弘二年（一〇〇五）八月廿日条、明子にとっての最後の子である長家が生まれた日の、「堀河辺りに産事有り。男子。」という記事なのである。その記述の素っ気なさもさることながら、それまでに五人の子を産んでいる明子について、まったく記載がなかったとは、信じられない思いである。

明子についての記事が増えてくるのは、所生の寛子が成人したり、小一条院となる敦明親王と結婚したりしたことが、その契機となっているようである。元々、『御堂関白記』に明子が見えるのは三六回と、倫子の三五〇回の一〇分の一に過ぎない。道長にとっての二人の配偶者は、その呼称や記載頻度から見ても解る通り、親疎においても、まったく同格ではなかったことが窺える。

一緒に参内したり候宿したり、寺社に詣でたりと、その生活のほとんどにおいて行動を共にしている嫡妻の倫子と、別の邸第に居住している明子（しかもその結婚のいきさつは、かなり異例のものであった）とでは、道長の意識のレベルにおいて大きな差異が存在したのであろう。

かつては、古代日本においてはツマ同士の格付けはなく、「妻」と「妾」の区別も明確には存在しなかったと考えられていた。しかし近年では、倫子所生の子女と明子所生の子女に関して、男子は昇進、女子は配偶者の選択について比較された梅村恵子氏の研究(4)や、道長による子女への邸宅の伝領について比較された野口孝子氏の研究(5)によって、倫子と明子は配偶者として同格ではなかったことが明らかとなっている。

これらの結論の妥当性は動かないものの、さらに直接的に、両者の呼称、表記回数、記述内容などから、道長の意識下における二人の妻への思いの差異は歴然としていたことが明らかとなっているのである。

長和四年（一〇一五）十月廿五日条は、皇太后彰子が道長の五十算賀法会を行なったという記事である。その際、所々から諷誦が奉られ、道長はそれを記載しているが、その記載順は、三条天皇、皇太后彰子（倫子所生一女）、中宮妍子（倫子所生二女）、東宮敦成親王（彰子所生一男）、倫子（「内方」）、穆子（倫子の母）、尚侍威子（倫子所生三女）、頼通（倫子所生一男）、教通（倫子所生二男）、頼宗（明子所生一男）、能信（明子所生二男）、男等の妻たち（「是等の内方」）、そして明子、東宮御匣殿寛子（明子所生一女）の順である。明子の序列は、倫子はもちろん、倫子所生の女や、息男の妻たちよりも下位に記載されているのである。

おわりに

以上、『御堂関白記』に見える「女方」という語を糸口として、「女房」や「内方」という呼称、倫子と明子の呼称を集計し、両者の妻としての立場の差異を考えてきた。道長にとって、両者はまったく同格の妻ではなかったことが浮かび上がったことと思う。

しかし、それは道長の倫子に対する個人的な愛情に基づくものであるとは断言できない。寛弘六年三月廿七日条は、明子所生の寛子の着裳の記事であるが、

近衛御門の女子、着裳す。……土御門より装束の使等有り。被物を授く。

という記述がある。ここでは道長は明子の許（＝近衛御門）に赴いているのであるが、そこに倫子から装束使がやって来た。その際、道長は倫子のことを「土御門」と記しているのである。明子の「近衛御門」と同様、倫子も道長の近辺にいない場合には「土御門」というように場所で記される場合もあったことになる。

同様、寛仁元年十一月廿四日条は、小一条院と寛子との露顕の儀の記事であるが、「女方、陪膳す。」と見える「女方」は明子を指し、翌廿五日条は、賀茂社行幸の記事であるが、「女方、狭敷に渡りて見物す。」と見える「女方」は、明らかに倫子を指している。道長にとって、記述の視座の近辺に所在する配偶者こそが、「女方」だったのであろう。

『御堂関白記』を記した具注暦が、倫子と共に居住する土御門第に置かれていたこと、そして倫子が『御堂関白記』を目にする可能性があったことを考えるならば、道長が無意識的に倫子の心情に配慮し、倫子と明子の呼称を区別した、また明子に関する記述を控えた可能性も考えられる。もしも近衛御門にも具注暦が置いてあり、明子の許にいる時に道長が日記（もう一つの『御堂関白記』）を記していれば、明子のことを「女方」、倫子のことを「土御門」と呼称したかもしれないのである。

註

（1）『殿暦』天仁元年（一一〇八）十二月十三日条。

（2）『小右記』の二回の例は「小女方」という記述で、「女方」という記述ではない。

（3）比較のため、藤原実資が『小右記』において四人の妻をどのように表記しているかを調べたところ、婉子女王以外の妻に対しては、「女房」と記している例も一五例ほど見つかった（『小右記』に見える「女房」一九九例のうちの七・五％）。しかし、いずれも比較的身分の低い妻であり、基本的には「内方」「女人」「母」などの表記が多い。また、藤原行成の『権記』については、源泰清女の妻のことは、「母氏」「女人」「孟光」「家女」「室女」と呼称していて、「女方」や「女房」と記している例はないが、長保四年（一〇〇二）十月にこの室が死去し、一年後にその同母妹と再婚してからは、「女人」「家母」などと並んで、「女房」と記している例も、しばしば見られる（「女方」と記した例はない）。何故にこのように変化したかは、二人の妻の立場も含めて、興味深いところである。

（4）梅村恵子「摂関家の正妻」（青木和夫先生還暦記念会編『日本古代の政治と文化』、吉川弘文館、一九八七年）。

（5）野口孝子「平安貴族社会の邸宅伝領」（『古代文化』第五七巻第六号、二〇〇五年）。

第四章　『御堂関白記』の「妻」と「妾」について

はじめに

平安貴族の結婚というと、妻問婚による一夫多妻制と考えられてきた時期があった。今でもそのように記した本が見られるのは、そういった幻想（願望？）が根強く残っているためであろうか。

しかし、実際には彼らは嫡妻と同居していたのであり（というより、その女性の家に婿入りしたのである）、古記録などを読んでいても、一時期には妻は一人しかいなかった人が多いのである。

また、かつては、古代日本においては配偶者同士の格付けはなく、「妻」と「妾」の区別も明確には存在しなかったとされていた。しかし前章でも述べたように、近年では、藤原道長の配偶者である倫子所生の子女と明子所生の子女に関して、男子は昇進、女子は結婚相手の選択について比較された梅村恵子氏の研究(1)や、道長による子女への邸宅の伝領について比較された野口孝子氏の研究(2)によって、倫子と明子は配偶者として同格ではなかったことが明らかとなっている。私も、「女方」倫子と「近衛御門」明子の呼称の差異を通じて、倫子と明子の格差を推定したことがある(3)。

平安貴族社会にも「妻」と「妾」の差異は明確に存在し、たとえば光源氏の「妻」が葵の上と女三宮のみであり、紫の上は含まれていなかったように、両者は厳然と区別されていたと考えられるようになっている(4)。

ところが、『御堂関白記』を読んでいると、少なくとも表記の上では、道長は「妻」と「妾」を明確には区別していなかったのではないかと思われる事例が数多く存在する。本章では、それらを考察することによって、道長の配偶者認識、『御堂関白記』の記載の特色、ひいては平安貴族社会の結婚について考える材料を提供したい。

一　『御堂関白記』の「妻」と「妾」

現在残っている『御堂関白記』には、「妻」または「妾」という語が、自筆本・古写本（および古写本を書写した平松本）合わせて、「配偶者」の用例で二〇例、「建築の向き」の用例で二四例、合計四四例、見られる。なお、自筆本を書写した長和二年（一〇一三）の平松本には、この語は見られなかった。以下に、その事例をすべて挙げ、用例の区別を太字で示す。

・長保二年（一〇〇〇）二月廿一日条（自筆本・道長筆）　配偶者
　故斉名の**妾**、『扶桑集』を奉る。
・長保二年二月廿一日条（古写本・某〈師実家司か〉筆）　配偶者
　故斉名の**妻**、『扶桑集』を奉る。
・寛弘元年（一〇〇四）閏九月十六日条（古写本・某〈師実家司か〉筆）　配偶者
　陸奥守道貞朝臣の**妾**子、下向す。
・寛弘元年十二月廿七日条（古写本・某〈師実家司か〉筆）　建築の向き
　朔平門に当たりて、東西**妻**の七丈の幄を立つ。
　東西**妻**二間に車を立つ。
・寛弘二年（一〇〇五）八月廿七日条（古写本系統の平松本）　配偶者

忠範の妾式部、下向す。車を調へ、賜はんと欲する間に来たる。

・寛弘三年（一〇〇六）三月三日条（古写本系統の平松本）建築の向き

其の東に四尺の書屏風一双を立つ。南北を妻とす。

・寛弘三年八月十七日条（古写本系統の平松本）建築の向き

相撲の屋より出でて御前を渡り、東の妻に至りて上り、……

・寛弘四年（一〇〇七）七月十四日条（自筆本・道長筆）建築の向き

出居の座、東の妾に在り。

・寛弘四年七月十四日条（古写本系統の平松本）建築の向き

出居の座、東の妻に在り。

・寛弘五年（一〇〇八）二月廿日条（古写本系統の平松本）配偶者

寅時ばかり、私家に送る。妾と同車す。辰時ばかり、申し送りて云はく、「只今、死去す」と云々。

・寛弘六年（一〇〇九）八月廿三日条（自筆本・道長筆）配偶者

陸奥守済家、罷り申す。女装束・下襲・表袴・馬を賜ふ。其の妾に乗鞍一具。

・寛弘六年八月廿三日条（古写本・師実筆）配偶者

陸奥守済家、罷り申す。女装束・下襲・綾の袴・馬を賜ふ。其の妾に乗鞍一具。

・寛弘八年（一〇一一）六月二日条（自筆本・道長筆）建築の向き

左衛門陣より御輦を入れ、東対の南妾の門口より下り給ふ。

・寛弘八年六月二日条（古写本・師実筆）建築の向き

左衛門陣より御輦を入れ、東対の南妾の戸口より下り給ふ。

・長和元年（一〇一二）　十一月一日条（古写本・某〈師実家司か〉筆）　建築の向き

外記二人、又、之を挙げて軒廊の西一間に立つ。退出す〈子午を妻とす。〉。

今、案ずるに、若しくは是れ、案を東西を妻にして立つるか。

・長和元年十一月廿二日条（古写本・某〈師実家司か〉筆）　建築の向き

東一間に御船を居う。其れ東西の妻。

神殿の南面の御簾を開き、入御す。件の殿は南北の妻なり。

・長和二年（一〇一三）　七月廿二日条（古写本・某〈師実家司か〉筆）　配偶者

今日、宮の御乳母兼澄朝臣の女子、参る。是れ周頼朝臣の妾なり。

・長和四年（一〇一五）　七月二日条（古写本・師実筆）　配偶者

「此の西の宅なり。是れ保昌の本の妾の為す所」と云々。

・長和四年七月廿三日条（古写本・師実筆）　配偶者

聞く事は、加賀守政職、件の宮の御封物、未だ弁ぜざるに、妾女の宅、封せらるる事なり。

・長和四年十月廿七日条（古写本・師実筆）　建築の向き

廂の西二間に子午を妾として簾を懸く。

・長和五年（一〇一六）　三月十二日条（古写本・師実筆）　建築の向き

南殿の未申の角より、南北を妻に屏幔を引く。

楽所は馬場の西廊の南妻なり。

・長和五年四月廿一日条（古写本・師実筆）　配偶者

「是れ右大臣、年来の間、彼の宰相の妾の女御、勘当有りて相合はず。此れ宰相に嫁する後、已に数年。

而るに今日、件の家の狭敷に、右府、来たる」と云々。

・長和五年五月廿五日条（古写本・師実筆）配偶者

故右京進致行の妾の家に大学助至孝、行く。件の女の宅に入る。

・長和五年五月廿六日条（古写本・師実筆）配偶者

件の致行の妾は観峯の縁とする所の者なり。

・長和五年七月廿九日条（古写本・某〈師実家司か〉筆）配偶者

左少弁経頼の妻、亡ぬ。是れ産事なり。

・長和五年十月四日条（古写本・某〈師実家司か〉筆）配偶者

「右衛門督の妾、産気有り」と云々。

・寛仁元年（一〇一七）二月六日条（古写本・師実筆）配偶者

「放免為重丸と同女と相妾なり」と云々。

・寛仁元年十一月廿二日条（古写本・某〈師実家司か〉筆）建築の向き

寝殿の東の妻戸より入る。

・寛仁二年（一〇一八）正月三日条（自筆本・道長筆）建築の向き

二尺五寸の二却は南北を妾に立つ。

三尺一却は東西を妾に立て、御酒盞を置き〈盤・蓋有り。〉、匕を加ふ。

・寛仁二年正月三日条（古写本・某〈師実家司か〉筆）建築の向き

二尺五寸の二脚は南北を妻に立つ。

三尺一脚は東西を妻に立て、御酒盞を置き〈盤・蓋有り。〉、匕を加ふ。

・寛仁二年三月十四日条（自筆本・道長筆）　配偶者

美濃守泰通の妾小式部、国に下向す。

・寛仁二年三月十四日条（古写本・某〈師実家司か〉筆）　配偶者

美濃守泰通の妾小式部、国に下向す。

・寛仁二年十月廿二日条（古写本・某〈師実家司か〉筆）　建築の向き

余、御後の御屛風の南妻に候ず。

西面の御屛風の南妻に円座一枚を敷き、余の座と為す。

馬場の南に五尺の張を立つ〈東西を妻とす。〉。

馬場殿の西廊の北妻五間を擬文章生の座と為す。

・寛仁二年十二月廿三日条（古写本・某〈師実家司か〉筆）　配偶者

左大将の妾、悩気有り。大将、退出す。

・寛仁二年十二月廿四日条（古写本・某〈師実家司か〉筆）　配偶者

「丑時、大将の妾、男子を産む」と云々。

ちなみに、妻の語源は「つま（端）」と同じく、本体・中心からみて他端のもの、相対する位置のものの意で、建物などでは正面を平《ひら》というのに対して、棟と直角の側面をいい、人間関係では配偶者をいう（『日本国語大辞典』による）。

さて、『御堂関白記』に四四例、見られる用例のうちでは、「妻」が二〇例、「妾」が二四例である。これだけだと両者が拮抗しているようにも思えるが、自筆本と古写本の違いを考慮すると、驚くべき結果が明らかとなる。自筆本では、「妻」が一例も見られないのに対し、「妾」が七例、古写本（および古写本系の平松本）では「妻」

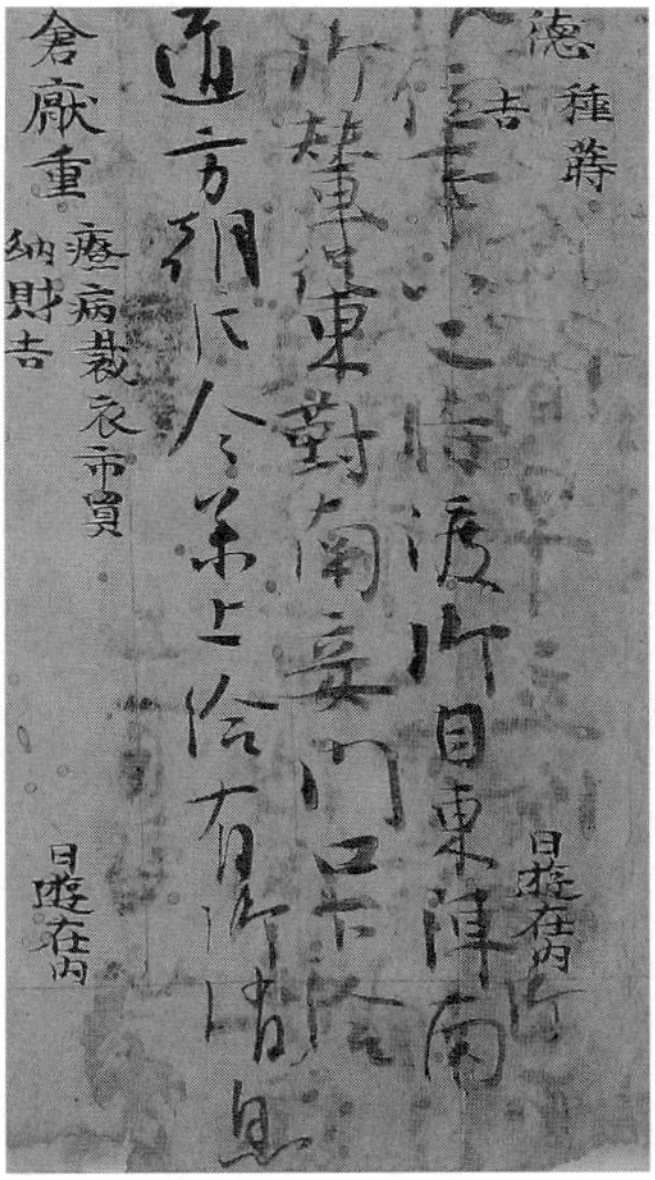

図1　自筆本　寛弘八年六月二日条

		自筆本	平松本（自筆本系）	古写本（師実筆）	古写本（某筆）	平松本（古写本系）	合計
建築の向き	「妻」	○	○	二	一三	三	一八
	「妾」	四	○	二	○	○	六
配偶者	「妻」	○	○	○	二	○	二
	「妾」	三	○	七	六	二	一八
合計	「妻」	○	○	二	一五	三	二〇
	「妾」	七	○	九	六	二	二四
総計		七	○	一一	二一	五	四四

が二〇例、「妾」が一七例、つまり古写本では「妻」の方が多いことから、全体では拮抗しているように見えるのであって、元々道長が記録していた自筆本では、『御堂関白記』を記録した全期間にわたって、ほとんどすべてが「妾」であったことが推定できるのである。

たとえば、自筆本と古写本の両方が残っている長保二年二月廿一日条では、自筆本が「故斉名の妾、『扶桑集』を奉る」とあるものを、古写本では「故斉名の妻」と書き替えている。寛弘四年七月十四日条の自筆本「出居の座、東の妾に在り」を古写本系統の平松本で「出居の座、東の妻に在り」と書き替えた例、寛仁二年正月三日条の自筆本「二尺五寸の二却は南北を妾に立つ」「三尺一却は東西を妾に立て、……」を古写本で「二尺五寸の二脚は南北を妻に立つ」「三尺一脚は東西を妻に立て、……」と書き替えた例も同様である。

寛弘六年八月廿三日条で自筆本の「其の妾に乗鞍一具」を古写本（師実筆）でも「其の妾に乗鞍一

具」とした例、寛弘八年六月二日条で自筆本の「東対の南妾の門口より下り給ふ」を古写本（師実筆）でも「東対の南妾の戸口より下り給ふ」とした例（図1）といった例外は存在するが、古写本は、自筆本の「妾」を「妻」と書き替えることが多い。

なお、『御堂関白記』の古写本は、前にも述べたように基本的に二人の筆によっている。道長の嫡孫である師実と、某（おそらくはその家司）である。自筆本の「妾」をそのまま「妾」と写した三例のうち二例が師実の筆になるものであったことは、偶然ではあるまい。

「つま」を古写本で「妾」と表記している一七例のうち、九例が師実の筆によるものである。視点を変えると、師実が書写した年で「つま」を表記した一一例のうち、「妻」は二例、「妾」は九例ということになる。某の表記した二一例は、「妻」が一五例、「妾」が六例と、「妻」の方が圧倒的に多いのである。

摂関家の長である道長や師輔に「妾」表記が多く、実務官人である某に「妻」表記が多いことの意味は、また別個に考えなければならないであろう。

二　建築の向きを表わす「妻」と「妾」

次に、「つま」が意味する主要な二つの語義のうち、まず建築の向きに関する「つま」について見てみよう。これは意外なことに、「妻」が一八例、「妾」が六例である。

自筆本はすべて「妾」と表記しているので、四例

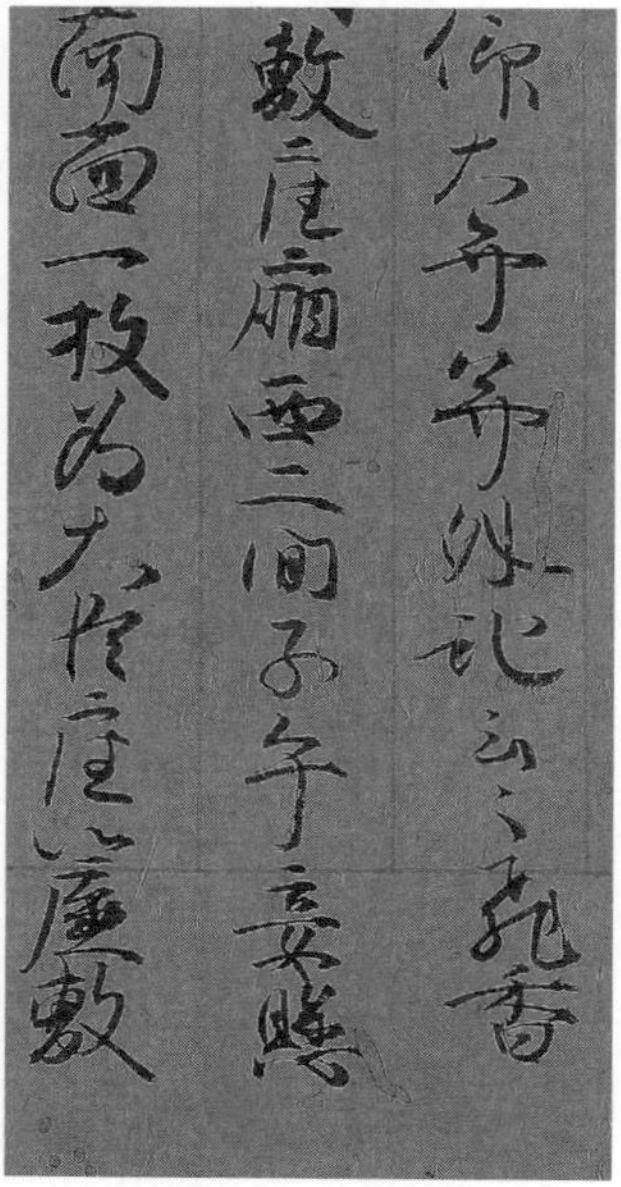

図2　古写本・師実筆　長和四年十月廿七日条

すべてが「妾」であるが、古写本は「妻」が一八例、「妾」が二例となる。古写本では、おそらくは自筆本で「妾」と表記していたものを、ほとんどすべて、「妻」と書き替えているのである。なお、「妾」の二例は、いずれも師実の筆になるものである。

それにしても、たとえば長和四年十月廿七日条（古写本・師実筆）のように（図2）、「廂の西二間に子午を妾として簾を懸く」などと、建物の「つま」を「妾」と表記する感覚は、どうにも理解しがたいものである。脳内で「つま」と書こうとして、その指令が手に伝わるまでの間に、「つま」＝「妾」という認識が支配してしまったのであろうか。

三　配偶者を表わす「妻」と「妾」

それではいよいよ、配偶者を表わす「妻」と「妾」を見てみよう。これも驚くべき結果である。二〇例のうち、「妻」がたったの二例、「妾」が一八例である。自筆本三例がすべて「妾」、古写本が「妻」二例、「妾」一五例である。「妻」と表記した二例は、いずれも師実ではない某が書写したものである。

つまり、道長や師実にとってはすべて、その家司クラスの者にとってもほとんどが、配偶者「つま」を表わす用字は「妾」だったのである。

その中には、嫡妻ではない配偶者もいたであろうが、明らかに嫡妻を表わす場合でも、彼らは配偶者を「妾」と表記しているのである。ほとんどの人の場合、その女性が嫡妻なのかどうかは判断しがたいのであるが、夫の死後に道長に書を献上したり（長保二年二月廿一日条）、夫と共に任国に下向したり（寛弘元年閏九月十六日条、寛弘二年八月廿七日条、寛弘六年八月廿三日条〔図3・4〕、寛仁二年三月十四日条）、瀕死の夫を引き取ったり（寛弘五年二月廿日条）したりしている記事に登場しているところから、ほとんどは嫡妻であったものと推定できる（元々、配偶者を一人しか持たない人がほとんどであったと思われる）。

　たとえば、寛仁二年十二月廿四日条（古写本・某〈師実家司か〉筆）では、「『丑時、大将の妾、男子を産む』と云々」とあるが、この「妾」は藤原公任の女で、長和元年に教通を婿取りした、まさに嫡妻である。その嫡妻が教通の一男である信家を産んだという記事である。その嫡妻に対して、前日の「左大将の妾、悩気有り」という記事に続いて、「妾」と表記しているのである。

　なお、長和五年四月廿一日条（古写本・師実筆）は、

「是れ右大臣、年来の間、彼の宰相の妾の女御、勘当有りて相合はず。此れ宰相に嫁する後、已に数年。而るに今日、件の家の狭食に、右府、来たる」と云々。

というものである。一条天皇の死後、その女御であった藤原元子（右大臣藤原顕光の女）が数々の浮き名を馳せた源頼定と同居し、顕光はこれを勘当したのであるが、二人は出奔して同居を続け、子を儲け

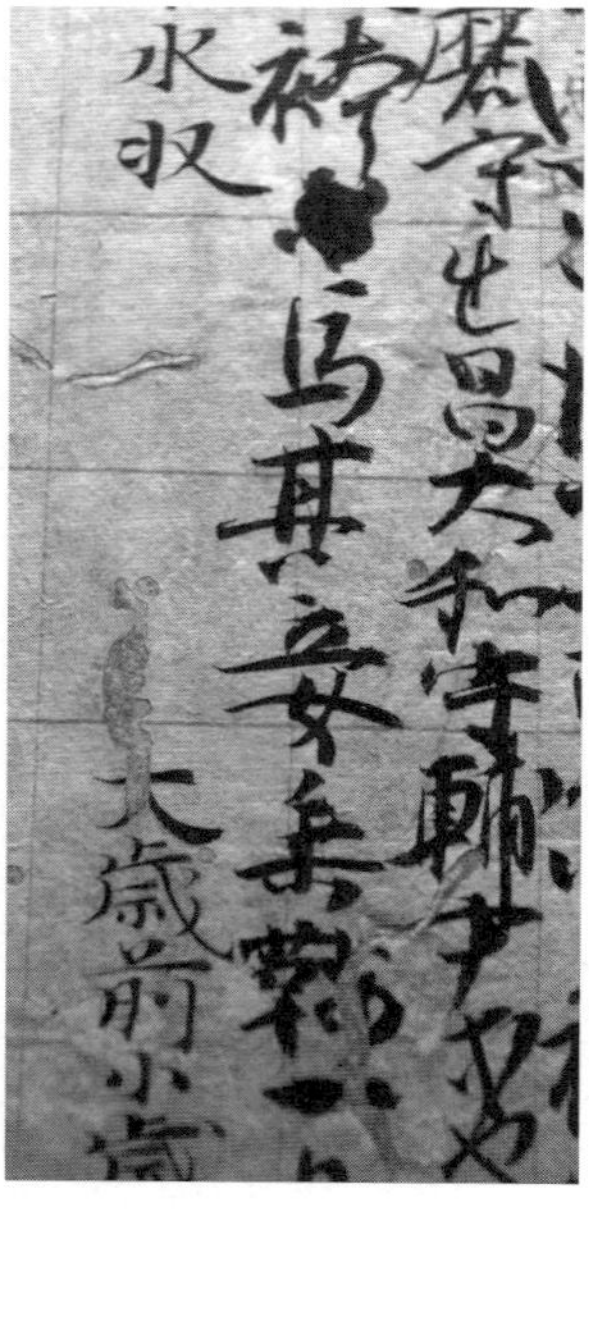
図3　自筆本　寛弘六年八月廿三日条

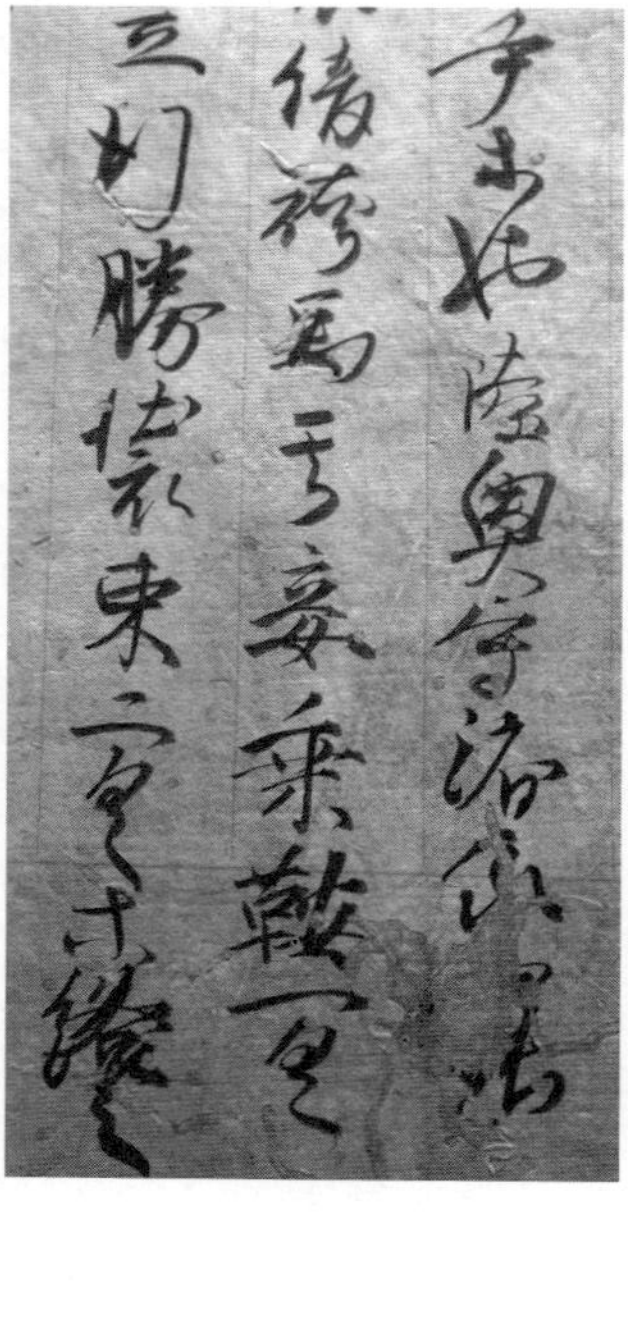
図4　古写本・師実筆　寛弘六年八月廿三日条

た。この日、二人の賀茂祭の桟敷を顕光が訪れ、和解したというものである。女御であった元子（この時点では頼定の主たる配偶者であった）を「妾」、二人の結婚を「嫁す」と表記しているのである。

平安時代の実像は、『源氏物語』などのような架空の物語からのみ考えただけでは、とうていその真の姿に近付くことはできない。

おわりに

以上、『御堂関白記』における「つま」の表記、「妻」と「妾」について考察してきた。その結果、道長や師実といった摂関家当主がほとんど「妾」を使用していたこと、古写本であっても、建築関係の「つま」には「妻」、配偶者を表わす場合には「妾」と表記する用例がほとんどであったことを明らかにした。

これが何を意味するのか、特に『小右記』や『権記』など同時期の他の古記録（写本しか残っていないが）にも、この結果が適用されるのかなど、残された課題は多いが[5]、平安時代史研究における結婚制度や配偶者の立場について、一石を投じたい。

なお、最後に字体の問題について触れておきたい。実は「妻」と「妾」は字形が似ていて混同しやすいのである。これまでの考察も、「妻」と「妾」を活字風に確定したうえで行なったものであるが、本当にそれが「妻」や「妾」という字なのかどうか、さらに厳密な考察が求められる（私の拙い判読では、「妻」と「妾」でいいように思えるのであるが）。

註

（1）梅村恵子「摂関家の正妻」（青木和夫先生還暦記念会編『日本古代の政治と文化』、吉川弘文館、一九八七年）。

（2）野口孝子「平安貴族社会の邸宅伝領」（『古代文化』第五七巻第六号、二〇〇五年）。
（3）倉本一宏「『御堂関白記』に見える「女方」」（本書第三部第三章）。
（4）工藤重矩『源氏物語の結婚――平安朝の婚姻制度と恋愛譚――』（中央公論新社、二〇一二年）。
（5）ちなみに、『小右記』には「妻」が一七四例、「妾」が五例、見えるが、内訳は、配偶者を示す「妻」が一五一例、「妾」が五例、建築の向きを示す「妻」が二三例であり、「妾」は見えない。『権記』には「妻」が三四例、「妾」が二例、見えるが、内訳は、配偶者を示す「妻」が一五例、「妾」が一九例、建築の向きを示す「妻」が二例であり、「妾」は見えない。ただし、両書とも写本であり、実資や行成がこのように記したかどうかは定かではない。

第四部

『御堂関白記』雑感

一　『御堂関白記』全現代語訳を終えて

　ようやく『御堂関白記』全現代語訳の最後にたどり着いた。この一年間余りというもの、世間では「源氏物語千年紀」とかいって浮かれているのを尻目に、ほぼ毎日、朝から晩までの時間を『御堂関白記』を訳すことに費やしてきた。世の中に本当の平安時代史をお伝えしたいという願望からである。しかも、なるべく同じ語には同じ訳を行ない、同じルビを付けたいものだから、長徳元年（九九五）の冒頭から治安元年（一〇二一）の末尾まで、８メガもあるファイルを、一日に一〇〇回以上もスクロールする日々が続いた。

　普通、本文の校訂を行なって史料を編纂する職人的研究者を除き、一般的な研究者の古記録との接し方というと、自分の研究に都合のいい記事だけを拾い出して、そこだけを解読する、あるいは索引やインターネットを使った「検索ごっこ」で表を作り、「論文のようなもの」を書く、といったところであろうか。割り当てられた箇所の註釈を作る、あるいは他人の作った註釈のゲラを読んで書き直すという人も、ごく少数ながら存在するであろう（私のことだったのだが）。

　ところが、今回、冒頭から末尾まで通して読むという作業を毎日積み重ねることによって、『御堂関白記』（と藤原道長）の新たな側面を知る手がかりをつかむことができたような気がする。古記録というものは、こうやって読むと違った見方ができるのだなあと、これは意外な発見であった。

　こういう経験を、古記録の原文や写真版を使って行なうというのは、一部の専門家を除いて、なかなかできることではない。しかしながら、この三冊の現代語訳を通して読んでいただければ、その発見を経験することができよう。この本を手にされた方は、是非とも高速で何回も読み通していただきたい（ちなみに、もう一つ、意外な発見ができる方法をお教えすると、上原淳道氏から伝授された秘伝だが、原文を下から逆さに読むというものである）。

それはさておき、私が『御堂関白記』（と道長）に関して、日頃考えていること、また、今回の仕事を通して思ったことを、いくつか羅列してみよう。皆様が『御堂関白記』を読まれる際の参考になれば、幸いである。(1)

文字について

よく道長の字は汚いと言われる。名和修氏は「格調高い字」と言われるが、いずれにせよ、個性的な字であることには違いない（自分でも「本より能書に非ず」と書いている）。しかし、『小右記』などとは違って、道長は自分の日記を他人に見せることを想定して記しているわけではない。また、先年気付いたことには、金峯山寺に奉納した経典の字もまた、道長の書いたものであるが、それは確かに達筆と称することができる字である。つまり、道長は本気で綺麗な字を書こうと思えば書けたのであり、『御堂関白記』のみをもって字が汚い人と断じては気の毒ということになる（ほとんどの大学教員の板書の字を想定してみればよい）。それに、毎日眺めていると、なるほど「格調高い字」に見えてくるものである。

文体について

『御堂関白記』の文体は、「変体漢文」と称される和風の漢文の中でも、また峰岸明氏の言われる「漢文体から隔たり日常実用文に徹した摂関系」の文体の中でも、特異なものである。(2) しかしこれも、他人の目に触れることを想定しておらず、自分の備忘録のようなつもりで記したとすれば、当然のことである。また、蔵人頭を長く勤めた実資や、弁官を歴任した行成とは異なり、道長は実務官人としての経験を積まないうちに公卿になり、政権の座に就いてしまった。漢文に習練する暇もなかったことが、その独特の文体を形成させたということにもなろう。それでもだんだんと漢文に習熟していっているということは、『御堂関白記』を通して読んでみると、容易に読み取ることができる。

文字の抹消について

実務官人のことを「刀筆の吏」という。間違えた文字を摺り削るための小刀を持ち歩いていたことによるものである。ところが『御堂関白記』の場合、間違えた文字の上に正しい文字を記してしまうことが多いので、元の字も新たな字もよく読めないということも起こってくる。時には間違えた文字のまわりを丸く囲み、その横に新たな字を書いたりすること、また数本の線で間違えた文字を抹消し、その後に新たな字を書いたりすることもあるが、基本的には元の字の上に書くことが多い。そうなると、彰子立后の雑事を安倍晴明に勘申させたものの、その部分を慌てて抹消した、長保二年（一〇〇〇）正月十日条の特異性が浮かび上がるのである。

読み癖について

「定考」という語は、「考を定む」という意味であるから、「定考」という語順が正しく、「じょうこう」と訓むべきものであろう。ところが故実では、「上皇」に通じることを避けるために「こうじょう」と訓むものとされる。「ほんまかいな」という気もするのだが、『御堂関白記』では、「考定」が九例、「定考」が一例と、やはり「こうじょう」と訓むのだということがわかる。これは天皇の「譲位」に通じることを忌むために「いしょう」と訓むとされる「称唯」も同様で、「唯称」が五例、「称唯」が三例と、「唯称」と記すことの方が多い。このように、当時の読み癖がわかるという点で、『御堂関白記』は貴重な史料となっているのである。同様に、人名の訓み方についても、「この人、なんて訓むのだろう」という場合にも、しばしば『御堂関白記』は聞いた通りに簡単な字で記してくれている。

日付の間違い

自筆本を見ていると、本来記すべき日とは違う日の箇所に記事を記し、圏線で本来の日の箇所を示しているところが、何箇所も出てくる。何故にこんなことが起こるのかを想像すると、道長は必ずしも毎日、日記を記していたのではないということであろう。しかも、暦注の記してある具注暦を、どうも毎日巻いていないのではないかとの疑いも生じる。前の日に巻き忘れて、一日前の箇所が出ていた部分に、一日後の記事を記してしまうと、このようなことが起こるのではないだろうか。ということは、日付の間違いに気付いた時には訂正しているとはいっても、間違いのままの記事も多数存在するのではないかとの恐れがある。

記事の少なさ

『小右記』などの古記録を見ていると、おそらくは基になったメモ（儀式や政務の式次第を記したもの、あるいは他者からの書状、独立した文書など）が存在し、それを見ながら記した、あるいはそれらを貼り付けたとしか考えられない。ところが『御堂関白記』は、よほど長い記事以外は、記憶のみを基にして、しかもしばしば何日分かの記事を同じ日に記録しているのではないかと思えてくる。儀式の際に式次第を記した資料が手に入った場合で、しかもそれを記録したい時にだけ、それを基にして、長い記事を書いているのではなかろうか。例外的に見える「別記に在り」という記事は、『小右記』や『権記』などでは、記主自身が別に記録した別記を指すが、『御堂関白記』の場合、他者が記した式次第の資料のことではないかと考えている。

時間軸のずれ

同様、『御堂関白記』では、その日の記事が時間通りに記されない場合が多い。これも記憶を頼りに記しているために起こることで、その日に起こった重要な出来事から順に記し、全部書いた後で、また最初の出来事に関する詳細な記事、あるいは思い付いた記事を記しているのであろう。

書かないこと

『御堂関白記』が自分のための備忘録ということになれば、前日にあった出来事をすべて記録するわけではないことは当然である。書きたいこと、記録して残しておきたいことは書くのに対し、自分に都合の悪いこと、書きたくないことは書かないという態度が、まま見える。政治的な記事に関しても、一条天皇との折衝は多く記しているものの、たとえば三条天皇との確執などは、書いていないことが多い。王権の秘事をなるべく詳細に記録しようとした『権記』や『小右記』と比較して、これは特徴的である。道長の漢文能力もさることながら、やはりこのような秘事は自分の胸の中だけに留めておこうという、道長の態度を考えるべきであろう。

怖いこと

道長が記さなかったこととして有名なのは、かつて竹内理三氏が指摘された和歌であるが[3]、もう一つ、藤本勝義氏が明らかにされた怪異がある[4]。道長自身は、『小右記』などによると、しばしば物怪に悩まされていたのであるが、『御堂関白記』に「物怪」という語が見えるのは二箇所のみ、しかも自身に関することではない。同様、かつて書いたことがあるが、『御堂関白記』には夢の内容を具体的に記した記事はない[5]。怖いこと、不可思議なことは、なるべく書きたくなかったのであろう（単に忘れてしまった、あるいは漢文で書けなかっただけかもしれないけれども）。道長にとって夢とは、やりたくない用事をサボるための方便という、重要な出来事だったのであるが。

死に対する考え

後に述べるように、かなり宗教的な人物である道長だが、人の死に対する考えは、意外にクールであったというのが実感である。特に天皇や院が死んだ時には、穢を避けるために皆を御所から降ろさせたり、葬送に参列せずに言い訳を記したりと、あっさりした記述しかしていない。あれだけ様々なことがあった一条天皇や三条天皇、また花山院や冷泉院など、もっと様々な感慨を書き残しておいて欲しかったものである。また、媄子内親王や藤原伊周、敦康親王など、死亡の記事すらない場合もある。政権担当者として、日常の政務を停滞させないための行動と解せなくもないが、それにしてもやはり、道長の死生観の表われと考えるべきであろう。

出家に対する考え

その逆に、誰かの出家に接した場合、道長は「本意」という語を使って、その行為を讃美している。自分も出家したいのだが、といった感想を記す場合もある。自分の子である顕信が出家した際にも、「不覚」

となった生母の明子とは対照的に、「本意有りて為す所にこそあらめ。今は云ふも益無し」などと言うのであった。ただ、倫子の産んだ子であったならば、どのような対応をしたのであろうか。

信仰心について

よく説かれるところであるが、道長の信仰心の深さと広さは、当時の貴族の中でも、やはり特筆すべきものであろう。仏教・神祇・陰陽道にわたって、膨大な量の宗教行事を行なっていることは、『御堂関白記』を一瞥すれば容易に理解されるところである。しかも、どうも道長は本気で信仰しているように思えるのである。また、法性寺に五大堂を建立するなど、密教に傾倒していた時期から、死後の極楽往生を願う浄土信仰に、徐々に重心を移しているようにも思える。

作文好き

文化面では、道長は漢詩がいたって好きなようである。頻繁に主催している作文会は、自邸のみならず、内裏のものも主導していたようである。自身はあまり作詩は得意ではなかったようで、現在残されている道長製の漢詩も、それほど優れたものとは思えないのであるが、とにかく皆が集まって漢詩を作る場を提供する、あるいはその場に身を置くのが好きだったようである。余談であるが、作文を行なった日の近辺の『御堂関白記』の記事は、いささか詩的になっていることに気付かれたであろうか。

天気について

記事の少ない『御堂関白記』の中にあっても、天気についての記事の多さは、すぐに目に付くところである。特に雨に関する記事が多いのは、道長は雨が嫌いなのかと思えてくるくらいである。当時の貴族の装束は雨に弱かったであろうし、儀式の執行にも支障を来したであろうから、雨を気にするのも、わからないでもない。また、病弱な道長のこと、気圧の変化が神経や肉体に変調をもたらした可能性もあろう。ただ、重要な儀式の間は雨が降らず、終わってから降ってきたりした際に、感動したり仏神の冥助と感じたりするというのは、やはりよほど気にしていたのであろう。

出欠について

現代でも、出欠をひどく気にする人はいるものであるが、道長もまた、自己の主宰する儀式への人々の出欠を気にして、『御堂関白記』に詳細に記録している。かつて土田直鎮氏は、娍子立后記事を強調するためか、道長は人の出席に無頓着であったかのような記述をされたが、(6)『御堂関白記』を一見すればわかるように、道長ほど出欠を気にする人はいないのである（それにしても土田先生は、何故あのようなことを書かれたのだろうと、あれこれ想像してしまう）。

賜禄について

道長が出欠を気にしていたことへの一つの解答例として、賜禄を考えてみたい。これも『御堂関白記』を一見すればわかることであるが、簡単な記事の多い『御堂関白記』にあって、儀式に出席した人への賜禄の記事の量と細かさは、特徴的である。これはおそらく、物品の出納を記録することが、日記を記す目的の一つであったことによるものと考えている。どのような儀式に、どのような地位の人に、どのような物をどれだけ下賜したかを記録することは、自身の備忘録であると同時に、摂関を継ぐべき子孫への先例となると考えていたのであろう。出欠に関する過剰な関心も、一つにはそういった背景があったものと考えられよう。

牛馬の貢進

従来、村井康彦氏以来、受領が自分の人事を有利にしてもらうための賄賂として、道長に牛馬を貢進してきたと説かれてきた。(7)しかし、道長は貢進されてきた四二五（＋α）疋の馬のうちの三四九（＋α）疋を、皇族や他の貴族、寺社に分与している。しかも、そのうちの七七疋は、当日もしくは翌日に分与したものである。同様、貢進されてきた六三（＋α）頭の牛のうちの六一（＋α）頭を分与している。これもそのうちの三八頭は、当日もしくは翌日に分与したものである。これはもう、道長が自分の懐に入れるべき賄賂というよりも、王朝社会全体における牛馬の集配センターと再分配システムを想定した方がよさそうである。

子供に対する意識

政所政治論が否定されて久しく、道長も王権の一員として、公卿層との相互依存と太政官政治を軸として政務を運用していたということは、言うまでもない。しかしながら、自分の子女をめぐっては、いささか強引な決定を行なうことがあったこともまた、蔽うべくもない事実であろう。特に、女の入内や立后がからむと、道長は強引な手段も辞さないことがしばしばであった。ただし、天皇家とのミウチ関係の構築のみが、政権を子孫に継承させ、また貴族社会を安定させる要因であったことを思えば、当然の政治的選択肢だったのである。しかしそれにしても、若年時の頼通や教通の昇進や勅使に際しての対応は、単なる政治的な思惑を越えた「親馬鹿ちゃんりん」にも思えてくる。『御堂関白記』の記述を再開した契機というのも、彰子の入内や、頼通の春日祭使なのであった。

「女方」について

従来、『御堂関白記』の「女方」という語は、道長の嫡妻である源倫子のことを指すものと考えられてきたが、倫子を指すのは、四六一回のうちの約三分の二、三〇七回に過ぎない。とはいえ、他の古記録にはほとんど見られないこの表記を、嫡妻の倫子に対して用いるというのも、道長の個性であろう。倫子のことは、他に「女房」が五回、「内方」（本来は他人の妻を敬っていう語）が六回、「女」が四回、「母（・母々・波々）」が一七回、「三位」が一回、「女一位」が一回、「一位」が一回、「家女」が二回、「産婦」が二回、「源倫（子）」が一回、「倫子」が一回、「家北政所」が一回、「土御門」が一回といったところである。普通は自分の妻に対して使うことはないであろう表記を用いている点、道長の面目躍如といったところか。また、外孫敦成親王が誕生した年の記事から、倫子を「母（・母々・波々）」と記し始めている点、「女→女方→母」といった道長の意識の推移を窺うことができ、興味深い。

明子について

それに関連して、いま一人の配偶者である源明子の表記について触れておきたい。『御堂関白記』には、明子のことを「女方」と呼称した例は一例しかなく、「堀河辺」が二回、「近衛御門」が三〇回、「母（・

母々)」が三回となっている。ほとんどは、居住していた邸第の所在地で呼称したものである。倫子に対する意識とは、おのずと差異が存在したようである。ただし、寛弘六年(一〇〇九)の明子所生の寛子の着裳の記事では、明子を「近衛御門」、倫子を「土御門」と表記している。明子の近くにいる場合には、倫子のことも邸第の所在地で呼称しているのである。『御堂関白記』を記した具注暦が、倫子と共に居住する土御門第に置かれていたことによるものであろう。もしも明子の居住していた近衛御門にも具注暦が存在し、道長がそこにも日記を記す場合があったとしたら(「もう一つの『御堂関白記』」ということである)、明子と倫子をどのように表記したのであろうか。

記されなかった記事について　1

最後に、道長が途中で日記を記すのをやめた記事で、いつも気になっているものを二つ、紹介しよう。

一つ目は、寛弘五年(一〇〇八)十二月廿日条である。彰子が産んだ敦成親王の御百日の儀において、公卿たちが祝いの和歌を詠み、能書の行成がそれを書こうとした時、かつて道長の政敵であった伊周が筆を取り上げて書いた。皆が怪しんでいた時、一条は道長を召して玉杯を賜う。「一条が仰せになったことには……」で記事が終わっている。いったい一条は、何と言ったのであろうか、また道長は、何故これを記さなかったのであろうか。

記されなかった記事について　2

二つ目は、寛弘八年(一〇一一)五月廿一日条である。紫宸殿で一切経の供養が行なわれた。「室礼が済み、一条が出御し、諸卿が参上して、次に……」というところで記事が終わっている。道長が次に日記を記したのは二日後であるが、それは一条がこの何日か重病であったという記事である。二十一日にも、一条の身に何か異変が起こって、それで法会が続けられず、記事を書けなかったのかとも思えてしまうのである。

なお、自筆本を見ると、道長は廿一日条の裏書から墨を継がずに、廿三日条を記しているように思える。廿一日条と廿三日条は同じ日に記したのであろうが、いずれも一条の病悩に関わる記事であったために、廿一日条の詳細を記さずに廿三日条に意識が飛んでしまったのであろうか。

というようなことを、次々と思い浮かべることができるのである。『御堂関白記』、そして平安貴族の世界には、無限の知的興奮が待ち構えてくれているということであろう。

註

（1）一部は倉本一宏『藤原道長「御堂関白記」を読む』（講談社、二〇一三年）、倉本一宏『藤原道長の日常生活』（講談社、二〇一三年）で論じている。

（2）峰岸明「古記録と文体」（古代学協会編『後期摂関時代史の研究』、吉川弘文館、一九九〇年）。

（3）竹内理三「「この世をば」を歌を日記に書きとめなかった藤原道長」（『竹内理三著作集　第八巻　古代中世の課題』、角川書店、二〇〇〇年、初出一九六五年）。

（4）藤本勝義『源氏物語の「物の怪」――文学と記録の狭間――』（笠間書院、一九九四年）。

（5）倉本一宏『平安貴族の夢分析』（吉川弘文館、二〇〇八年）。

（6）土田直鎮『日本の歴史5　王朝の貴族』（中央公論社、一九六五年）。

（7）村井康彦『平安貴族の世界』（徳間書店、一九六八年）。

二　「御堂関白」藤原道長の実像

ある人物の実像というのは、いったいどれくらいわかるものなのであろうか。新聞に毎日載っている死亡記事や履歴書・略歴というのは、その人の公的な仕事や地位（の一部）にしか言及していない。その人がどんな家庭を築き、どんな趣味を持ち、どんな精神世界に生きていたか、またどんな評判を得ていたかは、ほとんどわからないのが普通である。

歴史上の人物はもちろん、周囲にいる同僚や友人、家族についても、いったい我々は、その実像をどれだけ知っているというのであろうか（配偶者の実像を想像しただけでも、背筋の寒くなる読者もおられるであろうが）。

ところが、日本には、平安時代中期以降、古記録という、貴族が記した一種の日記が多数残されている。本来は政務や儀式の様子を後世に伝えるために記すものなのだが、そこには様々な感情表現や、他人への批判などが記されていて、たいそう面白いものである。

私はそれらを、なるべく多くの人に楽しんでもらいたいと思い、道長の『御堂関白記』と行成の『権記』を講談社学術文庫で出版していただいた（藤原実資の『小右記』も吉川弘文館で刊行中）。

今回の『藤原道長の日常生活』は、それら古記録の中から、日本史上でも特別に面白い人物である藤原道長の実像が窺える記事を抜き出し、「道長の感情表現」「道長の宮廷生活」「道長と家族」「道長の空間」「京都という町」「道長の精神世界」と六つに部類して描いてみた。「感情表現」には「愚痴」とか「言い訳」、「京都という町」の「京都事件簿」には「密通・暴行」、「精神世界」には「物怪と怨霊」など、面白おかしそうな項目が並ぶ。

実はこれらの項目は、研究会を開いて決めたものである。講談社学芸局の方に加え、国際日本文化研究センターの共同研究員や研究補助員の皆さんに入っても らい、夜遅くまで、「こんなのも面白い」とか、「こんなんはいらん」とか議論を行なって、決まったものである。皆さんには改めてお礼申しあげたい。

ただ、新書という紙幅の関係で、割愛せざるを得なかったものや、原稿は書いたのに泣く泣く削ったものも多数ある。このままでは悔しいので（わざわざ何度も写真を撮りに行った所もあるんだし）、ここで「様々な食膳」の一部を復活させてみるとしよう。だいたい、この文章のタイトル「「御堂関白」藤原道長の実像」も、新書のタイトルとして刊行直前まで使っていたものであり、私としては、こちらの方に強い愛着があるのである（それこそ「愚痴」であるが）。

私が古記録を読んでいて、ついつい興味を持ってしまうのは、その食膳である。いったい平安貴族はどのような物を食べていたのであろうか。ところが古記録には、ほとんど食物についての記載がない。古記録というものが、日常の起居飲食を記す目的で書かれていないためである。ただ、儀式の際の食膳については、時々目にすることもある。

長保元年（九九九）閏三月十日の東宮居貞親王御射儀における負態という饗宴では、次のような食膳が用意された（『御堂関白記』）。東宮の御前の食膳、殿上の饗宴、女房の屯食、帯刀の陣の屯食、弓場の衝重である。身分毎に坐る場所も献立も異なるのも気の毒であるが、中でも身分の低い者に供される衝重（方形の折敷の下に檜材を薄く剝いだ片木板を折り曲げて脚にし、衝き重ねたもの）や屯食（強飯《こわいい》を固く球形に握ったもので、味噌や食塩をまぶして袋や藁づとに包んだり、折敷に載せて運んだもの）には、いつもやるせない気持にさせられる。

高い身分の人たちが次々と運ばれてくる御馳走に一箸だけ付けて膳を下げさせているのを尻目に、地べたに坐って握り飯を食べなければならないのである。しかも、努力すれば出世して御馳走にありつけるかというと、当時は身分の上限は決まっていたのである。彼らはどのような気持で殿上の饗宴を眺めていたのであろうか（芥川龍之介の小説「芋粥」の世界である）。なお、上級貴族が食べ残した食物は、「鳥喰《とりばみ》」といって、地面にばらまき、下人を邸内に引き入れて食べさせた。一種の施餓鬼のイメージだったのであろう。

こんな宴会もある。寛弘元年（一〇〇四）十二月十二日（ユリウス暦一月二十四日）には道長第で地火鑪《じかろ》次《ついで》（泥を塗り固めて作った土の上で火をおこす炉で煮られる料理を肴として行なわれた饗宴）が開かれた（『権記』）。冷えた食べ物が多かった当時にあっては、時折行なわれる地火鑪次は、例外的に熱い食べ物である。現代の鍋物と同じで、寒い京都では堪らないご馳走だったであろう。

また、寛弘二年（一〇〇五）五月十三日に道長第で開かれた一種物《いっすもの》（『権記』）というのは、各々が一種類の肴を持参して催した酒宴である。さぞかし趣向を凝らした豪勢な肴を準備したことであろうが、残念ながら行成は一つも記録しておいてくれなかった。一種物というのを、いつも私はやりたくて、女子大に勤めていた時、ついに実行に及んだが、学生たちが持って来た物は、ポテチやチョコなどであった。

寛弘四年（一〇〇七）二月三十日に道長は春日詣を行ない、餺飥女《はくたく》が打った餺飥を食べている（『御堂関白記』）。春日社に詣でると、餺飥女が餺飥を打つのが通例であった。餺飥というのは、小麦粉を練って延ばした麺類で、うどんの原型。これが訛って、『枕草子』に見える「波宇多宇（ほうとう）」となった。これを食べるのが、奈良に下向する楽しみの一つだったのであろう。現在でも、うどんに進化していないこの手の麺類が、「ほうとう」「ひっつみ」「だんご汁」など、全国各地に名前を変えて残っている（このほど、奈良の日本料理屋「大和風料理　永楽」で餺飥を復活させたらしい）。

寛弘五年（一〇〇八）正月二十五日の大臣大饗では、道長と行成の二人が珍しく献立を記録してくれている（『御堂関白記』『権記』）。一献で餛飩《こんとん》（小麦粉をこね、刻んだ肉を包み込んで蒸したり煮たりした唐菓子）、三献で飯と汁物（野菜や鳥、魚介類を煮て味付けした吸い物。『権記』によると汁・膾・鶏焼）、四献で茎立《くくたち》（スズナやアブラナなどの野菜）、五献で包焼（魚肉を植物の葉に包んで焼いたもの）、最後に蘇《そ》（牛乳を煮詰めたもの）・甘栗である。先年、中国の江南地方をまわった際に、「餛飩」の屋台をあちこちで見付けて感動したものである（現代中国の餛飩は雲呑《ワンタン》に近いが）。

寛弘八年（一〇一一）正月十三日には、右大将の実資は翌日の右近衛府真手結で公卿に供するため、梨・棗・味煎（甘葛を煮詰めた甘味料）・薯蕷（長芋）を準備している（『小右記』）。小説で名高い芋粥でも作ろうとしていたのであろうか。

長和元年（一〇一二）五月二十日（ユリウス暦六月十二日）に三条天皇が中宮御所に渡御した際には、道長は殿上人たちに水飯を振る舞っている（『御堂関白記』）。水飯とは飯を冷水に漬けて食べる夏の食物。このような気配りも、上に立つ者の務めであろう。

なお、『富家語』などによると、当時は「例の飯」（甑で蒸した強飯。現在の白おこわ）は熱汁に漬けて食べ、粥（釜で炊いた姫飯《ひめいい》。現在のご飯）は冷汁に漬けて食べるという。

長和二年（一〇一三）八月二十七日の皇女禎子五十日の儀では、禎子に木菓子十二種と餅十二種を盛った盤六枚を供した（『御堂関白記』）。『二中歴』の「五十日餅図」には木菓子として松・柏・石榴・干棗・搔栗など、『厨事類記』には餅は濃薄の赤・青・黄・白が見える。

とまあ、新書に生かせなかった原稿でも、それなりにお楽しみいただけたであろうか。海から遠い京都、しかも保存手段の発達していなかった当時ではあるが、平安貴族たちは懸命に、食膳を豊かにしようと奮闘していたのである。

このように、日本史上、最高度の権力を得た人物、そして最高に面白い人物の実像が、この一冊に凝縮されているのである。是非ともお楽しみいただき、平安時代という時代、日本という国、そして人間というものについて考えていただきたい。

三　『御堂関白記』は何故にすごいのか

毎年、年の瀬になると、様々なタイプの日記帳が書店に並ぶ。小学校の時の絵日記しか書いたことがない私としては、日記をつける人がこんなにいるのかと、いつも驚かされる。

学生の頃は手帳もろくに持っていなかった私であるが、さすがに就職してからは、システム手帳に授業や会議や出張、学会や研究会や宴会などの予定を書き込むようになった。余白には、その日の授業で必ずしゃべらなければならないネタや、会議で留意しなければならない点、旅行先で入りたい店などをメモしていた。

モバイルパソコンを持ち歩くようになってからは、システム手帳を模したスケジュールソフト（Organizer）を導入した。これは予定を一五分刻みで書き込める「カレンダー」の他に、その日にやらねばならない「To Do」や、「年間スケジュール」「メモ帳」が付いており、せっせと入力していた。

ある行事は去年はどうやって行なったとか、どの会議で誰がどのような発言をしたとか、以前にこの町に来た時にはどこで何を食べたかとか、スケジュールソフトを入れたパソコンを持ってさえいれば、たちどころに検索して確認できるわけである。現在はパソコンのソフト（Outlook）とiPhone／iPadの「カレンダー」「メモ」「連絡先」が同期するので、どれか一つを持っていれば、事は足りてしまう。

さて、日記と言えば、平安時代の男性貴族や天皇の多くは日記をつけていた。しかし、彼らが記録していた日記は、現代人が個人的につけている日記とは、かなり性格が異なる。彼らが日記を記した主な目的は、政務や儀式などの公事の式次第を、法令や先例通りに行なったかどうかを詳細に記録し、違例があればそれを指摘して、後世の子孫や貴族社会、場合によっては同時代の公卿連中に伝えるということであった。「日記」と呼ばずに「古記録」と呼ぶことが多い。

これは世界的に見ても日本独特の特異な現象であって、日本文化の本質に触れる問題なのである。特に君主が自ら日記を記すということは、日本王権の特性と言えよう。

実は私は勤務先において、「日記の総合的研究」という共同研究会を開いている。本来は国際的・学際的・総合的な研究を行なうのが共同研究の目的なのだが、どれだけ調べてみても、ヨーロッパはもちろん、中国や朝鮮諸国にも、古い時代の日記はほとんど残されていなかった。中国に見られないのは、正史が連綿と作られ続けてきた結果によるものである。

逆に日本において平安時代以来、宮廷貴族の日記が数多く残されているのは、正史（六国史）編纂の廃絶と関連している。貴族たちには、政務の根幹である儀式の遂行に対して、先例の准拠として日記の蓄積が求められた。日本の日記はまさに、個人や家の秘記ではなく、同時代や後世の貴族社会に広く共有された政治・文化現象だったのである。

それらの日記の中でも、記主本人が具注暦に直接記録した日次記の自筆本がそのまま残っている藤原道長の『御堂関白記』は、きわめて貴重な史料なのである。しかも、それは名もない人物の日記ではなく、日本史上、おそらくは最も強力な権力を手に入れ、その後の日本の国の政治や文化の有り様に大きな影響を及ぼした人物の記録なのである。

『御堂関白記』は、日本政府からはじめて国際連合教育科学文化機関（ユネスコ）の三大遺産事業の一つである記憶遺産（Memory of the World、「世界の記憶」）に推薦され、このほど、正式に登録が決定した。

『御堂関白記』が、何故にイギリスの「マグナ・カルタ（大憲章）」やドイツの「ベートーヴェンの交響曲第九番自筆譜」、フランスの「人権宣言」などと並ぶほどの史料的価値を持つのか、これでおわかりいただけたことと思う。ユネスコへの推薦に携わってきた者として、登録決定はこの上ない喜びである。

しかし、日本の歴史や文化に馴染んだ方ならば容易に理解できる『御堂関白記』の価値を、ヨーロッパ中心主義のユネスコの委員に理解させるのは、本当に苦難の道のりであった。彼らにとっては、辺境の国の大臣の日記の価値など、なかなか実感できないし、日記という史料自体が存在しないのであるから、なおさらである。思い付いた作戦は、千年前の暦が詳細に記されていること、気象や災害の記録が詳細に記録されていること、『源氏物語』のパトロンの日記であること、漢字文化圏において普遍的な価値を持つこと、などであった（具体的には後に述べることとする）。

　さて、最初の話題に戻るが、むしろ私が使っているようなシステム手帳やスケジュールソフトの方が、平安貴族の日記に近い性格を持っているのである。しかし、そこには大きな違いが存在する。彼らの日記は巻子本といって、巻物の状態で保存されているのである。たやすく検索できるソフトや、ページをめくれる手帳とは異なり、彼らは目指す記事が現われるまで、巻物を開いては巻き直すという作業を繰り返していた。現代に生まれて本当によかったと思う今日この頃である。

四　平安時代理解のあたらしい地平へ――古記録の現代語訳は何故に必要か――

この何年か、平安時代中期、いわゆる摂関期の古記録（男性貴族が和風の漢文で記録した日記）を現代語訳する仕事を続けている。まず最初に、三〇年以上読み続けてきた藤原道長の『御堂関白記』全文の現代語訳を行ない、文庫版で刊行していただいた。そしてこのたび、道長や一条天皇・東三条院詮子・皇后定子・中宮彰子の側近にして能書、後世、「三蹟」の一人と称された藤原行成の『権記』全文（多量の逸文も含む）の現代語訳を行ない、またまた文庫版で刊行していただくことになった。

息つく間もなく、すでに「賢人右府」藤原実資の『小右記』の現代語訳を作成すべく、作業を始めているのであるが（これはさすがに文庫版でお願いするわけにはいかず、吉川弘文館から全一六巻で刊行が始まった）、ここでは、私が何故にこれほどまでに古記録の現代語訳にこだわるのかについて、少しお話ししたい。

一般に平安時代の貴族たちに対する理解というのは、彼らが遊宴と和歌と恋愛のみに熱意を示し、毎日ぶらぶら遊んで暮らしていた、というものであろうと思われる。しかしながら、それは主に、仮名文学作品に登場する男性貴族たち（象徴的には光源氏）の姿を、現実の平安貴族の生活のすべてと勘違いしてしまったことによる誤解である（これも実は、『源氏物語』をきちんと読んでいないことによる。光源氏の権力闘争の熾烈さは、少し読み込めば容易に読み取れよう）。

仮名文学を記した女性たち（そのほとんどは嫡妻ではなく、男と同居していなかった）にとっては、男というものは、自分たちのいる場所に夜になると遊びに来る生物なのであり、その世界においてしか知らない存在である。また、読者層も同じ階層の女性が多かったであろうから、政務や儀式や政権抗争や皇位継承の有様を述べたところで、喜ばれるはずもない。だいたい、男性貴族の活動する世界に女性はほとんど立ち入ることはなかったのであるから、政務や儀式の詳細を記述できるはずもないのである。

しかしながら、平安貴族の政務や儀式が、質量共にいかに激烈なものであったかは、当時の古記録をちょっと眺めれば、すぐに理解できるところである。しかも、現代のように様々な職業や職場があったわけではない彼らにとっては、中央官人社会における栄達だけが、子孫を存続させる唯一の方途だったのである。

しかも、儀式を先例通りに執り行なうことが最大の眼目とされていたとされるが、実は儀式のスタンダードは、いまだ確立されているわけではなく、皆で先例をすり合わせながら、式次第を確立させようとしていた時代なのである。このような段階で、「先例を知らず」とか「違例なり」とされて指弾されている「無能」な貴族たちには、同情する以外に何もできない。

ちなみに、違例を犯すと、その場では「弾指」（指を弾く）とか「咳唾」（咳払いをして唾を吐くのだろうか）という仕打ちを受けるほか、各人の日記に「至愚の又、至愚なり」（馬鹿の中の馬鹿）などと記録され、千年後の我々にも笑われてしまうのである。

また、当時の政務のなかで最も重要とされた陣定（近衛陣座で行なわれた公卿会議）においては、様々な学問分野の博士たちが提出した難しい勘文や、中央・地方から上申された文書を参考にして、最下位の者から順に、全員が意見を述べなければならない。彼らが述べた意見は定文に列記されて、天皇に奏上される。これがいかに大変な仕事であるかは、職場で会議というものに参加したことのある方ならば、容易に想像できよう。出席者のほとんどは居眠りしていても、結果はすでに他の場所で決められており、大声で机を叩きながら反対意見を怒鳴りまくる人（これも一種の儀式である）を除けば、発言する人もほとんどいないという、この国のほとんどの役所や会社や大学や研究所の会議と比べると、大変な違いなのである。

しかも驚くべきことに、陣定という会議は審議機関ではなく、議決権や決定権を持たない。天皇は、この会議の結果に拘束されることなく、最終決定を下すのである。天皇が少数意見に与同した例も多いし、全会一致に近い意見を覆した例もある。このような会議に対して、膨大なエネルギーを注ぐ平安貴族たちの姿を見ていると、会議というものはいったい何のためにあるのだろうと、私はいつも会議の最中に考えている。

話を戻すと、このように深夜にまで及ぶ激務をこなした後、彼らは女性の許に通い、朝になると帰って行くのである。夜中にやって来て朝になると帰って行く男たちを見て男性像を描く平安仮名文学が、いかに一面的なものであるかは、言うまでもない。

そういったわけで、平安貴族たちの本当の姿を知るためには、何としても正確な第一級同時代史料（彼らは翌日、朝飯の前に日記を記す）である古記録の世界に踏み込む必要があるのである。このような古記録の学術的な意義は、今さら申すまでもないものの、古記録を現代語訳している本は、これまでまったく存在しなかった。

これは、古記録が「変体漢文」と称される和風の難解な漢文で記され、しかも各人によって（正確には日毎に）異なる文法や用字によって記録されていることによるものである。古記録の読解というのは、日本でもごく数人しかいない職人芸的達人、まさに名人・上手の口伝によって、ごく一部の弟子たちに伝えられてきたに過ぎなかったのである。

名人・上手たちのほとんどが、鬼籍に入られたり、第一線を退かれたりしている現在、彼らから教えを受けた我々の世代が、古記録をわかりやすく世の中に広めていくということは、これまで受けてきた学恩に対する恩返しであると考えている。

原本や写真版や原文、（最近の学生のレベルを見ていると）書き下し文でさえ、一般の方々には、取っつきにくいものであろうと思われるが、現代語訳であれば、割合と気軽に読んでいただけるのではないだろうか。古記録を一般の方々にわかりやすく提示するというのは、平安時代に対する理解（誤解）を考え直すきっかけになるものと信じている。これが古記録の現代語訳を始めた動機である。

また、大きく言えば、これは日本の文化の方向性に対して、あたらしい地平を拓く可能性を秘めた営為であるとも言えよう。虚構と創作に満ちた仮名文学に頼らず、古記録を介して再構築する平安時代像。この国の歴史において、最も文化が輝いていた時代の政治や社会・経済・文化・宗教が、膨大な量の正確な第一級史料によって理解できるなんて、なんて素敵なことなんだろう。しかも同じ日の同じ出来事について、道長・行成・実資と、立場も個性も異なる三人の三者三様の日記によって、読み解くことができるのである。

さらには、私はこの数年、日本文化を外国に発信する研究所に籍を置いている。外国の日本研究者と接していると、彼らが一様に、日本の歴史に関して大きな誤解を抱いているのに驚かされる。そしてその最大のものは、天皇に対する誤解である。彼らの多くは、日本の天皇を、中国の皇帝や中世ヨーロッパの国王のような存在、つまり専制君主や絶対君主であると認識しているのである。

そのような誤解を与えてきた日本の学界の責任もさることながら、誤解の最大の原因は、外国の研究者が日本の生《なま》の史料を読む機会に恵まれなかったことによるものと考えられる。現在、私の主宰している共同研究会（「日記の総合的研究」）では、外国人の共同研究員に、ロシア語や韓国語で『御堂関白記』を翻訳し、母国で出版してもらうことを計画しているが、これも現代語訳あってこその話である（中国語で『御堂関白記』を翻訳してもらったらどんな文章になるか、秘かに楽しみにしているのであるが）。なお、日記という様式の古代史料は、世界でも日本独自のものであることを付言しておく。

このような重要な仕事を進めることに対して、はたして私が適任かどうかは、自分でもいささか自信がないのではあるが、誰もやらない以上、誰かがまずやらなければならないのである。何としても長生きして、『小右記』の現代語訳全一六巻を完成させなければならないと、決意を新たにしている次第である。

五　『御堂関白記』の世界記憶遺産（「世界の記憶」）登録について

今からちょうど千年前に藤原道長が記録した『御堂関白記』は、日本政府からはじめて国際連合教育科学文化機関（ユネスコ）の三大遺産事業の一つである記憶遺産（英語名Memory of the World、略称MoWなので、「世界の記憶」と訳す方が正しいし、無理に意訳するなら「記録遺産」の方が適切であろう。二〇一六年からは日本でも「世界の記憶」を使うようになった）に推薦され、二〇一三年六月十九日に開かれたユネスコの国際諮問委員会において、正式に登録された。

と書き出せば、あの『御堂関白記』が「世界の記憶」に登録されるのは至極当たり前のことであると思うのは、日本に住んで日本史や平安文学に馴染んでいるからに過ぎない。ここでいささか、当時のことを思い出して、その苦労を追体験してみたい。

二〇一一年五月十一日、『御堂関白記』が「慶長遣欧使節関係資料」と共に、日本政府からはじめて「世界の記憶」に推薦されることが決まり（何故に奈良時代のあれや平安時代のそれではなく『御堂関白記』になったかについては、あれこれ仄聞しているが、ここでは省略する）、私は推薦に関わる仕事に携わることになった。ちょうど二〇一〇年四月から、勤務先で共同研究「日記の総合的研究」を始動させていた頃であったので、私もついでに入れていただいたのであろう。この共同研究会のメンバーからは、推薦書作成ワーキンググループ四人のうち、三人が徴されている。

ところがその直後の五月二十五日、福岡県田川市と福岡県立大学が独自に二〇一〇年にユネスコに提出していた炭鉱記録画家・山本作兵衛が描き残した筑豊の炭鉱画が、国内初の「世界の記憶」として登録されたというニュースが突然に流れ、皆（文化庁も含む）は驚天動地の衝撃でこのニュースを聞いた。これで『御堂関白記』は日本初の「世界の記憶」ではなくなってしまったのである。「世界の記憶」の申し込みは、原則的に政府および非政府機関を含むすべての個人または団体によって可能だったのである（何故に、どういった経緯で書類が作成されて山本作兵衛の炭鉱画が提出され、それが登録されたかについては、後にあれこれ仄聞したが、それもここでは省略する）。

共同研究会の席では、「こんなんではかなわんから、『御堂関白記』は取り下げようや」という声も出たのであるが、しかしまあ、日本政府から正式に推薦されるのははじめてであるし、その後、「慶長遣欧使節関係資料」はスペインと共同推薦となることになったので、その当時としては、『御堂関白記』が日本政府から単独で推薦された唯一の「世界の記憶」候補であることには変わりがなかった。ということで、気を取り直して推薦書の作成に取りかかったのである。数年後に、こんなことならあの時、取り下げておけばよかったと思うようになるのであるが、その時にはまったく気付いていなかった。これについては後に述べよう。

さて、文部科学省日本ユネスコ国内委員会ユネスコ記憶遺産推薦書作成ワーキンググループ（陽明文庫の名和修氏、明治大学の加藤友康氏、東京国立博物館〈当時〉の島谷弘幸氏、それに私）による「世界の記憶」の推薦書作成は、けっこう難儀な仕事であった。ヨーロッパ中心主義のユネスコの委員に対して『御堂関白記』の価値を理解させるのは、それほど簡単なことではなかったのである。

まずは『御堂関白記』の価値についておさらいしておこう（日本の研究者には自明なことではあるが）。

日記という記述形式を定義するならば、「日付に沿って、その日か日をおかずに、毎日またはほとんどの日に記述する文章」ということになろう。そうなると、世界的に見て、ヨーロッパはもちろん、中国や朝鮮諸国にも、古い時代の日記は、ほとんど残っていない。中国では紀元前の漢簡（竹または木の札に書かれた中国漢時代の文書や記録）などに記された出張記録などは存在するものの、それ以外では、わずかな起居注

（皇帝の言行の実録）や日録を除いては清朝になるまで、朝鮮でも李朝になるまで、まとまった日記は残されていないのである。

そもそも外国では、為政者が自ら日記を書くことはほとんどなかった。中国では、皇帝には史官が付いていて、起居注として動静を記録したのである。それに対して、日本では天皇以下の皇族、公卿以下の官人から武家、僧、神官、学者、文人から庶民に至るまで、日記を記録していた。そしてそれらの日記の多くが、現代にまで伝わってきた。

これらのことを踏まえれば、千年も前の平安時代の貴族たちの日記がたくさん残っている日本という国は、世界でもきわめて特殊であり、その中でも、日記を記録した記主本人の日次記の自筆本がそのまま残っている『御堂関白記』が、いかに貴重であるかがおわかりいただけよう。しかもそれは、名もない人物ではなく、日本史上、おそらくは最も強力な権力を手に入れ、その後の日本の国の有り様に大きな影響を及ぼした権力者の日々の記録なのである。

と書いてみると、『御堂関白記』、特にその自筆本がいかに貴重な人類の財産であるかが当然の理のように理解できる。ところが外国が相手だと、話はそう単純ではない。世界最古の自筆本日記であるとはいっても、外国には古い時代の日記そのものが残っていないから、その価値が理解できるのかどうか怪しいものであったし、日本では「この世をば」を詠んだ人物として有名な道長とはいっても、連中にしてみれば、単なる極東の小国の大臣に過ぎないのである。たとえは悪いが、たとえばどこか孤島の奥地に王国があって、国王と親戚の大臣がおり、その大臣が書いた現地語の日記が残っていたとして、多くの日本人は、その価値をどれくらい認めるのであろうか（私は貴重だと思うが）。それと『御堂関白記』とは選ぶところがないのである。

そしてこれは、日本の前近代の歴史そのものに対する、「グローバル・スタンダード」な評価でもある。国際的な日本文化研究を海外に発信し、また諸外国の日本研究者の研究をサポートする職場に身を置いている私としては、日本の古代史の世界的な意味は奈辺にあるのだろうかと、日々自問自答する毎日なのである。

ワーキンググループが苦しまぎれに考えついた推薦理由には、種々の災害の記録が語られているとか、遣唐使廃絶後の日中交流が記録されているとか、果ては『源氏物語』をはじめとする王朝文学の経済的・政治的・文化的な支援者であった人の日記であるとかいうものまで付け加えた。主に二〇一一年の真夏、八月十七日の午後二時から、文部科学省中央合同庁舎第7号館にある国際課応接室で開かれた日本ユネスコ国内委員会文化活動小委員会第1回ユネスコ記憶遺産（MoW）推薦書作成ワーキンググループで出された意見を基にしたものである。

ここに、推薦書のうち、『御堂関白記』の特徴を述べた部分のみを要約して掲げておく。なお、全体ではA4で一六枚の推薦書が作られ、それを英訳したものが提出された。どうか笑わないでお読みいただきたい。

1（記主の道長）　省略

2（記述時期）　省略

3（形状と員数）　省略

4（諸本の系統）　省略

5（特徴1）『御堂関白記』には八九四年の遣唐使廃止以降の日中交流の具体相が記されている。例えば、中国商船来航時の日本政府の対応、すなわち来航と交易とを認めるか否か、また天皇をはじめとする日本側が、中国製品やシルクロード渡来品の内、どのような品をどのように求めたかを、詳細に記録している。

6（特徴2）日本の入宋僧に託した書状や『往生要集』などの書籍をはじめ、宋へ送られた土産品からは両国の交流の実態が明らかになる。このように『御堂関白記』は、閉鎖的であると考えられてきた平安時代中期の国際交流のイメージを覆す日中関係の具体的な様相を知ることのできる、きわめて貴重な資料である。

7（特徴3）『御堂関白記』には、道長の仏教・神祇信仰・陰陽道の信仰生活がきわめて具体的に記されている。特に、奈良時代以来の鎮護国家仏教、現世利益の密教、来世利益の浄土信仰を、自己と国家とのなかに見事に融合させる仏教政策を打ち立てたことが明らかになる。

8（特徴4）『御堂関白記』は、暦道や陰陽道・天文道の博士が作成した具注暦に記録したものであるが、その具注暦には年月日それぞれの吉凶が詳細に記されている。『御堂関白記』は暦であり、また占書であるともいえる。さらに驚くべきは、その天文学の知識である。前年の内に、日蝕や月蝕の生起する月日はもちろんのこと、欠け始めの時剋、最も欠ける時剋、欠ける割合、復元し始める時剋、復元し終わる時剋が、正確に計算されて記録されている。

9（特徴5）日本古代の史料には、日本列島に頻繁に起こった災害に関する記述が、精確に記録されている。『御堂関白記』にも頻出する地震・台風・洪水・旱魃等に関する記録は、世界規模における天候や災害の史料としてきわめて有益なものである。

10（特徴6）世界に冠たる『源氏物語』をはじめとする女流文学を支えていたのは、『御堂関白記』の記主である道長であった。道長の長女である彰子に仕えた女房たちが、『源氏物語』などの作り物語、『和泉式部日記』などの歌日記、『赤染衛門集』『和泉式部集』『紫式部集』などの私家集を作ってきた。これらすべての経済的・政治的・文化的な支援者となったのが、道長だったのである。『御堂関白記』を解明することによって、女流文学が栄えた王朝貴族社会の基盤を知るための手がかりを得ることができる。

11（特徴7）道長自身が、漢詩を作る作文会を頻繁に主催し、この時期の漢文学の隆盛を支えていた。『御堂関白記』には、その作文会の詳細な様子が記録されており、当時の文化の実態を直接的に知るための貴重な資料となっている。

12（まとめ）特に自筆本は、世界最古の自筆本日記であることに加え、歴史的にも著名な人物の日記であり、日本において最も文化の栄えたこの時代の政権中枢における政治・経済・社会・文化・宗教の様相が、ありありと記述されていることは、世界史上にも稀有な価値を有している。

返す返すも、こんな推薦書まで作ったうえからは、無事に登録されて「やれやれ」といったところである。後で知ったのだが、実はユネスコでは、『御堂関白記』は随分と高い評価を受けていたらしく、こんなに苦労することもなかったのであった。

なお、ユネスコ本部のあるパリで開かれるとばかり思っていたユネスコ国際諮問委員会は、実は世界各国の持ちまわりで開かれるものであり、二〇一三年は韓国の光州で開かれた。皆でパリに行って華々しく決定の瞬間を迎えようと思っていた思惑は、ここでも見事に外れてしまったのである。

「世界の記憶」登録のニュースも、関西では大きく取り上げられて、私なども連日取材を受けたものの、東日本大震災からの復興を第一義的に考える東京のマスコミは、「慶長遣欧使節関係資料」の方を大きく取り上げ、『御堂関白記』はきわめて小さな扱いしか受けなかった。しかも両者とも、一週間後に世界文化遺産に登録された富士山にすっかり話題を持って行かれてしまった。

さらに残念だったのは、平安時代史を専門に研究している立場からは第一級の基本史料である『御堂関白記』が、世間一般の方々はもちろん、平安時代史専門ではない研究者には、ほとんど認知されていないということである。古代史研究者にしても、活字版やデータベースばかり使って、現物はもちろん、写真版を見て研究している人はほとんどいない。『御堂関白日記』という言い方も何度も耳にしたし、「菅原道長」とおっしゃる方まで、私の周囲には現われた。

私は『御堂関白記』と道長に関する一般向けの本を何冊も書いて、せめて『御堂関白記』の認知度を高めようと努力したつもりである。また、二〇一二年九月に国際日本文化研究センターのウェブサイト（http://db.nichibun.ac.jp/ja/）に「摂関期古記録データベース」の第一弾として『御堂関白記』の訓読文を公開した（その後、『権記』『春記』の訓読文と『西宮記』の写真版、未完であるが『小右記』と『左経記』の訓読文も公開している)。

　さらには、二〇一三年九月にパリの大学間共同利用言語・文化図書館（BULAC）で開かれたEAJRS(日本資料専門家欧州会議)2013 Paris Conferenceで「摂関期古記録データベースについて」という研究発表を行ない（やっと念願のパリに行けたわけである）、二〇一三年十二月にベトナム・ホーチミン人文社会科学大学で「藤原道長の『御堂関白記』」という講演を行ない、二〇一四年九月にはドイツ・ハイデルベルク大学カール・ヤスペルス・センターで「藤原道長の『御堂関白記』と公家日常生活における超文化史」と題するワークショップを開催したりして、『御堂関白記』を海外に広める活動を行なった。特にハイデルベルクのワークショップには、ヨーロッパ各地やアメリカや中国や京都（笑）から二〇人ほどの研究者が集まってくれて（多くの受講者は私の『全現代語訳』を持って来てくれていた）、大いに感動したものである。しかし、如何せん、こちらの非力によって、それも道半ばという感がある。

　ところが、『御堂関白記』の「世界の記憶」登録の二年後、つまり次のユネスコ国際諮問委員会が開かれた二〇一五年十月（開催地はアラブ首長国連邦のアブダビ）、さらに残念な事態に見舞われることとなった。中国が二〇一四年に申請した「南京大虐殺」に関わる「生存者の証言記録」「日本軍が撮影したとされる写真十六枚」「アメリカ人牧師が撮影したフィルム」が、登録されたのである。

　私は「南京大虐殺」の存在自体を否定する気はまったくないし、その日本の責任についても回避するのは妥当ではないと考えている。しかしながら、歴史的評価が確定しておらず、きわめて政治性の強い案件、しかも国家間で見解が異なる係争中の資料について、ユネスコが「お墨付き」を付与したということは、「世界の記憶」、ひいてはユネスコそのものの価値に、重大な疑義を呈する結果となってしまった。

　繰り返すが、私は何も、「諸説あって人数を確定することは困難であり、日中関係に影響を与えかねない」として取り下げを要求してきた日本政府のお先棒を担ぐ気は、さらさらない。しかし、ユネスコも、教育・科学・文化の発展と推進を目的として採択された「国際連合教育科学文化機関憲章」(ユネスコ憲章)に基づいて設立された国際連合の専門機関である以上、自ら国際政治の紛争の舞台となってはならないはずである。ここは慎重にして厳正な学術研究の成果を基にして判断を下すべきではなかったであろうか。

巷間噂される、様々な国家の「ロビー外交」や、中国の提出した資料の内容、また審議の経緯、果てはユネスコ事務局長の政治的野心について、ここで論じるわけにはいかないが、このような政治的な案件について、中正であるべき国際機関が判断を下すことの意味は、重く考えるべきであろう。

なお、「世界の記憶」の選定基準は、以下の通りである。

一次的基準として、1.影響力、2.時間、3.場所、4.人物、5.対象主題、6.形態及びスタイル、7.社会的価値、8.ほか

二次的基準として、1.元の状態での保存、2.希少性、3.ほか

また、「世界の記憶」の対象となる歴史資料は、「真正性」と「客観性」、つまり「信憑性がある」ことが重要であるとされている。

『御堂関白記』がこれらすべてに当てはまることは言うまでもないが、「南京大虐殺」関係の資料が、この基準のすべてに該当するかは、疑問と言わざるを得ない。

これは何も、「南京大虐殺」にのみ関わる問題ではない。同じ二〇一五年七月に世界遺産委員会で世界遺産リストに登録された「明治日本の産業革命遺産　製鉄・製鋼、造船、石炭産業」に関して、韓国政府が強く抗議を行なったのは、記憶に新しい。

「東洋の小さな島国がなぜ短期間で産業国家になれたのか」という趣旨はさておき、少なくとも近隣国から負の価値観が主張されている案件について、国内の他の候補を押しのけてまで申請する意味があったのか、いささか疑問なしとはしない。特に、「産業革命遺産」はともかく、近代の征韓論の思想的支柱となった吉田松陰の「私塾」(実態は政治結社だと思うが)まで構

成資産に含ませたことには、強い違和感を禁じ得なかった。「日本の近代化・産業化に貢献する人材を輩出した」学塾は全国に多数、存在したのに、何故に山口県の塾だけが、と感じたものである。

問題はこれで終わったわけではない。周知の通り、日中韓などの市民団体が、旧日本軍の慰安婦に関する資料の登録を申請している。返す返すも、私は「従軍慰安婦」がまったく捏造されたものという主張に同意するものではない。しかし、議論が確定していない案件を国際連合の専門機関の判断に委ねるべきではないとも考えている。

思い返せば、国際的に評価の固まっていない案件をユネスコの世界遺産事業に持ち出したのは、一九九六年に登録された原爆ドームからではなかったか。日本国内では評価が確定しているものだから、あの時には何も不自然に思わなかったのであるが、アメリカでは別の評価がなされているのは周知の事実であった。もちろん、核兵器の使用など許されることではないし、人道的にはあってはならなかった原爆投下であるが、政治的・軍事的には起こり得る選択肢の一つと考える国や人々が存在することも、歴史研究者たる者、冷徹に認識しておかなければならないことである。

そういえば、推薦書作成ワーキンググループに参加して渡された、「世界の記憶」として登録されている遺産の一覧を見た際にも、少なからぬ違和感を覚えたものである。新聞や雑誌に流された「世界の記憶」の事例としては、イギリスの「マグナ・カルタ（大憲章）」やドイツの「ベートーヴェンの交響曲第九番自筆譜」「ゲーテの文学遺産」「資本論初版」、フランスの「人権宣言」、オランダの「アンネの日記」、韓国の「高麗大蔵経板」など、きわめて立派な事例が挙げられていたが（意図的なものでなかったことを信じたい）、この「一覧」には、「あれれ」と思うようなものも数多く載せられていたのである。

あまり具体例を挙げると、その国に失礼ではあるが、たとえば、「大韓民国光州で起きた反軍事政権の民主主義運動に関する人権記録遺産」（二〇一一年）、「フィリピン・ピープル・パワー革命時のラジオ放送など」

(二〇〇三年)、「パレスチナ難民のUNRWA(国連パレスチナ難民救済事業機関)の写真・フィルム」(二〇〇九年)などは、近年に起こった政治事件に関わるものである。それぞれの国にとっては重要な政治事件なのであろうが、いまだ歴史的評価が確定しているとは言いがたいのではないだろうか。

詳しくは、奥野修司「南京が「世界遺産」ユネスコはおかしい」(『文藝春秋』二〇一五年十二月号)のインタビューで答えておいたが、要するに学術的に評価の確定していない案件、国際的に政治紛争の対象になっている案件をこの「世界の記憶」の俎上に載せるのは、きわめて不適当であるということである。『御堂関白記』のような真生の「人類の遺産」は、政治の場には相応しくない。

もう一つ、『御堂関白記』に関して付け加えると、ユネスコの三大遺産事業のうち、世界遺産(世界文化遺産+世界自然遺産)と無形文化遺産が条約に基づく保護活動であるのに対し、「世界の記憶」は単なる選定事業に過ぎないということである。『御堂関白記』が登録されたからといって、これで所蔵機関に国からの補助金が増えることはないし、保存に関わる予算が増えるわけでもない。登録後の利用、特に公開についても、それまでと変わった点はない。

一般の方が『御堂関白記』を見ようと思っても、それはどこかの博物館で開かれる特別展に出品されるのを見に行くしかないし(人数が揃えば、陽明文庫にすでに展示されている箇所を拝観することは可能なようであるが)、研究者であっても、好きな巻の好きな箇所を、好きな日に閲覧できるかというと、それはなかなか容易なことではない。

というわけで、何とも問題の多い「世界の記憶」なのである。

六　『御堂関白記』利用の変遷と「摂関期古記録データベース」

はじめに

現在、国際日本文化研究センター（以下、日文研）で公開を進めている「摂関期古記録データベース」について説明する。

平安貴族たちの本当の姿を知ることのできる古記録の世界を、一般の方々にも楽しんでいただくというのは、この時代に対する理解を考え直すきっかけになるものと信じている。

また、古記録を読解して平安時代史を構築するのは一部の専門家の仕事、文学作品を読んで平安時代史像を思い描くのは一般人の趣味、といった区分が、かつては無意識的に存在したはずである。「専門家向け」の学問としては古記録のみを扱い、歴史物語などの文学作品は「アマチュア」向けのものと喝破された土田直鎮先生が、その名著『王朝の貴族』においては、『大鏡』や『栄花物語』などを縦横に駆使して王朝時代史像を描かれているのが、象徴的な例であろう(1)。

もちろん、私はこれを非難しているわけではなく、一九六〇年代当時の「アマチュア」の、特に摂関期に対する知識の程度を踏まえれば、そして大正生まれという土田先生の知識エリートとしての自己認識を考えれば、致し方ないところであろうと、かつて書いたことがある(2)（土田先生の言われた「アマチュア」が、本当に一般人のことを指していたのか、それとも「アマチュア」並みの「研究者」を指していたのか、興味深いところではあるが）。

それはさておき、『王朝の貴族』が刊行されてから半世紀を超えた現在の状況は、「プロの歴史学者」はともかく、「アマチュア」に関して言えば、まったく異なっている。私が直接接している限り、今や「アマチュア」の皆さんは、驚くべき知識水準に達しているのである。これらの方々にも、古記録の世界に足を踏み入れてもらえれば、平安時代史に対する一般的な認識も、おのずと変わってくるはずである。

私は数年前から、特に摂関期平安時代（十〜十一世紀）の古記録の訓読文をテキスト・データベースとしてアーカイブス化し、また現代語訳を行なって商業出版することによって、内外の研究者や平安時代愛好者の利用における便宜をはかろうとしてきた。

すでに藤原道長『御堂関白記』、藤原行成『権記』、藤原資房『春記』の訓読文のデータベース化を終え、日文研のウェブサイト上で公開している状況である。さらに、藤原実資『小右記』、源経頼『左経記』の訓読文も、途中まで公開している。『御堂関白記』『権記』に続き、『小右記』の現代語訳も、商業出版を始めている（残念ながら、文庫本でというわけにはいかないが）。

ここでは、日文研のウェブサイト上で公開している「摂関期古記録データベース」、特に第一段としてアップした『御堂関白記』について、その利用の歴史をたどっていくこととする。

『御堂関白記』利用の変遷

以下、『御堂関白記』がいかにして研究者の前に供されてきたかの変遷を、特に自筆本の貴重さと合わせて挙げてみよう。

大正十五年（一九二六）に日本古典全集[3]が刊行された際、『御堂関白記』自筆本の存在は知られていたのであるが、その閲覧は叶わず（仄聞した噂では、「歌人風情に見せるか」と近衛家が門前払いにしたとの由である）、仕方なく宮内省図書寮（現在の宮内庁書陵部）が所蔵していた明治十七年（一八八四）本と明治十八年本を底本とせざるを得なかった。その「解題」によると、明治十七年本は「道長自筆本」、明治十八年本は「頼通本」（古写本のこと）に就いて写されたものとのことであるが、どう見ても、日本古典全集版『御堂関白記』は、近衛家所蔵の自筆本や古写本とは異なるものであ

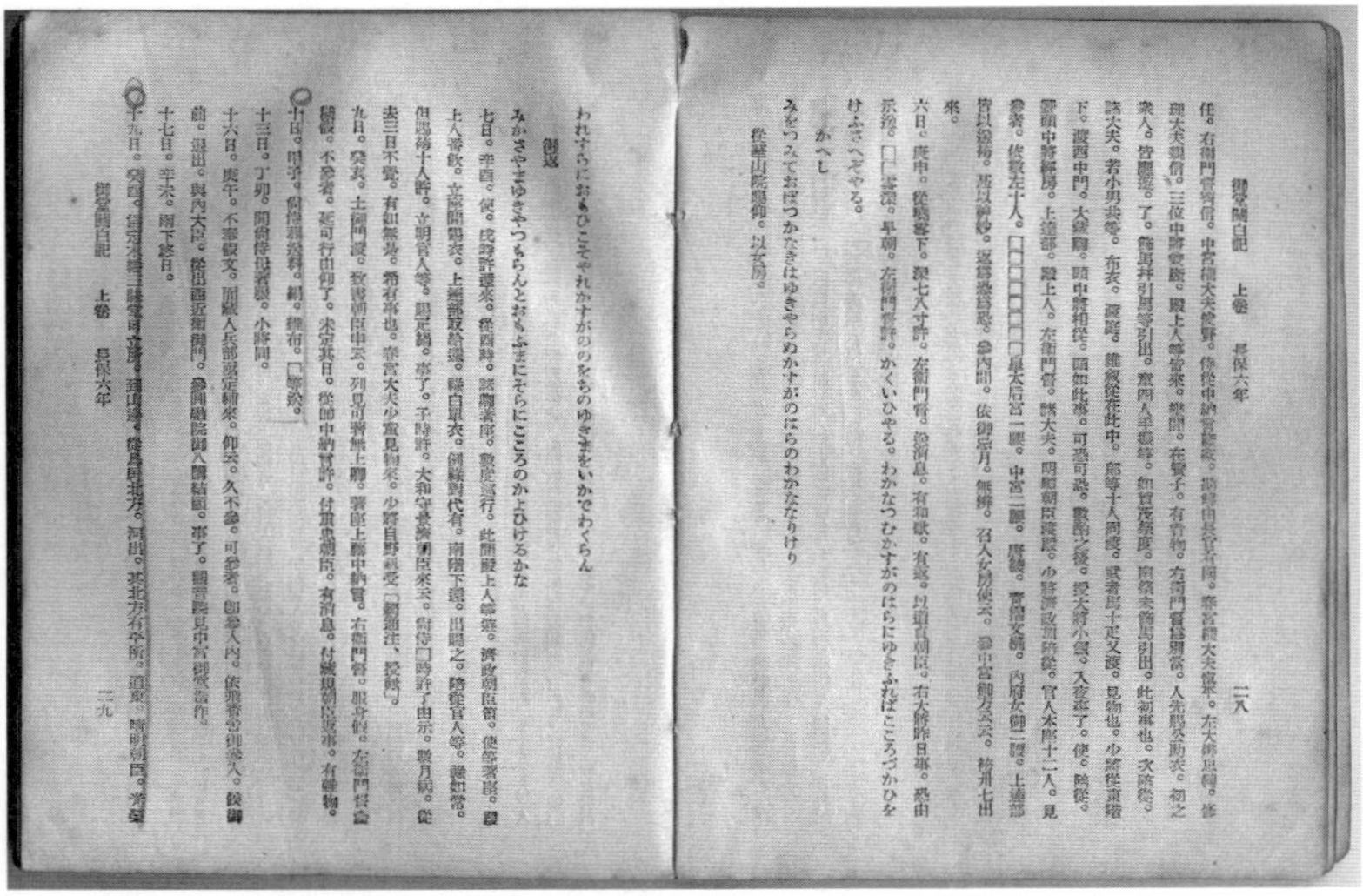

図1　日本古典全集

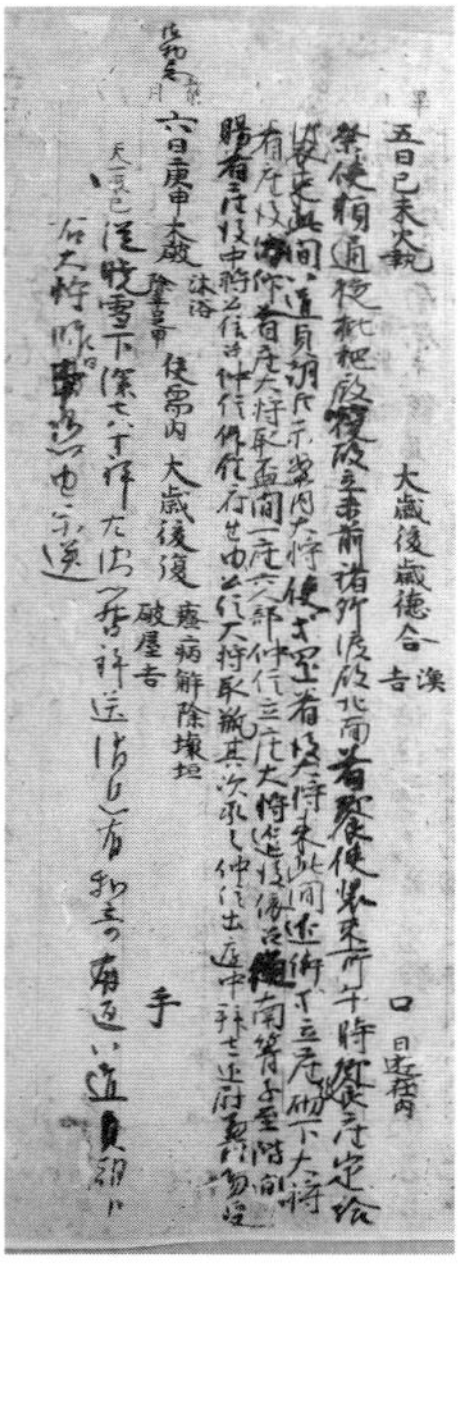

図2　近衛公爵家世寶御堂關白記

り、新写本を翻刻したものである（図1）。

こうしてはじめて活字として世に出た『御堂関白記』は、現在でも古書店で時折見かけることがあるし、覆刻もされ、さらに近年では国立国会図書館の「近代デジタルライブラリー」にpdfで公開されているが、かえって新写本の文章を知ることができるという、皮肉な結果となっている。

次に昭和十一年（一九三六）に一〇〇セット限定で作られた『近衛公爵家世寶御堂關白記』(4)がある（図2）。これは自筆本のみをコロタイプ版で巻子本として複製したもので、原本調査が困難な環境では、きわめて有用である。残念ながらモノクロで、しかも料紙や紙継ぎ、標紙、組紐にまでは留意していない。正倉院文書の研究が進んだ現在の研究状況から考えると、残念なことである。実は先般、「世界の記憶」登録を記念して、完全な複製の制作をいくつかの出版社に問い合わせたのだが、とても採算が取れないということで、いずれも叶わなかった。

なお、『近衛公爵家世寳御堂關白記』には自筆本を活字におこした冊子が附属しており、ここにはじめて『御堂関白記』自筆本が活字になったということになる。ただ、これは広く普及しているものではないので、昭和十一年段階でも（ましてや現在では）、これを入手することと自体が困難ではある。私は日文研に就職するや、すぐさまこれを古書店から購入してもらい（以前に勤めていた大学では、とうてい買ってもらえなかったであろう）、身近に活用している（ちなみに、東京大学や京都大学ではこれも貴重書扱いになっており、閲覧にも手間がかかるとの由である）。

戦後になり、東京大学史料編纂所は古記録部を設立し、大日本古記録の編纂を開始したのだが、その第一段に選ばれたのが『御堂関白記』であった(5)（図3）。戦後の混乱期の中、陽明文庫における調査を重ね、昭和二十七年（一九五二）から二十九年にかけて、三冊で刊行された『御堂関白記』は、たしかに古記録研究における金字塔と称すべき業績であった。

しかし、その刊行間隔からも察せられる通り、きわめて短期間の調査と執筆、校正による刊行であったがために、また史料編纂所としてもはじめての試みであったがゆえに、その杜撰さが、とりわけ第一刷についてしばしば指摘されるところでもある。

たとえば、寛弘二年（一〇〇五）後半から寛弘四年（一〇〇七）前半、また寛弘五年（一〇〇八）前半の合わせて二年半分は、自筆本も古写本も存在しないが、何故にこの部分の底本を平松本としたのであろうか。宮内庁書陵部をはじめ、各地に様々な新写本が所蔵されているにもかかわらず、である。

また、京都大学附属図書館に所蔵されている平松本五冊を、史料編纂所は昭和二十五年に借り出して謄写し、十二月十三日から二十二日にかけて、五人によっ

図3　大日本古記録

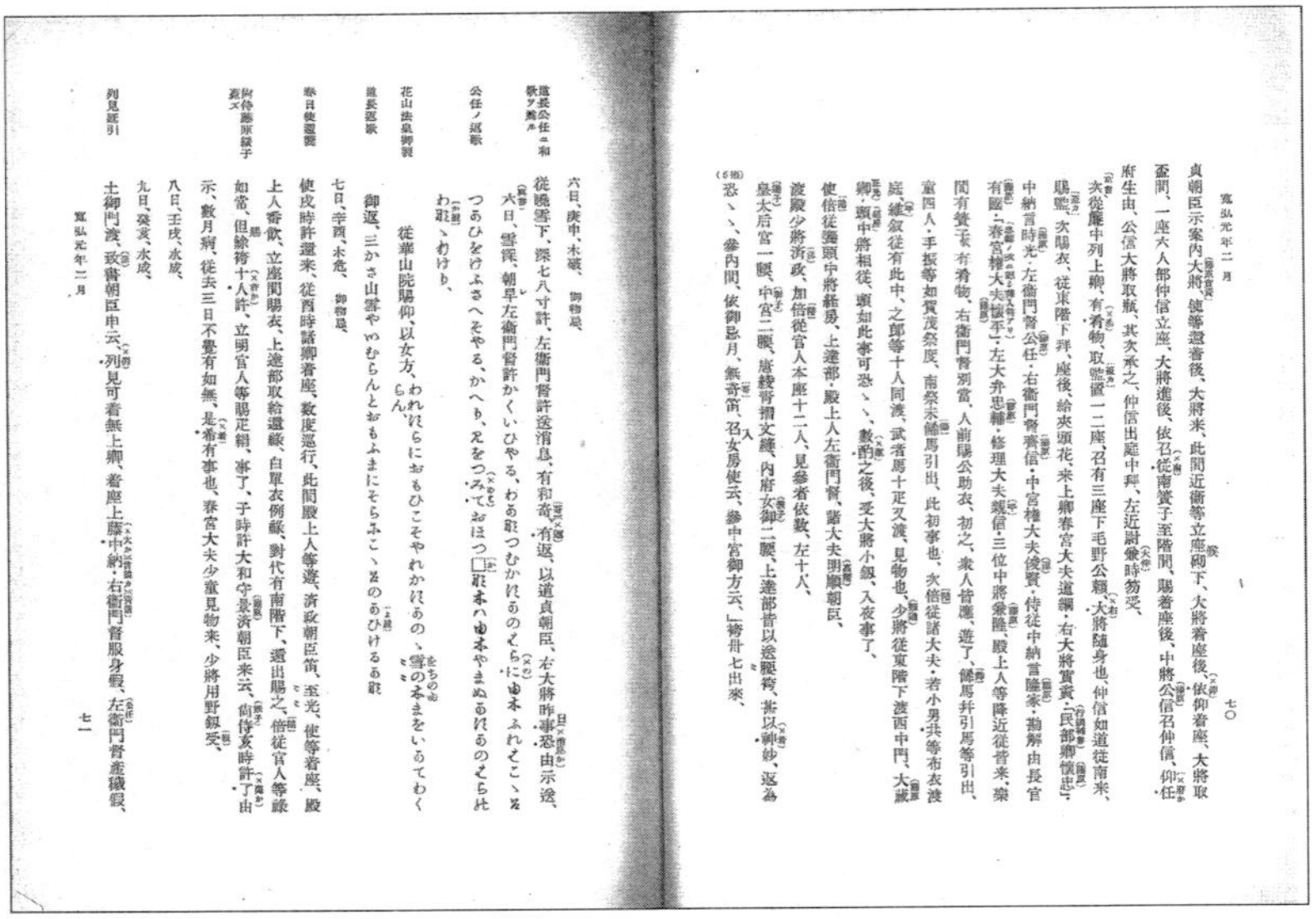
寛弘元年二月　七〇

貞朝臣示案内大將、使等還書後、大將来、此間近衛等立座砌下、大將着座後、依仰着座、大將取盃間、一座六人部仲信立座、大將進後、依召從南簀子至階間、賜着座後、中將公信召仲信、仰任府生由、公信大將取瓶、其次承之、仲信出庭中拜、左近尉兼時勧受、

次從廉中列上卿、有肴物、取盛盤一二座、召有三座下毛野公頼、大將隨身也、仲信如道從南来、賜盃、次賜衣、從東階下拜、座後、給夾頭花、来上卿春宮大夫道綱・右大將實資・民部卿懐忠・中納言時光・左衛門督公任・右衛門督齊信・中宮権大夫俊賢・侍從中納言隆家・勘解由長官有國・春宮権大夫懐平・左大弁忠輔・修理大夫親信・三位中將兼隆、殿上人等降近從皆来、樂間有贅子、有肴物、右衛門督別當、人前陽公助衣、初之、衆人皆應、遊了、餝馬幷引馬等引出、童四人・手振等如賀茂祭度、南祭未餝馬引出、此初事也、次倍從諸大夫・若小男共等布衣渡庭、継叙從有此中、之郎等十人同渡、武者馬十疋又渡、見物也、少將從東階下渡西中門、大藏卿・頭中將相從、頭知此事可恐々々、數酌之後、受大將小禄、入夜事了、

使倍從藏頭中將経房、上達部・殿上人左衛門督、諸大夫明順朝臣、

渡殿少將濟政、加倍從官人本座十二人、見參者依數、左十八、

皇太后宮一腰、中宮二腰、唐綾胷褶文綾、内府女御二腰、上達部皆以送腰袴、裾以紗妙、返為恐々々、參内間、依御忌月、無奇笛、召女房使云、參中宮御方云、袴卅七出來、

六日、庚申、木破、　御物忌、

道長公任ニ和歌ヲ贈ル

從晩雪下、深七八寸許、左衛門督許送消息、有和奇、有返、以道貞朝臣、右大將昨事恐由示送、

六日、雪深、朝早左衛門督許かくいひやる、わか郡つむかれぬのそらに由本ふれそこゝる

つゐひをけふさへそやる、かへり、えをつみておほつ□郡本ハ由本やまぬるれぬのそらは

公任ノ返歌

わ郡ゝわけり、

花山法皇御製

從花山院賜仰、以女方、われらにおもひこそやれかれぬの、雪の本まをいゐてわくらん、

道長返歌

御返、三かさ山雪やいむらんとおもふまにそらふこゝるのゐひけるゐ郡

七日、辛酉、木危、　御物忌、

春日使還饗

使皮時許還来、從酉時諸卿着座、數度巡行、此間殿上人等遊、濟政朝臣笛、至光、使等着座、殿上人盃飲、立座間賜衣、上達部取給還綠、白單衣例綠、對代有南階下、還出賜之、倍從官人等綠如常、但餘袴十八許、立明官人等賜疋絹、事了、予時許大和守景濟朝臣来云、尚侍亥時許了由示、數月病、從去三日不覺有如無、是希有事也、春宮大夫少童見物来、少將用野叙受、

尚侍藤原綏子薨ズ

八日、壬戌、水成、

九日、癸亥、水成、

列見延引

土御門渡、致書朝臣申云、列見可着無上卿、着座上藤中納・右衛門督服身假、左衛門督產穢假、

寛弘元年二月　七一

図4　陽明叢書

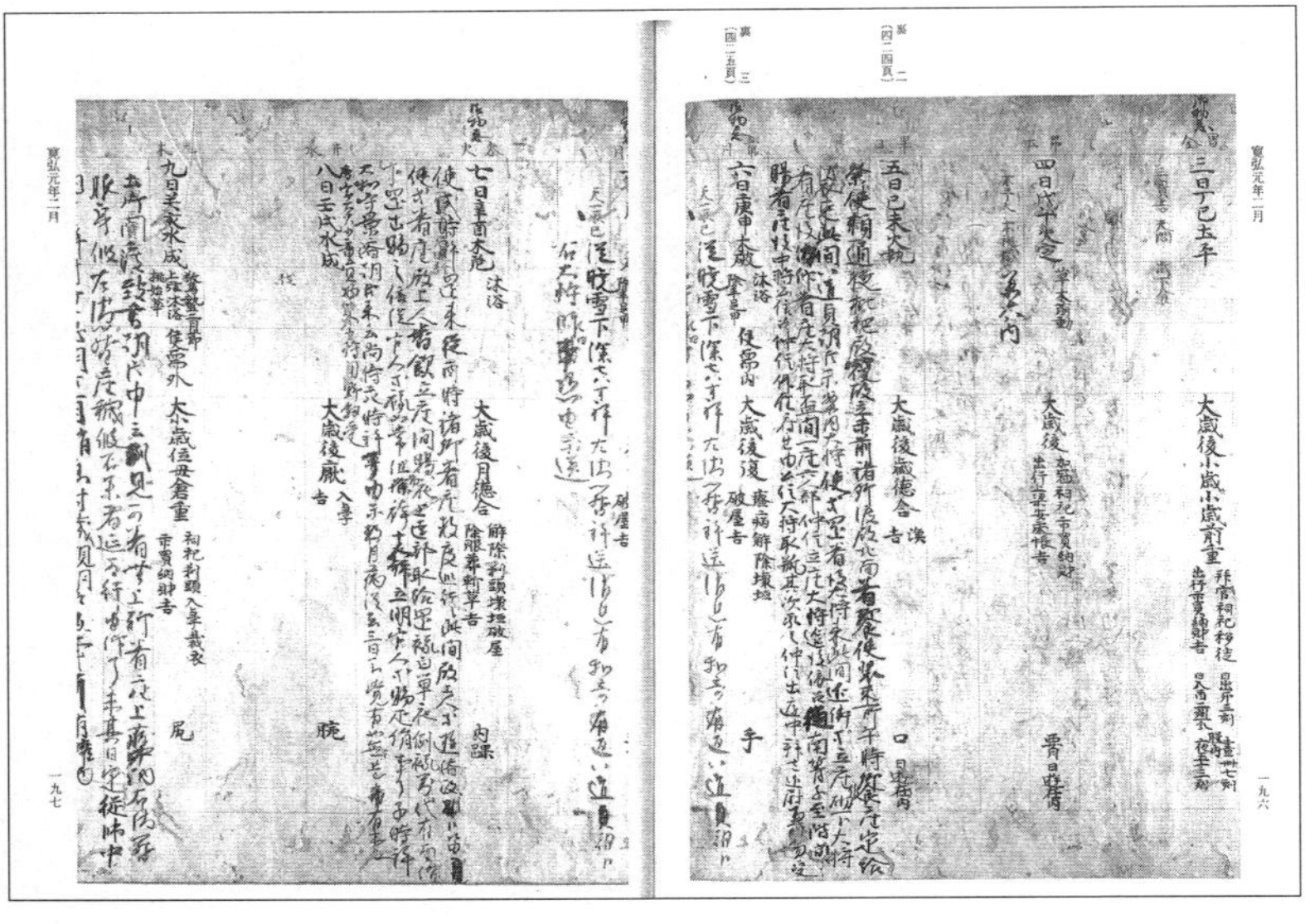
寛弘元年二月　一九六

三日丁巳土平

四日戊午火危

五日己未火執

六日庚申木破

寛弘元年二月　一九七

七日辛酉木危

八日壬戌水成

九日癸亥水成

て「写了」している。それを桃裕行氏が、翌昭和二十六年の一月十六日から二月二十二日にかけて、「校了」しているのである。いくら何でも、年末年始の忙しい時期をはさんで五冊もの写本を校訂することは、無理があるというものであろう。しかも、「寛弘五年四季」については、「校了」が記録されていない。後世に「寛弘の佳例」と讃えられた敦成親王（後の後一条天皇）の誕生や土御門第行幸が記された寛弘五年は、少なくとも桃氏の校訂は完結していないのである。

私は京都大学附属図書館の平松本『御堂殿御記』すべての写真を入手し、また史料編纂所が謄写した平松本『御堂殿御記』すべてのコピーを入手した。両者を詳細に比較すると、明らかに史料編纂所が誤写した箇所も多い。ところが驚くべきことに、大日本古記録の『御堂関白記』は、京都大学の平松本『御堂殿御記』ではなく、東京大学の謄写本『御堂殿御記』の方を活字化しているのである。このことを、かつて史料編纂所の古記録部に所属しておられた方に話したところ、「やっと今ごろ気付いたのかね」と言われてしまった。

これでは、自筆本や古写本を底本とした箇所についても、「大丈夫だろうか」と心配になるというものであろう。校訂注や人名注、草仮名の表記、句読点の箇所、表出や索引などについては、言うまでもない。やはり史料というものは原本によって研究しなければならないとの思いを、いっそう強くした次第である。

ところが、『御堂関白記』の自筆本や古写本の閲覧が、簡単にはいかない。今でこそ陽明文庫で気軽に見せていただけるようになったが、かつてはなかなか閲覧の機会もなかったのである。これは現在でも、ほとんどの研究者にとっては同様なのではあるまいか。

昭和五十八年（一九八三）から五十九年にかけて刊行された陽明叢書の『御堂関白記』(6)（図4）がいかに画期的であるか、これでおわかりいただけることと思う。とにもかくにも、自筆本・古写本・『御堂御記抄』の全部を、すべて写真版で見ることができるのである。

ただし、陽明叢書はモノクロであり、現物よりも小さな判型と相俟って、細かいところまでは、あまり見

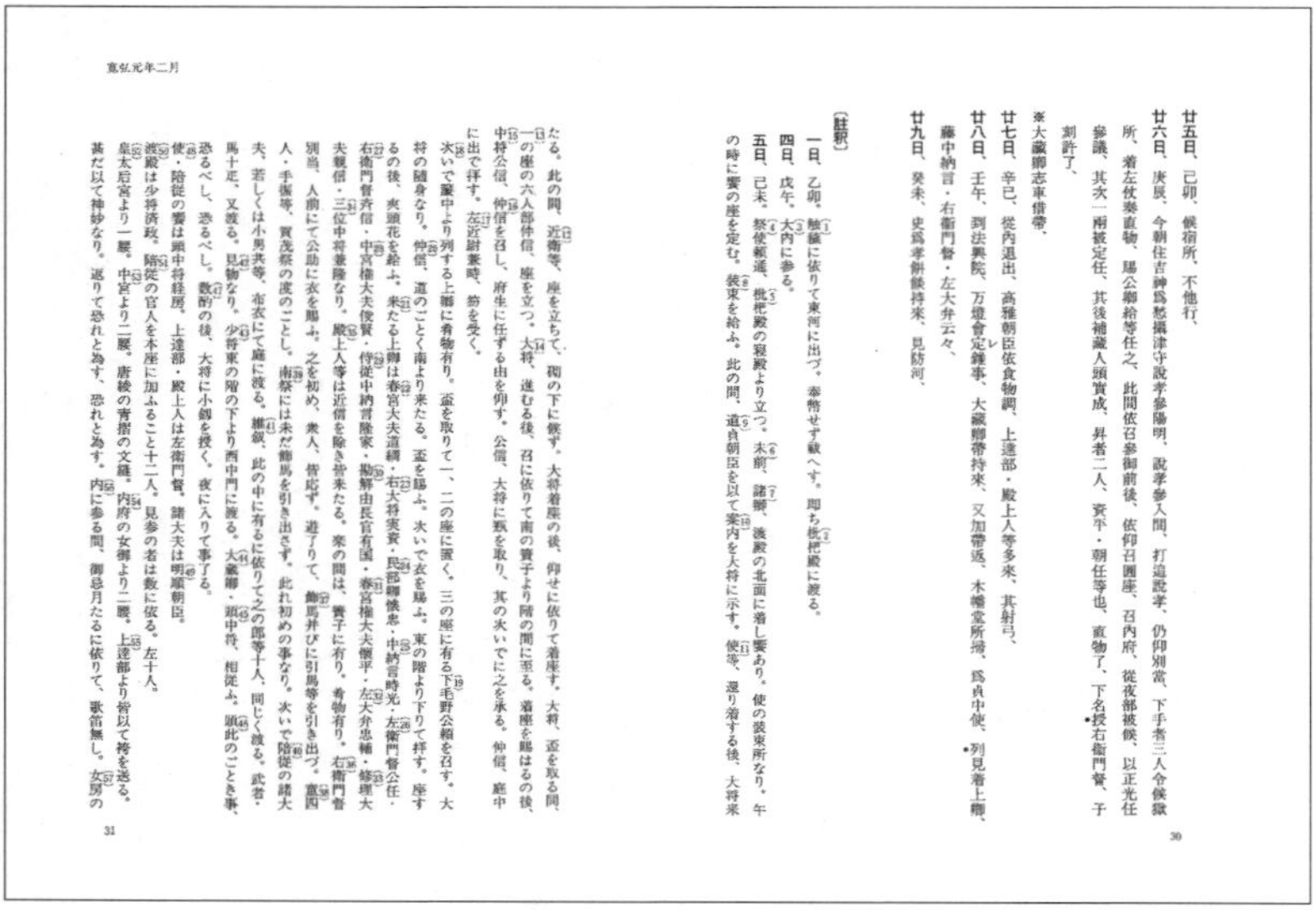

寛弘元年二月

廿五日、己卯、候宿所、不他行、
廿六日、庚辰、今朝住吉神爲愁攝津守說孝參陽明、說孝參入間、打追說孝、仍仰別當、下手者三人令候獄所、着左仗奏直物、賜公卿給等任之、此間依召參御前後、依仰召圓座、召內府、從夜部被候、以正光任參議、其次一兩被定任、其後補藏人頭實成、昇者二人、資平・朝任等也、直物了、下名授右衞門督、子剋許了、
※大藏卿志車借帶、
廿七日、辛巳、從內退出、高雅朝臣依食物調、上達部・殿上人等多來、其射弓、
廿八日、壬午、到法興院、万燈會定雜事、大藏卿帶持來、又加帶返、木幡堂所掃、爲貞中使、列見著上卿、藤中納言・右衞門督・左大弁云々、
廿九日、癸未、史爲孝餅餧持來、見防河、

〔註釈〕

一日、乙卯。触穢に依りて東河に出づ。奉幣せず祓へす。即ち枇杷殿に渡る。
四日、戊午。大内に参る。
五日、己未。祭使頼通、枇杷殿の寝殿より立つ。未剋、諸卿、渡殿の北面に着し饗あり。使の装束所なり。午の時に饗の座を定む。装束を給ふ。此の間、道貞朝臣を以て案内を大将に示す。使等、還り着する後、大将来たる。此の間、近衛等、座を立ちて、砌の下に候ず。大将着座の後、仰せに依りて着座す。大将、盃を取る間、一の座の六人部仲信、座を立つ。大将、進む後、召に依りて南の簀子より階の間に至る。着座を賜はるの後、中将公信、仲信を召し、府生に任ずる由を仰す。公信、大将に瓶を取り、其の次いでに之を承る。仲信、庭中に出で拝す。左近尉兼時、笏を受く。

次いで簾中より列する上卿に肴物有り。盃を取りて一、二の座に置く。三の座に有る下毛野公頼を召す。大将の随身なり。仲信、道のごとく南より来たる。盃を賜ふ。次いで衣を賜ふ。東の階より下りて拝す。座するの後、夾頭花を給ふ。来たる上卿は春宮大夫道綱・右大将実資・民部卿懐忠・中納言時光・左衛門督公任・右衛門督斉信・中宮権大夫俊賢・侍従中納言隆家・勘解由長官有国・春宮権大夫懐平・左大弁忠輔・修理大夫親信・三位中将兼隆なり。殿上人等は近信を除き皆来たる。楽の間は、簀子に有り。肴物有り。右衛門督別当、人前にて公助に衣を賜ふ。之を初め、衆人、皆応ず。遊了りて、飾馬并びに引馬等を引き出づ。直四人・手振等、賀茂祭の度のごとし。南祭には未だ飾馬を引き出さず。此れ初めの事なり。次いで陪従の諸大夫、若しくは小男共等、布衣にて庭に渡る。雑鋺、此の中に有るに依りて之の郎等十人、同じく渡る。武者・馬十疋、又渡る。見物なり。少将東の階の下より西中門に渡る。大蔵卿・頭中将、相従ふ。頭此のごとき事、恐るべし、恐るべし。数酌の後、大将に小劔を授く。夜に入りて事了る。

使・陪従の饗は頭中将経房。上達部・殿上人は左衛門督。諸大夫は明順朝臣。渡殿は少将済政。陪従の官人を本座に加ふること十二人。見参の者は数に依る。左十人。皇太后宮より一腰。中宮より二腰。唐綾の青摺の文縫。内府の女御より二腰。上達部より皆以て袴を送る。甚だ以て神妙なり。返りて恐れと為す、恐れと為す。内に参る間、御忌月たるに依りて、歌笛無し。女房の

30

31

図5　御堂関白記全註釈

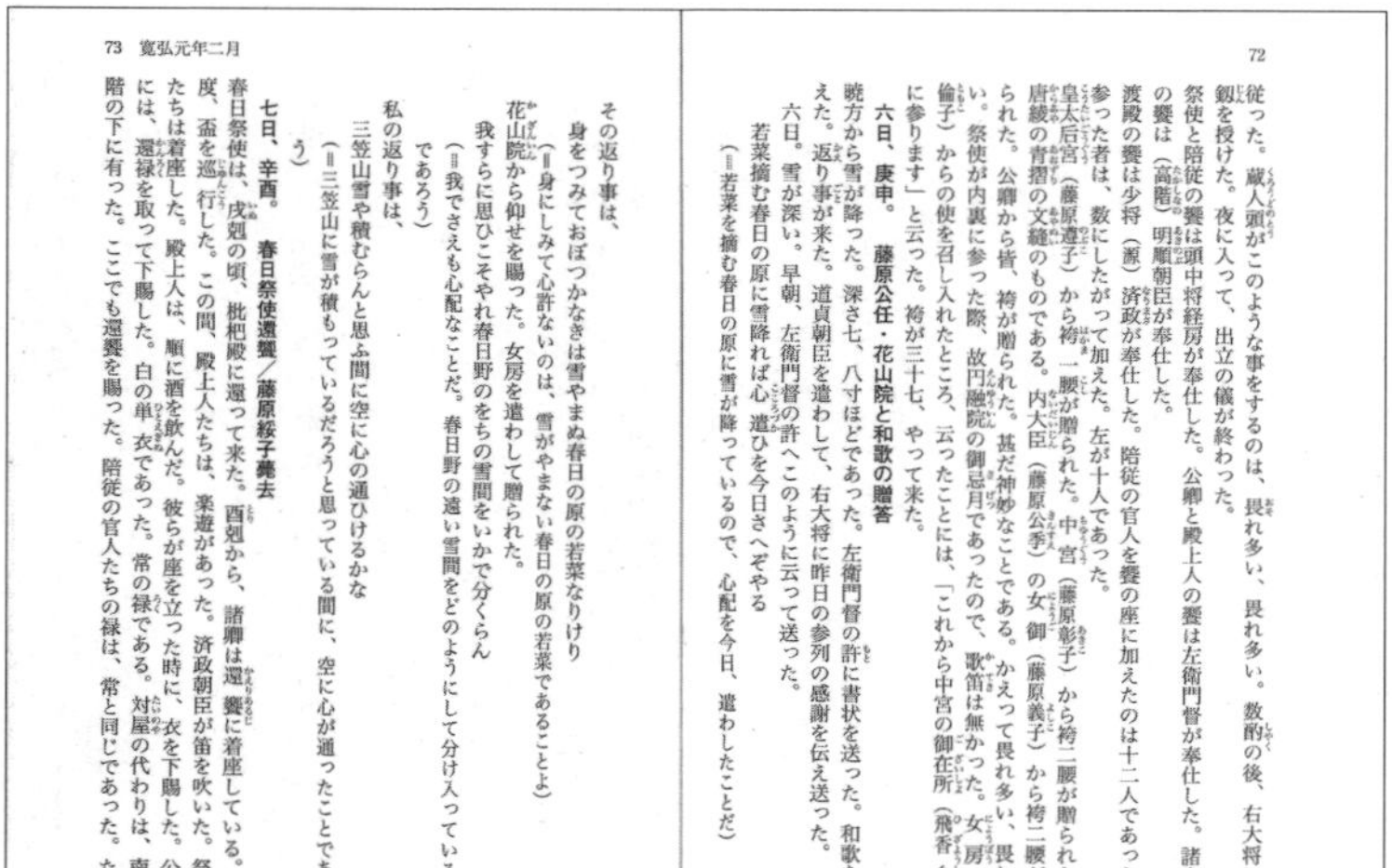

72

従った。蔵人頭《くろうどのとう》がこのような事をするのは、畏《おそ》れ多い、畏れ多い。数酌《しゃく》の後、右大将に小劔《しょうじん》を授けた。夜に入って、出立の儀が終わった。

祭使と陪従の饗は頭中将経房が奉仕した。公卿と殿上人の饗は左衛門督が奉仕した。諸大夫の饗は（高階《たかしなの》）明順《あきのぶ》朝臣が奉仕した。渡殿の饗は少将（源）済政《なりまさ》が奉仕した。陪従の官人を饗の座に加えたのは十二人であった。参った者は、数にしたがって加えた。左が十人であった。皇太后宮《こうたいごうぐう》（藤原遵子《のぶこ》）から袴《はかま》一腰《こし》が贈られた。中宮《ちゅうぐう》（藤原彰子《あきこ》）から袴二腰が贈られた。唐綾《からあや》の青摺《あおずり》の文縫《あやぬい》のものである。内大臣《ないだいじん》（藤原公季《きんすえ》）の女御《にょうご》（藤原義子《よしこ》）から袴二腰が贈られた。公卿から皆、袴が贈られた。甚だ神妙《きびょう》なことである。かえって畏れ多い、畏れ多い。祭使が内裏に参った際、故円融院《えんゆういん》の御忌月《きげつ》であったので、歌笛《かてき》は無かった。女房《にょうぼう》（源倫子《ともこ》）からの使を召し入れたところ、云ったことには、「これから中宮の御在所《ございしょ》（飛香舎《ひぎょうしゃ》）に参ります」と云った。袴が三十七、やって来た。

六日、庚申。　藤原公任・花山院と和歌の贈答

暁方から雪が降った。深さ七、八寸ほどであった。左衛門督の許《もと》に書状を送った。和歌を添えた。返《かえ》り事《ごと》が来た。道貞朝臣を遣わして、右大将に昨日の参列の感謝を伝え送った。

六日。雪が深い。早朝、左衛門督の許へこのように云って送った。

若菜摘む春日の原に雪降れば心遣《こころづか》ひを今日さへぞやる

（＝若菜を摘む春日の原に雪が降っているので、心配を今日、遣わしたことだ）

73　寛弘元年二月

その返り事は、

身をつみておぼつかなきは雪やまぬ春日の原の若菜なりけり

（＝身にしみて心許ないのは、雪がやまない春日の原の若菜であることよ）

花山院《かざんいん》から仰せを賜った。女房を遣わして贈られた。

我すらに思ひこそやれ春日野のをちの雪間をいかで分くらん

（＝我でさえも心配なことだ。春日野の遠い雪間をどのようにして分け入っているのであろう）

私の返り事は、

三笠山雪や積むらんと思ふ間に空に心の通ひけるかな

（＝三笠山に雪が積もっているだろうと思っている間に、空に心が通ったことであろう）

七日、辛酉。　春日祭使還饗／藤原綏子薨去

春日祭使は、戌《いぬ》剋の頃、枇杷殿に還って来た。酉《とり》剋から、諸卿は還饗《かえりあるじ》に着座している。数度、盃を巡行《じゅんこう》した。この間、殿上人たちは、楽遊があった。済政朝臣が笛を吹いた。祭使たちは着座した。殿上人は、順に酒を飲んだ。彼らが座を立った時に、衣を下賜した。公卿には、還禄《かんろく》を取って下賜した。白の単衣《ひとえぎぬ》であった。常の禄《ろく》である。対屋《たいのや》の代わりは、南の階の下に有った。ここでも還饗を賜った。陪従の官人たちの禄は、常と同じであった。ただ

図6　藤原道長「御堂関白記」全現代語訳

やすいものではない。また、あくまで印刷であるので、筆遣いや墨継ぎ、墨の濃淡までは、なかなか判断できない。

加えて、基本的に『御堂関白記』の写真しか収めていないので、後世の書き込みなどは知ることができない。私は数年前、コロタイプ版の巻物を全部開いてみるという試みをやって（その動機は、開いたら何メートルになるかといったものであったが）、寛弘五年下巻の紙背に、十六世紀の近衛信尹が十四世紀の近衛道嗣の『後深心院関白記』の抜書を行なったことを発見した(7)が、こういった情報は、陽明叢書には入れられていない。

次いで挙げなければならないのが、昭和六十年（一九八五）から平成二十二年（二〇一〇）にかけて刊行された『御堂関白記全註釈』(8)である（図5）。これは山中裕氏を中心として京都の古代学協会主催で行なわれていた集中講義、東京で行なわれていた「日記の会」、京都の陽明文庫で行なわれていた研究会の成果をまとめたものである。私自身、これに携わってきたので、あまり詳しいことは述べないが、ともかくも難解な『御堂関白記』全文の訓読文と註釈が公刊されたことの意義は大きいと言ってもよいであろう。

ただ、研究会の発表者が執筆した原稿の個性を尊重するという編集態度であったため、ともすれば訓読文の間に統一が取れていなかったり（一冊の中では統一するように努力した巻もあるが）、毎年繰り返される年中行事に対して、年毎に矛盾する註釈が施されていたりする、という欠点が存在した。あくまでこれは、訓読文の一例、註釈の一例と考えていただければ幸いである。

最後になるが、さらに幅広い人々に『御堂関白記』の魅力を伝えようという動機から作られたのが、『藤原道長「御堂関白記」全現代語訳』(9)である（図6）。難解な『御堂関白記』でも、現代語訳を文庫本で出版すれば、多くの方に楽しんでもらえるだろうと企画したものである。

こんなものが世の中に受け入れられるのだろうかという危惧とは裏腹に、信じられないくらいの刷数を重ね、部数を伸ばしていった。改めて日本人の文化的意欲の高さに感動したものである。この後、『権記』の現代語訳も刊行したが、続いて『小右記』の現代語訳を世に送り出しているところである。

「摂関期古記録データベース」について

続いて、日文研「摂関期古記録データベース」について説明したい。これは『藤原道長「御堂関白記」全現代語訳』を執筆するための基礎として作成した訓読文を、ウェブサイト上でデータベースとして公開したものである。

日文研のウェブサーバにより、国際日本文化研究センターホームページ〈http://www.nichibun.ac.jp/〉から「データベース」に進み〈http://db.nichibun.ac.jp/ja/〉、さらに「摂関期古記録データベース」〈http://db.nichibun.ac.jp/ja/category/heian-diaries.html〉と進むことができる（図7）。

こうして検索画面〈http://rakusai.nichibun.ac.jp/kokiroku/〉に進むのであるが（図8）、検索は単独のキーワード、複数のキーワードを「or（または）」か「and（かつ）」で結ぶものも用意している。また、複数の古記録を検索する時のために、史料の選択、もしくは「全史料」を選べるようにしてある。また、「年月日」を入力しなければ、アップしている古記録の全文から検索するが、特定の時期に絞りたい時には、年月日を入力したり、いつからいつまでと時期を区切ったりすることができる。その際、西暦でも和暦でも、また漢数字でもローマ数字でも入力できるのが特徴である。

キーワードを入力し、史料や年月日を特定して（あるいはせずに）「検索」ボタンをクリックすると、一瞬で「検索結果一覧」の画面に切り替わる。「史料名」と「年月日」「本文」が表示されるが、そのうち「本文」は、まずはその日の記事の最初の一行だけが表示される〈http://rakusai.nichibun.ac.jp/kokiroku/list.php〉（図9）。

これだけだと全文がわからないので、行末の〉〉をクリックすると、その日の記事の全文が表示される（図10）。テキストデータとして表示されるので、コピー

&ペーストして、自分のファイルに取り込むこともできる。

なお、一日の記録量が長い記事では、検索語がどこに所在するのか、わかりにくいが、これは赤字で表示するといった措置を取っている。

図７　摂関期古記録データベース

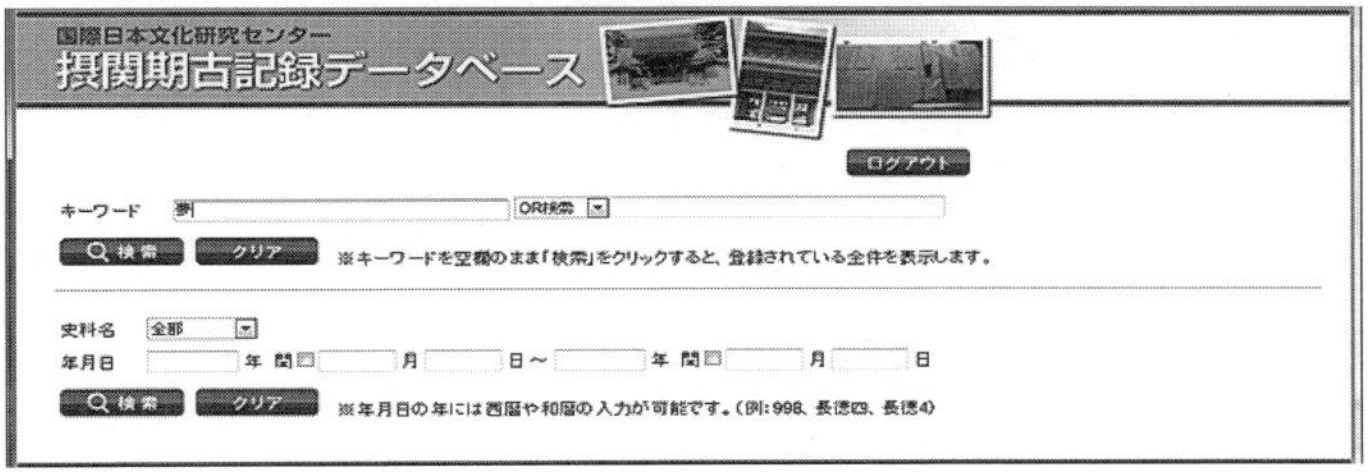

図８　摂関期古記録データベース

訓読文の全文表示だけでも画期的なことであるが、たとえば東京大学史料編纂所の「古記録全文データベース」では、検索語の前後一〇字ずつしか表示されず、しかもそれはコピー&ペーストがしづらいようになっているのである（このような措置を執る意図は、奈辺に存在するのであろう）。

　また、データベースのメンテナンスは、日文研の情報課が業務の一環として行なっているため、システム異常や利用者からの問い合わせ等についても迅速に対応する態勢が整っている。データ更新については、ほぼ毎週、データの書き換えを行ない、利用者が常に最新のデータを利用できるよう配慮している。

史料名	和暦年月日	本文
御堂関白記	長保元年二月二十日	二十日、甲辰。天晴る。諸社に奉幣の事有り。而るに夢想、宜しからざるに依りて参らず…>>
御堂関白記	長保元年六月三日	三日、甲寅。仁和寺の故大僧正の法事なり。仍りて僧前を送る。夢想、宜しからざるに依…>>
御堂関白記	長保二年三月二十日	二十日、丁酉。院、石清水、并びに住吉に参り給ふ。今夜、石清水に宿し給ふ。賀茂の河…>>
御堂関白記	寛弘元年正月八日	八日、癸巳。慎しむ所有るに依りて、御斎会に参らず。人の夢想のみ。修理職に仰せ、御…>>
御堂関白記	寛弘元年六月五日	五日、戊午。巳時以前、雨降る。午後、天晴る。前僧正の許より、円観を以て消息あり。…>>
御堂関白記	寛弘元年七月十一日	十一日、癸巳。今朝、御夢みらる。「飲酒、御解せり」てへり。即ち奏して云はく、「雨…>>
御堂関白記	寛弘元年八月二十二日	二十二日、甲戌。右衛門督、示して云はく、「中宮、大原野に参り給ふ事、如何。『或る…>>
御堂関白記	寛弘元年十月六日	六日、丙戌。天晴る。内に参らんと欲する間、「人の夢想、宜しからず」てへれば、参ら…>>
御堂関白記	寛弘四年正月二十三日	二十三日、辛酉。師の許に示し送る、「今日、一品宮の御慶を奏すべき由、昨日、聞く。…>>
御堂関白記	寛弘六年九月五日	五日、丙辰。雨降る。陣定せんと欲するに、雨下る内、人の夢想、閑かならざるに依りて…>>
御堂関白記	寛弘八年十一月七日	七日、丙子。人の夢想有るに依り、物忌に籠居す。皇太后宮大夫、冷泉院の御斎会の事を…>>
御堂関白記	長和元年五月一日	一日、戊辰。大内に参る。候宿す。右大将、相語りて云はく、「賀茂祭、触穢の事有りと…>>
御堂関白記	長和二年二月二十六日	二十六日、戊子。夜を通して雨降る。暁方、両度の夢想有り。終日、雨下る。申時、家の…>>
御堂関白記	長和二年三月三日	三日、甲午。早朝、東宮に参る。「此の夜、少し悩気御座す」と云々。而るに殊なる事、…>>
御堂関白記	長和五年八月二十七日	二十七日、戊戌。夢想に依り、他行無し。院より、御心地、悩むを仰せらる。
御堂関白記	長和五年十月十二日	十二日、癸未。昨・今日、内の御物忌なり。夢想、静かならず、仍りて御誦経を修せしむ…>>
御堂関白記	寛仁元年三月二十五日	二十五日、甲子。夢想、静かならざるに依りて、諷誦せしむ。

図９　摂関期古記録データベース

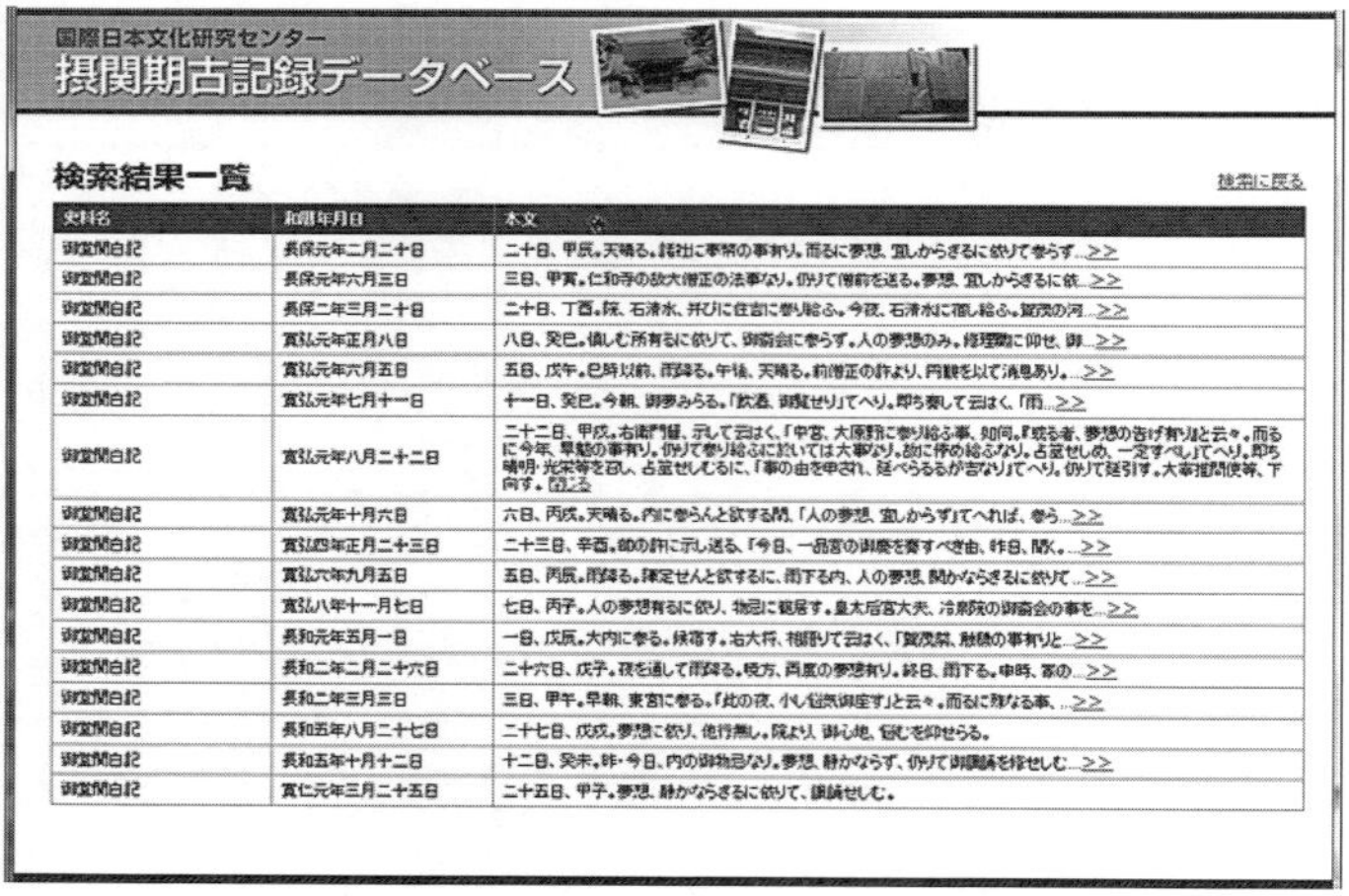

史料名	和暦年月日	本文
御堂関白記	長保元年二月二十日	二十日、甲辰。天晴る。諸社に奉幣の事有り。而るに夢想、宜しからざるに依りて参らず…>>
御堂関白記	長保元年六月三日	三日、甲寅。仁和寺の故大僧正の法事なり。仍りて僧前を送る。夢想、宜しからざるに依…>>
御堂関白記	長保二年三月二十日	二十日、丁酉。院、石清水、并びに住吉に参り給ふ。今夜、石清水に宿し給ふ。賀茂の河…>>
御堂関白記	寛弘元年正月八日	八日、癸巳。慎しむ所有るに依りて、御斎会に参らず。人の夢想のみ。修理職に仰せ、御…>>
御堂関白記	寛弘元年六月五日	五日、戊午。巳時以前、雨降る。午後、天晴る。前僧正の許より、円観を以て消息あり。…>>
御堂関白記	寛弘元年七月十一日	十一日、癸巳。今朝、御夢みらる。「飲酒、御解せり」てへり。即ち奏して云はく、「雨…>>
御堂関白記	寛弘元年八月二十二日	二十二日、甲戌。右衛門督、示して云はく、「中宮、大原野に参り給ふ事、如何。『或る者、夢想の告げ有り』と云々。而るに今年、旱魃の事有り。仍りて参り給ふに於いては大事なり。故に停め給ふなり。占筮せしめ、一定すべし」てへり。即ち晴明・光栄等を召し、占筮せしむるに、「事の由を申され、延べらるるが吉なり」てへり。仍りて延引す。大奉幣使等、下向す。閉じる
御堂関白記	寛弘元年十月六日	六日、丙戌。天晴る。内に参らんと欲する間、「人の夢想、宜しからず」てへれば、参ら…>>
御堂関白記	寛弘四年正月二十三日	二十三日、辛酉。師の許に示し送る、「今日、一品宮の御慶を奏すべき由、昨日、聞く。…>>
御堂関白記	寛弘六年九月五日	五日、丙辰。雨降る。陣定せんと欲するに、雨下る内、人の夢想、閑かならざるに依りて…>>
御堂関白記	寛弘八年十一月七日	七日、丙子。人の夢想有るに依り、物忌に籠居す。皇太后宮大夫、冷泉院の御斎会の事を…>>
御堂関白記	長和元年五月一日	一日、戊辰。大内に参る。候宿す。右大将、相語りて云はく、「賀茂祭、触穢の事有りと…>>
御堂関白記	長和二年二月二十六日	二十六日、戊子。夜を通して雨降る。暁方、両度の夢想有り。終日、雨下る。申時、家の…>>
御堂関白記	長和二年三月三日	三日、甲午。早朝、東宮に参る。「此の夜、少し悩気御座す」と云々。而るに殊なる事、…>>
御堂関白記	長和五年八月二十七日	二十七日、戊戌。夢想に依り、他行無し。院より、御心地、悩むを仰せらる。
御堂関白記	長和五年十月十二日	十二日、癸未。昨・今日、内の御物忌なり。夢想、静かならず、仍りて御誦経を修せしむ…>>
御堂関白記	寛仁元年三月二十五日	二十五日、甲子。夢想、静かならざるに依りて、諷誦せしむ。

図10　摂関期古記録データベース

日本国内の古代史・中古文学研究者はもちろん、海外の日本研究者からも、すでに多くのアクセスが行なわれている。従来、読解が困難という理由で、海外の日本研究者の研究対象は近現代、および日本文学に偏りがちであったが、このデータベースの完成によって、より古い時代から日本を研究する研究者が増加することが期待される。

このデータベースは、『源氏物語』をはじめとする文学のみから構築してきた平安時代史像を、正しい歴史史料から考え直すきっかけになるものである。

また、毎年データベース化する古記録が増加することにともない、複数の古記録を一括して検索することが可能となり、より総合的な平安時代史像の構築に寄与できることになる。

おわりに

こうして『御堂関白記』だけでスタートした「摂関期古記録データベース」であるが、現在、『権記』と『春記』の訓読文も公開している。さらには、『左経記』と『小右記』も順次公開しており、数年後には、摂関期の古記録をすべて、全文検索することができる日が来ることになるのである(10)。

公開以来、「妖怪」や「春画」を抜いて、日文研データベースの中でアクセス数トップを毎年記録しているのは、ありがたいことであると共に、改めて内外の研究者や愛好家の熱意に感動している次第である。

註

（1）　土田直鎮『日本の歴史5　王朝の貴族』（中央公論社、一九六五年）。

（2）　倉本一宏「解説」（土田直鎮『日本の歴史5　王朝の貴族』〈文庫版〉、中央公論新社、二〇〇四年）。

（3）　與謝野寛・正宗敦夫・與謝野晶子編纂校訂『日本古典全集　御堂關白記』（日本古典全集刊行會、一九二六年）。

（4）　立命館出版部編（黒板勝美解説）『近衛公爵家世寶　御堂關白記　具注暦・自筆本』（立命館出版部、一九三六年）。

（5）　東京大学史料編纂所・陽明文庫編纂『大日本古記録　御堂関白記』（岩波書店、一九五二―五四年）。

（6）　陽明文庫編（土田直鎮解説）『陽明叢書　御堂関白記』（思文閣出版、一九八三―八四年）。

（7）　倉本一宏「『御堂関白記』自筆本寛弘五年秋冬巻の裏に写された『後深心院関白記』抜書」（本書第一部第三章）。

（8）　山中裕編『御堂関白記全註釈』（国書刊行会・高科書店・思文閣出版、一九八五―二〇一〇年）。

(9)　倉本一宏訳『藤原道長「御堂関白記」全現代語訳』(講談社、二〇〇九年)。

(10)　その後、二〇一八年度から三年間の計画で、科学研究費助成金(学術研究助成基金)助成事業として、「『歴代残闕日記』所収平安時代古記録のデータベース化」を始めることになった。これが完成すれば、『沙門仲増記』(仲増)、『二東記』(藤原教通)、『師実公記』(藤原師実)、『寛治二年記』(不明)、『季仲卿記』(藤原季仲)、『顕隆卿記』(藤原顕隆)、『清原重憲記』(清原重憲)、『高階仲章記』(高階仲章)、『源雅実公記』(源雅実)、『大宮中納言藤通季卿記』(藤原通季)、『大学頭藤敦光朝臣記』(藤原敦光)、『法性寺関白藤忠通公記』(藤原忠通)、『永久元年記』(不明)、『大外記中原師元朝臣記』(中原師元)、『参議平実親卿記』(平実親)、『八条太政大臣藤実行公記』(藤原実行)など、これまで活字本さえ存在しなかった多くの古記録の訓読文がデータベース化されることになる。

初出一覧

序論　藤原道長と『御堂関白記』　新稿（以下の原稿を参照）
「『御堂関白記』の伝来」
大津透・池田尚隆編『藤原道長事典――御堂関白記からみる貴族社会――』思文閣出版、二〇一七年九月
「藤原道長『御堂関白記』と世界記憶遺産への道程」
九州国立博物館「華麗なる宮廷文化　近衛家の国宝」展図録、二〇一四年四月

第一部　『御堂関白記』自筆本をめぐって
第一章　『御堂関白記』の裏書（原題「古記録の裏書について――特に『御堂関白記』自筆本について――」）
倉本一宏編『日記・古記録の世界』思文閣出版、二〇一五年三月
第二章　『御堂関白記』自筆本の文字の抹消　新稿
第三章　『御堂関白記』自筆本寛弘五年秋冬巻の裏に写された『後深心院関白記』抜書
（原題「『御堂関白記』自筆本の裏に写された『後深心院関白記』」）
『日本研究』第四四号、二〇一一年十月

第二部　『御堂関白記』の書写
第一章　『御堂関白記』古写本の書写　新稿
第二章　『御堂関白記』の仮名
新川登亀男編『日本古代史の方法と意義』勉誠出版、二〇一八年一月
第三章　『御堂関白記』古写本・寛仁元年九月卅日条と十月一日条の書写順序をめぐって
吉川真司・倉本一宏編『日本的時空観の形成』思文閣出版、二〇一七年五月
第四章　平松本『御堂関白記』と『御堂御記抄』
『駒沢女子大学　研究紀要』第一三号、二〇〇六年十二月

第三部　『御堂関白記』の内容

第一章　「内府悦気有り」　『駒沢女子大学　研究紀要』第八号、二〇〇一年十二月

第二章　寛弘五年七月の彰子土御門第退下をめぐって　『むらさき』第四一号、二〇〇四年十二月

第三章　『御堂関白記』に見える「女方」（原題「『御堂関白記』に見える「女方」について」）　『むらさき』第四七号、二〇一〇年十二月

第四章　『御堂関白記』の「妻」と「妾」について　『説林』（愛知県立大学）第六五号、二〇一七年三月

第四部　『御堂関白記』雑感

一　『御堂関白記』全現代語訳を終えて（原題「おわりに」）　『藤原道長「御堂関白記」全現代語訳（下）』講談社、二〇〇九年七月

二　「御堂関白」藤原道長の実像　『本』第三八―四号、二〇一三年四月

三　『御堂関白記』は何故にすごいのか　『文学界』第六七―九号、二〇一三年九月（日本文藝家協会編『ベスト・エッセイ2014』光村図書、二〇一四年六月に再録）

四　平安時代理解のあたらしい地平へ――古記録の現代語訳は何故に必要か――　『本』第三七―一号、二〇一二年一月

五　『御堂関白記』の世界記憶遺産（「世界の記憶」）登録について（原題「御堂関白記」）　『日本歴史』第八二四号、二〇一七年一月

六　『御堂関白記』利用の変遷と「摂関期古記録データベース」（原題「摂関期古記録データベースをめぐって」）　『国立歴史民俗博物館研究報告』第一九二号、二〇一四年十二月

おわりに

『御堂関白記』を読み始めてから、今年の十月でちょうど四十年になる。幾多の先学には遠く及ばないものの、それでもかなりの時間、人生のちょうど三分の二を『御堂関白記』と過ごしてきたことになる。この間、註釈の仕事を長く続けたり、現代語訳を作ったり、「世界の記憶」の書類を書いたり、『御堂関白記』関係の著書を何冊か刊行したりして、関係がずっと続いている。少し思い起こしただけでも、様々な人々と、様々な局面で、『御堂関白記』と接してきたことが脳裡に浮かんでくる。一々お名前を挙げることは控えるが、改めて感謝したい。

まったくの偶然であるが、今年の十月は、道長が「この世をば」の歌を詠んでから、ちょうど千年になる（現代の暦では二〇一八年十一月二十五日にあたるが、満月というと、十一月二十二日から二十三日に替わる直前に月齢一五・〇を迎える）。この歌が偶然、『小右記』に記録されて、これまた偶然に今日まで残されたことが（前田本は歌の部分が焼けていて、他の古写本は寛仁二年が残っていない）、道長にとって、また摂関期のイメージにとって、いいことだったのかどうかは別にして、今年は一つの区切りの年ということになるのであろう。

そして、これこそまったく偶然であるが、思文閣出版の田中峰人さんと話をしていて、これまで書きためていた『御堂関白記』に関する論文や、「世界の記憶」登録に際して書くことになった原稿を、一冊にまとめてみてはということになり、何本かの新稿を加えて、あっという間にこの本ができてしまった。

ここいらでそれらをまとめてみようと思い付いたのは、近年は毎日、朝から晩まで『小右記』を読む日々が続き、『御堂関白記』の特異性がより鮮明になってきたことにもよる。そろそろ『御堂関白記』にはひと区切り付けて、普通の古記録と普通の和風漢文を勉強しないと、普通の古記録研究者のレベルから取り残されてしまうのではないかという危機感があることも事実である。とまれ、このような本を出版してくださって、まことに感謝に堪えない。

私がはじめて『御堂関白記』を読んで書いたレポート「藤原頼通の春日祭勅使」は、一九七九年二月に提出したものである。その後、「歴史物語と古記録1　御堂関白記――藤原頼通の春日祭勅使をめぐって――」と改題して歴史物語講座刊行委員会編『歴史物語講座　第7巻　時代と文化』（風間書房、一九九八年八月）に載せてもらい、「藤原頼通の春日祭勅使をめぐって――歴史物語と古記録の間――」と再改題して拙著『摂関政治と王朝貴族』（吉川弘文館、二〇〇〇年七月）に再収した。

教養ゼミの一年時のレポートを論文集に載せるなど、ほとんど詐偽みたいなものであるが、はたしてその時から、私の『御堂関白記』の「読み」は、どれほど進化（および深化）したのであろうか。機械のお陰で「読み」のスピードは増し、陽明文庫の名和修文庫長のご厚意で現物に触れる機会も増え、勤務先で買ってもらったお陰で自筆本複製に日常的に接することもできてはいるのだが、四〇年の時間を振り返ると、いささか心許ない。

四〇年前は単に記事の内容を読解しようとしていただけであり、その後も長い間、自分の摂関政治論や王朝貴族論（のようなもの）、また道長や一条天皇などの人物論（のようなもの）に使えそうな記事を探して読解する作業だけに終始していた。近年ではそれだけに留まらず、道長の書き方、消し方、直し方、また写本の写し方など、記録や書写の顚末を再現し、道長や師実の脳内にまで踏み込むようになってきているが、それも学問の深化というよりも、加齢に伴って理屈っぽくなっているだけなのかもしれない（弟子からは、最近、実資に似てきたと言われている）。

先輩たちが真夏に平安博物館の冷房を止めた暑い部屋で『御堂関白記』の発表をされているのを聞きながら、自分もいつかはここで『御堂関白記』の発表を行ない、『古代文化』に『御堂関白記』の註釈を載せるようになってみたいと夢見ていたあの頃の熱情は、はたして今でも残っているのであろうか。

あの京都の暑い夏を思い出しながら、この本をきっかけにして、また新たなスタートを切ってみたい。残された時間は少ないのかもしれないが、「今なら間に合うかもしれない」という楽観的な希望（それはこの四十、いや六十年の間、私を支えてきた根本的な心情である）を唯一の頼みとして、新たな勉強を始めてみたいと考える今日この頃である。

このような本を出版してくださる思文閣出版、特に田中峰人さんと、編集に携っていただいた大地亜希子さん、陽明文庫の名和修氏、校閲や校正に協力してくださった方々に、この場をお借りして、お礼申しあげます。

著者識す

二〇一八年七月　三条高倉・平安博物館故地にて

索　　引

【人　名】

さ

た

【『御堂関白記』条文】

長保元年

長保二年

寛弘元年

寛弘二年

寛弘三年

寛弘四年

寛弘五年

寛弘六年

寛弘七年

寛弘八年

寛仁元年

寛仁二年

◎著者略歴◎

倉本　一宏（くらもと・かずひろ）

1958年、三重県津市生まれ。1983年、東京大学文学部国史学専修課程卒業。1989年、同大学院人文科学研究科国史学専門課程博士課程単位修得退学。1997年、博士（文学、東京大学）。
現在、国際日本文化研究センター教授。

主な著書
『摂関政治と王朝貴族』（吉川弘文館、2000年）、『一条天皇』（人物叢書、吉川弘文館、2003年）、『藤原道長「御堂関白記」全現代語訳』（講談社学術文庫、講談社、2009年）、『三条天皇』（ミネルヴァ日本評伝選、ミネルヴァ書房、2010年）、『藤原行成「権記」全現代語訳』（講談社学術文庫、講談社、2011-12年）、『藤原道長の日常生活』（講談社現代新書、講談社、2013年）、『藤原道長「御堂関白記」を読む』（講談社選書メチエ、講談社、2013年）、『現代語訳 小右記』（吉川弘文館、2015年～）、『藤原氏』（中公新書、中央公論新社、2017年）

『御堂関白記《みどうかんぱくき》』の研究《けんきゅう》

2018（平成30）年11月11日発行

著　者　倉本　一宏
発行者　田中　大
発行所　株式会社　思文閣出版
〒605-0089 京都市東山区元町355
電話 075-533-6860（代表）

装　幀　上野かおる＋中島佳那子
（鷺草デザイン事務所）
印　刷
製　本　株式会社 図書印刷 同朋舎

ISBN978-4-7842-1957-5 C3021

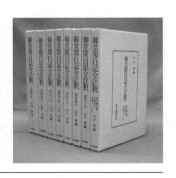